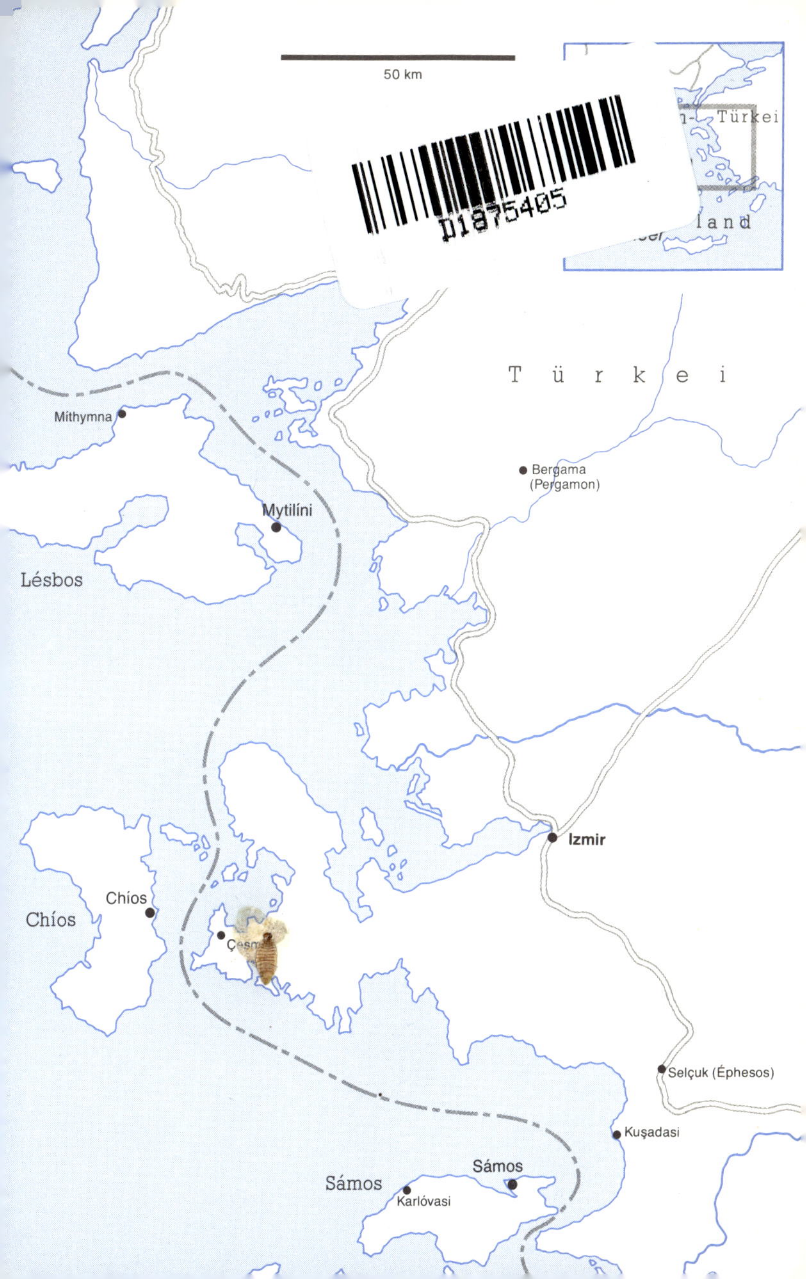
50 km
Türkei
Türkei
Mithymna
Mytilíni
Lésbos
Bergama
(Pergamon)
Chíos
Chíos
Izmir
Selçuk (Éphesos)
Kuşadasi
Sámos
Sámos
Karlóvasi

WALTER
Reiseführer

Dieser Führer zeigt 18 Inseln der östlichen Ägäis von Lémnos im Norden über Sámos, Kos, Rhódos bis Kastellórizo und Astypáläa im Süden, dazu mehrere kleine und kleinste Eilande, jede und jedes mit einem besonderen Charakter. Er erzählt von staunenden Reisenden, von erstaunlichen Landschaften und von versunkenen Kulturen an der Schwelle des Orients. Der Leser macht die Bekanntschaft von Seeräubern, Schwammtauchern und Mastixsammlern, wird zu Kratern und Heiligtümern begleitet. Aber er lernt auch das gegenwärtige Leben dieser Inselwelt kennen mit seinen Alltagssorgen, dem Mangel an Arbeitsplätzen, fruchtbaren Böden und ergiebigen Fischgründen, der Entvölkerung durch Abwanderung, der Hoffnung in den manchmal zerstörerischen Fremdenverkehr, dem ungetrübten Glauben an den technischen Fortschritt.
Eine einzelne Insel kann dem Besucher ebensoviel bieten wie alle zusammen: Der Mikrokosmos ist im Makrokosmos enthalten und umgekehrt. Wieviel der Reisende am Ende «mitnimmt», hängt davon ab, ob er bereit ist, «seine» Insel(n) für sich zu entdecken, das Erlebte und Gesehene auf seine ureigene Weise zu verarbeiten. Dieser Führer will dabei helfen – er vermittelt viel Wissen, viel Stimmung und viel Verständnis für Reisende wie für Bereiste.

Helmut Scharf, Dr. phil., *1947 geboren, hat Kunstgeschichte, Archäologie und Geschichte studiert. Er lebt als freier Autor im hessischen Westerwald. Neben einer Kleinen Kunstgeschichte des deutschen Denkmals hat er zwei Bücher über Sizilien publiziert und an mehreren Reiseführern und Lexika mitgearbeitet.*

Helmut Scharf

Ostägäische Inseln

Lémnos, Lésbos, Chíos, Sámos, Ikaría und die Dodekanes

Walter-Verlag Olten und Freiburg im Breisgau

Text und Fotos: Helmut Scharf, Lothar Wojzich (Foto S. 74)
Karten, Zeichnungen und Pläne: Huber Kartographie, München
Umschlagbild vorn: Glockengiebel des Johannesklosters auf Pátmos (Foto: Lothar Wojzich)
Umschlagbild hinten: Griechische Männergesellschaft im Kafeníon; im Vordergrund trocknende Oktopusse (Foto: Willi Hetzar)

Verlag und Autor (und die Leser späterer Auflagen) sind den Benutzern dieses Führers für Anregungen, Ergänzungen und Korrekturen jederzeit dankbar. Zuschriften erbeten an Walter-Verlag, Lektorat, CH-4600 Olten.

1. Auflage 1988

Gesamtherstellung in den grafischen Betrieben des Walter-Verlags
Printed in Switzerland

ISBN 3-530-72920-5

Inhalt

(Die eingestreuten Zwischentexte sind am Schluß des Inhaltsverzeichnisses zusammengefaßt)

Warum zu den ostägäischen Inseln?

Seit Jahren ist der Fremdenverkehr in Griechenland im Aufschwung. Diese Entwicklung griff zuletzt auf die Inseln der östlichen Ägäis über. Während Rhódos bereits nach dem Krieg größere Besucherzahlen zu verzeichnen hatte, Kos und Sámos Ende der sechziger/Anfang der siebziger Jahre «entdeckt» wurden, erlebten die meisten anderen Inseln erst in den letzten Jahren einen Aufschwung. Einige sind bis heute fast unberührt. Dies ist die eine Seite; auf der anderen aber hört man «Säbelrasseln». Gemeint ist der permanent schwelende Konflikt zwischen den «Erbfeinden» Griechenland und Türkei um die östliche Ägäis, der nach dem militärisch ausgetragenen Zypernkonflikt 1974 dann und wann wieder aufzulodern droht.
Jüngst stritten sich die Gegner um Luftstraßen und Erdölbohrungen vor der kleinasiatischen Küste. Doch die Streithähne aus dem gleichen militär- und wirtschaftspolitischen Lager (beide sind in der Nato, Griechenland ist EG-Mitglied, und die Türkei will es werden), können in der Regel durch diplomatische Intervention des Großen Bruders besänftigt werden. Und dann gibt es, just da, wo sie gegeneinander die Zähne fletschen, ein handfestes gemeinsames wirtschaftliches Interesse, auf das keiner gern verzichten mag: den devisenbringenden Tourismus in der östlichen Ägäis und an der türkischen Westküste. Ohnehin bildeten beide Regionen über Jahrhunderte eine wirtschaftliche und kulturelle Einheit. Lange Zeit lebten – wenn auch nicht immer friedlich – Griechen und Tür-

ken Seite an Seite. Doch der unbändige griechische Nationalstolz versetzte dem «kranken Mann am Bosporus» einen Säbelhieb, den er bis heute nicht verkraftet hat.
Natürlich haben wir diesen Konflikt auf unserer Reise zu den 18 Inseln der östlichen Ägäis nur hin und wieder in Form von Marinebasen und militärischen Sperrbezirken vor Augen. Vielmehr spüren wir, wenn es um die Geschichte geht, daß gerade das Erbe dieser griechisch-türkischen Mischkultur den besonderen, unverwechselbaren Reiz einer Reise in diese Gegend ausmacht. Ebenso wie man auf griechischer Seite immer wieder auf türkische Moscheen, Basare, Badehäuser und Friedhöfe stößt, so werden es die meisten Reisenden nicht versäumen, Abstecher zur kleinasiatischen Küste zu unternehmen, um Hellenistisches oder Römisches in Pergamon oder Éphesos zu bewundern.
Dieser Führer widmet sich dem zum griechischen Staat gehörenden Teil dieses Kulturbereiches, mit den ostägäischen Inseln, vom nordägäischen Lémnos bis zum entlegensten Außenposten der Dodekanes, dem kleinen Kastellórizo. In der Regel wird der Benutzer dieses Bandes nur eine oder eine kleinere Zahl der beschriebenen Inseln besuchen. Wer sich aber auf ein faszinierendes, wenn auch anstrengendes Inselspringen einlassen möchte, dem versichere ich, daß man eine solche Reise bequem in sechs bis acht oder in zweimal vier Wochen bewältigen kann, ohne auf Stippvisiten in der Türkei oder kurze Badeaufenthalte verzichten zu müssen – ich habe das selbst ausprobiert. Das Buch ist daher geografisch angelegt, das heißt die Schilderung der Inseln entspricht dem logischen Reiseverlauf, von Nord nach Süd. Wer jedoch nur eine Hauptinsel besucht und von dort Eroberungsfahrten zu den Nachbarn unternehmen will, der findet diese Inseln auch im Text in der Nachbarschaft.

Die über die ostägäischen Inseln, besonders über Rhódos erschienene Literatur ist umfangreich, außerordentlich vielschichtig und erstreckt sich vom subjektiven Reisebericht bis hin zur wissenschaftlich-lexikalischen Erfassung der Inselsehenswürdigkeiten. Während das traditionelle Interesse vorwiegend den Inselhauptstädten und den archäologischen Plätzen galt, erschienen in den letzten Jahren Bücher (vgl. Literaturverzeichnis), die sich mit äußerster Akribie den zahllosen Kirchen, Kapellen, Klöstern und Kastellen außerhalb der bekannten Orte widmeten. Dies mag ein großer Gewinn für den Spezialisten oder den Inselliebhaber sein, der bestehende Kenntnisse vertiefen möchte. Dem Normalbesucher aber, der nicht länger als eine bis drei Wochen auf den Inseln weilt und dazu auch mal schwimmen oder faulenzen will, fällt eine gezielte Auswahl aus der Fülle der angebotenen, oftmals aber qualitätsmäßig gleichrangigen Kunstobjekte äußerst schwer. Ich habe bei meiner Beschreibung der Inseln daher versucht, das «Klassische» wie das «andere» angemessen zu beschreiben, wobei Form, Umfang und Absicht dieses Führers eine sinnvolle und gezielte Auswahl nahelegten.

Ich habe, entsprechend meinen Erlebnissen und Eindrücken, jede Insel als selbständiges Ganzes behandelt und probiert, den unverkennbaren eigenen landschaftlichen und atmosphärischen, wirtschaftlichen und politischen Charakter von «Land und Leuten» herauszuarbeiten. Allerdings kann man ein solch kultur- und geschichtsträchtiges Gebiet wie Griechenland in seinen entlegeneren Winkeln kaum verstehen, wenn man sich nicht ausgiebig mit Mythologie und Geschichte, Kunstdenkmälern und Museen befaßt. Denn diese Zeugen einer Jahrhunderte oder gar Jahrtausende zurückliegenden kulturellen Blüte bestimmen auch heute noch nachhaltig den optischen und geistigen Horizont ihrer Erben, wie sich am

Beispiel des naiven Malers Theóphilos aus Lésbos unschwer belegen läßt. Von einer grandiosen Insellandschaft soll ebenso die Rede sein wie von einer unterentwickelten, fast verlassenen Grenzregion am Rand Europas. Vom inselgriechischen Alltag soll ebenso berichtet werden wie von schönen Stränden und einsamen Buchten.

Nicht immer sind die Griechen behutsam mit ihrem kulturellen Erbe umgegangen: Schon in türkischer Zeit wurden viele kostbare Altertümer weggeschleppt, neu verbaut oder durch Mühlen gedreht, um aus Marmor Kalk zu gewinnen. Die Italiener hatten vieles bewahrt, doch sind ihre «Totalrekonstruktionen» vor allem auf Rhódos und Kos unter heutigen Archäologen stark umstritten. Und dann waren es die Neugriechen, welche die Unsitten des Betonierens, Asphaltierens und Mastensetzens in Deutschland, den USA oder Australien lernten und in der Heimat als «technischen Fortschritt» propagierten und praktizierten. Oft wurde dabei allzusehr über die Stränge geschlagen, mancher bezaubernde Hafen, manch reizvolles Städtchen und manch attraktives Fleckchen Erde im wahrsten Sinne des Wortes verschandelt. Auch diese traurigen Erscheinungen lasse ich nicht unerwähnt. Dennoch: die großartige Kulturlandschaft ist nicht zu übersehen. Aber nur der wird ihr Wesen begreifen lernen, der seinen postpubertären Trotz gegenüber den vermeintlichen «Schulklamotten» abstreifen kann, um sozusagen mit Herz und Hirn, mit Augen und Phantasie das zu erfassen, was von einer vergangenen Hochblüte nachlebt.

Für die Umschrift von Eigennamen gibt es bisher keine allgemein verbindliche Methode, und es ist nicht selten, daß in der Literatur und sogar auf griechischen Karten und Straßenschildern Ortsnamen sehr unterschiedlich transkribiert werden. Ich habe mich wo immer möglich an der bekanntesten und im deutschsprachigen Raum geläufigsten Version und nach griechischen Vorgaben orientiert. Namen, die in sehr verschiedenen Varianten auftauchen, werden im Register mehrfach aufgeführt.

Falsche Betonung kann im Griechischen leicht zu ungeahnten Mißverständnissen führen. Wo die Betonung nicht eindeutig ist, habe ich deshalb Akzente gesetzt, soweit es die mir zur Verfügung stehenden Unterlagen zuließen. Es ist mir bewußt, daß Inkonsequenzen und Unzulänglichkeiten dabei nicht ganz ausbleiben können; dafür bitte ich den Leser um Verständnis.

Für Informationen und Hilfen bei meinen Reisen und Recherchen danke ich der Griechischen Zentrale für Fremdenverkehr in Frankfurt am Main, N. Georgossopoulos, aber auch vielen Ungenannten in Griechenland und in Deutschland, die mir mit Rat und Tat zur Seite standen. Ein herzliches Dankeschön geht an die Lektorin Karin Hetzar, die nicht nur mit unermüdlichem Spürsinn das Manuskript zu diesem Führer redigierte, sondern auch stets für eine angenehme, freundschaftliche Arbeitsatmosphäre sorgte. Besonderer Dank aber gilt Dr. Ursel Smend, die mir vor Ort manchen Geheimtip lieferte.

Den Lesern dieses Führers wünsche ich ein ebenso vergnügliches wie kontemplatives Reisen zu den Inseln im «Meer des Ikaros».

Helmut Scharf

Reisen an der Schwelle des Orients

Unser Reiseziel sind die 18 Inseln vor der kleinasiatischen Küste, wobei deren Trabanten nicht mitgezählt sind und auch nicht die Hunderte von winzigen Eilanden in dieser Region an der Schwelle des Orients. Die eigentlichen ostägäischen Inseln bilden dabei den nördlichen Teil, untergliedert in die Verwaltungsbezirke Lésbos mit Lémnos, Chíos sowie Sámos mit Ikaría und Foúrni. Der südliche Teil heißt hingegen Dodekanes (Dodekanisa = die zwölf Inseln), eine nur sehr ungenaue Bezeichnung für die Inseln zwischen Pátmos und Kárpathos, Kastellórizo und Astypáläa. Sie bilden einen Verwaltungsbezirk *(Nomos)* mit Rhódos als Hauptstadt und Hauptinsel. Alle diese Inseln wurden früher auch als Südliche Sporaden bezeichnet. Zwischen Lémnos im Norden und Kárpathos im Süden liegen etwa 550 Kilometer (Entfernung Frankfurt am Main–Emden), zwischen Kastellórizo im Osten und Astypáläa im Westen etwa 300 Kilometer (Entfernung Essen–Braunschweig). Mit einer Gesamtfläche von 5877 Quadratkilometern sind die Inseln mehr als doppelt so groß wie die Kykladen, und die Einwohnerzahl von etwa 314000 ist ungefähr dreimal so hoch wie die der Kykladen. Die Nordostägäis übertrifft die Dodekanes sowohl in der Fläche (3214/2663 km^2 als auch in der Einwohnerzahl (194000/120000 Einwohner). Trotzdem habe ich beiden Bereichen im Text etwa den gleichen Raum gewidmet, denn die wichtigeren Sehenswürdigkeiten und die größeren Touristenzentren liegen in der Dodekanes.

Die Inseln der östlichen Ägäis unterscheiden sich nicht nur durch Lage, Größe und Einwohnerzahl, sie bilden auch landschaftlich ein faszinierendes, immer wieder überraschendes Spektrum. Da gibt es flache und gebirgige, kahle und bewaldete, fruchtbare und unfruchtbare, wasserarme und wasserreiche, solche mit Steilküsten und Klippen und solche mit sanften Buchten und langen Stränden. Mich haben die Inseln mit gebirgigem, ja alpinem Charakter wie Ikaría, Kálymnos oder Kárpathos besonders beeindruckt, dann die vom sanften bis hin zum bizarren Charakter variierenden Inseln der Buchten wie Lémnos, Lésbos, Pátmos, Léros, Sými oder Astypáläa, schließlich die vulkanischen wie Lésbos mit dem versteinerten Wald im Ostteil oder die grandiose Kraterinsel Nísyros.

Verglichen mit den Kykladen, liegen die Inseln vor der türkischen Küste klimatisch gar nicht mal ungünstig, denn sie bekommen einerseits ausgiebige Winterregen, andererseits werden sie nicht wie die Kykladen permanent von austrocknenden Nordwinden heimgesucht. So kommt es auf das Vorhandensein einer Humusschicht an, die darüber entscheidet, ob eine Insel fruchtbar ist oder nicht. Begünstigt sind in jedem Fall die Inseln vulkanischen Ursprungs mit fruchtbarem Lavaboden. Fruchtbar sind auch die Inseln mit großen Flachlandregionen wie Rhódos und Kos. Charakteristisch für die Dodekanes ist der *Terrassenanbau*, bei dem mit Steinmauern sowohl die Erde als auch das Wasser festgehalten werden soll. Er prägt auf einigen Inseln, etwa auf Léros oder Pátmos, nachhaltig das Landschaftsbild. Andere Inseln, wie Kálymnos oder Astypáläa, müssen sich mit einem oder mehreren fruchtbaren Tälern begnügen. Vom einstigen Reichtum der Fauna und Flora in vorgeschichtlicher Zeit künden die mächtigen versteinerten Wälder auf Lésbos ebenso wie die reichhaltigen *Fossilfunde* von Urtieren, die im Paläontologischen

Museum auf Sámos zu besichtigen sind. Schlangen auf Sámos und Hirsche auf Rhódos sind heute die bemerkenswertesten Tierarten der Inseln, während die einst berühmten Waldbestände durch fahrlässige oder mutwillige, teils politisch motivierte Brandlegungen stark gefährdet sind (Chíos, Sámos, Ikaría).

Wenn wir die mythologischen Gestalten betrachten, die uns auf unserer Reise zu den ostägäischen Inseln begegnen werden, so müssen wir den Eindruck gewinnen, daß in dieser Gegend nicht nur die vier Elemente, sondern auch die Musen und Wissenschaften, die Ingenieurkunst und das Heilwesen zu Hause sind. Das Feuer vertreten sowohl der Vulkangott Hephaistos auf Lémnos als auch der Sonnengott Helios auf Rhódos; erdverbunden ist die auf Sámos verehrte Hera ebenso wie Artemis, deren Siegel die heilsame lemnische Erde trägt; dem Gott des Wassers, Poseidon, begegnen wir in Kárpathos, und Ikaros, der sich in die Lüfte erhoben hatte, mußte vor Ikaría stranden, weil er eben nur ein Sterblicher war. Dädalos, sein Vater, verantwortet diesen verhängnisvollen Fehlschlag der Ingenieurkunst; Orpheus vertritt auf Lésbos die Musen, denen die Geburt der lyrischen Dichtung folgt; auf Kos wird Asklepios verehrt, in dessen Umgebung der Begründer der modernen Medizin, *Hippokrates,* erwächst... Wir sind bei den historischen Persönlichkeiten angelangt, deren Reihe nicht weniger illuster ist: die lyrischen Dichter *Sappho* und *Alkaios* auf Lésbos, der Dichter und Sänger *Homer* auf Chíos, der Tyrann *Polykrates,* der Tunnelbauer *Eupalinos* und der Mathematiker *Pythagoras* auf Sámos, *Johannes der Theologe* auf Pátmos, der Arzt *Hippokrates* auf Kos, der Bildhauer *Chares von Líndos* auf Rhódos – um nur die allerberühmtesten zu nennen. Und schließlich kommen wir zu Stätten einiger «Weltwunder» des Altertums, des Kolosses von Rhódos, des Hera-

tempels von Sámos (der manchmal als Weltwunder bezeichnet wird) sowie des Artemistempels von Ephesos und des Mausoleums von Halikarnass. Wir dürfen unsere Erwartungen freilich nicht zu hoch schrauben, denn von all diesen überragenden Glanzlichtern des Altertums sind günstigenfalls Spuren erhalten, und es bleibt der Fantasie des Reisenden überlassen, sie vor dem inneren Auge erstehen zu lassen. Die noch bestehenden Stätten sind rasch aufgezählt: der Heratempel von Sámos mit Fundamenten und einer einzigen Säule sowie die drei großen hellenistischen Gesamtanlagen, das Asklepieion auf Kos, der Tempelbezirk von Líndos auf Rhódos (sowie die Stadt Pergamon). Schließlich seien die Ruinen von Kámiros und Filérimos auf Rhódos genannt, womit wir bei jenen Spuren von Altertümern angelangt sind, wie sie – in meist herrlicher landschaftlicher Lage – auf fast allen Inseln unseres Reisegebiets (im wahrsten Sinne des Wortes) zu entdecken sind. Wer Verständnis für neuzeitliche Abenteuer aufbringt, wird dieser Suche nach Altertümern bald einen besonderen Reiz abgewinnen, denn er kann sich zumindest als Neuentdecker fühlen. Die archäologischen Funde dieser Region – Skulpturen, Stelen, Keramik, Gebrauchsgerät und so weiter – sind häufig nicht unbedeutend, doch stehen sie in den Museen Athens (ich empfehle, dort einen kurzen Aufenthalt anzuschließen) oder in anderen europäischen Hauptstädten. Wirklich sehenswerte Museen von erstem Rang gibt es auf den Inseln bislang nur in Rhódos, Kos und Sámos.
In nachantiker Zeit mit der Folge byzantinischer, venezianischer, genuesischer, johannitischer, türkischer und (nur auf der Dodekanes) italienischer Herrschaft, die mit relativ geringen Abweichungen auf allen Inseln ähnlich auftritt, ist es mit Kulturtraditionen nur wenig besser bestellt. Wehr- und Sakralbauten bestimmen das Bild: Von überregionaler Bedeu-

tung sind nur die Burgen von Lésbos und Kos, die Stadtbefestigungen von Chíos und Rhódos sowie die Kirchen und Klöster von Chíos und Pátmos. Fast jede Insel hat ihr Kastro, das meist malerisch den Hauptort überragt, und ihre ungezählten Kirchen und Klöster, und es ist von ganzem Reiz, sie aufzuspüren. Der Dorfpriester wird dabei gern behilflich sein, wird bereitwillig sein Schatzkästlein aufschließen und das zu Sehende mit ganz unglaublichen Anekdoten und Legenden untermalen. Die *Zeugen der Türkenzeit,* verfallende Moscheen, Badehäuser, Basare, Koranschulen, anatolische Wohnhäuser mit Holzbalkonen, sind besonders bedroht, denn kaum ein aufrecht-patriotischer Insulaner würde auf die Idee kommen, die Zeichen der Unterdrücker als erhaltenswert einzuschätzen. Doch gerade sie sind es, die in vielen Städten (Lésbos, Chíos, Kos, Rhódos) die Atmosphäre christlich-muslimischer Urbanität an der Schwelle des Orients schaffen.
Es dürfte deutlich geworden sein, daß die ostägäischen Inseln heute nicht mehr dichtgedrängte Stätten «hoher» Kunst und Kultur sind. Andererseits hat sich dort, verglichen mit dem restlichen Griechenland, das alte Volksleben am längsten erhalten. Doch darf man auch in dieser Beziehung keine Wunderdinge erwarten, muß auf die Suche gehen, Augen und Verstand offenhalten. Denn der Alltag wird nicht mehr von alten Sitten und Gebräuchen oder von traditionellen Trachten bestimmt, und selten wird die Volkskunst in Museen präsentiert wie in Lésbos oder Rhódos. Traditioneller Architektur wird man noch am ehesten begegnen: den Archóntika von Lésbos, den befestigten Mastixdörfern von Chíos, den Kapitänshäu-

---

Inseln an der Schwelle zum Orient: Türkischer Erker in der Sokrates-Straße in Rhódos-Stadt, wo früher wohlhabende Händler lebten

sern von Pátmos und Líndos, den Burgsiedlungen von Tílos und Astypáläa, den Wohnhäusern und Außendörfern von Kárpathos. Eine ganz eigene Rolle spielen die baulichen Erscheinungen, die eine Folge der permanenten Seeräubergefahr waren. Die *Piratenschutz- und Rückzugssiedlungen* in den entlegensten, vom Meer aus unsichtbaren Winkeln der Gebirge (Chíos, Kálymnos, Kárpathos) oder die regelrecht im Boden versunkenen Häuser und Kirchen, eingegraben und mit heimlichen Verstecken ausgestattet aus Angst vor drohenden Überfällen (Ikaría, Kálymnos). Auch auf dem Gebiet der traditionellen Gewerbe ist noch manch interessantes Relikt erhalten. Ölpressen auf Lésbos, Weinkeller auf Sámos, Schwammanufakturen auf Kálymnos, Töpferwerkstätten auf Lésbos, Kos und Rhódos künden wieder vom selbständigen Wesen jeder einzelnen Insel. Die Gewerbe aber, welche die Insulaner vor etlichen Jahren noch ernährten, sind im Niedergang. Zuerst starben die Kaíki-Werften von Sými und Kásos, dann die Gerbereien und Tabakfabriken von Karlóvasi auf Sámos. Heute ist auch der *Fischfang* wegen übergroßer Ausbeute des Meeres bedroht; *Ackerbau* und *Viehzucht* waren wegen des kargen Bodens schon immer schwierig, seit dem Eintritt Griechenlands in die EG sind sie ganz unrentabel geworden. Ein drittes Feld, auf dem sich heute noch ostägäische Volkskultur manifestiert, sind die traditionellen Feste und Wallfahrten, deren christlicher Gehalt häufig heidnische Wurzeln hat. *Tieropfer nach antikem Vorbild* werden noch in zwei Dörfern auf Lésbos sowie auf Sámos dargebracht. Auch Eselsrennen wie auf Lémnos sind sicher sehr alten Ursprungs. Darüber hinaus feiern die Insulaner gern und häufig zu Ehren der Gottesmutter oder eines Heiligen *Panígyris,* wahre Volksfeste, häufig mit alten Trachten, traditionellen Tänzen, Musik und nicht enden wollenden Tafelfreuden.

Inseln am Rande des Abendlandes: Christliche Symbolik im Backsteinmauerwerk der Kirche Panagía i Krina (Chíos)

Wie vereinzelte Farbtupfen wirken die übrigen Erscheinungen ostägäischer Volkskultur: Alte Trachten, Sitten und Gebräuche werden auch im Alltag nur noch im Bergdorf Ólympos auf Kárpathos gepflegt; den *Rucksack aus einem Ziegenbalg* wird man nur noch auf Ikaría sehen, dem ungebrochenen Glauben an Vampire und Geister auf Pátmos begegnen (wo doch der heilige Johannes nicht nur den Zauberer Kynops erledigt, sondern auch sonst ganze Arbeit geleistet haben soll); Reste matriarchalisch organisierter Gesellschaften wurden auf Lémnos, Léros und Kárpathos registriert, wohingegen die uralte Wallfahrt zum griechischen Seefahrerheiligtum des Erzengels Michael von Panormítis auf Sými wohl eher etwas für gestandene Mannsbilder ist.

Stärker denn je – so hatte ich den Eindruck – gibt es in der Ostägäis keine Zweifel an der Rolle des Mannes und Patriarchen: In würdevoller Wartestellung überblickt er vom Kafeníon aus die enge Öffentlichkeit des Dorfplatzes oder des Hafenkais, während die Frau emsig Hausarbeiten verrichtet, Kinder versorgt, Ziegen melkt, Felder bestellt... Pathetisch gestikulierend machen die Männer in großen Worten Politik. Kommunismus und Papandreou, Rußland und die Türkei, Bildung und Kultur, Auswanderung und Tourismus sind die großen Tagesthemen. Die roten Inseln der östlichen Ägäis sind ein merkwürdig schillerndes, immer wieder faszinierendes Phänomen am Rand Europas, ohne Arbeit und von totaler Abwanderung bedroht, überall von fantasiebeflügelnden Zeugen vergangener Kulturen belebt, mit Herz und Seele noch im Altertum, mit Kopf und Verstand aber weit in der Neuzeit, in New York, Sydney oder den durchorganisierten Touristenzentren von Rhódos, Kos und Sámos.

Inseln im «Meer des Ikaros» ...

Lémnos: Heimat des Hephaistos und der Kabiren

Langsame Annäherung

Wer Lémnos von Thessaloniki aus im Flugzeug anvisiert, kommt in den Genuß, den *Berg Athos* von hoch oben zu sehen. Unter den vibrierenden Tragflächen der röhrenden Flying dolphins erkennt der Passagier die festungsartigen Klöster, winzig klein, kleiner noch als Spielzeugburgen. Erst das letzte Drittel der Strecke führt über das offene Meer mit seinen unzähligen weißen Schaumkrönchen, die das tiefe Blau des Ägäischen Meeres merkwürdig strukturieren. Dann ist die nördlichste Bastion unserer Reise erreicht, Lémnos, das von oben noch flacher wirkt, als es ohnehin schon ist. Bald setzt das Flugzeug zur Landung an, berührt mit einem gummireifengebremsten Ruck den Boden und rollt über eine scheinbar unendliche Asphaltpiste, die sich in das Herz der Insel hineingefressen hat. Der Flugplatz, der seine militärische Bestimmung nicht verleugnen kann, liegt an der Moúdros-Bucht, 22 Kilometer von der Inselhauptstadt Mýrina entfernt, mit der er durch die einzige Asphaltstraße der Insel verbunden ist. Der klapprige Transferbus fährt durch eine fruchtbare Ebene,

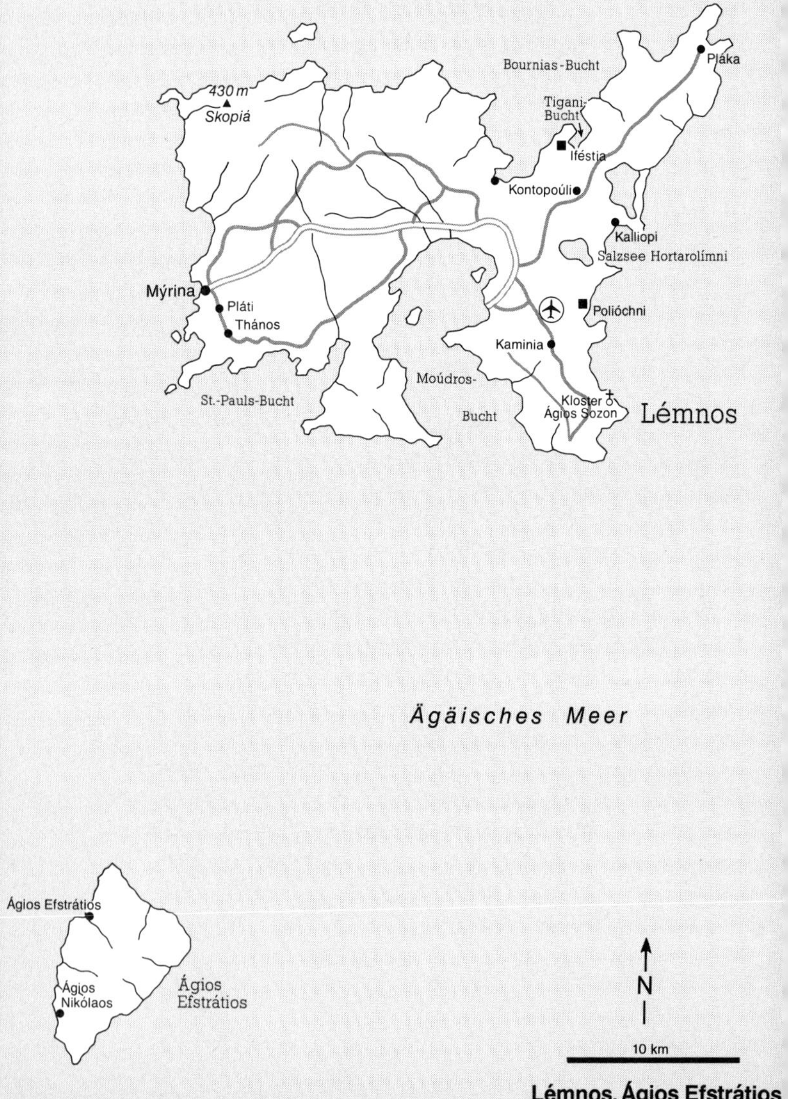

Lémnos, Ágios Efstrátios

dann durch den hügeligen Ostteil der Insel bis hinein ins Städtchen mit seinem malerischen, von einer Burgruine überragten Hafen. Spätestens an dieser Stelle wird der Reisende seine ersten selbständigen Schritte auf ostägäischem Inselboden machen, sei es, um ein Quartier oder eine schattige Taverne zu suchen, sei es, um die Stadt zu erkunden oder abenteuerliche Fahrten zu den entlegenen antiken Stätten des Inselinnern zu planen.

Lémnos, das früher *Aithalia* hieß und seinen heutigen Namen einer vorgeschichtlichen Fruchtbarkeitsgöttin verdankt, bildet mit seinem südlichen Trabanten *Ágios Efstrátios* und den türkischen Inseln *Imroz* und *Ténedos* die Hellespontgruppe, die den Zugang zu den Dardanellen umlagert und daher seit der Antike von höchster strategischer Bedeutung ist. Thrakien und Troja beeinflußten im Altertum die kulturelle Entwicklung von Lémnos. Unter den griechischen Inseln rangiert Lémnos flächenmäßig mit 476 Quadratkilometern an achter Stelle. Von den rund 18000 Insulanern sind knapp 3000 Türkeiflüchtlinge, seit Mitte der dreißiger Jahre wanderten etwa 8000 Einwohner aus. Lémnos ist eine der flachsten unter den Inseln der Ägäis, und nur in ihrem Westteil gibt es bemerkenswertere Erhebungen, der 430 Meter hohe **Skópia-Berg** im Nordwesten ist die höchste. Das charakteristische Erscheinungsbild der Insel ist ein eigentümlicher, häufig überraschender Wechsel von friedlichen Buchten und sanften Hügeln, von felsigen Landzungen und fruchtbaren Ebenen, von üppigem Anbauland und ausgetrockneten Salzseen. Überall herrscht eine herbe, aber nicht immer karge Atmosphäre, einmal in der Art afrikanischer Wüste, ein anderes Mal in der Art skandinavischer Fjorde.
Trotz Süßwassermangels ist Lémnos dank des vulkanischen

Bodens vor allem im Ostteil fruchtbarer als die meisten anderen ägäischen Inseln. Und dieser kostbare Boden wurde bereits seit der Antike genutzt, so daß die Insel lange als Kornkammer der Ägäis galt. Heute ist Thymianhonig, der *Honig der Götter,* das edelste landwirtschaftliche Produkt; stolz sind die Insulaner aber auch auf ihren erst in jüngerer Zeit begonnenen *Baumwollanbau.* Doch die Palette des auf Lémnos Geernteten und Produzierten ist weit vielfältiger: Dill, Feigen, Fenchel, Hülsenfrüchte, Obst, Oliven, Seide, Sesam, Tabak, Wachs und Wein. Rebhühner und Hasen zählen zu den jagdbaren Tieren der Insel, und an den Hängen des Burgberges oberhalb Mýrina habe ich erstaunlich zahme Hirsche und Rehe gesehen. Lémnos spielte, wie manch andere Insel, auch einmal für die Schwammfischerei eine bedeutende Rolle, heute ist nur noch der Fischfang erwähnenswert. Die Gewässer ringsum sind ergiebig, denn da verläuft die Fischzuglinie zwischen der Ägäis und dem Schwarzen Meer. Das größte Fest feiern die Lemnier am 23. April zu Ehren des heiligen Georg in **Kalliopi,** einem Städtchen im Ostteil zwischen den beiden Salzseen, wo die Leute in einem Pferderennen Ziegen gewinnen können.

Der Vulkanismus auf Lémnos, der zu dem Mythos führte, nach dem die Insel die Heimstätte des **Hephaistos** ist, hat längst seine furchtbaren Züge verloren. Er dient seit der Antike dem Wohlbefinden und der Heilung der Menschen. Seine vielfältigen Erscheinungen reichen vom fruchtbaren Boden über die schwefelhaltigen *Quellen von Therma* in den Hügeln oberhalb Mýrinas, von den radioaktiven Meeresquellen bei *Pláka* am Nordostzipfel der Insel bis hin zu jener heilsamen Lemnischen Erde, die schon im Altertum «Weltruf» genoß. Zwei antike Ärzte haben diese *Lemnische Erde (Lemnia Ge)* oder *Siegelerde (Terra sigillata),* die als Exportartikel das Gütesiegel der Artemis trug, in ihre bis ins Mittelalter gültigen pharmazeutischen Schriften aufgenommen: Dioskurides Pedanios (1. Jh.) in sein fünfbändiges Werk «De materia medica» und Galenus (129–199), der Leibarzt Mark Aurels. Behandelt wurden mit Lemnischer Erde, die vom Berg Moschylos nahe Kontopouli im Ostteil der Insel kam, Schlangenbisse und eiternde Wunden, Fieber und Magengeschwüre. Hephaistos und Philoktet wurden mit Lemnischer Erde geheilt, die im Altertum bis in die entlegensten Gegenden verschickt und noch bis vor ein paar Jahren in den Apotheken der ostägäischen Inseln verkauft wurde. Alljährlich am 6. August verleiht ein Pope der Abbaustätte durch seine Anwesenheit die kirchliche Weihe. Für den Fremdenverkehr sind Thermalquellen und Heilerde heute nicht mehr die großen Anziehungspunkte, ja Lémnos ist so wenig spektakulär, daß sich der Massentourismus dort sicher nie festsetzen wird. Vielmehr ist die **ziemlich unberührte Insel** mit gesundem, nie zu heißem Klima und liebenswürdigen Menschen für einen erholsamen Bade- und Familienurlaub geeignet.

Die 259 Kilometer lange Küste bietet **herrliche Sandstrände** im Überfluß (einige davon sind allerdings militärisches Sperrgebiet). Die beliebtesten liegen bei Mýrina, *Ágios Ioánnis* und *Akti Myrinis* im Norden, *Platí, Thanos* und die *Sankt-Paul-Bucht* im Süden sowie *Tsimandria* an der Moúdros-Bucht. Die antiken Stätten, Polióchni an der Südostküste und Iféstia mit dem Hafen Chloi an der Bournias-Bucht im Norden, sind zwar historisch sehr bedeutend, aber nur noch in unscheinbaren Bauresten erhalten und außerdem schwer zu erreichen. Nur wer einen Sinn dafür hat, in den entlegenen und unberührten Landschaften Mythologie und Geschichte lebendig werden zu lassen, sollte den mühsamen Weg dorthin auf sich nehmen.

Spaziergang durch Mythologie und Geschichte

Es verwundert kaum, daß auf derart vulkanischer Erde **Hephaistos,** der *Gott von Feuer und Eisen,* beheimatet gewesen sein soll, der die Lemnier schon früh die Schmiedekunst lehrte. Auf merkwürdige Art soll der Sohn der Hera und Gatte der Aphrodite auf die Insel geraten sein: Sein Vater Zeus, so berichtet Homer in der Ilias, habe ihn wutentbrannt in den Himmel geschleudert, und nach langem Sturz sei Hephaistos bewußtlos auf den Berg Moschylos auf Lémnos gefallen. Dort wurde der körperlich mißgestaltete Feuergott dann mit Lemnischer Erde geheilt, dort schuf er für Götter und Heroen Prunkgegenstände und Waffen, und dort erhielt er später eine Kultstätte.

Auch die Argonauten sind der Sage nach eng mit Lémnos verbunden: Die von Iason angeführten 50 Helden, darunter auch Herakles, machten dort mit ihrem Schiff Argo einen Halt auf ihrer Fahrt nach Kolchis, wo sie das von einem Drachen bewachte Goldene Vlies erobern wollten. Ein Jahr zuvor hatte sich der «Lemnische Frevel» ereignet: Aphrodite hatte die Frauen von Lémnos wegen ihrer geringen Opferbereitschaft mit schlechtem Geruch bestraft. Ihre Männer holten sich daraufhin Frauen von der thrakischen Küste. Das aber erzürnte die Lemnerinnen derart, daß sie die Männer auf der Insel ausrotteten. Der einzige, der mit dem Leben davonkam, war Oinos, der Vater der *Prinzessin Hypsipyle,* den die Tochter in einer Urne versteckte. Die Frauen von Lémnos wollten zunächst auch die ankommenden Argonauten bekämpfen, doch besannen sie sich unter dem Einfluß der Hypsipyle eines Besseren. Die Prinzessin verliebte sich in Iason, und die beiden bekamen zwei Söhne, Euenos und Thoas; Euenos wurde später König von Lémnos und belebte den Kabirenkult. Auch

die anderen Frauen von Lémnos erfreuten sich an den Argonauten, und als die Besucher ihre Fahrt nach Kolchis fortsetzten, war der Abschiedsschmerz sehr groß.
Ein weiterer griechischer Heros, den das Schicksal nach Lémnos verschlug, war *Philoktetes.* Als er auf der Fahrt nach Troja auf der Insel rastete, wurde er von einer Schlange gebissen; er erlitt einen übelriechenden Wundbrand. Seine Kameraden mußten ohne ihn weitersegeln. Ohne die Pfeile des Herakles, die Philoktetes besaß, konnten sie Troja aber nicht erobern. So schickten sie ihm den Arzt Machaon, der ihn heilte, und Odysseus, der ihn nach Troja brachte. Dort tötete er Paris und eroberte die Stadt.

Die sagenhaften Ureinwohner von Lémnos sind der thrakische Stamm der *Sinties,* dem später die *Minyes* gefolgt sein sollen. Die Minyes wurden von pelasgischen Seeräubern vertrieben, die auch als Tyrrhener bezeichnet werden; die Forscher bringen sie daher mit den italischen Etruskern in Verbindung. Miltiades unterwarf die Tyrrhener (6. Jh. v. Chr.) und siedelte seine Athener Landsleute auf Lémnos an. In den folgenden Jahrhunderten wechselt der Besitz der Insel zwischen Athen und Makedonien mehrmals. Seit 479 vor Christus gehörte Lémnos mit Imbros zum ersten Attischen Seebund, 307 wird es unter dem Feldherrn Demetrios Poliorketes makedonisch, 202 römisch und 166 vor Christus wieder athenisch. Lémnos wird im 2. und 3. Jahrhundert nach Christus durch die *vier Philostraten* bekannt, eine Familie von Sophisten und Rhetoren, die auch in Athen und Rom wirkte.
Lémnos war in byzantinischer Zeit Bischofssitz und gehörte zum ägäischen Thema. Die Insel wird zuerst 1204 von einem heruntergekommenen venezianischen Kreuzfahrerheer überrollt und dann von Filocalo Navagaio eingenommen. Doch

schon 1269 erobert Admiral Likarios sie für Byzanz zurück. Nach genuesischer Herrschaft, unter der die Insel von Lésbos aus verwaltet worden war, kam sie unter Francesco Gattilusi wieder an Venedig, das ein verhaßtes Regiment führte. In den siebziger Jahren des 15. Jahrhunderts belagerten die Türken die Insel mehrmals. 1470 wurde eine Lemnierin namens *Maroula* zur Volksheldin. Die Türken belagerten die Stadt *Kokkinós,* und die Verteidiger waren bereits stark geschwächt, da ergriff Maroula die Waffen ihres gefallenen Vaters und schlug, die Männer mit sich reißend, die Türken in die Flucht. Zur Belohnung durfte sie sich unter den venezianischen Offizieren einen Ehemann aussuchen.

Dieses erstaunliche Ereignis war jedoch nicht von langem Erfolg gekrönt: Lémnos wurde 1478 endgültig von den Türken erobert. Es blieb – von einem venezianischen Intermezzo (1665) und einem vergeblichen russischen Eroberungsversuch (1770) abgesehen – bis 1912 türkisch. In dem Jahr besiegte die von Admiral Paolos Kountouriotis angeführte griechische Flotte die Türken in einer Seeschlacht vor Lémnos, und die befreite Insel schloß sich Neugriechenland an. Auch der Balkankrieg zur See entschied sich in den Gewässern um Lémnos: In der Seeschlacht von Lémnos Anfang 1913 errangen die Alliierten den entscheidenden Sieg. Als wichtiger Marinestützpunkt war die Moúdros-Bucht im Ersten Weltkrieg Ausgangspunkt für Churchills verlustreiches und fehlgeschlagenes Gallipoli-Unternehmen. 1915 scheiterte der Versuch, die heutige Stadt Gelibolu am nordöstlichen Eingang zu den Dardanellen zu erobern. Bis heute ist Lémnos ein wichtiger Marinehafen geblieben.

Blick auf das Hafenstädtchen Mýrina

Städte und Stätten

Das antike Lémnos besaß zwei bedeutende Städte, *Iféstia* mit einer großen Kultstätte der Kabiren an der Bournias-Bucht und *Mýrina* an der Westküste. Während Iféstia einsam und verlassen daliegt und nur noch aus Spuren von Trümmern besteht, ist das 1858 vom Archäologen *Alexander Conze* identifizierte alte Mýrina vollständig von der heutigen Inselhauptstadt überbaut. Die antike Stadt war nach einer Amazone benannt, die bis in römische Zeit auf Münzen erscheint; sonst ist nicht viel erhalten – nur Terrakotten von einer Kultstätte der Artemis sowie dürftige Spuren einer Siedlung.

Das moderne **Mýrina,** oft **Kástro** genannt, zählt rund 3500 Einwohner, ist Sitz eines Metropoliten und eines Provinzverwalters *(Eparchos).* Der markante Burgberg schiebt sich zwischen zwei schöne Buchten und gliedert das Städtchen in zwei Teile, die von einer betriebsamen Hauptstraße mit vielen Läden und Tavernen, Banken, Post und OTE verbunden werden. Im älteren Stadtteil im Süden stehen die Metrópolis mit hübscher Altarschranke, alte Häuser in türkischem Stil mit den charakteristischen Holzbalkonen, Kapitänshäuser mit Laubengängen und hier und da ein türkischer Brunnen.

Am **Hafen** herrscht eine eigenartige Mischung aus Realität und Romantik. Im kleinen Fischerhafen beobachten wir die bunten Kaíkis und die netzesortierenden Fischer oder im Kafeníon an der anschließenden Promenade die Reihe der unermüdlich sitzenden und in die Ferne blickenden Männer. Im benachbarten Nutzhafen herrscht eine nüchterne Atmosphäre: An der Asphaltmole werden die rostigen, vom Auseinanderbrechen bedrohten Lastkähne mit jämmerlich quietschenden Baggern entladen; nach Diesel stinkende Lastwagen donnern die Mole hinauf und hinunter. Mitten in diesem Getöse

habe ich einer Griechenfamilie zugeschaut, die seelenruhig in ihrem Lastwagen auf den vielleicht erst in Stunden eintreffenden Frachter wartete und in der Zwischenzeit das Gefährt als Schlaf- und Spielplatz nutzte, erwartungsvoll umringt von Katzen jeder Couleur. Es lohnt sich, vor der benachbarten Taverne «To Akrotiali» zu essen, um diese *typisch neugriechische Realromantik* aus der gebührenden und schattigen Distanz bei einem guten Mahl und einer Flasche kühlem Retsina auf sich einwirken zu lassen.
Durch das Städtchen führt der Weg hinauf zum **Burgberg** mit dem genuesischen Kastell. Am Hang sehen wir eine zyklopische Mauer, außerdem mittelalterliche Mauerreste, ganz oben Fundamente und Mauern eines großen Palas. Von da oben bietet sich ein prächtiger Ausblick auf Mýrina, den Hafen und die gesamte Bucht mit dem weißblinkenden neobyzantinischen Kirchlein gegenüber auf einem Hügel, wo es die Hafeneinfahrt bewacht.
Nördlich der felsigen Landzunge, auf der die Genuesen das Kastell bauten, steht nahe dem Meer der einstige Sultanspalast. Er beherbergt jetzt das sehenswerte **Archäologische Museum** mit Funden hauptsächlich aus Iféstia, Chloi, Mýrina und Polióchni. Das Erdgeschoß ist verschiedenen Orten vorbehalten, das Obergeschoß präsentiert Exponate aus den nach Farben benannten Perioden von Polióchni, die bis etwa 3000 vor Christus zurückreichen. Italienische Archäologen haben die ausgestellten Funde zwischen 1926 und 1937 ausgegraben. Andere Stücke von Lémnos – darunter die hochinteressante, 1885 gefundene *Grabstele aus Kaminia,* die aus vorhellenischer Zeit stammt und mit einer Kriegergestalt sowie einer nichtgriechischen Inschrift in griechischen Buchstaben geschmückt ist – sind im Athener Nationalmuseum. Im Museum von Mýrina kommen wir zunächst in den Mittelsaal, in

dessen vorderem Teil *Weihegeschenke aus Iféstia* aus protolemnischer, archaischer und klassischer Zeit zu sehen sind, darunter ein *attischer Krater* mit schwarzfiguriger Amazonenschlacht und Herakles. Im hinteren Teil des Mittelsaals ist *Großplastik* ausgestellt: ein *Grablöwe aus Repauidi,* ein *Grablekythos aus Kallimachos* von Rossopuli, das Fragment einer attischen Grabstele aus Imbros, das attische *Relief eines Leichenschmauses* aus Iféstia (alle 4. Jh. v. Chr.) sowie römische Kopien und Kleinfunde aus Mýrina. In den kleinen Räumen rechts und links des Mittelsaals gibt es Keramik aus Iféstia, Kleinkunst aus der Nekropole von Iféstia, Materialien von verschiedenen Orten der Insel sowie Funde vom Kabirenheiligtum bei Chloi. Im Obergeschoß findet sich die aufschlußreiche Dokumentation der Ausgrabungen von Polióchni, das die italienische Schule der Archäologie in Athen in den dreißiger Jahren des 20. Jahrhunderts ausgegraben hat. In diesem kleinen Museum ist mehr an erhaltenem Kulturgut zu bewundern als vor Ort.

Wer **die antiken Stätten** besuchen will, ist darauf angewiesen, ein Auto oder einen Motorroller zu mieten. Ich habe die Fahrt einmal mit dem Motorroller unternommen, empfehlen kann ich das nur sicheren und durchtrainierten Fahrern. Frühmorgens ging es in Mýrina los, durch die Hügel und dann hinab in flaches, fruchtbares Ackerland bis zum Flughafen nahe der hübschen Moúdros-Bucht. Dann begann eine abenteuerliche Tour über holprige Schotterstraßen und durch Weiler mit schlichten kubischen Häuschen bis nach Kaminia, einem Ort, hinter dem die *Lemnische Wüste* beginnt und die Räder sich in den Sand eingraben. Nach einiger Anstrengung erreicht man **Polióchni,** von dem zunächst nur die Ruinen der einst stattlichen, in bunten Hausteinen errichteten Häuser der ita-

Für Baukis

Säulen und meine Sirenen und du, leidbringende Urne,
die du den kärglichen Rest moderner Asche umfängst,
grüßt mir alle, die kommen und hier an dem Hügel vorbeigehn,
ob sie Heimische sind oder aus anderer Stadt.
Sagt ihnen, daß ich als Braut ins Grab stieg, daß mich der Vater
Baukis genannt hat und daß Telos die Heimat mir war.
Laßt sie alle es wissen, auch daß mir die Freundin Erinna
diese Worte aufs Mal über den Hügel gesetzt.
(Erinna von Telos, antike lyrische Dichterin)

---

lienischen Ausgräber auffallen. Auf einem Tafelberg, der sich wie ein Riegel vor die Küste schiebt, liegen die spärlichen Reste der ältesten und dennoch besterhaltenen vorgeschichtlichen Siedlung der Ägäis. In vier Siedlungsschichten – insgesamt neun Meter dick – türmen sich die Überbleibsel aus Jahrtausenden übereinander, zuoberst die Trümmer des Erdbebens, das auch Troja vernichtete. Älter noch als Troja ist die unterste Schicht, die um 3000 vor Christus datiert wird, während die oberste in mykenische Zeit, etwa um 1500 vor Christus, reicht. Dazwischen liegen die besten Jahrhunderte der Stadt, die zwischen 2700 und 2200 blühte und sich noch bis 1600 vor Christus ausdehnte. Die Funde, vor allem bedeutender Goldschmuck und Keramik, beweisen kykladische und kretische Einflüsse sowie die Kenntnis der Metallverarbeitung seit der zweiten Siedlungsphase. Die Archäologen sind sich einig: Polióchni war ein wichtiges, befestigtes Handelszentrum mit breiten Straßen und weiten Plätzen, öffentlichen Bauten, Megaron-Häusern und Kornsilos.
Wenn wir von Polióchni aus **Iféstia** auf dem schnellsten Weg erreichen wollen, können wir zwischen Rossopuli und Kallio-

pi den ausgetrockneten Salzsee *Hortarolimni* durchqueren, vorbei an verlassenen und halbverfallenen Gehöften, an Gruppen von Maultieren, Schafen und Ziegen oder auch einmal an einem zähnefletschenden Hund. Der Weg führt von Kalliopi über Kontopouli nach Norden, doch müssen wir uns immer wieder bei den Bauern nach der Richtung erkundigen, denn der Pfad ist steinig und schwer zu finden. Iféstia, vorgriechischen Ursprungs, war die größte antike Stadt auf Lémnos. Miltiades unterwarf sie am Anfang des 5. vorchristlichen Jahrhunderts, und als Mitglied des Attischen Seebundes war sie tributpflichtig. Die Archäologen wissen, daß sie einen Festungshügel mit Leuchtturm besaß, und unter den Ruinen entdeckten sie eine Agorá, Wohnhäuser, ein hellenistisches Theater, ein Athenaheiligtum und eine stattliche Nekropole. Kretisch und mykenisch beeinflußte Votivgaben, darunter Waffen, Vasen, Figurinen und Münzen, fanden die Ausgräber in dem gegen 500 vor Christus zerstörten Heiligtum. Interessante Funde bargen auch die Gräber aus dem 8. bis 6. vorchristlichen Jahrhundert.
Jenseits der Tigani-Bucht und östlich der nach Hephaistos benannten antiken Stadt lag bei Chloi, dem antiken Hafen von Iféstia das **Heiligtum der Kabiren,** die wichtigste heilige Stätte von Lémnos. Italiener haben das nach dem von Samothrake bedeutendste Heiligtum dieser Unterweltgötter 1937 freigelegt und Spuren eines dreischiffigen Apsidensaals, einer Stoá, eines Telesterions sowie eines Tempels der thrakischen Aphrodite ans Licht gebracht. Der *Kabirenkult* ist in geheimnisvolles Dunkel gehüllt. Fest steht, daß die Kabiren chthonische Gottheiten waren und mit der Fruchtbarkeit der Erde und dem Schutz der Seeleute in Verbindung standen. Mächtig und unerforschlich waren die «Großen Götter», wie man ihren Namen frei übersetzt, Götter, mit denen Hephaistos und

Hermes identifiziert wurden, zu denen sich aber auch zwei weibliche Gottheiten gesellten: Götter eines Mysterienkultes, der sich im Verlauf der Jahrhunderte wandelte, bis die Kabiren als Karikaturen in der Vasenmalerei Thebens erscheinen. Wer sich am Wenigspektakulären freuen kann, der wird auf Lémnos noch unendlich viel entdecken. Lohnend ist ein Besuch in **Moúdros,** einem Provinzstädtchen mit reizvollen Gassen, Kirchen und Häusern, das neben Meeresfrüchten und schwerem Lémnos-Wein die besten Fischsuppen der Ägäis zu bieten hat. Beim *Kloster Ágios Sozos* am Südostzipfel der Insel wird am 7. September Kirmes gefeiert, dabei werden die traditionellen Tänze aufgeführt, darunter der *Kichagiatikos.* Eine versunkene Stadt liegt auf der *Klarosbank* fünf Seemeilen östlich von Lémnos im Meer. In **Kotsinas** können wir das 1969 errichtete *Denkmal der Heldin Maroula* bewundern, in **Pýrgos** die kleine *Festung Mikro Kastelli;* von **Ágios Nikólaos** besteigen wir vielleicht den *Skópia,* und von Mýrina aus ist eine Kaíkifahrt zur *Meereshöhle Morasiti* ein hübsches Erlebnis.

Einen Satelliten von Lémnos, die einsame Insel **Ágios Efstrátios** weit im Südwesten, kann man einmal in der Woche mit dem Schiff besuchen. Das mehr als 300 Meter aus dem Meer ragende Eiland besitzt zwei Orte an der Westküste, *Ágios Efstrátios* im Norden und *Ágios Nikólaos* im Süden, reizvolle, einsame Badestrände, eine Taverne und einige Privatquartiere. Die 400 Insulaner halten Ziegen und Schafe oder verdienen ihren kargen Lohn als Fischer. Mykenischen Ursprungs war eine in byzantinischer Zeit verlassene Siedlung, deren Reste an der Nordküste liegen. Unter der Diktatur des Offiziers Ioánnis Metáxas zwischen 1936 und 1941 lebten auf der abgeschiedenen Insel Regimegegner in der Verbannung. 1967 erschütterte ein schweres Erdbeben Ágios Efstrátios.

Lésbos: Von den Musen geliebt

Wälder, Felder, Ouzo und der Baum der Athene

Wir wollten das große Fährschiff nicht abwarten und nehmen das Flugzeug nach Lésbos. Fasziniert sehen wir aus der Vogelperspektive, wie die Insel in die große kleinasiatische Bucht eingebettet ist, vom Festland getrennt nur durch den wenige Kilometer schmalen *Kanal von Mytilíni.* Lésbos erinnert mit seinen tiefeinschneidenden Buchten ein wenig an Lémnos, doch hat es sehr viel höhere Berge und gipfelt in zwei beinahe gleichhohen Fast-Tausendern, den **Lepétymnos** (968 m) im Norden und den **Ólympos** (967 m) im Süden. Eine Übersicht

erhält man aus der Luft auch über die Landesverteilung: üppiger Bewuchs in der Mitte und im Osten, karges, bestenfalls von Ziegen und Schafen zu nutzendes Land im Westen. Vorherrschend sind die endlosen *Olivenplantagen* – das Laub der Ölbäume glitzert silbrig in der Sonne; außerdem fallen ein beachtlicher Waldbestand und viel Ackerland auf. Nur punktuell sind Wein-, Obst- und Gemüsegärten zu sehen.
Lésbos ist mit 1630 Quadratkilometern Fläche (und rund 100000 Einwohnern) nach Euböa und Kreta die drittgrößte Insel Griechenlands, und die Inselhauptstadt Mytilíni (über 24000 Einwohner) im Südosten ist zugleich Hauptstadt einer Präfektur, die auch Lémnos und Ágios Efstrátios umfaßt. Seit der Leichnam des Orpheus mit seiner Leier in sagenhaften Zeiten bei Ántissa an der Nordküste angeschwemmt und von den Lesbiern aufgenommen und verehrt wurde, erlebt die Insel einen Jahrtausende währenden Frühling der Musen, der von Sappho und Alkaios, die als erste Lyriker gelten, bis hin zu Theóphilos dauerte, der mit seinen naiven Bildern die ganze Welt bezauberte.
Wirtschaftlicher Hauptfaktor auf Lésbos, wegen seiner verschwenderischen Vegetation übrigens **Korfu der Ägäis** genannt, ist der in Monokultur angepflanzte Ölbaum. Der knorrige, mit zahlreichen Mythen verbundene «Baum der Athene» – in der Antike Sieges- und bei den frühen Christen Friedenssymbol – kommt heute in rund elf Millionen Exemplaren vor, sie liefern jährlich mehr als 22 Millionen Kilogramm Olivenöl. In der Landwirtschaft spielen außerdem der Weizen-, Wein- und Feigenanbau eine gewisse Rolle. Der *Plomariátiko-Ouzo,* den man nicht aus Gläschen, sondern aus kleinen Flaschen trinkt, genießt einen ausgezeichneten Ruf. Zwei moderne Ölmühlen verarbeiten Oliven, während Gerbereien, Spinnereien und Webereien nicht mehr die einstige Bedeu-

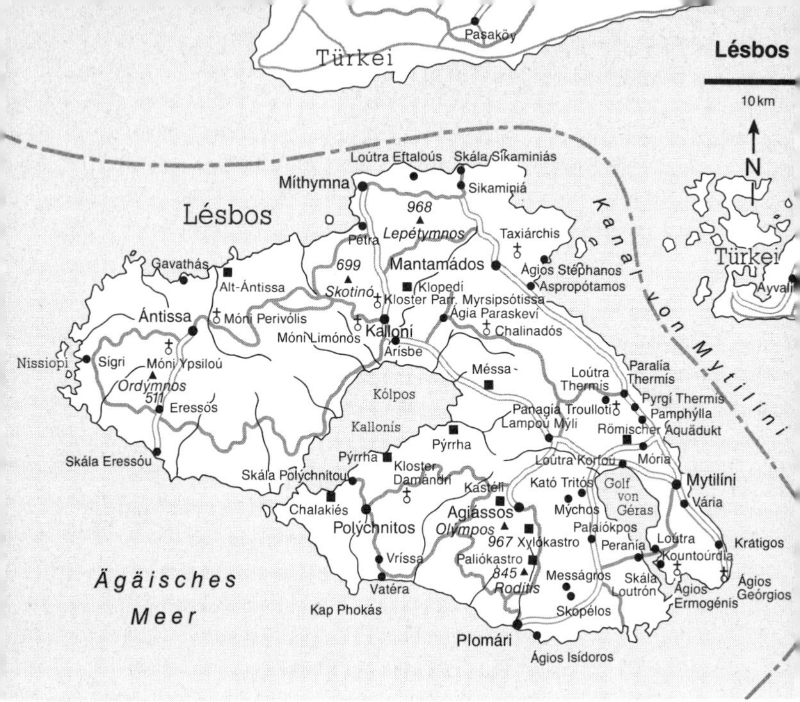

tung haben. Seit die kleinasiatische Küste, die jahrtausendelang von lesbischen Siedlern kolonisiert worden war, als wirtschaftliches Hinterland nicht mehr in Frage kommt, fehlt Lésbos die wichtigste Grundlage des Handelsverkehrs. Der Fremdenverkehr übernimmt nach und nach dessen Rolle, mittlerweile gibt es bereits gute touristische Einrichtungen. Neben sehr vereinzelten Urlaubs- und Badezentren wie *Thermí* oder *Plomári* mit modernen Hotels findet der Reisende auf der ganzen Insel einfache Herbergen, die er in der Regel auf Asphaltstraßen erreichen kann. Die Küche ist einfach, aber schmackhaft, Oliven und Joghurt gelten als Spezialitäten, ihre bäuerliche Vergangenheit ist unverkennbar. Zwar fahren von

Mytilíni aus öffentliche Busse zu allen größeren Orten, doch die Reiserei ist sehr zeitaufwendig, häufig gibt es keine Rückfahrt am selben Tag, und wer die abseits gelegenen Sehenswürdigkeiten besichtigen will, muß trotzdem noch weit zu Fuß gehen. Dem Besucher, der die Insel in wenigen Tagen erkunden möchte, empfehle ich, ein Auto zu mieten. Der Straßenzustand und die zahllosen Serpentinen in den gebirgigen Regionen kosten ohnehin viel Zeit.

Der Kunst- und Kulturinteressierte sollte von Lésbos keine Wunder erwarten, und wer altes Volkstum und traditionelle Handwerke aufspüren will, wird auch nur auf wenige, meist museal aufbereitete Gegenstände von Bedeutung stoßen. Die Reste der von antiken Autoren beschriebenen Prachtbauten liegen größtenteils noch unter der Erde. Nur in Thermí hat die englische Schule 1930 ein Dorf der Bronzezeit ausgegraben, während die antiken Städte *Ántissa, Arísbe* und *Pýrrha* im 19. Jahrhundert von den Deutschen Richard Koldewey und Alexander Conze bestenfalls angegraben wurden.

Während die Türken viele byzantinische Klöster und Kirchen dem Erdboden gleichmachten, verwendeten die Lesbier bis zum Einsetzen des Kunst- und Bildungstourismus antike, mittelalterliche und neuzeitliche Bausubstanz für ihre Neubauten. Der sich sonst so katastrophal auswirkende Beton ist jetzt wenigstens in dieser Hinsicht als alternatives Baumaterial zu nennen.

Sterbende Tradition

Lésbos wird die **Rote Insel** genannt, weil dort die Kommunisten eine führende politische Rolle spielen. Kenner erklären deren Einfluß mit den großen sozialen Unterschieden, die bis in die Gegenwart zwischen den angestammten Lesbiern und jenen Flüchtlingen bestehen, die 1922 vom türkischen Festland vertrieben wurden und von denen sich etwa 50000 auf Lésbos niederließen. Wen wundert es, daß die Lesbier bei der jahrzehntelang angespannten Lage ernster und weniger liebenswürdig erscheinen als die Leute auf den Nachbarinseln. Trotzdem feiern sie ausgelassen ihre Feste, erfreuen sich an ihrem Ouzo und sind leidenschaftliche Spieler. Ihr kultureller Anspruch orientiert sich an europäischen Maßstäben, und das hohe Niveau in Literatur und bildender Kunst sowie die öffentlichen Bibliotheken und Theater halten diesem Anspruch durchaus stand.

Die traditionellen **Sitten und Gebräuche**, die den Jahresablauf bestimmten, sind freilich im Untergang begriffen. Bescheidener Wohlstand und ein aufgeklärtes Bewußtsein haben sie weitgehend verdrängt. Als es noch keine Kanalisation gab, gingen die jungen Männer und Mädchen am Neujahrstag schweigend Quellwasser holen, um ihr Haus damit «einzusegnen». Wohlstand und Gesundheit beschworen die Männer zu Jahresbeginn, indem sie einen Granatapfel über der Türschwelle zerschlugen, während sie in der Hand ein Stück Eisen hielten. Ostern warf der Bischof einen Silberbecher in die Menge der Gläubigen und belohnte den, der ihn auffing, mit Geld und Ostereiern. Weihnachten verwendeten die Einheimischen in vielen Dörfern statt des Tannenbaums einen Olivenzweig, der mit Spielzeug und «goldenen» Orangen behängt wurde. Verschwunden sind die Volkstrachten (die im Museum für Volkskunst in Mytilíni zu sehen sind), und erst recht ist es die Frau mit türkischer Pumphose, von der Karl Krumbacher 1883 in seiner «Griechischen Reise» bissig schrieb: «Solch ein beinbekleidetes Weib sieht nun allerdings abscheulich aus, und die emancipationssüchtigen Engländerinnen, welche für die allgemeine Einführung der Männertracht agitieren, könnten hier von ihrer Thorheit gründlich geheilt werden.»

Vom **Kunsthandwerk**, dessen kunstvoll geschnitzte Holztruhen und bronzene Hausgeräte einst berühmt waren, ist heute nur noch die Töpferei nennenswert. Während die bäuerlichen Töpfer von Mantamádos ihre traditionellen Formen bewahrt haben, werden auf den Drehscheiben von Agiássos Gefäße nach – echtem oder vermeintlichem – internationalem Touristengeschmack hergestellt.

Das traditionelle **Patrizierhaus** auf Lésbos ist das *Archóntikon,* das in der Stadt und auf dem Land verschiedene Formen ausgebildet hat. Es orientiert sich am turmartigen *Pýrgos,* einem befestigten ägäischen Herrschaftshaus, das gerüstet war gegen die permanente Bedrohung durch Freibeuter und Seeräuber. Das schmale Wohngeschoß über einem kräftigen steinernen Untergeschoß war seit dem 18. Jahrhundert nur noch aus Holz gebaut. Von diesen wehrhaften Wohnhäusern sind in Pyrgí Thermís noch viele erhalten, auch in Mytilíni, Míthymna, Agiássos und an anderen Orten, ihre Farbigkeit ist ganz auf die umgebende Landschaft abgestimmt. Archóntika vom städtischen Typus gibt es nur noch in Míthymna und Pétra. Sie stehen unter Denkmalschutz und sind zum Teil als Museum eingerichtet.

Auf älteste Tradition greift der erst wieder seit dem späten 18. Jahrhundert aufblühende **Kirchenbau** zurück. Anders als in der übrigen Ägäis, wo der Typus der byzantinischen Kreuzkuppelkirche vorherrscht, bauten die Menschen im Stil der altchristlichen dreischiffigen Basilika. Sie bauen in der Zeit des wiedererwachenden hellenischen Empfindens unter europäischem Einfluß mit klassizistischer Kühle, mit durch Säulen und Kuppeln gesteigerter Monumentalität sowie mit reicher holzgeschnitzter Ausstattung, in deren Mittelpunkt die Ikonostase prangt.

Meilensteine der Geschichte, Höhepunkte der Kultur

Lésbos war schon in *vorgriechischer Zeit besiedelt*, und zwar, wie die Historiker vermuten, seit etwa 3000 vor Christus von Karern und Lelegern. Die ältesten prähistorischen Spuren fanden sich in Chalakiés nahe Polýchnitos an der Bucht von Kalloní, die ergiebigsten in Thermí nördlich von Mytilíni. Etwa zu der Zeit, da die sagenhafte achäische Flotte auf ihrem Weg nach Troja Lésbos streifte, also um 1100 vor Christus, kamen *äolische Griechen* vom thessalischen Festland auf die Insel, brachten ihre Kultur und gründeten mächtige Stadtstaaten wie Mytilíni, Míthymna, Ántissa, Eressós, die als Städte noch bestehen, sowie die untergegangenen Orte Pýrrha und Arísbe. Der fruchtbare Boden war seit archaischer Zeit Grundlage des Wohlstands, den sich mächtige Großgrundbesitzer teilten. Begehrt waren Wein und Gerste, doch das Olivenöl stand damals wie heute im Mittelpunkt der Wirtschaft von Lésbos. Lesbier trieben seit dem 8. vorchristlichen Jahrhundert Handel im gesamten Mittelmeer sowie im Schwarzen Meer, und die kolonisierte kleinasiatische Küste wurde zur zweiten äolischen Heimat und zur *lesbia chora*, zum lesbischen Land.

Gegen Ende des 7. vorchristlichen Jahrhunderts, zur Zeit des Staatsmanns und Gesetzgebers Pittakos, der dank seiner Lebensweisheiten in die erlesene Reihe der «Sieben Weisen» aufgenommen wurde, keimte *der erste lesbische Frühling* auf, der zu einer erstaunlichen Kulturblüte wuchs. Die Lyra des Orpheus hatte die Lesbier schon früh die Kunst der mit Musik verbundenen Dichtung gelehrt, jetzt ereignet sich die *Geburt der Lyrik. Terpandros aus Ántissa* – die erste greifbare Gestalt der antiken Musikgeschichte – war es, der die Dichtung gliederte und rhythmisierte und die Zahl der Saiten der unentbehrlichen Lyra von vier auf sieben erhöhte. Er gilt als Begründer sowohl der dorischen Lyrik als auch der griechischen Saitenmusik. Ein anderer, zur gleichen Zeit lebender Dichter und Sänger war *Arion aus Míthymna,* der den chorlyrischen Dithyrambos als Versmaß einführte und damit entscheidend zur Entwicklung der Tragödie beitrug. Noch bedeutender wurde jedoch zu Beginn des 6. Jahrhunderts vor Christus eine Dichterin von Lésbos: die in Ántissa als Patriziertochter geborene und in Mytilíni, mehrere Jahre auch in Sizilien wirkende **Sappho,** die mit ihren einfühlsamen Versen im äolischen Dialekt Lésbos zum Synonym für die gleichgeschlechtliche weibliche Erotik werden ließ. «Die einen mögen Reiterheere, andere halten Fußvolk oder Schiffe für das Schönste, ich aber das, was man leidenschaftlich liebt», schrieb sie über sich selbst in einem ihrer Liebeslieder, die meist nur als Fragmente erhalten sind. Sie leitete in Mytilíni einen Thiasos, einen kultischen, der Liebesgöttin Aphrodite geweihten Bund, dessen Aufgabe es war, junge vornehme Frauen auf das gesellschaftliche Leben vorzubereiten. Die Trauer um die aus ihrer Schule in die Ehe entlassenen Mädchen spielt in der Lyrik Sapphos immer wieder eine wichtige Rolle. Schon zu ihren Lebzeiten waren ihre Lieder in ganz Griechenland bekannt, lesbische Münzen trugen ihr Porträt, und sie wurde emphatisch als zehnte Muse verehrt. Ihr Lebensende liegt in mystischem Dunkel: Die unerwiderte Liebe

zu dem schönen Schiffer Phaon soll sie dazu getrieben haben, sich vom Leukadischen Felsen ins Meer zu stürzen.
Von ganz anderem Naturell waren die Kampf-, Liebes- und Trinklieder des **Alkaios,** eines weiteren Hauptvertreters der äolischen Lyrik auf Lésbos; seine Gesänge sind von heftigem Temperament und ungebrochener Lebensnähe geprägt. Seine formvollendeten «alkäischen Strophen» dienten nicht nur den Römern Catullus und Horaz zum Vorbild, sondern auch neuzeitlichen Dichtern wie Hölderlin, Klopstock und von Platen.
Mitte des 6. Jahrhunderts vor Christus beginnen die Perser auf die Insel überzugreifen, was die Ionier 499 mit einem Aufstand beantworten, an dem sich auch die Äoler beteiligen. Doch die Usurpatoren behalten die Oberhand; Lésbos wird gezwungen, an der Seite der Perser gegen Griechenland zu ziehen. Die Niederlage der Perser bringt Lésbos 476 an den *1. Attischen Seebund,* gegen dessen Führungsmacht Athen ein halbes Jahrhundert später vergeblich rebelliert. Athen belagert und unterwirft die Insel, tötet 1000 Adelige und verteilt das Land an attische Kolonisten. Um 400 vor Christus wird Lésbos zum Spielball der Mächte zwischen Athen, Sparta, Persien und Makedonien, und bis zur Mitte des 4. vorchristlichen Jahrhunderts gehört es wieder dem Attischen Seebund an. Auch in der Zeit der Wirren blüht das kulturelle Leben auf Lésbos, dessen unbestreitbarer Mittelpunkt die mächtige Stadt Mytiléne ist. Dort öffnen Schulen für Philosophen und Musiker ihre Tore, sie beherbergt so bedeutende Philosophen wie Aristoteles und Epikur. Von Aristoteles wurde der aus Eressós stammende Theophrast nachhaltig beeindruckt, der als Naturphilosoph und Oberhaupt der Schule der Peripateti-

Sappho mit der Lyra – Symbole des blühenden Lésbos

META

ker berühmt wurde. Kaum hatte Lésbos 334 vor Christus durch ein Bündnis mit Alexander dem Großen die Freiheit wiedererlangt, kam es unter makedonische Herrschaft, blieb aber weitgehend selbständig. Die kulturelle und wirtschaftliche Blüte der Insel setzte sich fort.

Zu Beginn des 2. vorchristlichen Jahrhunderts zeigen auch die *Römer* Interesse an der Insel, die nach wiederholten Plünderungen 66 vor Christus unter Pompeius einen autonomen Status erhält, später jedoch zeitweilig der *provincia insularum* zugeschlagen wird. Neben der Bau- blüht die Dichtkunst weiter: **Longus,** der im 3. nachchristlichen Jahrhundert lebt, beschreibt in seinem gefeierten Hirtenroman *Daphnis und Chloë* das Schäferleben im unverdorbenen Naturidyll und macht dieses Thema für die Folgezeit zum Gegenstand der Literatur. Seine Dichtungen sind außerdem einzigartige Beschreibungen der Insel Lésbos sowie ihrer Hauptstadt Mytiléne. Weitere auf Lésbos lebende große Denker der römischen Zeit sind der Stoiker Diophanes, der Historiker Diophanes sowie der Rhetor Potamon. Die Römer begünstigten die Insel und besuchten sie als Sommerfrische, die Lesbier huldigten den römischen Cäsaren wie Göttern.

Die ersten Spuren frühchristlicher Tätigkeit stammen aus dem 4. Jahrhundert, Ruinen christlicher Basiliken künden vom Wirken der Christen in den folgenden Jahrhunderten. Unter dem Schutz der Kaiser in Konstantinopel gerät auch die frühbyzantinische Ära zu einer Blütezeit. Byzantinische Münzen des 7. Jahrhunderts aus dem «Schatz von Mytiléne», der unter der Kirche von Krátigos gefunden wurde, dokumentieren diesen Zusammenhang. Doch seit dem 10. Jahrhundert wurde Lésbos häufig von Seeräubern bedroht und überfallen. *Kreuzritter, Venezianer, Seldschuken* trieben ihr Unwesen, bis die Insel 1355 in den *Besitz der genuesischen Familie Gattelusi*

kam. Schon seit dem 13. Jahrhundert hatte es eine genuesische Schutz- und Handelsniederlassung auf Lésbos gegeben. Jetzt heiratete Francesco Gattelusi Maria, eine Schwester des Kaisers Johannes V. Palaiologos von Byzanz; sie brachte die Insel als Aussteuer mit. Zum Schutz gegen die Türken wurden Stadtmauer und Burg von Mytiléne verstärkt und ausgebaut; dem Glauben und den Traditionen der Inselbewohner begegneten die Gattelusi mit Respekt und Interesse, und so schuf man nach außen und nach innen die Grundlagen für eine längere Ära des Friedens und Wohlstands.
Als Konstantinopel allerdings 1453 in die Hände der Muslime fiel, ging auch die Freiheit von Lésbos bald zu Ende. Unter *Sultan Mehmed II.* wurde die Insel 1462 belagert, erobert und geplündert. Ein Teil der Bevölkerung wurde deportiert, ein anderer Teil wanderte aus. Es begann eine Zeit schwerer Repressionen, die bis ins späte 18. Jahrhundert dauerte. Lésbos entwickelte sich zum wichtigen Flottenstützpunkt der Türken. Das Volksbewußtsein der Griechen, jahrhundertelang in geheimen Klosterschulen gepflegt, erstarkte erst wieder im späten 18. Jahrhundert. Einerseits entstand in Mytilíni die größte türkische Werft, die wenigstens die materielle Not in Form einiger hundert Arbeitsplätze lindern half. Andererseits sorgte der orthodoxe Glaubensbruder Rußland in dem 1770 mit der Türkei geschlossenen Abkommen für größere Religionsfreiheit der unterdrückten Griechen. Das Fanal der beginnenden *griechischen Revolution von 1821* blieb auch auf Lésbos nicht ungehört. Der Freiheitskämpfer Dimitrios Papanikolis sprengte im Meer vor Eressós eine türkische Fregatte in die Luft, worauf die Türken mit blutigen Exzessen antworteten. Im gleichen Jahr schlug der griechische Marinekapitän Miaoulis die türkische Flotte in der Straße von Mytilíni. Doch dies reichte noch nicht aus, um die Insel zu befreien.

Und es dauerte fast ein weiteres Jahrhundert, bis die Türken angesichts der überlegenen griechischen Flotte am 8. November 1912 die Waffen strecken mußten; heute ist der 8. November Feiertag. Zehn Jahre später wurden die auf dem türkischen Festland ansässigen Griechen vertrieben, und viele Landsleute ließen sich auf dem vorgelagerten Lésbos nieder. Die bislang letzte Fremdherrschaft brachten die Deutschen, die Lésbos vom Mai 1941 bis zum September 1944 okkupierten. Doch all diesen Fremdherrschaften hat *der lesbische Frühling* getrotzt: Die Kultur gedieh auf Lésbos auch im 20. Jahrhundert, dank Schriftstellern wie Ephtaliotis, Bernadakis und Elýtis, dank dem Kunstkritiker Theriade und seinem Freund Theóphilos, einem volkstümlichen Maler, den Theriade in aller Welt berühmt machte.

Mytilíni: Kleinstadtszenen und -szenarien

Für den, der Lésbos mit dem Schiff erreicht, wird der **Hafen** von Mytilíni der erste Eindruck sein: rechts das Zollamt, die Rotunde des modernen Hallenbades und die *Freiheitsstatue,* links das Polygon des Hafens, an dessen Mole sich bunte Häuser mit venezianischen und türkischen Reminiszenzen aneinanderreihen und Agenturen, Büros, Cafés und Tavernen beherbergen. Unter ihren schattigen Arkaden läßt sich ein Besuch der Insel bei einem Glas Retsina vorzüglich planen. Der große *Südhafen,* einst Nebenhafen der prächtigen antiken Stadt, ist heute hauptsächlich Nutzhafen mit rostigen Frachtschiffen, und nur manchmal zeigt sich eine strahlendweiße Jacht, eines der monströsen Fährschiffe oder ein wohlgefülltes, in die Türkei tuckerndes Touristenboot. Betriebsam geht es zu, aber wenig pittoresk. Und über all dem Treiben thront die mächtige Kuppelkirche Ágios Therapón, ein stattlicher Zentralbau, in dessen Nähe das Byzantinische Museum sein Domizil hat. Die über 24000 Einwohner zählende, kulturbewußte Stadt mit mehreren Museen, Theater und Bibliothek zählt zu den wichtigsten Griechenlands. Sie ist sowohl Hauptort der Insel als auch des gleichnamigen Verwaltungsbezirks; die Griechen benennen nach Mytilíni häufig die gesamte Insel.

Die Hauptstadt im Südosten von Lésbos breitet sich auf einer Landzunge aus, die im Norden und im Süden von je einem Hafen flankiert wird: Der heute bedeutungslose *Nordhafen* war in der Antike der Mittelpunkt der Stadt, an seinem Südende lag die Agorá. Jetzt spielt sich das städtische und maritime Leben am Südhafen ab. Beide Häfen verband der von mehreren Marmorbrücken überspannte Euripos-Kanal, dessen Verlauf etwa mit dem der heutigen Ermou-Straße identisch ist. Auf der Insel östlich des Kanals, dort, wo die stattliche Burgruine steht, thronte die antike Akropolis. Und in den Hügeln westlich der Ermou sind noch Reste des römischen Theaters zu sehen. Um die Stadt zog sich ein um 450 vor Christus im lesbischen Polygonalmauerwerk errichteter Wall, von dem ebenfalls Reste zu entdecken sind. Longus beschreibt die geradezu paradiesische Umgebung: «Berge voller Jagdwild, weizentragende Felder, Rebenhügel, Schaf- und Ziegenweiden. Und das Meer rauschte an den weichen Sand des langgestreckten Ufers.»

Für mich macht den heutigen Reiz des Städtchens, das die unverkennbaren Zeichen einer unruhigen Geschichte trägt, diese eigenartige Mischung aus griechischen und türkischen, antiken und mitteleuropäisch-modernen Elementen aus, die zu einer ungewohnten Synthese gerieten. Sie wird beseelt durch

Weiße Jacht im bunten Hafen von Mytilíni (Lésbos)

das rege geistige und künstlerische Interesse der Stadtbewohner, das sich dokumentiert in Ausstellungen und Theateraufführungen, Konzerten und Bibliotheken. Das Symbol der Stadt und der ganzen Insel haben die Bürger traditionsbewußt und dennoch in modernen Formen (über deren Schönheit man geteilter Meinung sein kann) an einer zentralen Stelle des Südhafens errichtet: Es ist die blendendweiße Marmorsappho, die mit ihrer Leier vom kulturellen Geist der Lesbier kündet. Etwas westlich des Hafens überragt die wuchtige Oktogonalkuppel der **Kirche Ágios Therapón** das bunte Gassengewirr. Sie wurde Mitte des 19. Jahrhunderts an der Stelle, wo die Historiker das antike Asklepieion vermuten, vom Architekten Argyris Adalis in einem griechisch-orthodoxen und europäisch-klassizistischen Mischstil gebaut, dessen abweisende

Kühle den Besucher kaum begeistern wird. Neben vielen Ikonen birgt das Gotteshaus die Gebeine des 1776 in Mytilíni geborenen Bischofs Ignatius, der im Freiheitskampf der Magyaren eine bedeutende Rolle spielte. Die sterblichen Reste des 1828 in Pisa gestorbenen Kirchenhelden wurden erst 1965 in dessen Heimat überführt.

Gegenüber der Kirchenfassade liegt der Eingang zum 1978 eröffneten **Byzantinischen Museum,** das kostbare Ikonen des 13. bis 19. Jahrhunderts, außerdem Kirchengewänder, liturgisches Gerät, Manuskripte und anderes präsentiert. Vor allem sehenswert sind die *Ikonen des heiligen Georg* (2.H. 13.Jh.), *des Christus Pantokrator* (Mitte 14.Jh.) und der Gottesmutter mit Kind (16.Jh.).

Besonders liebevoll eingerichtet ist das 1960 gegründete **Museum für Volkskunst,** das seit 1978 im ehemaligen Amtssitz des Hafenmeisters am Südhafen untergebracht ist, einem kleinen, aber selbstbewußten Bau aus dem 19. Jahrhundert. Im Erdgeschoß sind Gebrauchsgegenstände des Alltags (*sahania* genannte Bratpfännchen), Keramik von verschiedenen Inselorten, geschnitzte Truhen aus Agiássos, Stickereien, Schmuck und Trachten zu sehen. Die aus goldbesticktem Samt und aus Seide hergestellten Gewänder der wohlhabenden Kaufleute und Kapitäne mit ihren gold- und silberdurchwirkten *machramades* (Tücher) und perlmuttbesetzten *tsokara* (Holzpantoffeln) setzen sich deutlich von der einfachen, aber farbenfrohen Kleidung der Tagelöhner mit ihren *vrakes* (weite Kniebundhosen) und *salvaria* (enge Kleider mit Pumphosen) ab. Die freundliche Kustodin führt Besucher über eine Außentreppe zu einem weiteren Raum im Obergeschoß, der neben Gemälden des Volkskünstlers Theóphilos (s. a. S. 62f.), neben Keramikfigürchen mit Darstellungen aus dem Volksleben und neben Resten versteinerter Bäume aus dem Westteil der

Insel weitere Gebrauchsgegenstände wie Zinngeschirr, Keramikflaschen, Webstuhl und Spinnrad enthält.
Eine dritte bedeutende Ausstellungsstätte von Mytilíni, **das Archäologische Museum,** bislang in einem Patrizierhaus hinter dem Zollamt untergebracht, war bei meinem letzten Besuch geschlossen, möglicherweise – wie gemunkelt wurde – so lange, bis ein geplanter Museumsneubau fertig ist. Im Mittelpunkt der Museumsbestände stehen die *Mosaiken aus dem Haus des Menander* (3. Jh. n. Chr.), einem antiken Schauspielertreffpunkt in der Nähe des Theaters. Sie zeigen den Komödiendichter Menander (4./3. Jh. v. Chr.), Szenen aus seinen Lustspielen, Theatermasken, Orpheus und Sokrates. Weitere bemerkenswerte Exponate sind die Keramikfunde aus dem

---

Mytilíni

1 Anlegestelle der Linienschiffe
2 Touristenpolizei, Zollamt
3 Fremdenverkehrsbüro (EOT)
4 Hafenamt
5 Post (Tachydromíon)
6 Telephonamt (OTE)
7 Busstation (Fernverkehr)
8 Busstation (Nahverkehr)
9 Olympic Airways
10 Schiffsagentur
11 Sappho-Denkmal
12 Freiheitsstatue
13 Strandbad
14 Festung
15 Archäologisches Museum
16 Kathedrale Ágíos Athanásios
17 Byzantinisches Museum
18 Ágios Therapón
19 Rathaus
20 Park
21 Museum für Volkskunst
22 Agorá

A Akropolis
B Stadtmauern
C Nordhafen
D Ost- und Westmole
E Reste der antiken Agorá
F Ehemaliger Meeresarm Euripas (heute Ermou-Straße)
G Südhafen
H Römisches Theater
I Reste antiker Nekropolen

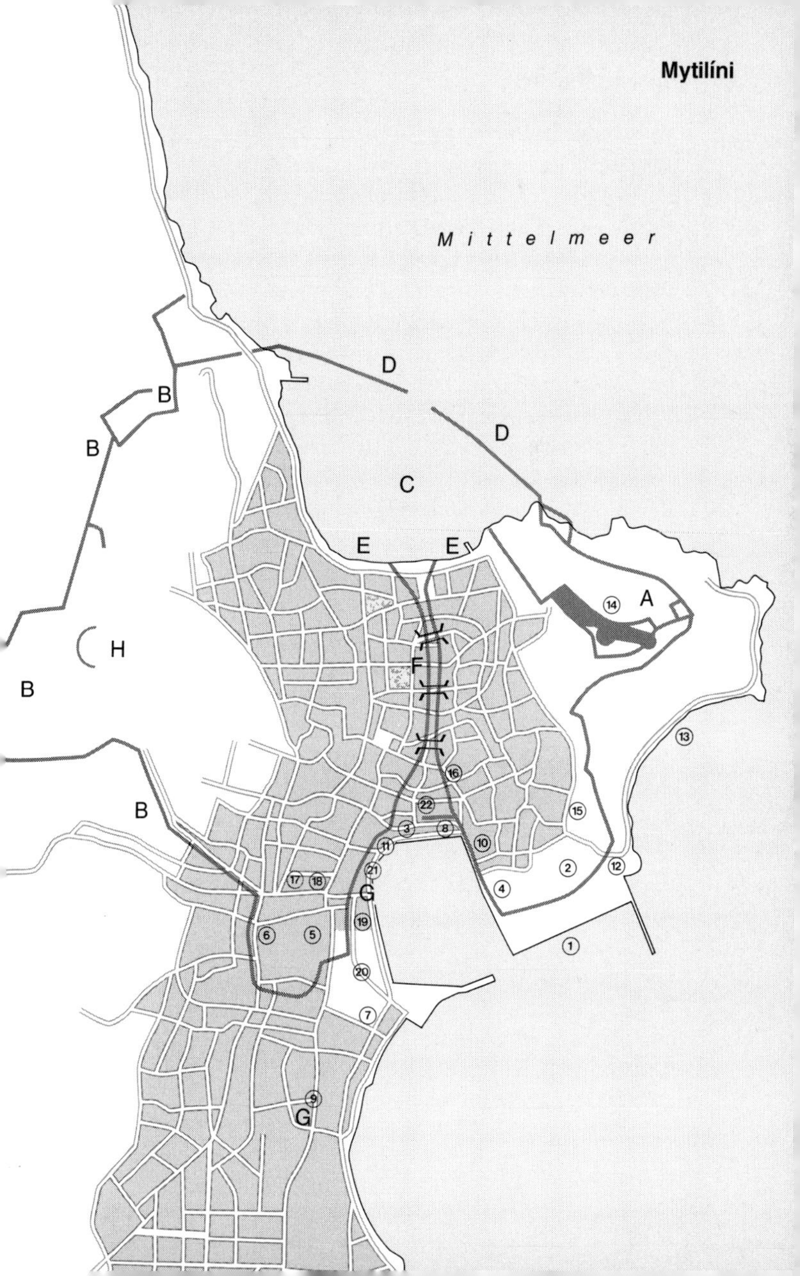
Mytilíni
Mittelmeer
D
D
B
B
C
E
E
A
14
H
B
F
13
16
22
15
B
3
8
10
11
2
12
21
17
18
G
4
19
6
5
1
20
7
9
G

bronzezeitlichen Dorf bei Thermí (3./2. Jt. v. Chr.), archaische Bucchero-Keramik von Lésbos sowie Terrakotten aus spätklassischer und hellenistischer Zeit aus einer Nekropole bei Pýrrha. Im Garten des Patrizierhauses sind bisher noch ein äolisches Kapitell (6. Jh. v. Chr.) vom Apollotempel in Klopedí sowie ein im römischen Theater gefundener, reich mit Reliefs und Inschriften geschmückter Thron aufgestellt. – Am *Stadtstrand*, nur wenige Schritte vom Archäologischen Museum entfernt, kündet die *Freiheitsstatue* nicht nur vom Kampf um die griechische Unabhängigkeit, sondern auch von der Verbundenheit der Lesbier mit den in die «Neue Welt» ausgewanderten Insulanern.

Die quicklebendige Pulsader der Altstadt ist die *Ermou-Straße.* Das Hauptgäßchen zwischen den beiden Häfen, das gängigen mitteleuropäischen Sauberkeits- und Ordnungsvorstellungen hohnlacht, ist erfüllt mit den Düften und dem Treiben des Orients. Zahllose Händler und Handwerker gehen in oft winzigen Läden und Werkstätten ihrem kargen, aber noch nicht entseelten Broterwerb nach: der Metzger, der sein Fleisch auf dem uralten Holzklotz «spaltet»; der Schneider, der seine Ware mit ausgedienten Plakaten der Haute Couture im Stil der fünfziger Jahre feilbietet; der Konditor, der alle süßen Geheimnisse des Orients beherrscht; der Wirt, dessen Herdflamme im Überfluß des Olivenöls bis zur Decke lodert, und schließlich jener verblüffende Sattelmacher in seinem winzigen, ärmlichen Kabäuschen, der bei der Arbeit Gedichte von Baudelaire in französischer Sprache rezitiert.

Das türkische Erbe ist überall noch Gegenwart, wenn auch im Verfall begriffen, wie die Bürgerhäuschen mit ihren bröckelnden Fassaden, das nahe, strauchüberwucherte Badehaus mit seinen durchlöcherten Kuppeln oder die ruinöse Moschee an einst zentraler Stelle, an deren Eingangsgitter noch der Halb-

mond prangt und deren frühere Pracht sich nur im Konsolenrelief mit der Darstellung des Kirchenmodells widerspiegelt.
Im Schatten der alten Moschee betreibt Basileos Phegaridis eine Café-Bar, hinter deren Sprossenfenstern sich ein unvergleichliches Interieur angesammelt hat, ein buntes Sammelsurium aus Schmuck- und Einrichtungsgegenständen, das eher an eine surrealistische Collage als an ein ostägäisches Wirtshaus erinnert. Eine ausgestopfte Ente «umflattert» die zwischen Ouzo und Demestica thronende Coca-Cola-Flasche; die Spolie eines griechischen Reliefs schwebt über Musikbox, Bierkästen und Plüschsofa; Gebetsketten und Kruzifixe konkurrieren mit Militärmützen und abgeschnittenen Pferdeschwänzen; Schlangenkürbisse hängen wie vielgestaltige Vasen von der dunstverhangenen, himmelblau durchscheinenden Kneipendecke. An den plastikbezogenen Holztischen wird zu den Klängen der Buzúki geschlemmt, was das Zeug hält. Die Genießer sind ein illustres Volk, in denen man die Nachfahren der Seeräuber vor sich zu haben glaubt.
In vornehmer Distanz zu diesem Treiben steht in einer stillen Seitengasse der Ermou das christliche Hauptgotteshaus, die griechisch-orthodoxe **Kathedrale,** die dem heiligen Athanásios geweiht wurde. Die dreischiffige, kreuzförmige Basilika, 1706 aus kleinasiatischem Baumaterial errichtet, ist eine der frühesten in türkischer Zeit gebauten christlichen Kirchen. An der Straßenseite der merkwürdigen Kathedrale ragt ein schlanker, spitzbehelmter Campanile in gotischem Stil auf, dessen Untergeschoß als Portikus ausgebildet ist. Die palladianeske Fassade des Kirchenschiffs erinnert an ein Opernhaus des 19. Jahrhunderts. Der emporenumzogene Innenraum birgt den Reliquiensarkophag des heiligen Theodor von Byzanz, den die Türken 1795 hinrichteten. Der Märtyrer und Schutzpatron von Mytilíni, der Lésbos 1832 von einer Pestseuche

befreit haben soll, wird jährlich am 17. Februar mit einer Feier geehrt. Am Ostersonntag führen die Gläubigen seine Reliquie in einer prunkvollen Prozession durch die Stadt. Kunsthistorisch bedeutsamer sind der spätbyzantinische *Schnitzaltar,* die wunderbare geschnitzte Ikonostase mit zahlreichen goldgrundigen Ikonen sowie die schönen Schnitzwerke von *Kanzel* und *Bischofsthron* aus dem frühen 18. Jahrhundert.

Ganz in der Nähe der Kathedrale, auf der anderen Straßenseite, steht das *Lesbiakó Spíti,* ein mustergültig restauriertes Wohnhaus mit einer volkskundlichen Privatsammlung.

Auf dem antiken Akropolishügel östlich der Stadt thront das wuchtige und gut erhaltene Kastro, das im wesentlichen in frühbyzantinischer, genuesischer und türkischer Zeit gebaut wurde. Der byzantinische Kaiser Justinian ließ im 6. nachchristlichen Jahrhundert den mächtigen Wehrbau aus antikem Material errichten und mit einer etwa 4000 Kubikmeter Wasser fassenden Zisterne ausstatten. 1354 kam die Burg, wie ein Wappen beim Eingang verkündet, als Mitgift an das genuesische Haus Gattelusi. Die Gattelusis befestigten sie im 14. und 15. Jahrhundert mit imposanten Türmen (Nordturm auf sechseckigem Grundriß, Türme im Haupthof), Toren (Nordwesttor) und Mauern (Trakt beim Eingang). Die Türken bauten die Wehrmauern aus und errichteten im Hof eine islamische Glaubensschule (Medrese).

Zur Ermou zurückgekehrt, bummeln wir über den Odos Teatron und dann, den Schildern folgend, zum *römischen Theater* auf dem Hügel westlich über der Stadt. Es liegt in einem eingezäunten Bezirk, idyllisch in den Hang gebettet und von einem Pinienhain umgeben. Erhalten sind die völlig stufenlose große Cavea, die einst 10000 Zuschauer faßte, sowie die frei rekonstruierten Fundamente von Orchestra und Skene.

Verfallendes türkisches Badehaus in Mytilíni

Die gefundenen Architekturfragmente, auf dem angrenzenden Platz in wahlloser Scheinordnung aufgestellt, sagen für den Laien kaum etwas aus. Das 1958 vom griechischen Archäologen G. Evangelidis ausgegrabene Theater gilt als eines der bedeutendsten antiken Bauwerke von Lésbos – das darf man durchaus glauben, denn die Insel ist arm an antiken Denkmälern. Zumindest muß das Theater in der Antike berühmt gewesen sein, denn als Pompeius 55 vor Christus auf dem Marsfeld in Rom ein Theater errichten ließ, nahm er das von Mytilíni zum Vorbild. Die Priesterin Potamille muß hier verehrt worden sein, ihr waren ein fragmentarisch ausgegrabener Altar sowie eine Marmorstatue geweiht. Der erste Bau des Theaters wird ins 3. Jahrhundert vor Christus datiert, grundlegend renoviert wurde es, wie ein Inschriftenfund besagt, im 1. Jahrhundert vor Christus unter dem römischen General Julius Leontius. Vor dem Theaterbezirk bietet sich ein prächtiger Blick auf Mytilíni und das Kastro gegenüber.

Das Theóphilos-Museum in Vária und der Badeort Loutrá

Von Mytilíni aus führen *zwei Straßen nach Süden:* Die eine zieht sich am Kanal von Mytilíni entlang nach **Vária;** sie endet in **Krátigos,** unter dessen Kirche ein byzantinischer Goldschatz aus dem 7. Jahrhundert entdeckt wurde. Die andere führt nach **Loutrá** am *Golf von Géras* und zum *Strand von Ermogénis* mit einigen kaum bekannten Kirchen.
In Vária, nur wenige Kilometer südlich der Hauptstadt, lockt das **Theóphilos-Museum,** 1965 in einem kleinen Wohnhaus eingerichtet, ein Kleinod, auf das die Lesbier besonders stolz sind. Das Museum ist nicht nur Ausstellungsort für etwa 60 Gemälde des naiven Malers, der mit bürgerlichem Namen Theóphilos Chatzimichail hieß und 1873 bis 1934 hauptsächlich auf Lésbos lebte, es ist vielmehr eine Gedenkstätte, die an einen Volkshelden erinnert, mit dessen leidvollem Leben und dessen volksverbundener Auseinandersetzung mit Gegenwart und Geschichte sich die Insulaner besonders gut identifizieren können. Er stammte aus einer armen, kinderreichen Schusterfamilie und wurde als Taugenichts verspottet; er malte Ikonen auf allen Materialien, die er ohne Geld bekommen konnte – sein Großvater hatte ihn in die Geheimnisse der Malerei eingeweiht. Nach langjährigem Aufenthalt in Smyrna an der kleinasiatischen Küste kehrte er mittellos nach Lésbos zurück; dort verbrachte er seine letzten beiden Lebensjahre, in-

dem er gegen ein bescheidenes Honorar ausschließlich für den international bekannten Kunstkritiker E. Theriade arbeitete, der auch so berühmte Künstler wie Picasso und Braque förderte. Noch bevor sein Werk großen Ruhm erlangte, starb er mitten in einer höchst produktiven Phase. Doch sein Förderer Theriade, ebenfalls auf Lésbos geboren, sorgte für den Nachruhm des Künstlers, dessen Werk er als ebenso bedeutend einschätzte wie das des berühmten Naiven Henri Rousseau Le Douanier. Er richtete mit Hilfe bekannter Dichter und Maler das Museum im Geburtshaus des Theóphilos ein. Unterstützt wurde das Vorhaben unter anderen vom Literaturnobelpreisträger Odysseas Elýtis, der aus spezifisch griechischer Sicht in dem Maler einen «lebendigen Bindestrich zu dem echtesten und ignorierten Teil unseres Selbst» sah. Theóphilos schöpfte seine weitgespannte Thematik aus der Trivialliteratur und aus massenhaft verbreiteten Abbildungen, und er malte mit unerschöpflichem Fleiß Szenen aus der Mythologie und aus dem Volksleben, aus der Geschichte und der Gegenwart von Lésbos, der umgebenden Inseln und des kleinasiatischen Festlandes. Die Kollektion des Museums, die zum Teil aus Theriades Privatsammlung stammt, war in europäischen Metropolen zwischen Zürich und Paris ausgestellt, bevor sie in diesem Haus einen festen Platz erhielt.

Eines von Theóphilos' schönsten Landschaftsbildern zeigt das benachbarte, von Olivenhainen umgebene Loutrá am Golf von Géras, das man zu Fuß über den Maultierpfad erreichen kann. In der Regel wird man jedoch nach Mytilíni zurückkehren, um die Landstraße zu benutzen. Der in ältere Zeiten zurückreichende Ort Loutrá wurde zum Schutz gegen Seeräuberüberfälle wohl im 16. Jahrhundert dorthin verlegt. Bemerkenswert ist die *Kirche des Ágios Geórgios,* die am Fundort einer Ikone des Titelheiligen zunächst in Holz gebaut

wurde. Die heutige Basilika mit drei teils tonnen-, teils kreuzgewölbten Schiffen und einem westlich vorgebauten Narthex wurde in der ersten Hälfte des 19. Jahrhunderts errichtet und 1920 ausgeschmückt. Die einfache Schnitzikonostase überrascht mit kostbaren Ikonen aus dem 18. und 19. Jahrhundert. Die schöne Pforte wird flankiert von Jesus und der Gottesmutter; Erzengel, Propheten, Heilige und Kirchenmänner begleiten die Jungfrau Maria. Die ausgegrabenen Reste einer frühchristlichen Basilika aus dem 5. Jahrhundert finden sich etwa vier Kilometer südlich des Dorfes in einem Olivenhain nahe einer Erzengelkapelle. Die dürftigen Spuren des Mosaikfußbodens mit verschiedenen geometrischen Gestalten lassen eine hohe Kunstfertigkeit erkennen. Weiter im Süden erreichen wir die Bucht des heiligen Ermogénis, dessen 1932 über einer heilkräftigen Felsenquelle errichtete Kuppelkirche den schönen einsamen Sandstrand friedvoll überragt.
Den Isthmus vor dem Golf von Géras kann man zwischen Kountoúrdia bei Skála Loutrón und Pérama mit der Fähre überqueren, was für den, der von Mytilíni aus Plomári auf dem schnellsten Weg erreichen will, eine entscheidende Abkürzung bedeutet.

Um den Golf von Géras nach Plomári

Wir aber umrunden, wiederum von Mytilíni aus, den Golf von Géras im Norden und kommen zuerst nach **Loútra Korfoú** mit einer ziemlich häßlichen und heruntergekommenen Badeanstalt aus Beton und ein paar besuchenswerten Tavernen in prächtiger Lage. In der Antike müssen die dort sprudelnden Quellen eine wesentlich bedeutendere Rolle gespielt haben. Ihr Wasser galt bei Griechen wie Römern als heilkräftig, und sie verehrten an dieser Stelle Artemis, die Schutzgöttin der Heilquellen. Nun geht es durch Olivenhaine noch **Káto Tritós,** das mit kostbaren Kirchen ebenso gesegnet ist wie mit einer einzigartigen Lage an den östlichen Ausläufern des Ólympos-Berges über den Westufern des Géras-Golfes. Die 1859 an der Stelle eines älteren Vorgängerbaus errichtete Hauptkirche ist der Himmelfahrt Mariens geweiht. Durch den von Arkaden umgebenen Narthex betreten wir die kostbar ausgestattete, kreuzgewölbte Basilika mit drei Schiffen. Das *Témplon* (18. Jh.), ein Meisterwerk ostägäischer Schnitzkunst, gestaltete ein Mönch des verfallenen Erzengelklosters. Es gehörte, wie die meisten anderen Einrichtungsstücke (Bischofsthron, Ikonostase, Ikonen, Tafelbild), zum Inventar der älteren Marienkirche.

Vom einst stattlichen *Erzengelkloster* ist nur die *Hauptkirche,* das Katholikón, erhalten, eine kleine byzantinische Kreuzkuppelkirche, deren Inneres seit dem 15. Jahrhundert in drei übereinandergelagerten Schichten reich ausgemalt wurde. Die verfallenden *Fresken,* die meist aus der dritten Phase stammen, zeigen die Gottesmutter über dem Altar, den Pantokrator, Propheten und Evangelisten in der Kuppel, Szenen aus dem Leben Jesu sowie ein eindrucksvolles Weltgericht an den Wänden. Auch in diesem Kirchlein ist ein Schnitztémplon (17. Jh.) kostbarster Einrichtungsgegenstand. Über der Schlucht mit dem Weiler **Mýchos** steht ein weiteres kleines *Gotteshaus.* Der schlichte Bruch- und Backsteinmauerbau mit Narthex im Westen und Apsis im Osten gehörte zum einstigen, in byzantinischer Zeit gegründeten Johanneskloster. Wirtschaftliche Grundlage beider Klöster waren sicher die weitläufigen Olivenhaine, die auch heute noch das Landschaftsbild prägen. Über eine serpentinenreiche Straße geht es zu einer Gruppe von Orten hinauf, die zusammen das Gemeinwesen **Géras** bilden. Das erste Dorf, **Palaiókpos,** besitzt ebenso wie der Hauptort, **Skopélos,** eine hübsche Kirche. Im benachbarten **Messágros** ist die Ruine einer *Moschee* zu sehen, deren Fresken den türkischen Halbmond mit dem christlichen Kreuz vereinen. Über dem Ort, auf halber Höhe des **Psilokoudoúno-Berges,** liegen die Überbleibsel des mittelalterlichen Paliókastro. Mühsam windet sich nun die Straße um den **Roditis-Berg** und erreicht das malerisch am Hang gelegene Fischerdorf **Plomári,** den einzigen Hafenort an der Südküste. Berühmt ist er wegen des vorzüglichen Ouzo, der dort destilliert wird. Ein Besuch der Destillerien lohnt sich – nicht nur um die Produktionsmethoden kennenzulernen. Weniger dem Ouzo als dem herrlichen, langen *Sandstrand von Ágios Isídoros* östlich des Hafens ist es zu verdanken, daß der Ort heute für den Fremdenverkehr der Insel die bedeutendste Rolle spielt. Umgeben vom Flair des alten Fischerdorfs, kann der Fremde sein müdes Haupt dennoch im Hotel mitteleuropäischen Zuschnitts niederlegen. Eine romantische *Tropfsteinhöhle* und eine heilkräftige *Solequelle* vervollständigen das (nicht nur touristische) Angebot des stimmungsvollen Dorfes.

Panagía von Agiássos und Diónysos von Vríssa

Agiássos, idyllisch am Fuß des fast 1000 Meter hohen **Ólympos-Berges** in geradezu dschungelhafte Vegetation eingebettet, ist Mittelpunkt einer großen Halbinsel zwischen dem *Golf von Géras* und dem *Golf von Kalloní.* Magische Anziehungskraft übt die uralte, wundertätige Panagía-Ikone auf fromme Pilger und neugierige Touristen aus. Auf einer kurvigen Straße, welche die Übergangszone zwischen Olivenhainen und Nußbaumwäldern durchquert, nähern wir uns dem entlegenen Dorf, das auch wegen der Erzeugnisse seiner Keramikwerkstätten und Spinnstuben sowie seiner Stegreifdichter und Karnevalisten bekannt ist. Bereits von weitem gibt der hohe Sendemast auf dem Gipfel des **Profítis Ilías** zu erkennen, daß auch in dieser Gegend schon lange die Errungenschaften der Zivilisation Einzug gehalten haben. Und wenn man die von alten Nußbäumen beschattete Plateía zur Hauptreisezeit oder während eines der Marienfeste erreicht, so findet man statt der erwarteten Beschaulichkeit Blechkolonnen und Menschenmassen vor. Am engsten wird es während der drei großen Marienfeste am 15. und 23. August sowie am 14. September – was andererseits von großem folkloristischem Reiz ist. Nach zwei Wochen der Trauer versammeln sich die aus allen Winkeln der Insel herbeipilgernden frommen Lesbier am Tag der Himmelfahrt Mariens in dem kleinen Bergdorf, um die hochverehrte *Ikone der Panagía Agiossítissa* zu sehen, die während einer Prozession durch die Straßen getragen wird. Am 14. September findet ein weiterer Festzug statt; dabei steht ein auf dem Berg Golgatha heiliggesprochenes Kreuz im Mittelpunkt. Daß die Lesbier nicht nur fromme Leute sind, sondern auch gute Rechner, beweist eine im Volk weit verbreitete Annahme: Zwei Wallfahrten nach Agiássos – so heißt es – seien gleichbedeutend mit einer Pilgerfahrt ins Heilige Land.

Die historische Wurzel der Verehrung des Marienbildes reicht bis in die Zeit des Ikonoklasmus im 8. Jahrhundert zurück. Agáthos, ein Mönch aus Éphesos, rettete die Ikone vor den Bilderstürmern und brachte sie von Jerusalem nach Lésbos.

Dort, in der weltentlegenen Einsamkeit des Ólympos-Gebirges, baute er eine kleine Einsiedelei und versteckte darin die Ikone bis zu seinem Lebensende. Als Agáthos 830 starb, hatte sich um seine Klausur eine Bruderschaft gebildet, die seinen Schatz weiterhütete. Eine eigene Kirche wurde ihr erst 1170 errichtet, und die Mönche schlossen ihr Wohn- und Wirtschaftstrakte an. Um das Kloster aber bildete sich der Ort, dessen Name von Agía Sion (Heilige aus Zion) abgeleitet wird. An der Stelle des 1783 aufgelösten und 1806 abgetragenen Klosters wurde zu Beginn des 19. Jahrhunderts eine völlig neue Kirche gebaut, die wertvolle Schnitzkunst enthielt. Sie brannte 1812 ab; die heilbringende Ikone konnte zwar gerettet werden, war aber bis zur Unkenntlichkeit verkohlt. 1815 wurde die Kirche noch einmal aufgebaut; dieser Bau hat die Zeiten bis heute überdauert.

Die Pilgerstraße mit blankgeriebenem Kopfsteinpflaster führt von der Platía zur vielbesuchten *Marienkirche,* deren markanter *Naturstein-Campanile* eindrucksvoll aus der üppigen Vegetation herauswächst. Ein stattlicher Narthex mit Marmorsäulen bereitet die dreischiffige Basilika im Westen vor, im Osten klingt sie in drei Apsiden aus. Der Innenraum, bestehend aus einem tonnengewölbten Mittelschiff und zwei kreuzgewölbten Seitenschiffen, ist erfüllt von dem mächtigen *Fresko* des Pantokrator. Bischofsthron, Marmortémplon und einige Ikonen gehören zum kostbaren Inventar. Hauptziel eines jeden Besuchers ist das **frühbyzantinische Marienbild,** das hinter Glas an einer marmornen Témplonsäule lehnt. Es gehört zu jener Gruppe angeblich authentischer Marienporträts, die der heilige Lukas persönlich gemalt haben soll. Tatsächlich stammt die Ikone aus dem späten 8. Jahrhundert; was dargestellt war, kann man nur noch anhand einer Kopie verifizieren: es ist die von reichen Geschenken umgebene Gottesmutter mit dem Kind. – Innerhalb des ummauerten Kirchenbezirks gibt es ein Hotel und weitere Unterkünfte für Wallfahrer sowie ein interessantes **Museum für Kirchenkunst,** in dem neben sehr guten Ikonen und vielen Devotionalien der *Marienepitaph* von 1812, ein seltenes Meisterwerk der Stickkunst, zu sehen ist.

Von Agiássos aus kann man den *Berg Kastéli* besteigen, wo an der Stelle einer untergegangenen byzantinischen Burg eine *Erzengelkapelle* von 1960 steht. Einige Kilometer südlich von Agiássos, dort etwa, wo die ausgebaute Straße endet, erinnert das Xylókastro daran, daß da einmal eine hölzerne Burg gestanden haben muß.

Wir aber kehren in nördlicher Richtung auf der Straße zurück bis zur Abzweigung nach Polýchnitos, das mit seiner attraktiven Umgebung und dem angenehmen Badestrand unser nächstes Ziel sein wird. Rund sechs Kilometer vor Polýchnitos biegt ein Fußweg zum *Kloster Damándri* ab, das wegen seiner Fresken von 1580 sehenswert ist.

Polýchnitos, ein Bauernstädtchen mit fünf Thermalquellen, ist Ausgangspunkt für Ausflüge in das Umland. Wenige Kilometer nördlich liegen der Hafen- und Badeort **Skála Polýchnitou** und das benachbarte **Chalakiés,** wo ein vorgeschichtliches Dorf ausgegraben wurde. Die Straße nach Süden führt zum Dorf **Vríssa** mit der Kirche *Zoodochos Pigi,* die 1803 gebaut wurde und eine schöne Ikonostase enthält. Drei Kilometer weiter erreichen wir das Dorf **Vatéra** mit einem der besten und größten Sandstrände von Lésbos. Im Westen, jenseits der Mündung des *Almyropótamos-Flusses,* schiebt sich das *Kap Phokás* ins Meer, ein mystischer Ort mit kleiner Kapelle. Daneben wurden geringe Reste eines dorischen Tempels ausgegraben. Das Heiligtum aus dem 1. vorchristlichen Jahrhundert war dem ekstatischen Weingott Diónysos geweiht.

Aquädukte, Tempel, Stieropfer und das schöne Míthymna

Unsere Fahrt führt nun von Mytilíni in nordwestlicher Richtung quer durch die Insel vorbei am **Golf von Kalloní** bis hinauf nach *Míthymna,* das auch *Mólivos* genannt wird und im Altertum mit der Inselhauptstadt konkurrierte. Wir folgen zunächst dem Verlauf des *Aquäduktes,* das die Römer wohl in Hadrianischer Zeit anlegten, um Mytiléne mit Quellwasser aus dem Ólympos-Gebirge zu versorgen. 26 Kilometer lang ist die Wasserleitung, die täglich etwa 125 000 Kubikmeter Wasser transportierte und an zwei Stellen erhalten ist. Bei **Mória,** einem Ort mit Hinweisschildern und freundlichen Menschen, die einem den Weg weisen, überspannt ein dreigeschossiger Teil des Aquädukts aus 17 wohlgeformten Bögen ein nicht allzu enges Tal. Bis zu 27 Meter ragt der stattliche, aus großen Blöcken und kleineren Quadern aufgeschichtete Bau über die Olivenhaine: ein idyllischer Platz, besonders wenn die Sonne schräg auf die Arkaden scheint, zu dem die dahin führende Betonstraße ganz und gar nicht paßt. Wir kehren zur Landstraße zurück und folgen ihr bis zum Weiler **Lampoú Mýli,** der seinen Namen von fünf Wassermühlen erhielt. Dort spannt sich das zweite Stück des Aquädukts, ein Bau aus Bossenquadern mit vier schlanken Bögen, über eine enge, mit Platanen und Mastixsträuchern bewachsene Schlucht. Schafhir-

---

Nur ein paar Säulentrommeln und Architekturfragmente in der einsamen Wildnis der Senke von Méssa künden vom einstigen Zentrum des lesbischen Städtebundes, dem Heiligtum von Zeus, Hera und Dionysos

ten zerstörten in unserem Jahrhundert einen der Bögen, weil ihre Tiere in der Hoffnung auf bessere Weidegründe den Bau allzu oft als Brücke benutzt hatten.
Hinter dem Dörfchen führt die Straße durch kiefernbewachsenes Hügelland und in die Senke von Méssa am Golf von Kalloní. Dort liegen die spärlichen Trümmer eines *Tempels,* der in der Antike **Mittelpunkt des lesbischen Städtebundes** war. Kein Schild weist den Weg dahin, deshalb beschreibe ich ihn: Wer aus den Bergen in die Senke an der Bucht von Kalloní kommt, zweigt hinter der ersten Brücke bei zwei kleinen Häusern nach rechts ab. Am Ende des Schotterwegs steht ein Bauernhof, rechts daneben liegen versteckt die Tempelreste. Mich hat die Stätte tief beeindruckt: die schemenhaft aus der Wildnis ragenden uralten Olivenbäume, die schwankenden Schilfgräser auf sumpfigem, von wilden Schildkröten bevölkertem Boden, der winzige christliche Steinaltar in der Nachbarschaft antiker Säulentrommeln, Kapitelle und Gesimsstücke auf dem viel zu großen Fundament der einst so bedeutenden heidnischen Kultstätte, schließlich der Blick auf die hügelumrandete fruchtbare Ebene, die große Bucht und den Ólympos-Berg. Der Deutsche Alexander von Koldewey grub den ionischen Tempel aus dem 4. vorchristlichen Jahrhundert aus und identifizierte ihn als Heiligtum von Zeus, Hera und Diónysos. In diesem politischen und kultischen Zentrum wurde unter Teilnahme aller Bundesstädte alljährlich ein großes Weihefest abgehalten, und die schönsten Mädchen wetteiferten um die Gunst der Göttin Hera. Auch die frühen Christen erwählten den mystischen Ort für den Bau eines Gotteshauses, und so trifft man dort neben dem schönen *äolischen Kapitell,* dessen Linienführung an Widderhörner erinnert, auch das christliche Zeichen des Gekreuzigten: Landschaft, Kult und historische Symbolik in mystischem Zusammenspiel.

Eine ganz andere Art heidnischer Überlieferung hat sich im nahen **Agía Paraskeví** erhalten, das man über eine wenige Kilometer vor Kalloní nach rechts abzweigende Straße erreicht. Das Bauernstädtchen an den westlichen Ausläufern des *Távros-Berges* feiert jedes Jahr am letzten Sonntag im Mai die *Panígyris des Stieres,* ein bemerkenswertes Volksfest mit derbem Pferderennen und dem auf heidnischen Bräuchen fußenden Stieropfer. Schon am Donnerstag vor dem Fest wird der eigens zu diesem Zweck aufgezogene Stier in vollem Schmuck und mit musikalischer Begleitung in einer Prozession durchs Dorf geführt. Am Festtag führt der von buntgeschmückten Reitern begleitete Umzug zur Kapelle Ágios Karalambos, wo der Stier nach dem Gottesdienst von einem zuvor Auserkorenen geschlachtet wird. Der Brauch schreibt vor, daß sich die Gläubigen mit dem Stierblut das christliche Kreuzzeichen auf Stirn und Hände malen. Dann folgt ein großes Festgelage und am Ende das Pferderennen, dessen Sieger sich von den Mädchen des Ortes bewirten lassen darf. – Zu Agía Paraskeví gehören einige kunsthistorische Sehenswürdigkeiten in der Umgebung. Wenige Kilometer südöstlich des Ortes wurde die frühchristliche *Basilika von Chalinadós* aus der zweiten Hälfte des 6. Jahrhunderts ausgegraben und teilweise restauriert. Und jenseits des Tsikniás-Flusses sind Fundamente zweier archaischer Tempel (6. Jh. v. Chr.) zu sehen, Fundamente der wohl dem Apollon von Napi geweihten Tempel von Klopedí.

Wir erreichen **Kalloní** über dem gleichnamigen Golf und in der Nähe des antiken *Arísbe,* einer der bedeutendsten lesbischen Städte des Altertums, deren Ruinen zusehends verfallen. Die Straße führt nach Norden, vorbei am herrlich gelegenen Frauenkloster der Panagía Myrsiniótissa, einer Gründung des heiligen Ignatius aus dem 16. Jahrhundert, und in Serpentinen um den **Skotinó-Berg** nach Pétra und Míthymna.

Solche Brunnen sieht man auf Lésbos oft

Das kleine **Pétra** an einer hübschen Bucht mit Sandstrand ist ein gemütlicher und familiärer Bade- und Hafenort. Ein sehenswertes Archontenhaus, das *Haus der Barelzidena* (19. Jh.), wurde als *Museum* eingerichtet. Am Hafen steht die Kirche des heiligen Nikolaus aus dem 17. Jahrhundert mit schönen Wandmalereien. Von da führt der Weg auf einen Felsen mit dem *Wallfahrtskirchlein der Panagía Glykophiloussa,* das seit Mitte des 19. Jahrhunderts an sagenumwitterter Stelle thront.

Eines der schönsten Städtchen auf Lésbos ist **Míthymna** am nördlichen Ende der von uns benutzten Straße. Im Altertum machte sie Mytiléne den Rang streitig; dort lebte der Dichter Arion, und in der umgebenden arkadischen Landschaft wurde aus der Phantasie des Dichters Longus das Hirtenpaar Daphnis und Chloe geboren. Heute ist Míthymna Hauptstadt eines eigenen Kirchenbezirks, beliebter Fremdenverkehrsort und Tagungsstätte der Internationalen Akademie für Gravierkunst. Kraftvoll beschützt das auf antiken Bauresten von der genuesischen Familie Gattelusi errichtete Kastell den malerischen Ort, der sich ihm zu Füßen an den Hang lehnt. Das blumenreiche Städtchen mit seinen hübschen alten Häusern und steingepflasterten Gäßchen besitzt ein *Rathaus* mit archäologischer Sammlung, die 1795 gebaute *Taxiárchis-Kirche* sowie hellenistische und römische Gräber und Mauerreste am nördlichen Stadtrand. Unterhalb der Gemeinde liegen der pittoreske Hafen und der schöne Badestrand. Lohnende Ausflüge in die Umgebung führen auf die aussichtsreichen Höhen des *Lepétymnos-Gebirges* oder zum Kurort **Loutrá Eftaloús** mit seinen heißen Radiumquellen, wo man nicht nur herrlich im Meer baden, sondern auch ausgezeichnet tafeln kann.

Im Westen: Einsame Klöster, die Leier des Orpheus...

Ausgangspunkt für unsere Fahrt in den Westteil von Lésbos ist **Kalloní,** das wir von Míthymna ebenso erreichen können wie von Mytilíni. Kurz hinter dem lebhaften Städtchen liegt das *Moní Limónos,* das Kloster von der Wiese. Es ist – wie das auf der Fahrt nach Pétra gestreifte Moní Myrsiniótissas, wo der Heilige auch begraben liegt – eine Gründung des Bischofs Ignatius Agalianos von Míthymna aus dem 16. Jahrhundert und ein reines Männerkloster, Frauen haben keinen Zutritt. Es war während der Zeit der Türkenherrschaft Träger des griechischen Erbes, das auf der geheimen Schule weitergegeben wurde. Ein Versteck unter dem Altar der Klosterkirche, das der Mönch Nikólaos ausmalte, erinnert an diese Zeit. Inmitten eines Klosterhofs steht die schlichte, 1523 vollendete Kirche, deren reich ausgemalter Innenraum eine prächtige, goldglänzende Ikonostase enthält. Moní Limónos ist das einzige gegenwärtig blühende Kloster auf ganz Lésbos. Christliche Kultur und Nächstenliebe werden dort gepflegt: Neben Bibliothek, Schatzkammer und musealen Räumen sind ein Internat, ein Waisenhaus, ein Heim für geistig Behinderte, ein Altersheim und eine Herberge darin untergebracht. Sehenswert ist für mich vor allem die Bibliothek mit wertvollen Manuskripten, darunter eine vom heiligen Ignatius geschriebene Bibel, volkskundliche Exponate, eine Ikonensammlung sowie die liturgischen Geräte und Gewänder der Schatzkammer.

Hinter dem Kloster verändert sich das Landschaftsbild vollständig. Anstelle der Olivenhaine und fruchtbaren Landstriche folgt eine karge und schroffe Gebirgsszenerie, die nur von wenigen grünen Tälern durchzogen wird. Im Tal des *Voulgaris-Flusses,* wo zuweilen die Nachtigallen orphische Weisen schlagen, liegt rechts unterhalb der Straße in einem kleinen umfriedeten Paradiesgarten das *Moní Perivólis.* Ein uraltes schwarzgekleidetes Weiblein hütet das zu Beginn des 17. Jahrhunderts gegründete und jetzt vom Aussterben bedrohte Kloster. Eine wehrhafte Mauer umgibt die Anlage, die man durch eine vom Glockenturm gekrönte Pforte betritt. In der Mitte des Hofes duckt sich ein blendendweißes Kirchlein unter ein mächtiges, mit «Mönch und Nonne» gedecktes Ziegeldach. Das in nachbyzantinischer Zeit gebaute und der heiligen Jungfrau geweihte Gotteshaus wird vollständig von einer Steinbank umzogen, die ebenso wie der Backofen an der Apsis und die angeschlossene Herberge vom einstigen Pilgerstrom und Klosterleben kündet. Die ehemalige Einraumkirche mit halbrunder Apsis wurde nach Westen durch einen Narthex und nach Norden durch ein Seitenschiff erweitert. Verfallende Wandmalereien des 16. Jahrhunderts in allen Räumen zeigen Szenen aus dem Leben Mariens und Jesu, Propheten und Heilige sowie die Geschichte von Jonas. Die schlichte Bilderwand trägt Christus- und Marienikonen. Es lohnt sich, einen Augenblick im Schatten der üppigen Vegetation zu verweilen.

Jenseits des Voulgaris-Flusses, kurz vor dem heutigen Städtchen **Ántissa,** zweigt eine unasphaltierte Straße nach rechts ab, die ebenfalls mit «Ántissa» beschildert ist. Sie führt zum antiken Ántissa, das zwölf Kilometer nordwestlich an der Mündung des Voulgaris liegt, und (kurz vorm antiken Ántissa nach links abzweigend) zum entlegenen Fischerort **Gavathás,** der dank seinem schönen Sandstrand über ein modernes Hotel verfügt. Im äolischen Ántissa wurden die Ruinen einer Kultstätte aus dem 9. vorchristlichen Jahrhundert freigelegt. Am Meer liegt **Orphikia,** die Stelle, wo der Kopf des Orpheus begraben sein soll. Sein Leichnam – so berichtet die Sage – wurde hier angespült, nachdem die Mänaden Orpheus getötet und seinem bezaubernden Leierspiel ein Ende bereitet hatten, indem sie beide ins Meer warfen. Doch auf Lésbos waren die Klänge der aufrecht am Strand stehenden Leier zu hören, das Musikinstrument wurde dem Apollo geweiht und der Körper des Orpheus im Augenblick der Geburt der lyrischen Dichtung begraben. In römischer Zeit kam Ántissa in den Besitz von Míthymna und wurde später im Inselinneren neugebaut.

Wenig westlich vom modernen Ántissa gabelt sich die Straße in Richtung Sígri und in Richtung Eressós. Wir wenden uns zunächst nach Westen und erreichen kurz hinter der Straßengabelung den Abzweig zum Moní Ypsiloú. Die asphaltierte Straße führt bis vor die Pforte des Klosters, das hoch oben auf dem Gipfel des *Ordýmnos-Berges* kauert, eines imposanten, die übrige Landschaft überragenden Bergkegels. Seine Steinmassen glühen in der Abendsonne, als ob er noch immer der gefährliche Vulkan wäre, der in grauen Vorzeiten die üppige Vegetation des westlichen Lésbos zu Asche und Stein erstarren ließ. Das dem heiligen Johannes geweihte Männerkloster geht auf eine Gründung des Theophanes von Sígri gegen Ende des 7. Jahrhunderts zurück, doch wurde es nach Bränden und Zerstörungen mehrmals neu gebaut. Auch dieses Kloster, dessen Festtag am 8. Mai gefeiert wird, soll aufgelöst werden. Militärische Anlagen haben schon die strategisch wichtigen Plätze um das Kloster eingenommen. In der Mitte des schönen, von Holzloggien umgebenen Klosterhofs steht die schlichte *Kirche* mit vorgelagertem Portikus. Der Innenraum, ein einfacher Saal mit Holzempore und Schnitzikonostase, ist mit einer Reihe byzantinischer Ikonen und

---

Von Leid und Lust

Mitternacht – die Zeit nimmt ihren Lauf. Und ich schlafe allein.

Der gliederlösende Eros treibt mich wieder herum, süß-bitter, ein unzähmbares Tier.

Eros hat mir die Sinne geschüttelt, so wie der Sturm in die Bergeichen fällt.

Die einen mögen Reiterheere, andere halten Fußvolk oder Schiffe für das Schönste, ich aber das, was man leidenschaftlich liebt.

(Sappho)

---

neuerer Heiligenfiguren geschmückt. Im kleinen *Museum* sind Ikonen des 15. und 16. Jahrhunderts zu sehen, außerdem Tragaltäre, illuminierte Bibeln, kostbare Heiligenschreine und Kreuze, Meßgerät und -gewänder, die Krone eines Patriarchen sowie eine große Bibliothek mit alten Büchern, Handschriften und Dokumenten.

... versteinerte Wälder, Sapphos Geburtsort

Die Straße schlängelt sich durch die kahlen Hügel und Berge, bis wir in **Sígri** aufs Meer treffen. Wuchtig wirkt die 1757 erstandene türkische Burg über dem Hafenstädtchen, in dessen Umgebung viele kleine Buchten mit Sandstrand zum Baden locken. Die große Attraktion der Gegend ist ein 1955 entdeckter **versteinerter Wald** zwischen Sígri und Eressós. Einige versteinerte Bäume sind auch auf der **Insel Nissiopi** zu sehen, die Sígri vorgelagert ist und neben einsamen Stränden und romantischen Höhlen Tavernen mit vorzüglichen Hummergerichten zu bieten hat. Zwar ist das Mitnehmen von Bruchstükken des versteinerten Waldes unter strenge Strafe gestellt, doch trifft man immer wieder auf Läden, wo diese Sammelobjekte zum Verkauf angeboten werden. Ein gigantischer Vulkanausbruch des Ordýmnos-Berges in vorgeschichtlicher Zeit zerstörte die üppige Vegetation und den riesigen Bestand von Bäumen, die Eichen und Platanen ähneln. Der Wald versank in dem von Erdbeben zerrütteten Boden, und die hydrothermischen Energien verwandelten das Holz unter Einwirkung von Silikondioxyden in Stein. An den vor mehreren Millionen Jahren einsetzenden Versteinerungsprozeß erinnern heute bis zu 6,5 Meter hohe Baumstämme, die zum Teil acht

Meter Umfang erreichen. Sehenswert ist vor allem das entlegene *Tsichliótas-Tal.*

Wir kehren zur Straßengabelung zurück und wenden uns jetzt in südlicher Richtung nach **Eressós,** der Heimat der Sappho und des Theophrast. Das verträumte Landstädtchen mit einer neueren Doppelturmkirche und einem weiten Dorfplatz mit obligatem Kafeníon, liegt zwischen Hügeln etwa fünf Kilometer oberhalb der Meeresküste. Auch dieser Ort scheint vor dem Druck der Piratenüberfälle ins Inselinnere zurückgewichen zu sein. Die alte Siedlung, **Skála Eressoú,** ist ein hübscher Ferienort mit angenehmem Sandstrand und einer kleinen vorgelagerten Insel, die ich einmal umschwommen und dabei die byzantinischen und nachbyzantinischen Türme und Gemäuer auf dem Stadtberg gesehen habe. An der Uferpromenade reihen sich einige gute Tavernen, deren Tische von Tamarisken beschattet werden.

---

81 **Lémnos:** Ein Schiff geht auf große Fahrt
82/83 ... nur ein Bruchteil der Ölbäume von **Lésbos**
84 Dorfidylle in Agiássos **(Lésbos)**
85 «Auferweckung des Lazarus», Mosaiken im Kloster Nea Moni auf **Chíos**
Einsam am Waldrand – die byzantinische Kreuzkuppelkirche der Panagia i Krína auf **Chíos**
86 Sgraffiti und byzantinische Kapellen – am Hauptplatz von Olýmpi **(Chíos)**
87 Der Löwe inmitten der Platia Pythagorio in **Samos**-Stadt kündet vom Freiheitskampf der Griechen
Friedhof und Burg des Lykourgos Logotetis in Pythagórion auf **Sámos**
88 Kultplatz mit einsamer Säule – das Heraion auf **Sámos**

Im Geburtsort der Sappho steht eine neuere, farbengrell renovierte Kirche, hinter der die Fundamente der frühchristlichen *Andreaskirche* (5. Jh.) mit sehenswerten Mosaiken liegen. Die dreischiffige Basilika war durch zwei von Bögen überspannten Säulenreihen und ein Marmortémplon mit Reliefs gegliedert. Geblieben sind die Bodenmosaiken, die einst in bunten Farben erstrahlten. Das kleine *Museum* birgt antike Grabfunde, Fragmente der frühchristlichen Kirchen sowie andere Gegenstände aus der Umgebung. Eine zweite, Ágios Andréas verwandte Kirche aus der gleichen Zeit ist das Gotteshaus *Aphentélli,* dessen Ruinen nordwestlich am Meer jenseits der Chalándra-Mündung liegen. Der *Sapphofelsen* nahe dem Ort ist nur der Legende nach die Stelle des Freitodes der berühmten antiken Lyrikerin.

Die Geheimnisse des Erzengels von Mantamádos

Wieder kommen wir von Mytilíni und sind auf einem Wallfahrtsweg. Unser Ziel ist das merkwürdige Bild des Erzengels Michael von Mantamádos im Norden von Lésbos. Wenig nordöstlich vom Dörfchen **Pamphýlla,** wo alljährlich am 4. Dezember zu Ehren der heiligen Barbara ein Festzug mit traditionellem Jahrmarkt abgehalten wird, lag die von englischen Archäologen ausgegrabene, jetzt aber wieder verschüttete bronzezeitliche Siedlung des 3. bis 2. Jahrtausends vor Christus. Fundstücke von dort, besonders die grau glasierte Keramik, die Fachleute als *lesbischen Bucchero* bezeichnen, sind im archäologischen Museum von Mytilíni untergebracht. Die friedliebenden Bewohner der in fünf Siedlungsschichten

nachgewiesenen Stadt, die ohne Wehrmauer und Waffenschmiede auskamen, beherrschten neben dem Töpferhandwerk auch den Hausbau, Landwirtschaft und Viehzucht, Fischfang, Jagd und Weberei. Benachbart ist das kleine Pyrgí Thermís, das wegen seiner vielen turmartigen Pyrgos-Häuser bekannt ist. Über dem Kanal von Mytilíni mit herrlichem Blick bis hin zum türkischen Festland liegt die *Kirche der Panagía Troulloti,* eines von nur zwei auf Lésbos erhaltenen Gotteshäusern aus byzantinischer Zeit. Kurz darauf folgt **Loutrópolis Thermí,** dessen bereits in der Antike genutzte heiße Quellen der Artemis Thermeia geweiht waren. Zu diesem kleinen Thermalbad gehören ein hübscher Hafen, ein Strand mit Kafeníon sowie mehrere Hotels.
Die Straße folgt nun über viele Kilometer der Küste; erst dort, wo sie sich vom Meer entfernt, liegt ein weiterer bemerkenswerter Ort: das Hafenstädtchen **Aspropótamos** mit seiner außerhalb inmitten von Ölbäumen gelegenen und aus groben Hausteinen errichteten *Kirche Ágios Stéphanos,* der zweiten unversehrten byzantinischen Kirche von Lésbos.

Unser Hauptziel haben wir im alten Wallfahrts- und Töpferort **Mantamádos** erreicht. Wenig nordöstlich hinter dem Ort steht die zwischen 1728 und 1795 anstelle eines älteren Vorgängerbaus errichtete *Taxiárchis-Kirche,* an deren Hofmauer wir das merkwürdige und für die orthodoxe Kirche ungewöhnliche Bild des Erzengels Michael sehen: «Das Heiligtum ist bemerkenswert», schreibt der britische Archäologe W. H. D. Rose 1896, «da es ein Bildnis des Erzengels enthält. Es ist schwarz und häßlich und offensichtlich sehr alt. Ich glaube, es ist das einzige Kultbild, das in der orthodoxen Kirche verehrt wird. Dieses Ding wird hinter einem Vorhang gehalten, ähnlich wie beim Kasperltheater. Es heißt, der Erzen-

gel sei ganz dargestellt, obwohl nur der Kopf zu sehen ist, und er verbrauche jährlich einige Paar Schuhe, welche die Gläubigen ihm besorgen. Er lächelt, wenn ein guter Christ sich nähert, und runzelt die Stirn, wenn ein schlechter Mensch kommt.» Wohl dem, der sich für einen guten Christen hält – ihm ist ein Lächeln des Erzengels gewiß. Den aber, der Zweifel hegt, wird der heilige Blick wie ein Blitzstrahl treffen. Ich jedenfalls habe zu seinen und meinen Gunsten angenommen, daß er mir zugelächelt hat, als ich ihn besuchte. Das bis heute nicht datierte Bild, dessen lebendige menschliche Züge in antiken Vorstellungen wurzeln, wird einmal als Wachsfigur und ein anderes Mal als Holzplastik bezeichnet. Schenkt man dem Volksmund Glauben, so ist es keines von beiden, sondern ein Gemisch aus Ton und Blut. Als Sarazenen das einstige Kloster vor Jahrhunderten plünderten und die Mönche töteten, überlebte angeblich nur einer. Er war es, der aus Ton und dem Blut seiner Brüder die Ikone anfertigte. Kirchweih wird am dritten Sonntag nach Ostern mit Jahrmarkt und – ähnlich wie in Agía Paraskeví – mit einem Tieropfer gefeiert. Das Tier, am Vorabend vom Priester eingesegnet, wird geschmückt und schließlich geschlachtet. Das mit Weizenkörnern vermischte und in großen Kesseln über dem Holzfeuer gegarte Fleisch verspeisen die Gläubigen gemeinsam als Festmahl. Am 8. November feiern die Einheimischen den Jahrestag der Befreiung von der Türkenherrschaft und unternehmen gleichzeitig eine Pilgerfahrt zum Erzengel Michael.
Unsere Straße, die sich nördlich von Mantamádos am Rand des Lepétymnos-Berges vorbeischlängelt, endet im malerischen *Sikaminiá / Skála Sikaminiás,* einem einsamen Fischerstädtchen mit ersten, durch Wohlstand und Zivilisation zugefügten Narben.

Chíos und der Mastixstrauch

Zwischen Abend- und Morgenland

Schon bei der Einfahrt in den Hafen von Chíos, ein weites, vorwiegend mit neueren Häusern bebautes Trapez vor der großartigen Kulisse des weitaufsteigenden und in der Morgensonne glutrot leuchtenden Felsengebirges, wird deutlich, daß auf dieser Insel andere Maßstäbe herrschen. Die *Vita Chia* war schon in der Antike sprichwörtlich: Sie bezeichnet eine heitere und unbeschwerte Lebensart, die sich bis in unsere Tage erhalten hat.

Spießbürger und Neider unterstellen den Insulanern bisweilen Unmoralisches, doch ist ihr freundliches und offenes Wesen, das die oft bedrückende Stimmung auf den Nachbarinseln überwindet, nichts anderes als der Ausdruck ihres Wohlstands. Chíos gehört zu den reichsten griechischen Re-

gionen, und dieses Glück verdankt die Insel in erster Linie ihrem mächtigen, an zentraler Stelle zwischen Orient und Okzident gelegenen Hafen. Der Seefahrer- und Händlergeist der Inselbewohner hat ganze Sippen großer Reeder und Kaufleute hervorgebracht. Daß die Toleranz auf Chíos, das ein Drittel der griechischen Handelsflotte beherbergt, eine traditionelle Rolle spielt, beweisen jene Gotteshäuser, wo die griechisch-orthodoxe neben der römisch-katholischen Messe zelebriert wurde.
In der Antike war Chíos berühmt für seinen Marmor, seinen Töpferton und besonders für seinen vorzüglichen Wein; in der Türkenzeit züchteten die Chioten Seidenraupen und Rebhühner, und bis in die Gegenwart liefert das gutbewässerte üppige Fruchtland des Kámpos vor den südlichen Toren der Hauptstadt Zitrusfrüchte, Mandeln und Oliven. Von besonderer Bedeutung für den Wohlstand der Chioten, ist der *Mastixstrauch.* Sein Harz war schon bei den Haremsdamen des türkischen Sultans als Aphrodisiakum begehrt (s.a. S. 112). Die Türken machten den Mastix zum Synonym für Chíos und nannten es *Sakiz-Ada,* Mastixinsel.
Dem türkischen Festland nähert sich die Mastixinsel bis auf acht Kilometer, die «Nasen» von Chíos und der klazomenischen Halbinsel vor Izmir stoßen fast aneinander. Das mit 54000 Einwohnern dicht besiedelte Chíos gehört zur Gruppe der südlichen Sporaden und präsentiert auf 842 Quadratkilometern Fläche eine große landschaftliche Vielfalt. Der karge und vegetationsarme Norden besteht aus hohen Bergen, der höchste ist der **Pelinaíon** (auch: Profítis Ilías, 1297 m). Der Kalkrücken zieht sich bis in die Mitte der Insel; dort breitet sich im Osten die fruchtbare Ebene Kámpos aus, an deren Rand liegt die Haupt- und Hafenstadt Chíos. Im Süden finden sich auf sanften Hügeln und in grünen Tälern dichte Wäl-

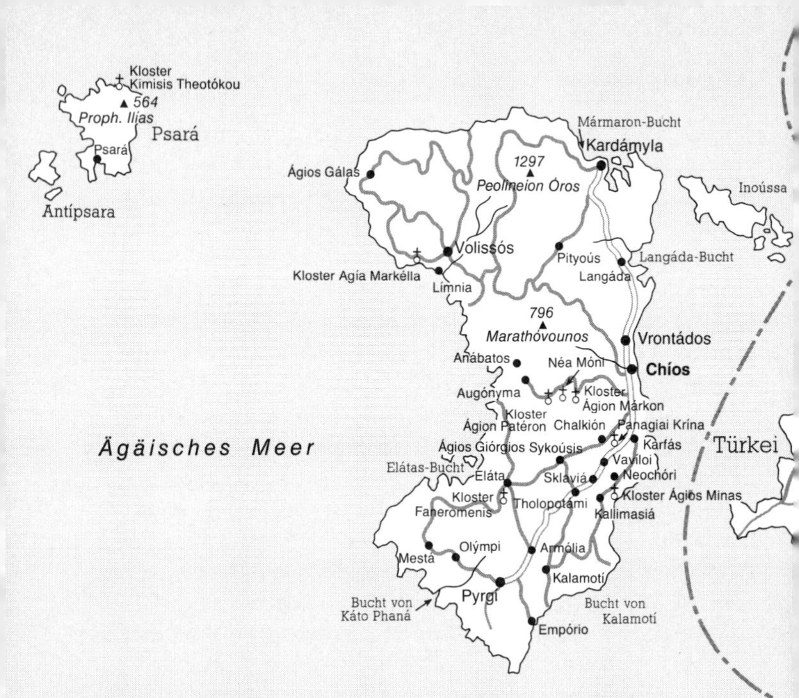

Chíos, Psará, Antípsara

der und ergiebige Felder, fruchtbare Orangen- und Zitronenhaine und die **Mastichoria,** das Mastixland.

Ihr größter Sohn ist nach Meinung der Chioten Homer. Ob der blinde Sänger tatsächlich auf der Insel geboren wurde, bleibt nach wie vor stark umstritten. Die Insulaner sind felsenfest davon überzeugt und veranstalten bei der «Schule des Homer» in **Vrontádos** ihm zu Ehren ein Festival. Ihr größtes kirchliches Fest begehen die Chioten am 23. August beim byzantinischen *Kloster Néa Móni* in den Bergen oberhalb der Haupt- und Hafenstadt.

Die wichtigsten Stationen der Vergangenheit

Chíos wurde seit etwa dem Beginn des 3. vorchristlichen Jahrhunderts von den Stämmen der Leleger und Karer bewohnt. Ionier aus Euböa waren im 9. Jahrhundert die ersten griechischen Siedler. Homer soll um 800 vor Christus auf Chíos geboren sein. Ein Jahrhundert später setzte ein enormer wirtschaftlicher Aufschwung ein, und die Chíoten wurden die reichsten Griechen. Sie prägten ihre eigenen Münzen und gründeten Handelsniederlassungen bis nach Ägypten. Im goldenen Zeitalter wurde der Begriff vom chiotischen Lebensstil geprägt; er manifestierte sich auch in der bildenden Kunst. In der legendären *Bildhauerschule von Chíos* wirkte im 6. vorchristlichen Jahrhundert der berühmte *Archermos,* dem wir die schöne Nike aus Delos verdanken (Original im Nationalmuseum, Athen, Gipsabguß im Archäologischen Museum, Chíos-Stadt). Bekannt sind auch die *Chiotischen Vasen* dieser Zeit, eine eigene Keramikgattung mit zierlichen Tierfriesen. Als vorbildlich galt die Staatsform des unabhängigen Chíos, so daß Solon einzelne Punkte in die attische Verfassung übernahm. Die Selbständigkeit der Insel wurde 512 vor Christus durch die persische Fremdherrschaft und die Tyrannis des Strattis beendet. Dann gehörte Chíos zwischen 477 und 412 vor Christus dem Attischen Seebund an. In dieser Zeit lebte der Tragiker *Ion* auf der Insel, er schrieb auch eine Gründungsgeschichte von Chíos. Er war bekannt mit Sophokles, der sich 441 vor Christus als Stratege dort aufhielt. Chíos stand im Peloponnesischen Krieg auf der Seite Athens, wurde aber von Sparta besetzt, das die Insel 404 bis 394 von einem Statthalter regieren ließ. Nach dem Antalkidasfrieden 386 vor Christus kam die Insel noch einmal unter persische Oberhoheit, sein Scheitern ermöglichte den Beitritt zum Zweiten At-

tischen Seebund, dessen Mitglied Chíos bis 357 vor Christus war. Der um 375 vor Christus auf Chíos geborene Historiker *Theopompos* wurde aus seiner Heimat verbannt, konnte aber unter Alexander dem Großen zurückkehren. Ins Ende des 4. vorchristlichen Jahrhunderts wird der berühmte Mädchenkopf aus Chíos datiert, der heute zu den Schätzen des Museums von Boston zählt. Die Römer übernahmen 190 vor Christus die Oberhoheit über Chíos. Der gegen den römischen Machtanspruch ankämpfende Mithridates von Pontus zerstört Chíos und kann es zwei Jahre besetzt halten. Seit 85 vor Christus wieder in römischen Händen, gewährt Sulla der Insel Autonomie.

Trotz des Martyriums des heiligen Isidoros Mitte des 3. Jahrhunderts nach Christus bilden sich auch auf Chíos die ersten größeren christlichen Gemeinden, von ihnen ist wenig überliefert. Jahrhundertelang lebten die Christen in dauernder Bedrängnis, was im 8. Jahrhundert in einer Reihe von Araberüberfällen gipfelt. Außer von Arabern wurde die Insel von Kreuzrittern, Venezianern und Genuesen überfallen, so 1125, als der venezianische Kapitän Cerbanus die Reliquien des Schutzpatrons Isidoros raubte. Venezianische Herrschaft bis 1304, Überfall türkischer Seeräuber 1307, genuesische Herrschaft durch die Familie Zaccaria bis 1329 und wiederum byzantinische Herrschaft bis 1346 – das sind die weiteren Marksteine der Inselgeschichte. Seit 1346 war Chíos im Besitz einer genuesischen Handelsgesellschaft, die aus mehreren Familien bestand und den Firmennamen Giustiniani führte. Sie betrieb den Anbau von und den Handel mit Mastix erstmals nach

---

Lebensbaum und kufische Schriftzeichen – Grabstele vom türkischen Friedhof in Chíos-Stadt

rein ökonomischen Gesichtspunkten. Ihr Ende fand sie mit Beginn der Herrschaft der Türken 1566, die es ebenfalls auf die Ausbeutung des Mastixstrauches abgesehen hatte. Um ihren wirtschaftlichen Anspruch zu behaupten, schickten sie Beamte und Soldaten in die chiotische Hauptstadt, verzichteten aber sonst auf jegliche türkische Besiedlung der Insel. Ebenso gewährten sie der griechischen Bevölkerung weitgehende Autonomie in Verwaltung und Rechtsprechung. Um so grausamer war die Reaktion des osmanischen Sultans, als sich die Chioten 1822 dem griechischen Freiheitskampf anschlossen. In einem blutigen Massaker ließ er 30000 Insulaner hinschlachten, 45000 wurden in die Sklaverei verschleppt, 15000 konnten auf die Nachbarinseln entfliehen, allein die 15000 Mastixbauern verschonte er, denn den von ihnen angebauten Stoff brauchte er ja, um seine sicher nicht immer liebesglühenden Haremsdamen zu stimulieren. «Unter dem Säbel des Türken sanken die Mütter, Väter, die Jünglinge; die Kinder wurden zertreten wie Wurmgezücht und die schönsten Jungfrauen zu Hunderten herausgerissen und von den noch im Blute des Bräutigams triefenden Würgern entehrt», berichtet Anton Ritter Prokesch von Osten in seinen *Denkwürdigkeiten und Erinnerungen aus dem Orient.* Unter dem Eindruck des grausamen Blutbades schrieb Victor Hugo sein *L'enfant de Chíos* und Eugène Delacroix hielt die Tragödie in seinem Gemälde *Scènes des Massacres de Scio* fest. Die Rache der Griechen ließ nicht lange auf sich warten: Das Schlachtschiff des Kara Ali, der das Massaker befehligte, flog noch im selben Jahr mit 2000 Mann Besatzung in die Luft. Seitdem wird der griechische Admiral Kanaris, der die Sprengladung zündete, als Held gefeiert. 1840 hatten sich die Gemüter soweit abgekühlt, daß die Türken wieder größere Autonomie gewähren konnten. Doch die Griechen waren von ihrer Parole *Freiheit oder Tod* (so heißt ein Roman von Nikos Kazantzakis über den kretischen Freiheitskampf) nicht abzubringen. Es dauerte noch einmal Jahrzehnte, doch am 24. und 25. November 1912 besetzte die griechische Flotte Chíos und holte die Insel heim ins Mutterland.

Früher ein Juwel unter den Städten der Levante: Chíos-Stadt

Der französische Reisende Pitton de Tournefort bezeichnete Chíos zu Beginn des vorletzten Jahrhunderts als Juwel unter den Städten der Levante. Dieser Juwel hat bei den griechischen Freiheitskämpfen, dem Massaker von 1822 und einem verheerenden Erdbeben 1881 sehr gelitten.

Die lebhafte Inselhauptstadt mit heute rund 24000 Einwohnern besteht aus einer befestigten Altstadt am Nordkai des weiträumigen Hafens und einer größeren Neustadt, die den restlichen Ankerplatz umgibt. Die Uferpromenade mit kleinen Läden, Agenturen, Tavernen und Cafés ist das Bindeglied zwischen den beiden Bezirken.

Die **Altstadt** wurde auf den Grundmauern einer im ersten vorchristlichen Jahrhundert zerstörten Burg im 13. Jahrhundert unter Verwendung römischen Baumaterials als byzantinische Festung errichtet. Erweitert wurde diese Anlage, als die Genuesen nach 1433 gewaltige Türme und Mauern hinzufügten. Bis die Türken sich der Insel bemächtigten, lebten die genuesischen Giustiniani und die chiotischen Griechen dort in stattlichen Herrenhäusern, und dort war auch der Mittelpunkt von Handel und Verwaltung. Dann verdrängten die Türken im 16. Jahrhundert die Griechen und machten aus der christlichen Zitadelle ein muselmanisches Kástro. Moscheen und Badehäuser ersetzten Kirchen und Paläste, und die Türken legten im Schutz der mächtigen Mauern ein enges Gassenlabyrinth mit winzigen Holzhäusern und plätschernden Brunnen an.

Wir betreten die Altstadt durch das Haupttor an der Südwestecke des Kástro, in dessen Verlies Bischof Platanos und weitere 75 griechische Freiheitskämpfer von 1822 ihrer Hinrichtung harrten. Ein paar Schritte weiter stoßen wir auf den türkischen Friedhof mit dem Grab des Verantwortlichen des Massakers von 1822, Kara Ali, der dem griechischen Gegenschlag zum Opfer fiel. Beim Streifzug durch die malerischen Gassen entdecken wir hier und dort Reste von Moscheen und Dampfbädern, Loggienhäusern und kufisch beschrifteten Brunnen. In byzantinische Zeit reicht ein Brunnen an der Ostseite des Kástro zurück, die Ágios-Geórgios-Kirche in dessen Mitte stammt aus dem späten 19. Jahrhundert.

Bei einem Aufenthalt in Chíos habe ich bei Abenddämmerung eine stimmungsvolle Stunde auf der **Stadtmauer** verbracht, die Türme, Bastionen und Kasematten aus venezianischer, genuesischer und türkischer Zeit bewahrt. Zuerst schlenderte ich am Fuß der Landmauer, wo in dürftigem Gestrüpp Ziegen und Schafe weiden, bis zum Meer. Unübersehbar dort die drei Stümpfe ehemaliger Windmühlen, die zu einem Wahrzeichen geworden sind. Dann bestieg ich die Festungsmauer – es ist eigentlich verboten, aber niemand kümmert sich darum – und ging wieder in Richtung Meer. Der schmale Trampelpfad auf der verfallenden und stark bewachsenen Mauer führt vorbei an den Ruinen interessanter *Kuppelräume*. Kurz vor dem Meer fallen auf der rechten Seite einige Kuppeln ehemaliger türkischer Badehäuser auf, die jetzt als Ziegenstall benutzt werden. Wer durch die Luftlöcher der einstigen Dampfbäder guckt, sieht muselmanisches Schmuckwerk – und der «Duft» von Ziegenböcken steigt ihm (oder ihr) entgegen. Zwar steht die Altstadt unter Denkmalschutz, doch wird einem da oben besonders deutlich, daß die Stadtmauer und das ungeliebte türkische Erbe die Konservatoren noch vor schwerwiegende Probleme stellen werden.

Zentrum der **Neustadt** ist der nahe **Vounáki-Platz** mit unzähligen Kaffeehaustischen, üppigem Palmenbewuchs, einem Springbrunnen, der nachts in verschiedenen Farben erstrahlt, und einer unbegreiflich großen Menge von meist vergebens auf Kunden wartenden Taxifahrern. Im anschließenden *Stadtpark* steht das bronzene Monument des schon erwähnten Admirals Kanaris, der das türkische Kanonenboot mit voller Besatzung in die Luft sprengte, und in der nahen *Straße der Märtyrer* das Denkmal für 80 Geiseln, die dort am Strang endeten. Zudem gibt es in der Umgebung einen 1768 angelegten türkischen Brunnen sowie eine Moschee aus dem 19. Jahrhundert. Von der Platía führt die **Aplotaria,** die von vielen Läden gesäumte Hauptstraße der Neustadt, sowie eine von dort nach links abzweigende Querstraße zur ebenfalls im 19. Jahrhundert gebauten Kathedrale. Am selben Platz hat die interessante, mehr als 130000 Bände umfassende **Bibliothek** ihr Domizil, die der berühmte chiotische Philologe und Humanist *Adamantios Koarís* 1792 gründete. Zu ihren Glanzstücken gehört die dem Stifter eigenhändig von Napoleon gewidmete «Description de l'Egypte», deren 24 Prachtbände in den Jahren 1809 bis 1813 in Paris erschienen. Angeschlossen ist ein *Museum,* das *Philipp Argenti,* ein 1974 gestorbener wohlhabender Chiote, stiftete. Dort sind heimatgeschichtlich wie völkerkundlich interessante Exponante zu sehen, darunter Fotos, Stiche, Porträts und historische Bildtafeln. Im Obergeschoß ist die Pinakothek untergebracht und das Volkskundemu-

seum mit bäuerlichen Gegenständen des traditionellen Kunsthandwerks wie der Weberei, Schnitzerei und Stickerei.
Im Norden der Inselmetropole wurde im 5. Jahrhundert die frühchristliche Basilika des Stadtheiligen und Märtyrers Isidoros errichtet, deren Mosaikböden prächtig gewesen sein sollen. Nachdem aber die Venezianer die Reliquien des Heiligen 1125 geraubt hatten, verlor das Gotteshaus bald an Bedeutung.
Im Südteil der Stadt steht an der Odos Michalon und gegenüber dem Gymnasium das sehenswerte **Archäologische Museum.** Die dort gesammelten Funde, vorwiegend aus Chíos, bieten Beispiele aus fast allen Epochen von der Vorgeschichte bis in die Neuzeit. Eine Schautafel zeigt die Kultureinflüsse, die Chíos aus Sámos, Ikaría und vom kleinasiatischen Festland erhielt. Eine Dokumentation zum *Daskalópetra* (Schule des Homer) stellt die Beziehungen zur Göttin Kybele her. Aus frühhelladischer Zeit stammen die Schnabelkannen und protogeometrischen Gefäße vom Fundort Empório. Fragmente zweier archaischer Mädchentorsi (6. Jh. v. Chr.) entstanden in der Bildhauerschule von Chíos. In römischer Zeit wurden das *Grabrelief mit der Darstellung eines Totenmahls* aus Phana sowie die *Reliefbüste von Kaiser Nero* geschaffen. Ferner können wir Sammlungen von Keramik, Münzen, Inschriften, Grabstelen, Porträtköpfen, Architekturfragmenten und Kleinkunst verschiedenster Art betrachten.
Nach dem Museumsbesuch empfiehlt sich eine ausgedehnte Ruhepause auf der schattigen Terrasse des nahen Restaurants «Tasos», das ausgezeichnete Fischgerichte und guten Wein serviert. Es liegt unmittelbar am Meer und an der Straße nach **Karfás,** dem beliebtesten Badevorort von Chíos. Wer am fünf Kilometer langen Sandstrand von Karfás einen organisierten «Individualurlaub» (Studien-Kontakt-Reisen) mit Yoga, Ma-

len oder Seidenmalen verbringen will, dem empfehle ich das zu einer Erholungs- und Kreativstätte umgebaute Kloster von Erika und Marcos. Die Gäste schlafen in ehemaligen Mönchszellen und leben im idyllischen Klosterhof – von internationalen Ambitionen kündet der Name «Marcos Place».

Néa Moní – ein neues Kloster für die Gottesmutter

Wer von Chíos aus die Hauptsehenswürdigkeit der Insel, das 15 Kilometer entfernte byzantinische Kloster Néa Moní am *Berg Provateion,* besuchen will, der sollte einen der am Vounáki-Platz wartenden Taxifahrer engagieren. Ich hatte einmal einen, der mich, kühn die Serpentinen hinauf chauffierend, über die politischen Verhältnisse der Insel «aufklärte», indem er aus seiner Sympathie für den damals in Griechenland weilenden Erich Honecker keinen Hehl machte. Er zeigte mir überall die niedergebrannten Wälder, und auf meine Frage, wer das Feuer gelegt habe, antwortete er diplomatisch: «Ist es nicht seltsam, daß die ringsum wütenden Waldbrände ausgerechnet das Kloster verschont haben?»

Das der Gottesmutter geweihte «Neue Kloster» liegt – wunderschön in eine Senke eingebettet – als pinienbeschattete Oase inmitten der Berge. Seine Gründungsgeschichte beginnt etwas oberhalb in einer Höhle, die den frommen Männern Nikitas, Ioánnis und Joseph als Einsiedelei diente. Sie fanden an der Stelle des heutigen Klosters eine wundertätige Muttergottes-Ikone, die ihnen verkündete, daß der auf Lésbos im Exil lebende Konstantin IX. Monomachos als Kaiser nach Byzanz zurückkehren würde. Als sich diese Weissagung gegen Mitte

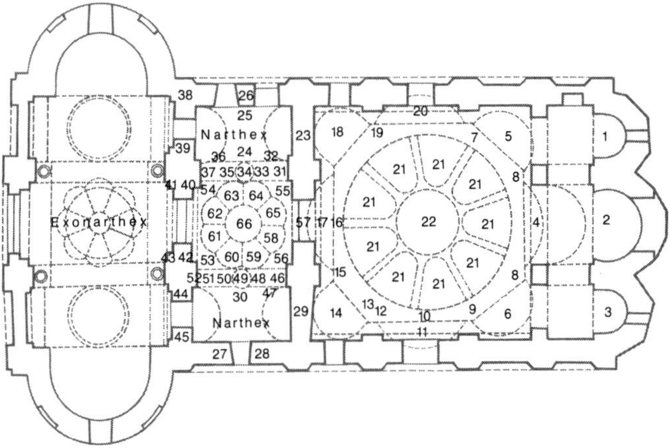

Grundriß der Klosterkirche

1 Erzengel Michael
2 Maria (Gottesmutter) orans
3 Erzengel Gabriel
4 Geburt Christi
5 Verkündigung
6 Christi Darstellung im Tempel
7 Matthäus
8 Cherubim
9 Johannes der Theologe
10 Andreas
11 Taufe
12 Lukas
13 Bartholomäus
14 Verklärung
15 Seraphim
16 Philippus
17 Kreuzigung
18 Kreuzabnahme
19 Markus
20 Höllenfahrt
21 Engel
22 Pantokrator
23 Auferweckung des Lazarus
24 Einzug in Jerusalem
25 Vor der Fußwaschung
26 Fußwaschung
27 Der Verrat
28 Das Gebet im Garten Gethsemane
29 Christi Himmelfahrt
30 Pfingsten
31 Stephanos d. J.

des 11. Jahrhunderts tatsächlich bewahrheitete, ließ der Monarch aus Dankbarkeit am Fundort ein Kloster bauen. Es blühte schnell auf, und in seiner besten Zeit gehörten ihm zwei Drittel des Grundbesitzes der ganzen Insel. Die Jahre des griechischen Freiheitskampfes trafen es schwer: Im Schicksalsjahr 1822 wurde es von den Türken in Brand gesetzt, die Bibliothek zerstört, und die Reliquien wurden geraubt. Das Erdbeben 1881 vollendete das Zerstörungswerk mit dem Einsturz der Kirchenkuppel. Nach langen Jahren der Verödung wurde das Kloster wieder instand gesetzt und erstrahlt heute in neuem Glanz.

Zypressen und ein erst 1900 gebauter Glockenturm überragen den unregelmäßigen Klosterhof. In seiner Mitte steht die ehrwürdige, von einem byzantinischen Meister in der Mitte des

---

32 Ephraim
33 Arsenios
34 Nikitas
35 Antonios
36 Maximus
37 Johannes Kalybites
38 Symeon Stylites
39 Stylit
40 Jesaias
41 Jeremias
42 Daniel
43 Ezechiel
44 Symeon Stylites
45 Daniel Stylites
46 Johannes Studites
47 Theodosios
48 Euthymios
49 Menas
50 Pachomios
51 Sabbas
52 Johannes Klimakos
53 Stephanos
54 Panteleimon
55 Joachim
56 Anna
57 Pantokrator
58 Theodoros Stratelates
59 Bakchos
60 Orestes
61 Mardarios
62 Eugenios
63 Auxentios
64 Eustratios
65 Sergios
66 Maria (Von Charalambos Bouras)

11. Jahrhunderts nach dem Vorbild von Ágii Apóstoli in Konstantinopel errichtete **Klosterkirche.** Sie zählt mit Ósios Lukás und Dafní zum seltenen Typus der auf die Kuppel bezogenen Oktogonalkirchen. Die mächtige Kuppel mit sieben Metern Durchmesser lastet nämlich auf acht Hängezwickeln und acht Bögen, hinter denen sich acht Konchen öffnen – die Baumeister bewältigten eine schwierige statische Aufgabe, indem sie eine luftige und elegante Form konstruierten. Seit der Wiederherstellung der Kuppel fehlt allerdings das charakteristische Stütz- und Schmuckelement der acht jeweils zweigeschossig übereinandergestellten Doppelsäulen. Wir betreten die Kirche durch den neueren Glockenturm und kommen in den dreischiffigen, durch seitliche Konchen erweiterten Exonarthex mit Freskenschmuck, dann in den Esonarthex, wo die Mosaiken einsetzen, die in der Gründungszeit von Künstlern aus Konstantinopel im offiziellen Kaiserstil geschaffen wurden. Leider erlitten diese **Meisterwerke der byzantinischen Mosaikkunst,** die an Ausdrucksstärke und Körperlichkeit, Porträthaftigkeit und Licht-und-Schatten-Setzung ihresgleichen suchen, durch das Erdbeben größere Schäden. In der Kuppel des Esonarthex ist die Gottesmutter zu sehen, umgeben von vielen Heiligen. An der Peripherie spielen sich Szenen aus dem Leben Jesu ab: die «Auferweckung des Lazarus» und der «Einzug in Jerusalem», die «Fußwaschung» und der «Verrat», das «Gebet im Garten Gethsemane», «Christi Himmelfahrt» und «Pfingsten». In der mächtigen, nach dem Einsturz 1881 erneuerten Kuppel des Hauptschiffes regiert der von Engeln umringte Weltenherrscher. Auch da erzählen die Bilder aus dem Leben des Gottessohnes: «Verkündigung» und «Geburt», «Darstellung im Tempel» und «Taufe», «Verklärung» und «Kreuzigung», «Kreuzabnahme» und «Höllenfahrt». Dann Evangelisten, Johannes der Theologe, Erzengel

und Heilige. In den drei Ostapsiden ist die betende Gottesmutter und Kirchenpatronin dargestellt, die von den Erzengeln Michael und Gabriel begleitet wird. Das Allerheiligste ist durch eine Bilderwand aus dem 19. Jahrhundert abgeschirmt. Eine weitgehend intakte Marmortäfelung verkleidet den Raum, vom einstigen Mosaikfußboden blieben nur wenige Reste erhalten.

Der malerischen Ansichten wegen lohnt es sich, auch einmal durch die Ruinen der ehemaligen **Klostersiedlung** zu streifen, wo sich eine alte *Ölpresse* erhalten hat. Sehenswert sind das gut erhaltene, mit Marmortisch und Steinbänken ausgestattete *Refektorium,* die dreischiffige, flach überkuppelte Zisterne, der Wachtturm beim Eingang sowie die Friedhofskapelle mit Beinhaus. Im Beinhaus lagern die Schädel von fast 3000 Menschen, die die Türken 1922 an dieser Stelle dahingemetzelt haben. Ein Klostermuseum soll demnächst eröffnet werden.

Die Hüterin von Néa Moní, ein pausenlos lamentierendes schwarzgekleidetes Klosterweiblein, entpuppte sich am Ende meines Rundgangs als liebenswerte alte Frau: Sie gewährt mir eine Innenaufnahme von der Klosterkirche, läßt mich meinen Namen ins Gästebuch eintragen, schenkt mir ein zuckersüßes Mastixbonbon und entläßt mich mit unzähligen frommen Wünschen.

Ein Waldpfad führt zu dem etwas höher gelegenen *Kloster Ágion Patéron,* das 1890 neu gebaut wurde. Der letzte dort lebende Klosterbruder führt den Fremden zu jener Höhle, wo einst die drei Eremiten lebten, denen Néa Moní seine Existenz verdankt.

Unterhalb von Néa Moní liegt das 1835 errichtete *Kloster Ágiou Márkou.* Von da zweigt eine unbefestigte Straße in weltentlegenes Bergland ab. Wir erreichen zuerst das verlassene Bergdörfchen **Augónyma,** das im Mittelalter zum Schutz gegen Seeräuberüberfälle angelegt wurde und dessen zwei Kirchen der heiligen Maria und dem heiligen Georg gewidmet sind. Noch entfernter liegt das zum selben Zweck gebaute, ebenfalls verlassene Rückzugsnest **Anábatos** auf einem natürlich befestigten Felsenturm. Bis dahin drangen 1822 die blutrünstigen Osmanen vor, um die geflohenen Chioten bis auf den letzten Mann auszurotten. Überragt wird es von den Ruinen des mittelalterlichen Kástro, in dem eine Erzengelkirche eingebaut war. Ihm zu Füßen liegt ein kleiner *Dorfplatz* mit Kafeníon, einer Erzengelkirche aus dem 19. Jahrhundert und einigen wenigen noch bewohnten Häusern. Die nahe *Kirchenruine der Koimisis* enthält Freskenreste aus dem 16. Jahrhundert, die den thronenden Pantokrator zeigen.

Zur «Schule des Homer» und in den gebirgigen Norden

Nur wenige Kilometer nördlich von Chíos-Stadt liegt das pittoreske Fischer- und Hafenstädtchen **Vrontádos,** aus dem viele Seefahrer und Schiffseigner stammen und wo es die besten Kaíki-Werften gab. Der legendäre Kapitän Andreas soll in diesem Ort von Kolumbus persönlich für seine Weltentdekkungsfahrten angeheuert worden sein. Vielleicht gehört es daher auch zum schier uferlos gesponnenen Seemannsgarn, daß in Vrontádos behauptet wird, Homer sei dort geboren und habe dort gelehrt – ein Anspruch, den immerhin sechs weitere Städte für sich erheben. Ein aus Alexandria stammender und auf Chíos tätiger Rechtsanwalt hat wesentlich dazu beigetragen, daß die Stadt in den Mittelpunkt bildungsbeflissener Homer-Wallfahrten rückte, indem er die *Internationale Gesell-*

schaft für Homerische Studien gründete und alle Jahre wieder ein Homer-Festival veranstaltet. Zwar gibt es tatsächlich ein paar Anhaltspunkte dafür, daß Homer von der Insel stammt, doch fehlt ihnen die über alle Zweifel erhabene Beweiskraft. «Ein blinder Mann ist es», so heißt es im Homerischen Apollonhymnus, «der im klippenreichen Chíos wohnt.» Ein dürftiger Hinweis, der wenigstens etwas durch die Tatsache bekräftigt wird, daß es noch in klassischer Zeit auf Chíos die Nachfolgegemeinschaft der Homeriden gab und daß Homer einen äolisch beeinflußten ionischen Dialekt sprach, der auf Chíos beheimatet war. Ein Produkt der Fantasie ist hingegen die Behauptung, daß der berühmte Felsen in der Nähe der Stadt bei der köstlichen Pasa-Quelle, der als **Daskalópetra** (Lehrerfelsen) bezeichnet wird, die «Schule des Homer» sei. Vielmehr handelt es sich um einen uralten Felsthron mit eingemeißeltem Sitzkreis, den die modernen Archäologen als archaisches Heiligtum der kleinasiatischen Fruchtbarkeits- und Muttergöttin Kybele identifizieren. Fundiert wird diese Auffassung durch den Text des 18. Jahrhunderts, in dem ein mittlerweile verschwundenes Relief erwähnt wird, auf dem eine thronende, von Raubtieren flankierte Frauengestalt in der Art anderer Kybeledarstellungen zu sehen war.
Rühmen kann sich Vrontádos, Standort der ältesten christlichen Kirche (3. Jh.) der Insel gewesen zu sein. Allerdings ist davon nichts erhalten. Nur ein paar Mosaiken von einem vier Jahrhunderte jüngeren Nachfolgebau sind im Museum von Chíos zu sehen.
Wir folgen von Vrontádos aus der Küstenstraße in nördlicher Richtung und erreichen nach etwa zehn Kilometern in einmaliger Lage das Fischerdorf **Langáda** an der gleichnamigen Bucht. Jenseits der Bucht finden sich nahe einer Flußmündung die spärlichen Reste des antiken *Delphinion,* das den

Athenern 412 vor Christus als Militärbasis diente. Nach weiteren zehn Kilometern kommen wir nach **Kardámyla,** dem Hauptort des nördlichen Chíos, reizvoll an den Ausläufern der höchsten Inselberge gelegen. Die Hochburg chiotischer Reeder steht auf den Grundmauern der antiken Stadt *Kardamyle,* von dem nur noch geringe Reste eines Poseidontempels am nördlichen Ortsrand erhalten sind. An einer kleinen Bucht der Nordküste liegt der Hafen **Mármaron,** in dessen Umgebung schöne Strände zum Baden einladen. Eine ausgedehnte Wanderung führt von Kardámyla aus entlang dem *Amithountas-Fluß* und ein fruchtbares, von Süden kommendes Seitental hinauf zum mittelalterlichen Piratenschutzdorf **Pityoús** vor der Kulisse eines kargen Kalkgebirges. Das Weindorf wird von einer hohen *Natursteinmauer* mit Zinnen umgeben, deren besonders gefährdete Nordostseite ein stattlicher zweigeschossiger Polygonalturm bewacht. Am Dorfplatz steht die *Georgskirche,* die, ebenso wie die *Kirche der Panagía Phaneromenis,* mit einer hübschen Holzikonostase aufwartet. Nahe der *Kirche der Allheiligen zur Höhle* auf einem Hügel vor dem Ort sind die Fundamente einer einst reich mit Fresken ausgestatteten Kirche sowie eine etwas tiefer liegende Eremitengrotte zu entdecken.

Eine zweite von Vrontádos ausgehende Straße windet sich mühsam durch unwirtliches Bergland und stößt an der Westküste auf das hübsche Fischerdorf **Volissós,** das eine Zeitlang Inselhauptstadt war. Die mittelalterliche Siedlung liegt im Schutz einer Burgruine aus byzantinischer Zeit, von der wir einen herrlichen Ausblick genießen. Der *Hafen* des etwas landeinwärts zurückgewichenen Ortes heißt **Límnia** und ist Ausgangspunkt für eine Schiffahrt zur vorgelagerten **Insel Psará.** Ebenfalls an der Küste, aber ein paar Kilometer nord-

westlich, liegt das *Kloster Agía Markélla,* wo am 22. Juli eine große Wallfahrt stattfindet. Wer von Volissós aus einer unbefestigten Straße nach Nordwesten folgt, erreicht nach knapp fünf Kilometern **Píramia,** in dessen Gemeindekirche eine kostbare Ikonostase aus dem 17. Jahrhundert überrascht.
Nur dem, der Spaß an einem – befristeten – Eremitendasein hat, empfehle ich, an den gottverlassenen Nordwestzipfel der Insel weiterzufahren. Nach zeitraubender Kurvenfahrt über holprigen Untergrund erreicht man **Ágios Gálas.** Dort gibt es eine Höhle, die Einheimischen nennen sie *Bett der Muttergottes,* in der neolithische Funde zum Vorschein kamen. Vor dem Eingang wurde im 13. oder 14. Jahrhundert eine kleine Kuppelkirche der Panagía errichtet, die interessante Fresken des Marientodes sowie ein 1740 geschaffenes Schnitztémplon birgt. Etwas oberhalb der steinzeitlichen Kultgrotte steht die reich ausgestattete *Kirche Ágios Thalálios,* deren 1711 geschaffene Bilderwand als *älteste erhaltene Schnitzikonostase* von Chíos gilt.

Im fruchtbaren Süden

Wenige Kilometer südlich von Chíos verlaufen die Straßen wie drei Zinken einer Gabel in drei nur leicht abweichende Richtungen. Die erste zweigt nach rechts ab, zieht sich in südwestlicher Richtung zum *Kloster Faneromenis* nahe der Eláta-Bucht. Die zweite geht nach links, hält sich näher an der Küste und stößt im Süden auf die *Bucht von Kalamotí.* Die dritte führt als «Goldener Mittelweg» mitten ins Herz des Mastixlandes und lädt zu Abstechern nach Empório und Káto Phaná ein.

Diese Route bietet gleich zu Beginn beim Weiler **Sklaviá** nahe dem Dörfchen **Vavíloi** einen ersten Höhepunkt. In stimmungsvoller Waldeinsamkeit steht dort die 1287 gebaute byzantinische *Kreuzkuppelkirche* der Panagía i Krína mit schönem, teils dekorativ geschichtetem Backsteinmauerwerk, reizendem Vorhöfchen und einer vom Pinienast baumelnden Glocke, mit der der Pope zum Gottesdienst ruft. Nur die Hauptkuppel ist ihres ursprünglichen Schmuckes entblößt, während das Narthexgewölbe ganz erneuert werden mußte. Ungewöhnlich für den orthodoxen Glauben ist die Darstellung dreier unbekleideter weiblicher Gestalten beim Eingang zum Kirchenschiff, deren Vorbilder sicher in der Antike zu suchen sind. Die grazilen und lebendigen Fresken des Hauptraumes schuf der kretische Künstler Michael Chomatzas 1734 im nachbyzantinischen Stil. Drei weitere Freskenschichten reichen von der Gründungszeit bis zu volkstümlichen Malereien der Gegenwart.
Wir kehren zur Asphaltstraße zurück; kurz hinter **Tholopotámi** sehen wir das erhaltene Teilstück einer Zyklopenmauer. Dann geht's durch hügelige, mit Ölbäumen bepflanzte Landschaft, aus der hier und da ein Stumpf einer verfallenen Windmühle herausragt. Bei **Armólia,** das wir links liegenlassen, ist das **Zentrum des Mastixanbaus** erreicht. Dort steht einer jener *Festungstürme,* mit denen die Genuesen im 14. und 15. Jahrhundert das Mastixland vor Überfällen schützten. Bedeutender und sehenswerter sind die drei Mastixdörfer *Pyrgí, Olýmpi* und *Mestá,* denen sich mehr als 20 weitere hinzugesellen. Bei diesen dreien hat sich der Charakter des mittelalterlichen Wehrdorfes mit turmverstärktem, aus den Außenmauern der Wohnhäuser gebildetem Mauerring und zentralem Fluchtturm am besten erhalten. 5000 in Genossenschaften organisierte Bauernfamilien leben heute von den fast **1,5 Millio-**

Auf dem Weg ins Mastixland: Verfallende Windmühle im Süden von Chíos

nen Mastixsträuchern, die jährlich rund 175 Tonnen Harz liefern. Die Bauern zapfen das mannshohe, baumähnlich gezogene Strauchgewächs *Pistacia Lentiscus* zwischen Juli und September an; das aus den Stämmen fließende Harz tropft auf ausgelegte Tücher. Dort trocknet es zu gelblichen Körnern; sie werden, in acht Güteklassen eingeteilt, als Grundstoff für Süßigkeiten und Getränke, aber auch für Lacke, Klebe- und Bindemittel verwendet; sogar in der Weltraumfahrt wird das Harz benutzt. Aus dem Öl der Früchte wird der *Masticha-Likör* hergestellt. Das Wort Mastix ist vom italienischen *masticare* abgeleitet, ein Hinweis darauf, daß der Stoff bereits in der Antike mit besonderer Vorliebe gekaut wurde. Der Mastixstrauch wächst nicht nur auf Chíos, aber nur die

dort heimische Gattung Chia mit dem dicken Stamm gibt Harz in dieser Qualität und Quantität ab.
Origineller **Hauptort des Mastixlandes** ist das mittelalterliche Städtchen **Pyrgí** mit verwinkelten Gassen, Bögen, Treppen, Balkonen, auf denen die roten Mastixfrüchte zum Trocknen hängen, und der zentral gelegenen Ruine einer genuesischen Burg (14. Jh.). Charakteristisch für das Ortsbild sind die Haus- und Kirchenfassaden mit schwarzweißen geometrischen *Kratzputzornamenten (Xistá)* aller Art, einer wohl auf italienische Einflüsse zurückgehenden Tradition, die auch bei den wenigen modernen Betonbauten fortgesetzt wird. Der **Hauptplatz** am Fuß der modernen *Mitropolis,* die ebenfalls mit Doppelputz-Sgraffiti verziert ist, hat den Charakter eines großen gemütlichen Straßencafés unter mächtigen Platanen. Da sitzen bewegungslos die Ortspatriarchen, in ihrer Mitte der majestätisch auf einen Stock gestützte Pope mit modischer Spiegelglas-Sonnenbrille, während die Frauen am Rande emsig damit beschäftigt sind, unzählige Mastixkörnchen auf runden Tabletts zu verlesen. An einer Ecke der Platía führt ein Torbogen zur spätbyzantinischen Apostelkirche, die im 13. Jahrhundert gebaut und 1665 vom kretischen Maler Anthonis D. Cingos mit kostbaren Fresken ausgemalt wurde. In der Kuppel prangt das Bild des Weltenherrschers. Mit farbenfrohem Leben erfüllt sich der Ort, wenn Einheimische und Gäste am 15. August beim *Moní Panagías* Kirchweih feiern, die Ansässigen in traditionellen Trachten.
Das vielleicht urwüchsigste der drei Mastixdörfer, **Olýmpi,** folgt gut fünf Kilometer weiter westlich. Es wurde im Mittelalter auf fast quadratischem Grundriß angelegt; der große Platz im Zentrum wird fast vollständig von einem gewaltigen *Fluchtturm* eingenommen. Dicht an seinem Fuß gedrängt arrangieren sich die äußerst schlichte eingeschossige Hauptkir-

che und die Möbel des benachbarten Kafeníons. Auch in diesem Nest herrscht chaotisches Gassengewinkel, dazwischen eine Arkadenstraße und außen die Stadtmauer aus Wohnhäusern, deren Türen, Fenster und Weinlauben den Eindruck erwecken, die Mauer sei löchrig geworden. Scheue und dennoch freundliche Menschen wie aus einer anderen Zeit arbeiten fleißig in wortloser Gemeinschaft mit ihren Eseln, Maultieren und Ziegen.

Fremdenverkehr und Wohlstand sind in **Mestá**, dem letzten der Mastixdörfer, schon einen Schritt weiter vorgedrungen. Daß man auf Gäste eingestellt ist, beweist das Hinweisschild *Kentron,* das dem heute erwünschten Fremden hilft, den einst unüberschaubaren Weg durch labyrinthische Gassen zum Hauptplatz zu finden. Sauber und ordentlich ist die gemütliche «gute Stube» des Dorfes, wo unverkennbar bereits Denkmalpflegerhände gewaltet haben.

Kameramänner vom Norddeutschen Rundfunk halten beflissen nach der Aura echt chiotischer Mastixstimmung Ausschau; ich wende mich, um Hunger und Durst zu stillen, an den besten und einzigen Wirt des Platzes. Der sympathische, ernsthafte Mann besteht darauf, mir, quasi als geistliches Horsd'œuvre, die stattliche Hauptkirche zu öffnen, über die er die Schlüsselgewalt ausübt. Die *Große Erzengelkirche* wurde im 19. Jahrhundert auf den Grundmauern eines Fluchtturms errichtet, die sie heute als Sockel monumental überhöhen. Die dadurch notwendig gewordene Freitreppe gipfelt in einem merkwürdigen *Glockenturm mit Maskenschmuck.* Da ich mir geduldig den gewaltigen, aber wenig schönen Innenraum des Gotteshauses zeigen lasse, belohnt mich der Wirt nach wenigen Minuten mit einem köstlichen Mahl, das von aromatischem Bauernbrot und einem sherryähnlichen Rotwein aus eigener Herstellung begleitet wird.

Auf dem Rückweg lassen sich noch zwei Abstecher zu antiken Stätten machen, die allerdings landschaftlich weit mehr bieten als kunsthistorisch. Der erste zweigt vor Pyrgí nach Süden ab, führt über eine endlose Schotterstraße durch ein Tälchen zu einer friedvollen kleinen Bucht bei der Fischersiedlung *Ágii Pantes* nach dem Dorf **Káto Phaná.** Kurz vor der Bucht steht rechts ein winziges weißleuchtendes Kapellchen auf einem uralten, von Laien kaum wahrzunehmenden Kultplatz. Dort stand früher der im 6. vorchristlichen Jahrhundert gebaute Tempel des Apollon Phanaios, der sich bestenfalls noch in der Geländeformation erahnen läßt. Fundamentreste, Spolien, Gesimsstücke und eine im Boden festgetretene Säule stammen hingegen von einer frühchristlichen Basilika aus Justinianischer Zeit (6. Jh. n. Chr.), in der sicher antikes Baumaterial verarbeitet war.

Leichter kommen wir nach **Empório,** zu dem kurz hinter Pyrgí eine Asphaltstraße nach rechts abzweigt. Dank einer reizvollen, zwischen zwei Bergen gelegenen Bucht mit schwarzem Sand- und Kieselstrand vulkanischen Ursprungs ist der alte Mastixausfuhrhafen ein beliebter Badeort. Dort legte das Englische Archäologische Institut 1952 bis 1955 die bedeu-

---

Die Göttin des Ruhms

Auf Psará zwischen rauchschwarzen Trümmern
Schreitet einsam die Göttin des Ruhms –
Sieht im Geiste die glänzenden Helden.
Und der Schmuck ihres Haars ist ein Kranz,
Nur aus spärlichem Grase geflochten,
Das allein in der Öde noch wuchs.
(Dionysios Solomos, neugriechischer Dichter)

---

tendsten antiken Funde der Insel frei; sie sind im Museum von Chíos ausgestellt. Sie belegen eine Siedlungskontinuität, die vom 3. Jahrtausend vor bis ins 7. Jahrhundert nach Christus reicht, als der Ort durch einen Araberüberfall ausgelöscht wurde. Vor Ort ist von alledem kaum etwas zu sehen, und die wenigen Überbleibsel sind schwer zugänglich. Eine zum westanatolischen Kulturkreis gehörende Siedlung aus geometrischer Zeit lag nordöstlich des Hafens am Berg *Profítis Ilías.* Sie wurde seit dem 8. vorchristlichen Jahrhundert von Griechen und später von frühen Christen überbaut. Karge Reste sind stumme Zeugen längst verfallener Bauten: einer befestigten Akropolis, eines archaischen Athenatempels sowie weiterer antiker Kultbauten, eines Herrenhauses und mehrerer Megaron-Bauten. Eine Mitte des 6. Jahrhunderts nach Christus aus Baumaterial des antiken Athenatempels errichtete frühchristliche Basilika, deren Reste in einem Grabungsbezirk zwischen Hafen und Strand zu finden sind, fiel ebenso dem Arabersturm von 670 zum Opfer wie eine byzantinische Burg westlich über dem Hafen.

Die Sehenswürdigkeiten an den beiden anderen eingangs erwähnten Straßen, die wenig südlich von Chíos von der eben beschriebenen nach rechts und links abzweigen, sind schnell umrissen. Über die erste Straße erreicht man **Chalkión,** an dessen Panagía-Kirche ein Portal mit hübschen Reliefs Beachtung verdient. Ein genuesisches Relief aus dem 15. oder 16. Jahrhundert zeigt das Wappen der Giustiniani, verbunden mit dem *Einzug in Jerusalem;* zwei weitere Reliefs stammen aus der Antike und geben Kriegshandlungen wieder. Ein anderes sehenswertes Gotteshaus an dieser Route ist die *Kirche des heiligen Georg* von **Sykoúsis,** die nach dem Vorbild von Néa Moní gebaut, aber später stark verändert wurde. Sie steht in einem dekorativ mit Steinen ausgelegten Hof und birgt ein kostbares Schnitztémplon aus dem 19. Jahrhundert. Das **Kloster Faneroméni** nahe der *Bucht von Eláta* ist Zielpunkt dieser Straße.

Die zweite Straße führt ins Dorf **Neochóri** mit einer volkstümlichen *Kirche der Gottesmutter* und zum nahen *Kloster Ágios Minas,* einem weiteren Schauplatz des blutigen Massakers von 1822. Am Rand des Mastixlandes liegt das hübsche Nachbardorf **Kalimassiá** mit der sehenswerten *Kirche Panagía i Sikelia.* Der im 13. Jahrhundert in Mischmauerwerk aus Bruch- und Backsteinen errichtete mittelbyzantinische Kreuzkuppelbau bewahrt an der Südseite den Stumpf eines Wachtturmes. Bekannt ist die Kirche vor allem wegen ihrer prachtvollen *Keramiken* im Inneren. Die Straße endet nach kurvenreicher Fahrt durch Küsten- und Hügelland am Meer, kurz hinter **Kalamotí,** wo wir wegen der bemerkenswerten *Kirche der Panagía tou Agrelopou* halten wollen, bei der außen antike Spolien und innen Freskenreste aus dem frühen 14. Jahrhundert auffallen.

Ausflug zur Insel Psará

Von Chíos aus kann man mit dem Schiff verschiedene Ausflüge unternehmen. Von der Inselhauptstadt aus kommt man auf die nordöstlich vorgelagerte **Insel Inoússa,** wo sich betuchtere Chioten Ferienhäuser errichteten, oder nach **Çeşme** an der kleinasiatischen Küste, das die Genuesen im 14. Jahrhundert zur Sicherung der Meerenge bauten, bald in türkische Hände fiel und heute ein komfortabler Urlaubs- und Badeort mit Thermalquellen ist.

Ich aber lade zu einem Ausflug in entgegengesetzter Richtung ein, zur nordwestlich vorgelagerten **Insel Psará,** die wir von *Límnia* aus, dem Hafen von Volissós, ansteuern. Das Schiff ankert in einer kleinen Bucht an der Südküste des Eilands, die im Westen durch eine Landzunge begrenzt wird. Dort liegt der *Hauptort Psará,* der früher von dem ins Meer hinausstoßenden Palaiókastro geschützt wurde, im Rücken das *Satelliteninselchen Antípsara.* Bereits im 13. vorchristlichen Jahrhundert war die kahle und hügelige Insel von Achäern besiedelt, und in griechisch-antiker Zeit erhielt sie den Namen *Psyria.* Zu Beginn des 19. Jahrhunderts zählte die Insel etwa 6000 Einwohner und besaß die drittgrößte Handelsflotte der Ägäis. Unter eigener Flagge nahm sie als autonome Insel am griechischen Freiheitskampf teil und unterstützte die Unternehmungen des chiotischen Admirals Kanaris. Gefürchtet waren die tollkühnen Selbstmordkommandos der «Bourlotieris», die mit unauffälligen, aber randvoll mit Sprengstoff gefüllten Fischkuttern sich und so manche türkische Fregatte in die Luft jagten. Als die Türken 1824 mit einer Übermacht von 14000 Mann zum Vergeltungsschlag anrückten, zogen sich die Inselbewohner ins Palaiókastro zurück, ließen 6000 Osmanen eindringen und zündeten ein letztesmal die alles vernichtende Sprengladung. Der Niedergang der Insel war besiegelt; die wenigen Insulaner, denen die Flucht gelang, gründeten auf Euböa das Dorf Néa Psará. Wie eine Geisterstadt liegt der heute kaum 400 Seelen zählende Ort am Fuß der den *Schwarzen Abhang* akzentuierenden Ruine einer mittelalterlichen Burg. Verödet ist die Kirche des heiligen Nikolaus, in der früher fromme Seeleute aus Dank für überstandene Not Devotionalien niederlegten. Einsame Wanderungen führen zum *Kloster Kimisis Theotókou* am weltverlassenen Nordhang des Profítis Ilías oder Archontíki, wo 1983/84 Spuren eines mykenischen Dorfes mit Friedhof zutage kamen.

Sámos: Wo Polykrates und Pythagoras zu Hause waren

Touristen und Wein sorgen für eine blühende Wirtschaft

Stundenlang tuckerte der in die Jahre gekommene Mittelklassedampfer mit dem klangvollen Namen «Kapetan Stamatis» durch die ägäischen Gewässer, bis **die grüne Insel Sámos** in Sicht kam. Das stolze, wenn auch etwas rostbefallene Schiff war nach jenem samiotischen Freiheitshelden benannt, der nach der siegreichen Revolution 1821 mit einer Handvoll Mitkämpfern die Rückeroberung der Türken vereitelte und die verhaßten Osmanen in Stücke schnitt. Das Schiff selbst folgte dieser freiheitlichen Traditon: Wie Fotos und Zertifikate in seinem Inneren verkünden, diente es in den vierziger Jahren auf der Seite der Alliierten der Befreiung Europas vom Faschismus. Ein spartanisches Täßchen zuckersüßen Kaffees, auf salzverklebten, löchrigen Kunststoffpolstern konsumiert,

verstärkte den Eindruck der jüngeren griechischen Geschichte, bevor der Kahn in den fjordartigen Naturhafen der Inselhauptstadt einlief.
Unglaublich viel hat sich in der Ära des Massentourismus auf Sámos verändert, die großen Reiseorganisationen Westeuropas haben dort eine ihrer sichersten Bastionen, und internationale Feriengäste, Kosmopoliten auf Zeit, flanieren auch noch Ende Oktober in blendendweißen Sommerkleidern in den Straßen und auf der Uferpromenade. Eine blondierte Mittfünfzigerin im leichten Folklorekleidchen empfängt mich mit einem Basilikumstrauß an der Mole. Sie entpuppt sich – wie wäre es anders zu erwarten – als Gattin eines geschäftstüchtigen Pensionsbesitzers, der mir später stolz seinen deutschen Schäferhund und seine Sammlung deutschsprachiger Literatur (darunter «Hexengold» von Hedwig Courths-Mahler) vorstellt. Sámos, die «Wasserreiche» und «Blühende», die «Reichbelaubte und Zypressendunkle», wie die Insel im Altertum immer wieder genannt wurde, hat trotz des immensen Touristenansturms mehr von seinem ursprünglichen Charakter bewahrt als manche andere der ostägäischen Inseln. Dazu gehören die dichten, wenn auch brandgeschädigten Wälder und die Weinberge, die Reste der Antike und des Heratempels, das noch immer dargebrachte Tieropfer und nicht zuletzt die Tatsache, daß Sámos schon in römischer Zeit als Ferieninsel beliebt war. Die Samioten, von denen Henry Hauttecœur zu Beginn des 20. Jahrhunderts behauptete, sie seien fröhlich «wegen der Farbe ihrer immergrünen Bäume», sind allerdings weniger geworden. Ihre Zahl ist seit den fünfziger Jahren um zwei Fünftel auf 32 000 zurückgegangen. Die meisten von ihnen haben sich dem Fremdenverkehr verschrieben, und während traditionsreiche und blühende Gewerbezweige wie die weltberühmten Gerbereien von Karlóvasi oder der

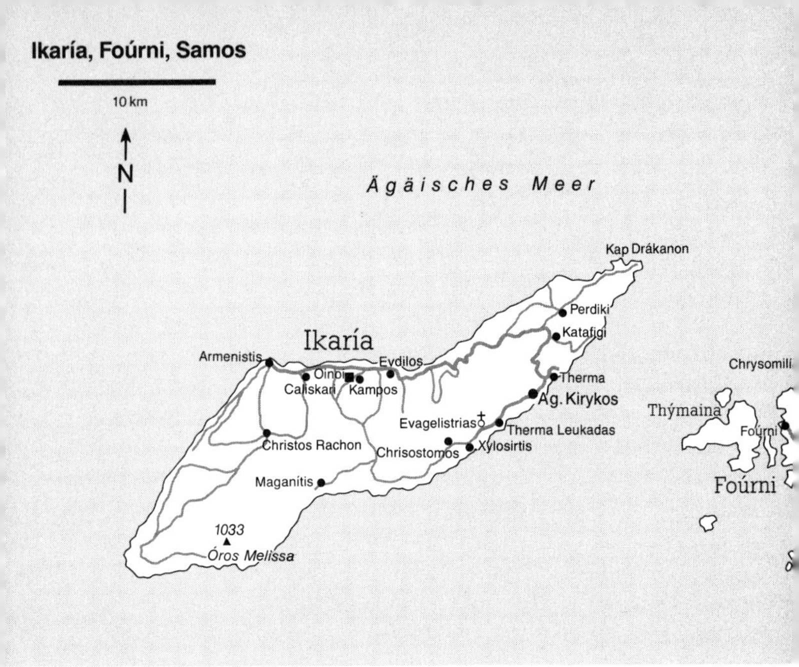

Anbau des bis nach Ostasien gerauchten Tabaks bis zur Bedeutungslosigkeit zurückgingen, überlebten andere wie der Anbau von Wein und anderen landwirtschaftlichen Erzeugnissen, darunter Oliven, Südfrüchte und Rosinen. Eine gewisse Rolle spielten früher auch der Abbau von Marmor sowie die Gewinnung von «Samischer Erde», aus der sowohl Medizin als auch schlichtes Tongeschirr hergestellt wurde und die man außerdem zum Malen und Walken verwendete.

Geologisch ist die 476 Quadratkilometer umfassende Insel ein *Ausläufer des kleinasiatischen Festlandes,* von dem es erst während der letzten Eiszeit getrennt wurde. Vulkanisches Gestein und Kristallschiefer erinnern an die eruptiven Vorgänge, die vor Jahrtausenden das Landschaftsbild veränderten und das

knapp zwei Kilometer breite Heptastadion, den Siebenstadiensund, entstehen ließen. Von den vielen exotischen Tierarten, die bis dahin auf Sámos heimisch waren, künden die Fossilien im Paläontologischen Museum in Mytilíni (S. 151). Heute leben viele Schlangen auf der Insel, darunter ungefährliche Nattern, die über einen Meter, aber auch giftige Vipern, die nur halb so lang werden. Auf antiken Vasen erscheint das Fabelwesen des Greifen, Symbol des Göttlichen, das wohl von den Persern übernommen wurde. Sámos, zu dessen Thema noch die Inseln Ikaría und Foúrni gehören, ist voll landschaftlicher Reize, der fruchtbare Boden zu etwa einem Fünftel dicht bewaldet. Sein höchster Berg, der **Kérkis** (1440 m) im einsamen Westteil, macht Sámos zur vierthöch-

sten ägäischen Insel hinter Kreta, Euböa und Samothrake. Der zweithöchste Gipfel, der *Karvoúnis-* oder *Profitis-Ilías-Berg,* erreicht 1153 Meter Höhe und liegt ziemlich genau in der Inselmitte. Zwischen seinem gezackten Kamm und der Nordküste mit ihren vielen friedlichen Buchten wachsen üppige Platanen- und Kiefernwälder, gedeihen Wein und Oliven. Die südlichen Ausläufer des Karvoúnis enden in der einzigen großen Ebene von Sámos, dort, wo sich die antike Stadt mit dem Heraheiligtum ausbreitete, und sie ist reich bewachsen mit Obstbäumen und Rebstöcken, Brombeerbüschen und Olivenhainen.
Am 6. August feiern die Samioten ihren Nationalfeiertag: Das *Fest der Metamorphosis* ist zugleich Gedenktag der Befreiung von der Türkenherrschaft. Dann trinken die Leute nicht nur den süßen Muskatwein oder den trockenen Samena, sondern auch den *Suma,* einen typischen samischen Tresterschnaps, der, weil er meist aus hauseigener Herstellung stammt, sonst kaum irgendwo zu kriegen ist. *Yiorti* (Fest) heißt das Essen, das dazugehört, ein Eintopf aus geschmortem Fleisch, Getreidekörnern, Zwiebeln und Butter. Am Ende wird getanzt, und dabei kommt der *Samiothikon,* die einheimische Tracht, zur Geltung.

Der **Wein** spielt für das Leben und die Wirtschaft von Sámos eine besondere Rolle, der Rebensaft ist sozusagen der Lebensnektar der Insel. Bereits seit dem Altertum, als die Inselbewohner sogar zweimal jährlich Trauben ernten und Wein keltern konnten, ist er ein weitbekanntes Markenzeichen von Sámos. Im 19. Jahrhundert, der Ära der süßen Muskatweine, erlebte der Sámos-Wein seine Hochblüte und wurde in alle Welt exportiert. Doch dann geriet Großvaters Lieblingstropfen als gepanscht in Verruf, und zudem änderten sich die Geschmäk-

ker. Heute wird der schwere Dessertwein aus der aromatischen *Levko-Moschato-Traube* vorwiegend als Grundlage für pharmazeutische Schlaf- und Nerventränke oder als Meßwein verwendet. Süffige Muntermacher sind hingegen die Rot- und Roséweine aus der *Fukiano-Traube.* Gefragter als die süßen Dessertweine sind in unseren Tagen die trockenen Tischweine, und auch da hat Sámos Vorzügliches zu bieten: Vom weißen und rosé Samena-Wein werden jährlich über eine halbe Million Flaschen ins Ausland exportiert.
Wenn auch der schwere Likörwein, dem Sámos seinen Weltruf als Weininsel verdankt, ins Hintertreffen geraten ist, so ist die samische Weinwirtschaft noch immer eine blühende Industrie. Etwa 6000 Weinbauern, in rund 30 Genossenschaften organisiert, bearbeiten 1800 Hektar Weinland und erwirtschaften jährlich annähernd 100000 Hektoliter Wein (zum Vergleich: im fast doppelt so großen Weinbaugebiet Franken wird nur wenig mehr als auf Sámos erzeugt). Zwei modern ausgestattete genossenschaftliche *Großkellereien in Karlóvasi und Malagári* verarbeiten die Trauben und füllen den Wein in Flaschen, der zu etwa 85 Prozent exportiert wird.

Vom Steinzeitmenschen bis zum Peloponnesischen Krieg

Die ältesten Siedlungsspuren auf Sámos sind am Burghügel oberhalb von Pythagórion zu finden. Den jungsteinzeitlichen Menschen des vierten vorchristlichen Jahrtausends folgten seit etwa 3000 vor Christus die vorindoeuropäischen Pelasger. Ionische Kolonisten gründeten um 1000 vor Christus das erste Heraheiligtum auf einer uralten Kultstätte. Später kommt

Sámos durch Handel und Weinbau zu Wohlstand, und um 700 vor Christus besitzt es eine mächtige Flotte. Von Herodot wissen wir, daß der samische Seefahrer Kolaios, mehr der Not gehorchend als mit Absicht, die «Säulen des Herakles», also die Meerenge von Gibraltar, um 660 vor Christus als erster passierte. Sein Handelsschiff sei auf einer Fahrt nach Ägypten westwärts verschlagen worden und von den ozeanischen Gestaden mit ungeheurem Reichtum zurückgekehrt. Einen Teil seines Gewinns – so heißt es – habe Kolaios der Hera in Form eines stattlichen Weihekessels gestiftet. Im selben Jahrhundert lebte der Dichter Kreophylos auf Sámos, dem wir die Überlieferung der Epen Homers verdanken. Im 6. vorchristlichen Jahrhundert beginnt eine Hochblüte, die bis gegen Ende des folgenden Jahrhunderts anhielt. 580 vor Christus kam **Pythagoras** auf Sámos zur Welt, er wurde als Mathematiker und Philosoph berühmt. Wegen seiner Sympathien für die Aristokratie wurde er unter Polykrates in die griechische Kolonie Kroton in Unteritalien verbannt, wo er seine mathematischen Forschungen und religiösen Vorstellungen von der Seelenwanderung weiterentwickelte. Nach 570 traten *Rhoikos* und *Theodoros* mit dem Bau des riesigen Heratempels in Erscheinung, der eine als Baumeister, der die ionische Ordnung zum Monumentalstil erhob, der andere als Erfinder des Großerzgusses – beide zusammen als Schöpfer eines der «Weltwunder» des Altertums.

In einer Zeit, da Tyrannen für das Volk und gegen die untergehende Aristokratie die Macht ergriffen, schon bald aber zu willkürlichen Alleinherrschern entarteten, erhob sich auf Sámos **Polykrates** zum Tyrannen (um 538 v. Chr.). Sámos erlebte die Zeit seiner höchsten Blüte in Wirtschaft, Kultur und Politik und erreichte auf kulturellem Gebiet einen Rang, der ebenbürtig war mit dem Milets. Im Zeichen der Hera stach seine Flotte in See, die reichbeladen von ihren Raubzügen zurückkehrte. Befreundet war Polykrates mit dem ägyptischen Pharao Amasis (569–525 v. Chr.), der den Samiern gestattete, gemeinsam mit Milet und Ägina in Ägypten die Handelskolonie Naukratis zu gründen und dort eine Kultstätte der Hera zu errichten. Beide historischen Persönlichkeiten spielen die Hauptrolle in der Ballade «Der Ring des Polykrates», die Friedrich Schiller nach Aufzeichnungen Herodots dichtete. Polykrates zog zahllose Persönlichkeiten aus Kunst und Wissenschaft an seinen Hof. Da gab es den Dichter *Anakreon,* der in graziösen Liedern Liebe, Freundschaft und Wein besang; da gab es den fahrenden Sänger Ibykos, dem Schiller eine weitere Ballade (Die Kraniche des Ibykos) widmete, und es gab den Dichter *Äsop,* der als Sklave auf Sámos gelebt haben soll. Von besonderer Bedeutung aber war *Demokedes von Kroton,* der Leibarzt des Polykrates, der wesentlich dazu beitrug, die griechische gegen die altorientalische Medizin durchzusetzen. Auch auf dem Gebiet des Städtebaus leistete Polykrates Großartiges: Hieron Asty, die Heilige Stadt, wurde zur glanz-

---

Weinlied

Netz die Kehle mit Wein! Weißt ja, der Stern zieht seines Kreises Bahn.
Alles dürstet und lechzt matt in der Glut. Schwer ist die Zeit im Jahr.
Von den Bäumen nur süß aus dem Gezweig tönt der Zikade Lied. Disteln blühen am Rain. Heiß wie noch nie sind jetzt die Fraun, doch schlaff alle Männer, das Haupt schwer, und die Knie dörret des Hundsterns Glut.
(Alkaios)

---

vollen Hauptstadt seiner Herrschaft. Das neu errichtete *Heraion* – dessen Grundfläche viermal größer war als die des Athener Parthenon – sollte nicht nur ein Tempel für die Göttin, sondern auch ein monumentales Sinnzeichen seiner Macht werden. Der Ingenieur **Eupalinos von Mégara** durchstach auf einer Länge von einem Kilometer einen ganzen Berg, um mit seiner berühmten Wasserleitung die Stadt nicht nur mit Trinkwasser, sondern auch mit Springbrunnen und anderen Wasserspielen zu versorgen. Er vergrößerte die Hafenanlagen und machte sie zur grandiosen Stapelstätte seines blühenden Seehandels. Unendlich viel Geld mußte dafür aufgewendet werden, so viel, daß sich Polykrates eines Tages veranlaßt sah, bei seinem ärgsten Feind eine Anleihe aufzunehmen. Angelockt durch Versprechungen des persischen Statthalters Oroitos, des Satrapen von Sardes, begab er sich 522 vor Christus aufs kleinasiatische Festland, wo er höhnisch empfangen und mit Blick auf Sámos ans Kreuz genagelt wurde. Zu Ende war sein sagenhaftes Glück, zu Ende auch die Glanzzeit der Insel Sámos. Und wie es das Schicksal wollte, war es Mandraklos, ein Ingenieur aus Sámos, der den Persern, die von Polykrates jahrelang abgehalten worden waren, durch einen Brückenbau den Weg über den Hellespont bahnte.
Die ionischen Städte rebellierten zu Beginn des 5. vorchristlichen Jahrhunderts, es kam durch Intervention Athens zu den Perserkriegen, und Sámos verlor seine Freiheit. Die Niederlagen der Perser bei Salamis, Platäa und Mykale brachte auch die Befreiung von Sámos, doch nun geriet die Insel in Abhängigkeit von Athen. Seit 477 vor Christus war es Mitglied des Attischen Seebundes, seit 442 vor Christus kommt es zu mehrjährigen Aufständen gegen Athen, in denen der Philosoph Melissos, ein Vertreter der eleatischen Lehre, als siegreicher Stratege eine Rolle spielt. 439 vor Christus wird die Insel von

Perikles eingenommen und verwüstet, dann eine demokratische Herrschaft eingerichtet. Im Peloponnesischen Krieg unterstützt Sámos Athen gegen Sparta und erhält zum Dank das Athener Bürgerrecht. Gegen Ende des Krieges erobern die Spartaner Sámos (405 v. Chr.). Dann kommen wieder die Athener, die unter Timotheus die Insel 365 vor Christus einnehmen und sie in den Zweiten Attischen Seebund zwingen; ein Teil der Samier flieht, und im Gegenzug werden *2000 attische Kleruchen* angesiedelt.

Große Namen – fremde Herren

Der makedonische Feldmarschall Perdikkas gibt den Samiern 322 vor Christus ihre Freiheit zurück, die sie fast 40 Jahre bewahren können. In Kultur und Wissenschaft erscheinen wieder klangvolle Namen: Der Philosoph **Epikur** predigt das feinsinnige, genußvolle Leben in Zurückgezogenheit; der Komödiendichter **Menander** beschreibt den samischen Wohlstand mit der Parabel, daß man dort selbst von Vögeln Milch bekommen könne; der Astronom **Aristarchos** verbreitete als erster – erfolglos – die Lehre vom heliozentrischen Weltbild, das besagt, die Erde drehe sich um die Sonne, eine Auffassung, die erst 1800 Jahre später Nikolaus Kopernikus durchsetzen konnte. Nach 280 vor Christus herrschen Ägypter und Makedonier auf Sámos, und nach der Schlacht bei Magnesia 190 vor Christus übergaben die Römer die Insel dem pergamenischen König Eumenes II. Der Namenszug des bedeutenden samischen Mosaizisten Dioskurides erscheint im 2. vorchristlichen Jahrhundert auf Mosaiken im «Haus des Cicero» in Pompeji. Mit der Eingliederung des pergamenischen

Reiches in die Provincia Asia wird auch Sámos römisch. Den Römern diente die Insel gleichzeitig als militärischer Vorposten gegenüber Kleinasien sowie als Erholungsort, den beispielsweise auch Antonius und Kleopatra zu schätzen wußten. Zwei Jahrzehnte vor der Zeitenwende erhielt Sámos wieder seine Freiheit, ein Geschenk des Kaisers Augustus, der sich zweimal dort aufhielt; Vespasian machte das wieder rückgängig. Seit Diokletian gehörte Sámos zur Provincia Insularum, und bis ins 3. christliche Jahrhundert wurden auf der Insel eigene Münzen geprägt. Überfälle wandernder Germanenstämme lassen die Insel langsam im Dunkel der Zeitlosigkeit versinken.

Aus den **ersten nachrömischen Jahrhunderten** wissen wir von Sámos nicht viel mehr, als daß es um 390 einen Bischof und eine christliche Gemeinde gab. Im oströmisch-byzantinischen Reich war Sámos seit dem 9. Jahrhundert Sitz eines Verwaltungsbezirks und später einer Flottenprovinz. Während des von Venezianern angeführten vierten Kreuzzuges wird das byzantinisch-christliche Konstantinopel 1204 erobert, geplündert und zerstört, über das Reich, darunter auch Sámos, fallen fränkisch-venezianische Abenteuerfürsten her. Zuletzt war Sámos im Besitz des genuesischen Giustiniani-Handelskonsortiums. 20 Jahre nach der Eroberung Konstantinopels nimmt der türkische Sultan Mohammed II. Fatih 1475 auch Sámos in Besitz. Die meisten samischen Familien verließen fluchtartig ihre Heimat und ließen sich in Chíos nieder, während türkische Kolonisten nachrückten. Vorübergehend war die Insel noch einmal in venezianischem Besitz, als General Benedetto Pezaro sie 1499 als Operationsbasis gegen die Türken einnahm. Sámos war nach einem Jahrhundert Türkenherrschaft derart heruntergekommen und verwildert, daß der osmanische Admiral Kilidsch Ali Pascha sich 1575 gezwun-

gen sah, die Wiederbesiedlung der Insel durch die Nachkommen der im Exil lebenden Samier in die Wege zu leiten. Organisator dieser Rekolonisierung war jener Lotse Nikólaos Sarakinis, dessen Wohnturm noch heute in der Nähe des Heraions zu sehen ist. Sámos war in türkischen Händen, ohne daß da außer dem Aga, dem Kadi und den Verwaltungskräften ein Türke seßhaft werden durfte, ebenso gab es auf der Insel nie ein muslimisches Gebetshaus. Während des Krieges zwischen Rußland und der Türkei rebellierten die Samier und riefen die Russen zu Hilfe, welche die Insel von 1771 bis 1774 besetzten. Zu Beginn des 19. Jahrhunderts bildete sich aus kleinen Bauern, Taglöhnern und Bediensteten aufs neue eine revolutionäre Bewegung, *Kalikantzari* (Spukfiguren) genannt, weil sie in nächtlichen Konspirationen die Befreiung von den Türken vorbereiteten. Am 18. April 1821 wurde unter Führung von *Konstantin Lachanas* erstmals die Flagge der griechischen Revolution gehißt, am 8. Mai desselben Jahres erklärte *Lykourgos Logothetis* den Sieg der Revolution und wurde erster Gouverneur auf Sámos. Türkische Rückeroberungsversuche gab es viele, doch mit jedem Fehlschlag gab es auf der Seite der griechischen Samier einen neuen Helden, sei es der legendäre *Kapitän Stamatis,* der die osmanischen Soldaten in die Flucht schlug, oder aber der berühmte Seeheld *Konstantin Kanaris,* der eine riesige türkische Fregatte versenkte.
Kaum war die Insel dem jungen griechischen Staat angegliedert und im griechischen Parlament vertreten, da trafen die 1830 in London zusammengekommenen Großmächte England, Frankreich und Rußland am Verhandlungstisch eine Entscheidung, die alles revidierte, was vor Ort in blutigen Auseinandersetzungen errungen worden war. Sámos kam als teilautonomes Fürstentum zurück ans Osmanische Reich, das Rechte auf Tribut und Einsetzung eines griechisch-orthodo-

xen Fürsten türkischer Staatsangehörigkeit bekam. Die Samioten hingegen erhielten ein Parlament, das vier Assistenten des Prinzen wählte, eigene Gerichte, Polizei, Zölle und Hoheitszeichen wurden ihnen zugestanden. Die Hauptstadt wurde von Chóra nach Vathý verlegt und in allen Teilen der Insel der Wiederaufbau in Angriff genommen. 1908 gab es neue Aufstände gegen die türkischen Streitkräfte, und als der makedonische Patriot *Stavros Baretis* vor dem Regierungspalast in Sámos am 2. März 1912 den türkenfreundlichen Prinzen Kopasis tötete, war dies das Fanal zum Umsturz. Themistokles Sophoulis, das aus Sámos stammende politische Oberhaupt der Freiheitsbewegung, Professor der klassischen Archäologie und Ministerpräsident von Griechenland nach dem Zweiten Weltkrieg, proklamierte am 11. November 1912 den Anschluß an das Königreich Griechenland. Noch einmal wurde die Insel von fremden Truppen besetzt, und wieder floß das Blut der samischen Widerstandskämpfer: Italiener und Deutsche besetzten die Insel während des Zweiten Weltkrieges und liquidierten 1943 im Bergdorf Kastanéa viele Patrioten. Im Oktober 1944 kam die Befreiung, und seither wird alljährlich am 30. August zur Erinnerung an die Toten dieses Massakers ein Gottesdienst abgehalten.

Früher Stapelplatz, heute Metropole: Sámos-Stadt

Im weiten Hafenrund der an einer tiefen Bucht gelegenen Inselhauptstadt herrscht vorwiegend touristische Atmosphäre. An der Promenade reihen sich moderne Restaurants, Cafés, Agenturen und Läden aneinander, die sich ganz auf das eingestellt haben, was sie für den Geschmack der europäischen und amerikanischen Touristen halten. Und wer sich mal vom griechischen Essen erholen will, der findet dort einen «Italiener», der freilich ebenfalls ein Grieche ist. Verwilderte Hunde hoffen auf Brosamen vom Tisch des Herrn und verteidigen ihr Tavernenrevier gegen eindringende Artgenossen.

Sámos ist eine junge Stadt, historische Sehenswürdigkeiten hat sie deshalb kaum zu bieten. Sie entwickelte sich parallel zur griechischen Freiheitsbewegung auf Sámos und ist die Vaterstadt der Revolutionshelden Themistokles Sophoulis und Konstantin Lachanas. Ausgangspunkt der Siedlung war die hübsch am Berg gelegene **Altstadt Vathý,** Händler aus der Altstadt ließen sich zu Beginn des 19. Jahrhunderts am Naturhafen nieder, um in kleinen Büros und Lagerhäusern ihre Geschäfte zu tätigen. Als Sámos das Statut eines teilautonomen Fürstentums erhielt, erhob man die Hafensiedlung zur Hauptstadt. Sie ist es bis heute geblieben, zählt gut 5500 Einwohner und verfügt mit britischem und deutschem Konsulat, Zollamt, Präfektur, Krankenhaus, Rundfunkstation, Banken, Büro von Olympic Airways über die Infrastruktur einer Inselmetropole.

Mittelpunkt des hufeisenförmig angelegten Ortes ist die palmenbeschattete **Platía Pythagório,** umgeben von Cafés und Konditoreien, wo man bei Nescafé und geheimnisvollen, zukkersüßen Sahnetörtchen ein Plauderstündchen hält. Das Löwendenkmal in der Mitte des Platzes haben samische Bürger anläßlich des 100. Jahrestages des Aufstands gegen die Türken 1830 errichtet. Uriger geht es in der mit kleinen Läden und Tavernen bestückten *Lykourgos-Logothetis-Straße* zu, die parallel zur Hafenmole in Richtung Mitropolis verläuft. In dem der *Kathedrale* angeschlossenen Amtssitz des Metropoliten gibt es ein kirchliches *Museum* mit byzantinischen Ikonen,

liturgischem Gerät und alten Handschriften sowie eine Bibliothek mit wertvollen Büchern.
Von der Platía Pythagório aus in entgegengesetzter Richtung erreichen wir den üppig bewachsenen Gemeindegarten, dessen Denkmal an die Toten des Balkankrieges (1912/13) erinnert. Dahinter öffnet sich der Sankt-Spyridon-Platz mit der gleichnamigen Kirche, wo 1912 der Anschluß von Sámos an Griechenland beschlossen wurde. Nahebei steht das *Rathaus,* in dem früher das samische Parlament residierte und heute noch der Saal der Generalversammlung sowie die Pinakothek zu besichtigen sind. Eine permanente Ausstellung über den samischen Freiheitskampf zeigt neben historischen Dokumenten Bildnisse der Fürsten von Sámos sowie der Freiheitskämpfer, gemalt von Nikiphoros Lytras.
Gegenüber, im ehemaligen Palast des Fürsten von Sámos, hatte früher das Archäologische Museum sein Domizil. Um die seit 1976 auf dem Gelände des Heraion gefundenen Schätze angemessen unterbringen zu können, haben die Verantwortlichen mit Hilfe der Stiftung Volkswagenwerk ein **neues Archäologisches Museum** gebaut. Die Besucher können dort eine vorzügliche Dokumentation der seit Generationen von deutschen Archäologen durchgeführten Grabungen bei Pythagórion und an anderen Stätten auf Sámos studieren und bewundern. Fast lückenlos ist die Sammlung samischer Keramik aus der Periode zwischen dem 10. und dem 6. vorchristlichen Jahrhundert, darunter auch bemerkenswerte Beispiele der Fikellura-Vasen aus dem 2. und 3. Drittel des 6. Jahrhunderts. Überdies gibt es Grabstelen, Grabreliefs, Sarkophage, Elfenbeinidole und viele Objekte der Kleinkunst, die von der prähistorischen Zeit bis ins 4. Jahrhundert vor Christus reichen. Von besonderem Interesse ist die archaische Bildhauerei: Die vom samischen Bildhauer Geneleos um 560 vor

Fisch um Fisch, Drachme um Drachme – Handel und Verkauf direkt vom Kaíki

Christus geschaffene Weihegeschenkgruppe mit drei erhaltenen lebensgroßen Skulpturen, in ihrer Mitte die Philippe. Kleiner ist der Reiter von Sámos, eine Bronzefigur aus der Zeit des Polykrates, die während des Zweiten Weltkrieges aus dem Museum verschwand und viele Jahre später in London wieder auftauchte. Namhafte Werke samischer Bildhauerei sind in europäischen Museen gelandet, je eine Hera-Statue des Cheramyes in Paris und Berlin sowie die Ornithe von der Geneleos-Gruppe ebenfalls in Berlin. Neben diesen der Öffentlichkeit schon bekannten Kunstwerken gibt es in dem 1987 eröffneten Haus eine Reihe bedeutender Exponate, die vorher nirgendwo ausgestellt waren. Reichhaltig sind die Funde, die seit 1976 zutage kamen, als Helmut Kyrieleis die

Leitung der Ausgrabungen im Heraion übernahm. Sie reichen vom marmornen Knabenkopf, der um 440 vor Christus unter dem Einfluß Polyklets entstand, bis zu einem bronzenen Adoranten aus dem babylonischen Südmesopotamien. Besonders interessant, weil äußerst selten, sind die Holz- und Elfenbeinfunde, die sich in der andauernd durchfeuchteten und luftundurchlässigen Erde beim Heraion besser erhalten haben als es irgendwo sonst möglich gewesen wäre. Auch in früheren Grabungskampagnen hatten die Archäologen schon Gegenstände aus Holz gefunden, doch sie zerfielen, da die Fachleute noch keine geeignete Konservierungsmethode kannten. Heute können sie solche Stücke nach einem von R. Morén und B. Centerwall entwickelten Verfahren präparieren, indem sie das enthaltene Wasser mit Hilfe eines Austauschbades durch ein künstliches Hartwachs (Polyäthylenglykol) ersetzen. Zu den Holzobjekten gehören Kultschiffchen, Votivschemel mit pferdeförmigen Wangen, Wasserwaagen, ein Kastendeckel mit Scharnier sowie eine 17 Zentimeter hohe Kore; aus Elfenbein sind eine Jünglingsfigur, die Teil einer Leier war, punische Kämme mit eingeritzten Tierdarstellungen sowie ein ägyptischer Löwe, der ins 13. oder 12. vorchristliche Jahrhundert datiert wird und schon als Antiquität ins polykratische Sámos gekommen sein muß. So bemerkenswert alle diese Einzelfunde sind, wirklich sensationell war die Aufdeckung des **Kolosses von Sámos** nördlich der Heiligen Straße des Heraions. Es handelt sich dabei um einen monumentalen, ursprünglich etwa fünf Meter hohen Kuros aus graugeädertem Marmor, den ein samischer Künstler um 570/560 vor Christus geschaffen hat. Die Ausgräber fanden zunächst nur den Torso, den sie mit Fragmenten aus früheren Grabungskampagnen ergänzen konnten, und schließlich einen Teil des Gesichts, so daß sie den Koloß heute fast vollständig wieder zusammensetzen können. Der von einem Mann namens Isches gestiftete Kuros, ein ehemals auf zwei rund 15 Zentimeter breiten Fußgelenken ruhendes statisches Meisterwerk, etwa vier Tonnen schwer, hatte sogar noch ein Gegenstück, wie wir aus analogen Fragmentfunden wissen. Er ist der größte voll ausgearbeitete Marmorkuros der griechischen Antike, der nur von dem in der Rohform liegen gebliebenen Kuros auf Naxos übertroffen worden wäre.

Ein Bummel durch die **Oberstadt Vathý** ist eine gute Möglichkeit, die Vielfalt des Gesehenen in Ruhe nachwirken zu lassen. Vathý hat die «gute alte Zeit» noch nicht ganz abgeschüttelt, aber die Neuzeit schon im Visier. Noch gibt es hübsche anatolische Häuser mit vorkragenden Obergeschossen, manch reizvollen Flecken und mehrere kleine Plätze mit Platane und Kafeníon, doch vieles verfällt, und nur wenige Treppengassen kommen ohne Beton aus. Schöne Fresken und Holzschnitzereien sind in den im 17. Jahrhundert gebauten Kirchen des heiligen Michael und der heiligen Kara zu finden.

Vom **Hafen** der Inselhauptstadt führt die Straße in nördlicher Richtung zum *Strand Gagoú,* ich finde ihn nicht besuchenswert, denn das Wasser in der Bucht von Sámos ist nicht mehr sauber. Wer die Straße, die bald zum Schotterweg wird, weiterfährt und um das Kap Kótsikas herum, kommt schon bald zum kleinen verlassenen Kloster Panagías in reizvoller Lage über dem Meer. Nur das Kirchlein ist verriegelt und dient offenbar noch hin und wieder seinem Zweck. Besucher können die bis jetzt nur innerlich verfallenden Klostergebäude mit den einstigen Mönchszellen und das stattlichere Abtshaus betreten; die Bauten zeigen Spuren von Rucksacktouristen, die dort zeitweilig gewohnt haben. Die kleinen abgetreppten und zum Meer hin offenen Höfe werden von uralten Bäumen beschattet und von Sitzbänken umgeben. Brunnen und Backöfen vervollständigen das Ensemble, das in seiner Verlassenheit einen melancholischen Eindruck hinterläßt.

Zwei weitere sehenswerte, kunsthistorisch noch wertvollere Klöster erreichen wir von Sámos aus auf einer in östlicher Richtung verlaufenden Asphaltstraße. Sie gabelt sich etwa einen Kilometer hinter dem Ortsende und führt rechts zum *Kloster Agías Zónis* und geradeaus über den *Weiler Kamara* zum *Kloster Zoodóchos Pígis.* Das 1695 gegründete und 1731 restaurierte **Mönchskloster Agías Zónis** (Heiliger Gürtel) erinnert mit seinem Namen an ein Symbol der Jungfräulichkeit der Gottesmutter. Ein Wall aus Klostergebäuden, die sich nach innen in zweigeschossigen Arkaden öffnen, umgibt den üppig blühenden Hof, in dessen Mitte das Katholikon steht. Verlassenheit spüren wir auch an diesem Ort, denn nur noch ein Abt und ein einziger Mönch bewohnen ihn. Über dem Eingang zur tonnengewölbten *Einschiffkirche* sehen wir ein Fresko, auf dem die Niederlegung des Heiligen Gürtels der Gottesmutter dargestellt ist. Leider sind die kostbaren, gegen Ende des 17. Jahrhunderts entstandenen Wandmalereien im Innenraum ziemlich zerstört. Sie beschäftigen sich vorwiegend mit dem Leben Mariens und Jesu, die Eingangswand schmückt ein eindrucksvolles *Jüngstes Gericht.* Ein holzgeschnitzter *Paradiesgarten* ist das prächtige Témplon von 1801 mit Darstellung des Sündenfalls, begleitet von Abrahams Opfer und Mariä Verkündigung.
Auf einer Anhöhe in einem Kiefernwald versteckt sich an der Stelle einer ehemaligen Waldkapelle das **Kloster Zoodóchos Pígis,** das 1756 gegründet und 1782 erneuert wurde. Hinter einer Schutzmauer öffnet sich auch dort ein blütenreicher Klo-

sterhof mit schönem Pflaster und lebenspendendem Brunnen. Die dreischiffige *Kreuzkuppelkirche* hat einen Narthex, dessen Ausmalung reichlich verblaßt ist. Vier antike Säulen aus Milet tragen das Gewölbe der Kuppel. Religiöser Mittelpunkt des Innenraums ist die in prachtvolles Silberrelief gefaßte und von Devotionalien umgebene *Ikone Zoodóchos Pígis* vom Ende des 18. Jahrhunderts. Herrlich sind die Schnitzwerke: Der Bischofsstuhl, die Ikonenschreine und ganz besonders die von einem Holzkreuz überragte *Ikonostase* mit ihren schönen Bildnissen und Schnitzdarstellungen. Christus, Maria und Johannes der Täufer erscheinen zwischen den zwölf Aposteln und den zwölf Hauptereignissen des Kirchenjahres, der Paradiesmythos wird begleitet von Abrahams Opfer und den Gästen des Herodes.

Pythagórion oder Die Hauptstadt des Tyrannen

Pythagórion hatte ich seit zehn Jahren nicht gesehen: das friedliche Fischerdorf ohne Hotel und ohne Laden hat sich in der Zwischenzeit zum meistbesuchten Fremdenverkehrsort auf Sámos gemausert. Der Hafen, die Mole und die meisten Häuser, sogar die Bäume und der kleine Strand blieben erhalten, doch – anders als in der Hauptstadt – hat der Tourismus alles mit einem nobel-snobistischen Hauch überzogen. Die bunten Fischerboote dienen nur noch den steifen Segeljachten als malerische Kulisse, in den alten Häusern und unter den Bäumen haben sich teure Tavernen und Bars mit exotischen Namen eingenistet. Dort, wo ehedem die alten Männer saßen, sind gerade drei Stühle übriggeblieben und wo früher die alte Bäckerei den Duft von frischem Brot verbreitete, reiht sich ein Souvenirladen an den anderen. Alles ist sauber, frisch renoviert und wohlanständig. Wer heute nach Pythagórion kommt, der trifft ein properes, den Wünschen der Fremden angepaßtes Städtchen an, das nichts mehr von jenem Geist atmet, von dem die Studenten der späten sechziger und frühen siebziger Jahre träumten. Positiv hat sich diese Entwicklung auf dem Gebiet der Altertümer ausgewirkt: sie sind weitgehend restauriert und problemlos zu besichtigen.

Pythagórion liegt im östlichen Teil der Südküste und ist nur elf Kilometer von der Hauptstadt entfernt. Der 1300-Seelen-Ort entstand an der Stelle des *antiken Sámos,* der Inselhauptstadt des Polykrates. Den Namen Sámos behielt er bis ins 15. Jahrhundert, und erst nach der Neubesiedelung im 16. Jahrhundert wurde er *Tigani* genannt, was soviel wie «Kessel» oder «Bratpfanne» bedeutet. 1955 legte er auch diesen Namen ab und wurde von nun an nach Pythagoras, dem größten Sohn der Stadt, benannt. Rot- und weißblühende Oleanderbüsche begleiten die hübsch gepflasterte Straße, die durch den Ort zum Hafen führt, er ist das Zentrum des Städtchens. Von dort schaut man wie vor Jahrtausenden auf die Berge des kleinasiatischen Festlandes und entdeckt links den *Mykale-Berg,* auf dessen hoher Spitze Polykrates ans Kreuz geschlagen wurde.

Aus der Zeit des Polykrates stammt noch ein Teil des Hafens, der jedoch durch Versandung um etwa die Hälfte geschrumpft ist. Die Grundmauern des einst bis zu 300 Metern und einer Tiefe von 25 Metern ins Meer hinausgetriebenen Dammes, der den Hafen vor den Stürmen des Winters schützen sollte, bildet auch heute noch die Grundlage des Hafenkais. Die Hafenanlagen wurden zwischen 1860 und 1862 wieder instandgesetzt. Die Stadt des Polykrates war von einer 6,5

Kilometer langen und ein Terrain von 1,2 Quadratkilometern umfassenden *Wehrmauer* umgeben, von der ebenfalls wesentliche Teile erhalten sind. Zur Mauer, die in ihrer heutigen Form aus dem späten 4. vorchristlichen Jahrhundert stammt, gehörten 35 Türme und zwölf Tore. Sie war bis zu 4,5 Meter dick, aus Quadern oder Polygonalgestein aus dem Ampelos-Gebirge errichtet und erstreckt sich an den Berghängen in großem Bogen zum Hafen, Stadt und Burghügel. Am besten erhalten ist sie im mittleren Bereich, wo die Mauern samt Wehrgang, Türmen und Toren stellenweise noch bis zu einer Höhe von sechs Metern erhalten sind. Im Westen außerhalb der Mauer entstand in frühbyzantinischer Zeit eine Vorstadt, von der bei der Kapelle Panagitsa die Grundmauern einer Basilika aus dem 5. Jahrhundert zeugen.

Von der antiken Wohnstadt, deren Agorá in der Nähe des Hafens lag, sind nur wenige Spuren zu sehen, da sie weitgehend überbaut ist. Die mächtige Burg des Polykrates wird auf dem Hügel westlich des Hafens lokalisiert, einer Naturfestung mit 15 Meter hohem Steilabsturz zum Meer, wo auch die frühesten Siedlungsspuren auf Sámos entdeckt wurden. Die Burgruine, die wir heute auf dem Felsenkap sehen, ist der Rest des während der Freiheitskriege zwischen 1822 und 1824 von Lykourgos Logothetis gebauten **Kástro,** das, weil es in Eile errichtet werden mußte, schnell wieder zerfiel. Die antike Tyrannenburg aber, von der jede Spur fehlt, wollte zuletzt der römische Kaiser Caligula wiedererrichten. Deutsche Archäologen legten in den Jahren 1928 bis 1930 und 1965 bis 1968 die Fundamente einer hellenistisch-römischen Villa frei, in der viele Statuen und Büsten römischer Kaiser ans Licht kamen. Die Fundamente zweier Räume und zweier Säulenhöfe sind zu erkennen, und die Experten vermuten in dem Bau jene römische Kaiserresidenz, in der Antonius und Kleopatra, Augustus, Tiberius und andere die Sommermonate verbrachten. Diese Villa war teilweise überlagert von einer großen dreischiffigen Basilika des 5. Jahrhunderts, nur wenige Spuren der Apsis und der Säulen blieben erhalten. Ein nahezu undefinierbares Trümmerfeld der Jahrtausende ist diese Ausgrabungsstätte, wo prähistorische Keramiken ebenso gefunden wurden wie ionische Säulentrommeln oder byzantinische Baufragmente. Immer wieder wurde das uralte Baumaterial neu verwendet, und die Marmorskulpturen wurden in zwei wiederentdeckten Öfen zu Baukalk verbrannt. In nachantiker Zeit entstanden aus diesem Material frühchristliche Kirchen und eine byzantinische Festung, in jüngerer Zeit das Kástro des Lykourgos Logothetis und die **Metamorphosis-Kirche** hinter dem Friedhof jenseits des Grabungsfeldes. Dieses 1833 gebaute Gotteshaus wurde zu einer Art Nationalheiligtum von Sámos, denn es erinnert an die Abwehr eines Türkenüberfalls am 6. August 1824. Alljährlich wird am Jahrestag dieses Ereignisses ein großes Fest gefeiert, an dem Leute aus ganz Sámos teilnehmen. An diesem Tag werden Tänze in traditionellen Trachten aufgeführt, und es gibt Feuerwerke, Banketts und Schwimmwettkämpfe.

Am schattigen, mit einem Pythágoras-Denkmal ausgestatteten Hauptplatz wurde ein **Museum** eingerichtet, davor sind antike Spolien und Fragmente aufgestellt. Innen gibt es eine Sitzfigur, die Aiakes, der Vater von Polykrates, um 540 vor Christus der Hera weihte. Zu sehen sind außerdem ein fragmentarisches Standbild des Kaisers Augustus, römische Kaiser- und Prinzenbildnisse, Tierfiguren, Grabstelen aus dem 6. und 5. Jahrhundert vor Christus, römische Statuenfragmente sowie verschiedene Köpfe, Figurinen und Fragmente von Grabstelen.

Nordwestlich oberhalb von Pythagórion am Abhang des Ka-

stelli-Berges und noch innerhalb der antiken Stadtmauer steht die von Zypressen umgebene, auf einem Höhlenheiligtum gebaute *Kirche der Panagía Spiliani,* von wo sich ein herrlicher Blick auf Pythagórion, die Meerenge von Sámos und das türkische Festland bietet. Die Höhle diente in der Antike als Steinbruch und in frühchristlicher Zeit als Schlupfwinkel gegen Eindringlinge. Auf halber Höhe liegt in den Hang gebettet der Rest eines römischen Theaters, von dem nur das stufenlose Cavearund und Fundamente der Skene erhalten sind.
Als eines der Weltwunder pries Herodot den **Eupalinos-Tunnel,** der nach Plänen des Baumeisters *Eupalinos von Megara* durch den Berg getrieben wurde, um die antike Stadt Sámos mit Wasser zu versorgen. Eine Handvoll Spezialisten gruben um 530 vor Christus im Auftrag des Polykrates in etwa sechsjähriger Arbeit nur mit Hammer und Meißel den etwas mehr als einen Kilometer langen Kanal durch den Ampelos-Berg, um die Versorgung von etwa 25000 Einwohnern zu sichern. Dieser einzige bekannte Tunnel des griechischen Altertums gliedert sich in drei Abschnitte: die *Quellfassung* mit Zufluß zum Tunnel, den eigentlichen *Tunnel* sowie die *Zuleitung zur Stadt* mit Verteilung. Die Quelle befindet sich nordwestlich der Stadt bei drei Johanneskapellen, deren mittlere über dem Wasserbassin steht. Von da aus verläuft eine 853 Meter lange Zuleitung bis zum Eingang des Tunnels. Der Stollen wurde von beiden Seiten des Berges mit Hilfe einer Wasserwaage und eines Lichtstrahls ins Gestein getrieben, was Archäologen als besondere Meisterleistung der Kunst des Vermessens registrierten. Damit sich der Nord- und der Südstollen auf keinen Fall verfehlen, bauten die Planer eine zusätzliche Sicherheit ein: Den Nordstollen führten sie im letzten Abschnitt bogenförmig, so daß der Südstollen zwangsläufig im rechten Winkel darauf stoßen mußte. Außerdem überhöhten

sie die Anschlußstelle, damit man sich auch in der Höhe keinesfalls verfehlte. Die Ausführung war so exakt, daß diese Vorsichtsmaßnahmen gar nicht nötig gewesen wären. Bei absolut waagerechter Ausführung stellte sich nun vielmehr die Aufgabe, das Wasser auch zum Fließen zu bringen. Die Konstrukteure bewerkstelligten dies mit einem zusätzlichen Graben an der Seite, der bis zu fünf Meter tief ist und ein regelmäßiges Gefälle von 0,5 Prozent hat. In diesem Graben verlegten sie Tonröhren, die durch Muffen verbunden und mit Kalkmörtel abgedichtet waren. Beide Eingänge des Tunnels sind architektonisch gefaßt; vom Südeingang her, der westlich des römischen Theaters liegt, kann man etwa drei Viertel des 1047 Meter langen Stollens begehen. Die Wasserleitung, die bis in spätrömische Zeit funktionierte, wäre mit geringem Aufwand instand zu setzen. In frühbyzantinischer Zeit, als Sámos von Arabern und Persern überfallen wurden, nutzten die Bewohner den Stollen als Fluchtburg. Dies belegen Gegenstände des 7. Jahrhunderts nach Christus – Amphoren und Öllämpchen, Haushaltsgerät und Werkzeuge, Spielzeug und Münzen –, die im Wasserleitungsgraben zum Vorschein kamen. Schon 1853 entdeckte der französische Gelehrte Victor Guérin das Quellhaus, und 1883 hat der Althistoriker Ernst Fabricius den Eupalinos-Tunnel vermessen. Grundlegende Untersuchungen und Ausgrabungsarbeiten folgten erst in den Jahren 1971 bis 1974 durch das Deutsche Archäologische Institut in Athen unter Leitung von Ulf Jantzen.

Wenn wir Pythagórion in westlicher Richtung auf der Straße zum Heraion verlassen, sehen wir links ein eingezäuntes Ausgrabungsgelände, wo zwischen 1969 und 1979 ebenfalls deutsche Archäologen am Werk waren. Sie gruben in der Südwestecke der antiken Stadt ein im frühen 3. vorchristlichen Jahrhundert gebautes hellenistisches Gymnasium aus, dem öffentliche Thermen angeschlossen waren. Beide dienten der Gesundheit und dem Sport sowie der militärischen und musischen Ausbildung der samischen Bürger. Die Ausgräber stießen zugleich auf die Reste eines mittelalterlichen Klostergutes.

Das Heraion – erhabener Kultort mit einsamer Säule

Die Straße führt durch eine fruchtbare Senke und am Flughafen vorbei zum Heraion, das in wilder, sumpfiger Landschaft an der Mündung des *Ímbrasos-Flusses* liegt. Imposant ragt die einzelne Säule aus dem riesigen Geviert des Tempelgrundrisses, von dem nur Fundamente und einige wenige Kapitelle und Basen übriggeblieben sind. Herrlich und tief beeindrukkend ist der stille Ort, an dem man den Atem der uralten Kultstätte noch zu spüren meint.
Östlich des Tempels schließen sich weitere *Kultbauten* und die *Heilige Straße* an. Die üppige Vegetation, die die Ausgrabungsstätte immer wieder zu überwuchern droht, scheint von den Kräften der dort waltenden universalen Mutter- und Fruchtbarkeitsgöttin zu künden, die an der Stelle eines Keuschlammstrauches seit urdenklichen Zeiten verehrt wurde. Fast winzig erscheint in den gigantischen Dimensionen die einzige aufrecht stehengebliebene, doch von den Naturkräften des Erdinneren aus dem Lot gebrachte Säule, nach der dieser Platz auch *Kolonna* genannt wird.
Die Grabungsgeschichte des Heraion erstreckt sich über knapp drei Jahrhunderte. Als erster betätigte sich im Auftrag König Ludwigs XIV. der französische Arzt und Naturforscher Joseph Pitton de Tournefort; er legte 1702 die Basis der

berühmten Säule frei. Erst 1902/03 wurden im Auftrag der Athener Archäologischen Gesellschaft weitere Schritte unternommen: ein bescheidener Anfang der modernen Archäologie durch Themistoklis Sophoulis und Panagiotis Kavvadias. Die erste große Grabung fand von 1910 bis 1913 im Auftrag der Königlichen Museen Berlin unter Leitung von Theodor Wiegand und Martin Schede statt. Sie legten mit Hilfe Hunderter von Arbeitern und einer Feldbahn die Tempelfundamente in großen Zügen frei. Nach dem Ersten Weltkrieg nahm Ernst Buschor die Arbeit 1925 wieder auf, entdeckte die von einem Ringwall umgebene prähistorische Siedlung aus dem 3. Jahrtausend vor Christus mit dem frühesten Kultplatz um einen Lygosbaum. Einen schweren Rückschlag erlitt Bu-

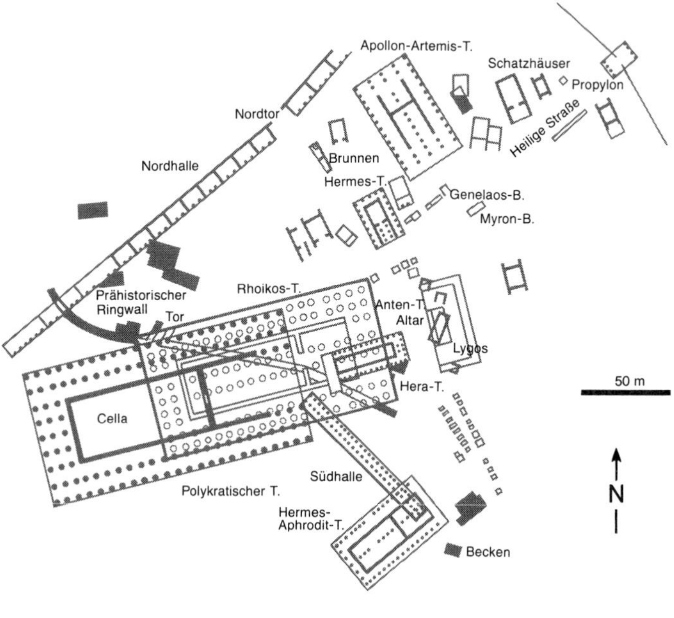

schor, als im Zweiten Weltkrieg ein großer Teil seiner Grabungsdokumente vernichtet wurde. Seit 1963 grub Ernst Homann-Wedeking Teile einer großen Siedlung aus der frühen Bronzezeit aus. 1976 führte Helmut Kyrieleis die Ausgrabungen im Heraion weiter, und es kamen kaum mehr erwartete Funde zutage: der *Nordbau* sowie der *Doppelanten-Tempel* aus dem 6. Jahrhundert vor Christus, das zu einer im 3. Jahrhundert nach Christus im Heraion angesiedelten Kleinstadt gehörende Wohnhaus mit Innenhof und Delphinmosaik, viele Kleinfunde aus Holz und Elfenbein, der sensationelle **Koloß von Sámos** und das nicht minder aufsehenerregende Gegenstück zur berühmten Hera des Cheramyes, die im Pariser Louvre aufbewahrt wird.

An der Stelle des Heraion wurde ein vorgriechisches Dorf der Pelasger aus dem 3. und 2. Jahrtausend vor Christus nachgewiesen, zu dem eine Kultstätte gehörte. In ihrem Mittelpunkt wurde ein Lygosbaum verehrt, also ein Keuschlammstrauch oder eine Weidenart (vitex agnus castus), die auch heute noch in der Umgebung des Tempels häufig vorkommt und blaßblau bis rosa blüht. Tatsächlich gruben die Archäologen 1963 den Stumpf jenes Kultbaumes aus, den Pausanias noch mit Blüten sah. Als die ionischen Kolonisten um 1000 vor Christus nach Sámos kamen, fanden sie ein merkwürdiges, von Zweigen des Lygosstrauches umwundenes Holzstück vor und sahen darin ein anikonisches, also nicht von Menschen gemachtes Bild ihrer Göttin Hera. Da die Ionier weiter glaubten, Hera sei unter diesem Baum geboren worden und habe sich an dieser Stelle auch mit Zeus vermählt, feierten sie alljährlich zwei Feste: im Vorfrühling die Geburt der Hera und im Hochsommer deren Hochzeit. Bei der kultischen Vermählung, dem «Hieros Gamos», säuberte die Priesterin das Heraidol und versah es mit neuen Kleidern. Bei beiden Festen

wurden auf einem Altar Tiere geopfert und gemeinsam verzehrt. Lygosstrauch und Altar wurden so zum Ausgangspunkt des großen Heraheiligtums.
Dort, wo der schlichte Feldsteinaltar stand, um den sich ein Heiliger Bezirk entwickelte, wurden im 9. Jahrhundert vor Christus ein größerer Altar, ein gepflasterter Platz und ein Haus für das Kultbild der Hera eingerichtet. Ein Jahrhundert später entstand der erste Tempel, nach seinem Hundert-Fuß-Maß *Hekatompedos* genannt. Es war ein einfacher, länglicher Bau aus Lehmziegeln mit Stroh- oder Schilfdach und einem Sockel aus Kalkstein. Die *Cella* war zweischiffig, denn eine mittlere Reihe aus 13 Holzpfosten trug das Dach. Gleichzeitig wurden der Kultplatz und der Opferaltar erneuert. Gegen Ende des 8. Jahrhunderts wurde der 33 mal 7,5 Meter messende Tempel mit einem Kranz von 44 Holzpfosten umgeben, die den Dachüberstand stützen sollten. Dies war die Geburtsstunde des ersten *Peripteral- oder Ringhallentempels.* Ein zweiter Tempel wurde um 670 vor Christus auf den Fundamenten des älteren Baues errichtet. Seine Cella bestand aus exakt behauenen Steinquadern, sein Dach war mit Ziegeln bedeckt, die Innenstützen entfielen, dagegen war die Peristasis von Anfang an geplant. Westlich des Tempels wurden eine 70 Meter lange Halle und südöstlich ein Wasserbassin für das rituelle Bad des Kultbildes angelegt.
Im folgenden Jahrhundert gelangte Sámos zu großer politischer und wirtschaftlicher Blüte, und seine Bauwerke erforderten monumentalere Dimensionen. Man beschloß, der Göttin einen Tempel zu errichten, der alles übertreffen sollte, was die damalige Welt bis dahin kannte. Um 570 vor Christus wurden die Baumeister, Bildhauer und Erzgießer *Rhoikos und Theodoros* engagiert, und sie schufen ein weiteres Weltwunder des Altertums, den ersten **ionischen Kolossaltempel,** der sei-

nen Vorgänger mit einer Grundfläche von 105 mal 52,5 Metern um das Zwölfeinhalbfache übertraf. Die riesige Cella auf zweistufigem Unterbau war – ebenso wie die Vorhalle – in drei Schiffe gegliedert. Ein doppelter Kranz aus 8×21 und 6×19 Säulen von etwa 10 Metern Höhe umgab die dreischiffige, von 2×10 Säulen gestützte Cella. Als Baumaterial diente der feinkörnige, mattweiße Kalkstein aus dem Westteil der Insel, der dem Ganzen ein samtiges Äußeres mit sanft kontrastierenden Licht-Schatten-Effekten verlieh. Ein monumentaler Altar wurde vor der östlichen Front des nach zehn Jahren vollendeten Tempels errichtet. Doch bald nach seiner Fertigstellung sank der grandiose Tempel 538 vor Christus bei einer Brandkatastrophe in Schutt und Asche, und die Historiker vermuten einen Zusammenhang mit dem gleichzeitigen, von Polykrates durchgeführten politischen Umsturz.
Kurz nach seiner Machtergreifung ließ Polykrates einen noch gigantischeren Tempel beginnen, dessen Fundamente etwa 42 Meter nach Westen verlegt wurden, um Raum für einen stattlichen Festplatz zu schaffen. Auf einem etwa 55×112 Meter umfassenden Stylobat wurde unter Verwendung des vorhandenen Baumaterials ein Riesentempel mit noch größerem Grundriß angelegt, der beim Tod des Polykrates noch nicht vollendet war. Ein doppelter Kranz aus 18,50 Meter hohen Säulen umgab Cella und Vorhalle, die Frontseiten wurden sogar verdreifacht. Wieder waren Cella und Vorhalle dreischiffig, für den Kernbau war Kalkstein und für den äußeren Säulenkranz Marmor vorgesehen. Mächtige ionische Volutenkapitelle sollten den äußeren, stattliche Blattkranzkapitelle den inneren Säulenkranz zieren. Von dem einstigen Wald aus mehr als 150 Säulen blieb nur eine einzige in etwas mehr als halber Höhe stehen. Sie wies wahrscheinlich in späteren Zeiten Schiffen den Weg, die nach Sámos kamen, um das antike

Baumaterial abzutransportieren. Im 3. und 2. vorchristlichen Jahrhundert wurde der Tempel noch weitergeführt und zuletzt in römischer Zeit daran gebaut, dann blieb der Kolossalbau unvollendet liegen und diente schon bald als Steinbruch. Ein ebenfalls stattlicher Bau war der *Tuffstein-Altar des Rhoikos,* der im Osten des Tempels auf einer Grundfläche von 36 × 16 Metern an der Stelle des heiligen Lygosbaumes errichtet wurde. Zwischen dem Hera-Heiligtum und der antiken Stadt verlief entlang der Küste die marmorgepflasterte **Heilige Straße,** von der ein Teil nahe dem Tempel freigelegt wurde. Sie war gesäumt von Weihegaben für Hera, darunter die *Geneleos-Gruppe* – heute steht eine Kunststoff-Nachbildung dort – sowie von kleinen, ebenfalls der Göttin geweihten Tempeln. An die Stelle des Heraheiligtums trat im 5. Jahrhundert nach Christus eine der Panagía geweihte frühchristliche Basilika. Die Apsis, die heute dort zu sehen ist, stammt allerdings von einer kleinen Kreuzkuppelkirche des 16. Jahrhunderts und einem kurz vor 1800 entstandenen Nachfolgebau. Außerhalb des Grabungsgeländes liegen die *Ruinen des Pyrgos Sarakinis* von 1560, die Burg jenes Lotsen also, der im 16. Jahrhundert die Wiederbesiedelung der Insel leitete.

Einige Kilometer westlich des Heraheiligtums liegt am Ende eines Waldgebietes das idyllisch von Olivenplantagen umgebene Bergdörfchen **Pagióndas,** dessen 1500 Einwohner vorwiegend von der Ölherstellung leben. Sie haben sich in Landwirtschaftsgenossenschaften zusammengeschlossen, wo die Arbeit mit Hilfe moderner Ölmühlen erleichtert wird. Köstlich sind auch die Orangen und Weintrauben, die dort wachsen. Eine mächtige zweitürmige *Kuppelkirche* und ein großer schattiger Kafeníon-Platz inmitten des Gassengewirrs sind die Wahrzeichen des Dorfs.

Der Südküste vorgelagert ist die Insel **Samiópoula,** auf der nur eine einzige Familie lebt. Sie betreibt eine Pension mit Kafeníon und zeigt dem Fremden den Weg zum Kirchlein der *Agía Pelagia* sowie zum kleinen *Badestrand.*

Urtiere, Klöster, Weindörfer: eine Inselrundfahrt

Von der Straße, die Sámos-Stadt in Richtung Pythagórion verläßt, zweigt kurz vor der Ortsausfahrt eine Straße nach Westen ab, die durch bergige Landschaft zum Dorf **Mytilíni** führt. Der 2400-Seelen-Ort ist bekannt als Mittelpunkt des Tabakanbaus sowie des köstlichen *Anthosmia-Weines.* Neben einer interessanten Brücke von 1668 ist die Hauptsehenswürdigkeit des Ortes das 1967 eröffnete **Paläontologische Museum** im Gemeindehaus, eines der wenigen griechischen Museen dieser Art. Die Sammlung von Fossilien urzeitlicher Tiere, deren Alter die Wissenschaftler auf 10 bis 13 Millionen Jahre schätzen, rekrutiert sich aus Funden aus der Umgebung, die schon in der Antike bekannt waren und für Reste einer Amazonenschlacht gehalten wurden. Tatsächlich aber handelt es sich um *Skelettknochen exotischer Tiere,* darunter Vorläufer von Giraffe, Elefant, Nashorn, Hyäne, Tiger, Kleinpferd, Ameisenbär, Antilopen und anderen Tieren, die vor Jahrmillionen über eine Landbrücke von Kleinasien nach Sámos kamen und dort in einer Flutkatastrophe untergingen. Schon im 19. Jahrhundert richtete der Arzt Achilleus Stephanidis ein kleines Museum ein, das im 20. Jahrhundert erweitert wurde. Bei neuen Grabungen 1963 kamen aus den Tiefen der Schlucht Stephanide, drei Kilometer nordwestlich des Ortes, Funde ans Licht, die vom Samotherium boissieri, einer kurzhalsigen Giraffe, bis zum Hipparion mediterraneum, einem dreizehigen Kleinpferd, und dem Orycteropus, dem seltenen Ameisenbär, reichen.

Der nächste Ort, **Chóra,** war von 1560 bis 1855 Inselhauptstadt. Das freundliche Dorf besitzt zwei sehenswerte Kirchen, *Agía Paraskeví* und *Ágios Karalámbos,* und im östlichen Umland das *Kloster Agía Triáda* (17. Jh.). Westlich von Chóra liegt an einer nach rechts biegenden Straße das *Kloster Timiou Stavroú* von 1586. Dieses dem Heiligen Kreuz geweihte Kloster, das 1838 ausgebaut wurde, überrascht mit schönen alten Ikonen, einer holzgeschnitzten Ikonostase, einem wertvollen Bischofsthron und einem Ambo. Am Ende dieses Abstechers erreichen wir das zwischen Pinien und Olivenbäumen am Steilhang klebende Töpferdörfchen **Mavratzéi,** dessen Töpfe,

---

Griechen im Ausland

Die Inseln der östlichen Ägäis sind in besonderem Maß von der Abwanderung ihrer Bewohner betroffen. Einige einst blühende Städtchen und Dörfer sind von der vollständigen Entvölkerung bedroht oder bereits verlassen.
Von den insgesamt etwa 3,7 Millionen Griechen in aller Welt leben etwa 2,3 Millionen in den USA (allein rund 300000 in Chicago), 550000 in Australien, 450000 in Europa und 400000 in der UdSSR.
Die griechische Regierung registriert drei Hauptmotive für die Auswanderung: wirtschaftliche, politische und psychologische (oder Abenteuerlust). Das griechische Volk war noch nie sonderlich seßhaft, wie die Geschichte zeigt. Griechen gründeten bereits in der Anti-

Schalen und Wasserkrüge aus Keramik beliebt sind. Geheimnisvoll und nur Eingeweihten zu empfehlen ist der Gebrauch zweier besonderer Gefäßtypen: Aus dem *maskara bardak* kann man nur trinken, wenn man dabei bestimmte Löcher mit den Fingern zuhält, und den *dikia koupa* darf man nur bis zu einem inneren Eichstrich füllen, sonst läuft das Wasser aus.

An der Hauptroute folgt nun in westlicher Richtung das hübsche Bergdörfchen **Koumaradéoi** mit dem überaus sehenswerten *Kloster der Megáli Panagía.* Das Kloster der Großen Allheiligen liegt inmitten von Zypressen, Kiefern und Ölbäumen am Hang hoch über der fruchtbaren *Ebene Kámpos Chóras.* Es wurde 1586 an der Stelle einer antiken Kultstätte der Artemis gegründet, von kleinasiatischen Mönchen besiedelt und von Athos-Mönchen ausgemalt. Zeitweilig muß es sehr wohlhabend gewesen sein: Als einmal die Schatzkammer des Klo-

---

ke Kolonien im ganzen Mittelmeerraum. Sie ließen sich bis in die letzten Winkel des Großreichs Alexanders des Großen nieder. Auf der Flucht vor den Türken nach der Eroberung von Konstantinopel 1453 suchten viele eine neue Heimat.

Bereits Ende des 19. Jahrhunderts gab es die erste große Auswanderungswelle nach Amerika, der eine weitere nach dem Zweiten Weltkrieg folgte. Die griechischen Gemeinden in Amerika, Australien und Südafrika wachsen noch immer. Die meisten Griechen bleiben auch im Ausland ihrer Religion und ihrem Volkstum treu. In mehr als 400 griechisch-orthodoxen Gemeinden, die dem 1922 gegründeten Erzbistum Amerika angehören, gibt es nationale Organisationen, Kirchen, Schulen und Druckerzeugnisse. Eine weit geringere Rolle spielen griechische Gastarbeiter, die, meist nur auf Zeit, in den europäischen Industriestaaten ihren Lebensunterhalt verdienen.

sters in Brand geriet, so erzählt die Legende, sei all das geschmolzene Gold und Silber zu Tal geflossen. Heute ist das Kloster weitgehend verlassen, ein Abt ist der einzige Kleriker, der es hütet, und nur am 15. August, dem Tag des großen Jahresfestes, füllt es sich mit Leben. Burgartig umschließen die vier Flügel der Nutzgebäude des byzantinischen Klosters im rechten Winkel den blüten- und dufterfüllten Innenhof, in dessen Mitte die 1593 gebaute *Kreuzkuppelkirche* steht, nahebei die *Nebenkapelle Ágii Apóstoli.* Spitzbogenarkaden zeichnen das Erdgeschoß der Klostertrakte aus, Rundbögen das Obergeschoß. Das Marmorportal zum Innenhof liegt im Osttrakt, der Eingang zur Kirche im Westen. Ein äußerer und ein innerer Narthex wurden vor den Kircheneingang gesetzt, beide sind geschmückt mit Fresken, die neben dem Jüngsten Gericht Szenen mit Johannes dem Täufer und aus dem Paradiesmythos zeigen, ergänzt durch verschiedene Heilige. Auch der Innenraum ist ganz mit Fresken ausgestattet: In der Kuppel der Pantokrator, umgeben von Propheten, der Liturgie, der Bibel und den himmlischen Heerscharen, an den Wänden Bilder aus der Bibel, dem Leben Christi und der Gottesmutter, Propheten, Apostel, Märtyrer, Asketen, Heilige und Engel. Den Marmorfußboden ziert der byzantinische Doppelkopfadler. Aus der Mitte des 18. Jahrhunderts stammen die kostbare vergoldete Schnitzikonostase sowie die versilberte Hauptikone der «Entschlafung der Gottesmutter». Ältester Teil des Komplexes ist die *Nebenkirche,* die sich südwestlich an das Katholikon lehnt. Durch ein mysteriöses Lichtzeichen wurden zwei aus Kleinasien stammende Mönchsbrüder in der zweiten Hälfte des 16. Jahrhunderts an diese Stelle gelockt und fanden eine Marienikone. Als sich das Bildnis immer wieder auf geheimnisvolle Weise an seinen Fundort zurückbegab, wurde den Mönchen klar, daß dies ein Zeichen der Gottesmutter war, da ein Kirchlein zu bauen. Sie weihten es den Aposteln Petrus und Paulus und stellten fest, daß seitdem am Fundort der Ikone eine heilungbringende Quelle sprudelte. Die kostbaren *Fresken* der Apostelkirche erzählen im Sanktuarium vom Märtyrertod der Apostelfürsten, und in der Altarkonche zeigen sie Christus mit dem heiligen Basilius und dem Theologen Gregor. Wertvolle Ikonen von Christus und der Gottesmutter aus dem 17. Jahrhundert zieren die Ikonostase. Bemerkenswert ist außerdem die Nachbildung der verbrannten Offenbarungsikone.

Weiter geht die Fahrt nach Westen, durch das Weindorf **Pýrgos** und dann durch gebirgige Regionen bis zum Dörfchen **Ágii Theodóri.** Kurz dahinter zweigt links eine Straße ab, die den äußersten Westen der Insel rund um den 1435 Meter hohen Berg **Kérkis** erschließt. Sein Gipfel, von einer Kirche aus dem 10. Jahrhundert gekrönt, ist der Dreh- und Angelpunkt unseres Reisegebietes: «Von hier nämlich», so schrieb Henry Hauttecœur 1901, «ist die Ägäis mit dem Großteil ihrer Insel zu sehen, von Rhódos bis Lémnos.» Zuerst erreichen wir **Marathokámpos,** früher ein bekanntes Schiffbauerdorf mit Werften für zwei- bis dreimastige Kaíkis. Überdies war es der Geburtsort des legendären Kapitäns Stamatis. Die Bewohner leben heute von der Olivenöl- und Seifeproduktion, aber auch ihre Webarbeiten – Teppiche und Beutel aus Schafwolle – sowie die samische Spitze *Biblia* sind bekannt. In den Bergen westlich des Dorfes stehen das *Kloster Ágios Geórgios* sowie die Kirche Evangelistria aus dem 16. Jahrhundert. Die Straße wendet sich nach Süden und geht an der Küste in einen unbefestigten Weg über. Dort lockt der hübsche kleine Badeort **Votsalákia** mit schönem Sandstrand, dem sich eine Steilküste mit vielen einsamen Buchten anschließt. In mühsamer Fahrt erreichen wir den Südwestzipfel von Sámos, wo beim Weiler **Paleochóri** über dem Meer das weltentlegene Kloster des heiligen Johannes liegt. Nördlich davon steht am Ortseingang des ebenso einsamen Dörfchens **Kallithéa** die ehemalige *Klosterkirche Ágios Karalámbos,* die Fresken aus dem 14. Jahrhundert enthält. Wandmalereien aus der gleichen Zeit gibt es auch in der *Höhlenkirche Panagía i Makriní* über dem Ort, zu der ein steiler Pfad führt.

Wir kehren zurück zur Hauptroute und fahren jetzt in Richtung Karlóvasi. Parallel zur asphaltierten Straße führt ein Schotterweg über **Plátanos** und **Kontáika** zum *Kloster Profítis Ilías* vor den Toren des zweitwichtigsten Hafens von Sámos. Das 1625 gegründete Kloster, dessen Kirche mit schönen Fresken ausgemalt ist, gehörte zeitweilig zu Néa Móni auf Chíos. **Karlóvasi** selbst – mit knapp 5000 Einwohnern nicht nur zweitgrößter Hafen, sondern auch zweitgrößte Stadt von Sámos – ist aus drei ursprünglich selbständigen Dörfern zusammengewachsen: der Altstadt, der Mittelstadt und der Neustadt. Karlóvasi war vom 19. Jahrhundert bis zum Zweiten Weltkrieg wirtschaftlich die wichtigste Stadt der Insel. Zu Wohlstand gelangten die Bewohner in dieser Zeit vor allem durch die Lederwarenindustrie; die großen Gerbereien der Stadt waren auf dem ganzen Balkan berühmt. In der Heimatstadt des Freiheitskämpfers Lykourgos Logothetis wurde 1828 auch die erste Druckerei gegründet, und 1863 erschien dort die erste Zeitung. Heute ist Karlóvasi bekannt für seine großen genossenschaftlichen Weinkellereien sowie für seine Töpferwaren. Den 15. August (Mariä Himmelfahrt) feiern die Gläubigen mit der Prozession der «Bahre Unserer Lieben Frau». Aufmerksamkeit verdienen die stattlichen alten Patrizierhäuser, die großen Gerbereien und eine interessante Brükke. Die *Ruinen einer venezianischen Burg* beherrschen den **Hafen,** in dessen Nähe die *Kirche Agía Pelagía* (16. Jh.) steht, umgeben von einer Festungsmauer und mit einer schönen Schnitzikonostase im Innern. Haupt- und Bischofskirche ist die Mitropolis, ebenfalls mit holzgeschnitzter Ikonostase und byzantinischen Ikonen. Um das *Kloster Ágios Ioánnis Theológos* (1823) scharen sich drei originelle *Kapellen.* Von Alt-Karlóvasi führt eine kleine unbefestigte Straße zum Badeort **Potámi** mit schönem Sandstrand. Kunsthistorisch interessant ist dort die ausgegrabene Kirchenruine der *Panagía tou Potámi* aus dem 6. Jahrhundert, im 11. Jahrhundert überbaut. Ein Abstecher zurück ins südliche Inselinnere beginnt zwischen Alt- und Mittelstadt und führt über **Léka** ins kleine Gebirgsdorf **Kastanéa,** ein altes Rückzugsgebiet, wo sich auch die Widerstandskämpfer im Zweiten Weltkrieg verschanzt hatten. Von da aus wandern wir zum abgelegenen *Kloster Kimísis Theotokou* sowie zu einer Reihe uralter *Fluchthöhlen,* von denen die *Höhle des Pythagoras* die bekannteste ist.

Von Karlóvasi aus geht es an der attraktiven Nordküste, die mit zahllosen einsamen Buchten gesegnet und mit einem paradiesischen Gemisch aus Wäldern und Weingärten bewachsen ist, zurück in Richtung Sámos-Stadt. Hinter dem kleinen Hafenort **Ágios Konstantínos** und kurz vor dem Küstendörfchen **Avlákia** zweigt eine Straße rechts ab und führt durch märchenhafte Landschaft zum Weinbauerndorf **Vourliótes,** das sich, umgeben von terrassierten Weinfeldern und akzentuierenden Pappeln und Zypressen, an den Hang klammert. An der Stelle der einzigen Taverne, auf deren Terrasse man nicht nur einen köstlichen, selbstgekelterten Samena-Wein, sondern auch einen herrlichen Ausblick auf die ägäische Küstenlandschaft genießen kann, führt die Straße links in steilen Serpentinen hinauf zum *Kloster Vrontianí.* Die 1566 gegrün-

dete Kartause, die 458 Meter hoch zwischen aufgelockerten Wäldern auf halber Höhe der benachbarten Berge *Ampélos* und *Karvoúni* liegt, ist das älteste Kloster von Sámos. Sein voller Name, **Panagía tis Vrontianís** (Maria vom Donner), besagt, daß die Panígyris zu Mariä Geburt am 8. September meist mit einem Gewitter verbunden ist. Das an der Stelle eines älteren, ebenfalls der Gottesmutter gewidmeten Vorgängerbaus errichtete Kloster ist eine fast quadratische Vierflügelanlage, die den Innenhof mit der Kirche umschließt. Wir betreten den Hof an der Nordseite durch ein spitzbogiges Portal, das ein dreifacher Glockengiebel krönt. An dessen Innenseite überliefert eine Marmortafel mit dem byzantinischen Doppelkopfadler den Namen des Stifters sowie die Jahreszahl 1812. Der Osttrakt des Klosters ist mit dem Katholikon verbaut; die übrigen Trakte, beeinträchtigt durch An- und Umbauten, haben im Erdgeschoß Spitzbogenfenster, im 1. Stock eine rundbogige Galerie und im 2. Stock einen neueren Aufbau. Repräsentativ ist die steile, zweiläufige Freitreppe vor dem Südtrakt. Über dessen gemeinsamer Ecke mit dem Osttrakt thront eine der Verklärung Christi geweihte Nebenkapelle (11. Jh.); innen ist auf einer filigran geschnitzten Altarwand Abrahams Opfer dargestellt. Die Hauptkirche des Klosters, eine ziegelgedeckte einschiffige Basilika mit zwei Kuppeln, wird durch einen dreibogigen Narthex und ein Marmorportal mit Reliefs vorbereitet. Verschwunden oder stark beschädigt ist der Freskenschmuck, der ursprünglich alle Innenwände überzog. Im Altarraum und im Kuppelgewölbe steht die Gottesmutter im Mittelpunkt der Darstellungen, dann se-

---

Der Glockengiebel über dem Hofportal des Klosters Panagía tis Vrontianís auf Sámos

hen wir den Gottessohn, der an die Apostel die Kommunion verteilt und – im Gewölbe des Allerheiligsten – zum Himmel auffährt. Zur Innenausstattung gehören eine prunktvolle vergoldete Schnitzikonostase mit vielfältigen Malereien und einer 1883 von Polydorou Imyrnarion geschaffenen Christusikone sowie ein großartiger Bischofsthron.
Sicher wird es manchem Besucher ebenso schwerfallen wie mir, die weinlaubumkränzte Oase des Friedens und der Einsamkeit zu verlassen und wieder in die Niederungen der Küstenregion zu fahren, was allerdings durch traumhafte, im Wechsel stets überraschende Blickeffekte belohnt wird. Der nächste Ort an der Küstenstraße ist das Fischerdorf **Kokkári** mit kleinem Hafen, das seinen Namen dem früheren Zwiebelreichtum der umliegenden Felder verdankt. Heute ist es dank seiner schönen Strände meistbesuchter Badeort nach Pythagórion mit vielen Unterkünften für jeden Geldbeutel, zahllosen Tavernen und einem lebhaften, überwiegend jugendlichem Publikum. Zu besichtigen gibt es dort die große *Ágios-Nikólaos-Kirche* sowie die durch eine kostbare Ikonostase ausgezeichnete *Panagía-Kirche.* Gefeiert wird am 27. Juli das *Fest des Ágios Panteleimonos.* Von Kokkári aus kann man in die Berge der Umgebung wandern, oder man leiht sich im Dorf einen Esel und läßt sich von ihm über Stock und Stein tragen.
Am Wegesrand liegen *die Kirchen Ágios Paraskeví* und *Agía Markela,* dazwischen die Ruine eines frühchristlichen *Baptisteriums.* Dann folgt das Weindörfchen **Malagári** mit seinen vielen Pinien, hinter dem wir die ersten Häuser von Sámos-Stadt erreichen.

Ikaría – sturmumbraust, schroff und wild

Ein Stimmungsbild...

Ich erlebte Ikaría, die Insel, bei der der sagenhafte Flügelmensch Ikaros zu Tode stürzte, wie sie mir in vielen Reiseberichten beschrieben wurde: sturmumbraust, schroff und wild. Eigentlich hatte ich mangels größerer Sehenswürdigkeiten nur einen Tagesausflug geplant, es wurde daraus infolge höherer Naturgewalten eine halbe Woche, die mir manchen typischen Wesenszug der Insel eröffnete, den ich sonst nicht kennengelernt hätte.
Das Schiff hatte sich mühsam durch die wolkenzerfetzte, stürmische Ägäis gekämpft, als die steile, zerklüftete Felseninsel in Sicht kam, an deren Gipfeln sich ein Unwetter zusammenbraute. Mit Schwierigkeiten legte die große Fähre im kleinen Hafen von Évdilos an der Nordküste an, Schiffsbesatzung und Ankerleute hatten alle Hände voll zu tun. Auf der Mole wartete die hoffnungsfrohe chaotische Menge, bepackt mit

kunststoffverkleideten Koffern, Plastiktüten, Kisten und Kartons, ein Bild, das sich in jedem griechischen Hafen wiederholt. Als erster schritt würdevoll der gottbeschützte Pope von Bord, elegant seinen violetten Rock lüpfend. Ihm strömte die Menge nach. Auf der anderen Schiffsseite stiegen neue Fahrgäste zu, während die letzten Autos das Schiff über eine Landeklappe verließen, die im regelmäßigen Schnipp-Schnapp-Takt vom Boden abhob. Ein schwerbepackter Nachzügler wurde kurz vor seinem Ziel noch umständlich auf einen Kleintransporter geladen, der hupend über die Mole dem Schiff entgegenraste, signalisierend, daß der letzte noch nicht an Bord sei. Dann legte die Fähre ab, und ich war mit dem Popen und den übrigen Reisenden eine entwurzelte Schicksalsgemeinschaft, scheinbar ohne jegliche Verbindung mit dem Festland.
In den nächsten Tagen half keine Hektik: Der erdverbundene Mitteleuropäer war gezwungen, die Zeit zu vergessen und es den geduldig über Tage hin auf besseres Wetter und das nächste Schiff wartenden Griechen gleichzutun. Ein kleiner Trost: auch Ikaros strandete hier – doch er hatte mit dem Leben bezahlt, meine Aussichten waren durchaus günstiger.

...und der Steckbrief einer Unbekannten

Ikaría, das die sonnenhungrigen Urlauber auf dem Weg zwischen Mýkonos und Sámos normalerweise links liegenlassen, ist ein langgezogener Felsrücken, dessen drei Berge *Melissa, Fardi* und *Sidilo* die Tausend-Meter-Marke überschreiten. Die Bergkette Athéras, welche die einsame, 255 Quadratkilometer große Insel von Westen nach Osten durchzieht, bildet eine harte Barriere inmitten der offenen See, im Norden das Ägäische, im Süden das Ikarische Meer. Den Winden preisgegeben und niederschlagsarm ist die Felseninsel, doch *zehn Süßwasserquellen,* ein unglaublicher Reichtum für eine ägäische Insel, verhelfen ihr zu einer gewissen Fruchtbarkeit. Schon in der Antike war die «pramnische Traube» berühmt, und die Insel hieß auch **Oinoi,** «Weininsel». Der Wein war Grundlage ihres Wohlstands, sie galt zeitweilig als Heimat des Diónysos, und auf einigen Münzbildern erscheint der Weingott, der auf *Kap Drákanon* zur Welt gekommen sein soll. Der Wein spielt keine große Rolle mehr, doch fruchtbar geblieben sind die Ebenen *Messariá* im Norden sowie *Fanárion* im Südosten. Die Nordküste ist geprägt von riesigen Schluchten, endlosen Kiefernwäldern und breiten Sandstränden. Dort, wo sich die von reißenden Sturzbächen durchtosten Schluchten zu fruchtbaren Tälern weiten, wachsen Platanen, Pinien und Oleander, weiter oben, in den baumlosen Regionen, wilder Salbei, Meerzwiebeln und Pilze, Wacholder und Mohn. In und an den Gewässern tummeln sich Krebse und Schildkröten, Aale und Libellen. Wesentlich schroffer ist die Südküste, wo bizarre Granitformationen abrupt ins Meer stürzen.

Die bodenständigen Ikarioten, etwa 8000 an der Zahl, lieben ihre Insel, für die sich der Fremde nur dann begeistern wird, wenn er viel Geduld, ein Gefühl für das Atmosphärische und ein Verlangen nach friedvoller Einsamkeit mitbringt. Die Insulaner leben bescheiden, und ihr Kontakt zur Außenwelt beschränkt sich im wesentlichen auf das Fährschiff, das Post, die wichtigsten Konsumartikel, Besucher aus dem eigenen Land und ein paar ausländische Touristen bringt. Trotzdem sind die Insulaner politisch fortschrittlich gesonnen. Profesi, gekochte Wildziege, ist die Leibspeise der Ikarioten, daneben ist der aus dem Kumarostrauch gewonnene Wildblütenhonig

eine Spezialität. Gefeiert wird, wie auf anderen ostägäischen Inseln, vor allem der Jahrestag des Sieges über die Türken, auf Ikaría am 17. Juli.
Mit sehenswerten Altertümern ist die Insel nicht gerade gesegnet, was hauptsächlich daran liegt, daß die antiken Stätten in türkischer Zeit als Steinbrüche benutzt wurden und der Marmor größtenteils in Kalkbrennöfen verschwand. Zuvor waren Oinoe, Thérma, Drákanon und nicht zuletzt das Artemis-Tauropolos-Heiligtum Stätten von überregionaler Bedeutung. Das Haupt der Artemis-Tauropolos und der dazugehörende Stier zierten etliche auf Ikaría geprägte Münzen.

Vom sagenhaften Ikaros zur «Roten Insel»

Viele Namen führte die Insel in der Antike, darunter Dolichi, die Lange, Ichtioessa, die Fischreiche, oder Alimenos, die Hafenlose. Nur einer, der sich von dem fantastischen Mythos ableitet, hat die Zeiten überdauert: Ikaría. Ikaros, der Sohn des kretischen Baumeisters Dädalos, soll dort bei seinem sagenhaften Flugversuch ins Meer gestürzt und gestorben sein. Dädalos, so berichtet die Sage, sei mit seinem Sohn auf Geheiß des kretischen Königs Minos eingekerkert worden, weil er Ariadne zur Flucht aus dem Labyrinth verholfen hatte. Nun mußte er eine List ersinnen, um sich selbst und seinem Sohn die Flucht von der Insel zu ermöglichen. Er konstruierte für beide jene berühmten Flügel aus Vogelfedern und Wachs und ermahnte Ikaros, damit der Sonne nicht zu nahe zu kommen.

Ikaros lebt im Denkmal weiter – verlassener Dorfplatz von Évdilos

Δ ΠΟΥΛΗ
163

Doch mit jugendlichem Leichtsinn steigerte sich der Sohn in einen Flugrausch, das Wachs schmolz, und der Junge ertrank im Meer südlich der Insel. Wenn auch wahrscheinlicher ist, daß es sich, wie Pausanias schreibt, statt der Flügel um Segel und statt des Absturzes aus der Luft um Schiffbruch gehandelt hat, so läßt der Mythos doch erkennen, daß eine frühe Kulturverbindung zwischen Kreta und Ikaría bestanden haben muß.

Mit der Kolonisation durch ionische Siedler aus dem kleinasiatischen Milet in der Mitte des 8. vorchristlichen Jahrhunderts tritt Ikaría in den Bereich der faßbaren Geschichte ein. Die Ionier gründeten die drei Städte *Oinoe, Thérma* und *Drákanon,* schlossen sich während der Perserkriege Sámos an und verbündeten sich im Peloponnesischen Krieg mit Athen. Später war Ikaría Mitglied im 1. Attischen Seebund, und wie man den Abgabelisten entnehmen kann, muß die Insel dank ihrem florierenden Weinanbau recht wohlhabend gewesen sein. Dann aber hört man für Jahrhunderte nichts mehr von der Insel, und wir wissen nur, daß das gottverlassene Eiland ein paar samischen Hirten als Weideland diente. Im 5. Jahrhundert nach Christus wird auf Ikaría ein Bistum erwähnt. Unliebsame Mitglieder des byzantinischen Kaiserhauses wurden auf Ikaría verbannt, das dem Thema «Aigion Pelagos» angehörte. Seit der byzantinische Kaiser Isaakios Angelos 1191 Siccardo Beationo mit der Insel belehnte, führten die bis 1333 herrschenden Venezianer den Titel «Barone von Ikaría». Als «Grafen von Ikaría» fungierte 1362 bis 1481 die Giustiniani-Gesellschaft aus Chíos, und ihnen folgten die Kreuzritter des Ordens von Jerusalem. 1567 wurde die Insel vom türkischen Sultan Selim II. erobert und blieb, abgesehen von der kurzen Ära einer durch Revolte errungenen Unabhängigkeit, bis zum ersten Balkankrieg in türkischen Händen. 1912 verjagten ikariotische Freiheitskämpfer unter Führung des Priestersohnes und Arztes Gianni Malacchia die osmanische Bürokratie und riefen den *Freistaat Ikaría* aus, der mit eigenen Hoheitszeichen ausgestattet wurde. 15 000 Kommunisten fanden später dort Zuflucht, seitdem trägt Ikaría den Beinamen «Rote Insel».

Évdilos und der Nordwesten

Als ich **Évdilos,** den kleineren der beiden Hafenorte von Ikaría, Mitte Oktober betrat, setzte das fotogene Dorf mit wenigen Narben aus Beton und Stahl bereits touristenverlassen zum Winterschlaf an. Ein paar unbesetzte Taxis, die in der Saison ihr Geschäft mit Tranfers zum *Strand von Armenistís* machen, zwei kleine Läden und ein raucherfülltes Kafeníon mit einer Schar schlaftrunkener Männer, für das Touristenauge einzig akzentuiert durch einen Jüngling mit dem für die Insel so typischen und noch immer gebräuchlichen Rucksack aus einem Ziegenbalg *(Phylakion),* waren die einzigen Lebenszeichen im 600-Seelen-Fischernest. Auf der Platía steht ein mittelmäßiges *Ikarosdenkmal* aus Marmor, links ein abgestorbener Baum und im Hintergrund ein leeres, verfallendes Haus. Mit etwas Geduld und Spürsinn machen wir den Taxifahrer ausfindig, der einem die Sehenswürdigkeiten der Insel, zunächst in westlicher Richtung, erschließt.
Bereits nach zwei Kilometern erreichen wir das kleine Dorf **Kámpos,** das von fruchtbarem Land umgeben und mit einem schönen Strand gesegnet ist. Die mit Schieferplatten gedeckten Bauernhäuser sind an der Fassade mit den verschieden-

sten antiken Fragmenten gespickt, die auf die frühere Bedeutung der Umgebung hinweisen: In der Nähe des Dorfes liegen die **Ruinen von Oinoe,** das im Altertum Inselhauptstadt war. Zu sehen gibt es dort einige Reste der antiken Stadtmauer sowie der Nekropole mit Marmorfragmenten, Inschriften, Grabstelen und Reliefs. Über den Fundamenten des antiken Oinoe wurde in byzantinischer Zeit die Stadt **Doliche** gebaut, von der noch Überbleibsel der Palatia, eine eindrucksvolle Arkadenmauer, erhalten sind. Dieser Palastbau diente der Überlieferung nach den in Ungnade gefallenen Kaisersöhnen von Byzanz als Exil. Byzantinischen Ursprungs ist auch die *Kirche Agía Iríni,* die im 11. Jahrhundert über den Resten einer frühchristlichen Basilika entstand. Von ihr stammen eine amphitheatralisch geformte Priesterbank, die Apsis und ein Teil des Marmorfußbodens. Das kleine *Dorfmuseum* birgt sehenswerte Grabstelen aus dem 5. und 4. vorchristlichen Jahrhundert sowie einige Inschriften und Reliefs.

Wir folgen, von Oinoe kommend, der unasphaltierten Straße durch das Gebiet der *Perameria* und erreichen schon bald den Weiler **Pigí.** Dort zweigt ein Fahrweg nach rechts ab und führt durch einen urwüchsigen Wald zum verlassenen **Kloster Theoktisti.** Überragt von eindrucksvollen Felsen versteckt sich das Mönchskloster zwischen Kiefern und Zypressen, Mandel- und Feigenbäumen. Es ist der seligen Theoktisti geweiht, einer Nonne aus Lésbos, die im 9. Jahrhundert von einem Seeräuber entführt und als Sklavin verkauft wurde. Auf Páros gelang ihr die Flucht, und sie lebte dort als Eremitin bis zu ihrem Tod. Als die Lesbier ihre Gebeine in die Heimat überführten, mußten sie bei Sturm auf Ikaría zwischenlanden, wo das Reliquiar entwendet wurde. Mehr als ein halbes Jahrtausend war verflossen, als ein Jäger im Wald der Pe-

rameria ein Reliquiar entdeckte, das er einem in einer nahen Höhle hausenden Einsiedler übergab. Dieser Mann erfuhr schließlich durch einen Traum, in dem ihm Theoktisti erschien, von der Herkunft der Gebeine. Bald schon errichteten die Ikarioten über dem Fundort des Reliquiars einen Altar und eine Kirche und gründeten ein Kloster. Die mit Schieferplatten gedeckte Kirche, die von einem Mitte des 19. Jahrhunderts errichteten Glockenturm überragt wird, enthält hinter dem Altar den Schrein der seligen Theoktisti, der mit Treibsilber ummantelt ist. Der Innenraum ist reich mit Wandmalereien ausgeschmückt, für die der Chiote Chatzi Panteli in einer Inschrift mit der Jahreszahl 1688 verantwortlich zeichnet. Die künstlerisch bemerkenswerten Fresken zeigen das Weltgericht an der Westwand, Erzengel, Propheten, Heilige und Patriarchen an Süd- und Nordwand sowie die von orientalischen Kirchenlehrern begleitete Gottesmutter in der Apsis des Altarraums.
Unweit oberhalb des Klosters duckt sich unter einem vorspringenden Felsen das efeuumrankte **Höhlenkirchlein Theoskepasti,** das «Schutzdach Gottes». Einige Stufen führen hinauf zu dem niedrigen Einlaß, den man nur gebückt passieren kann. Das natürliche Felsgewölbe beschirmt das Fragment einer mit Blumen bemalten Schnitzikonostase aus dem Kloster Theoktisti sowie einen hübsch geschnitzten Ikonenständer. Der Seligen aus Lésbos zu Ehren versammeln sich an dieser Stelle am 9. September viele Pilger, um im tiefen Wald eine eindrucksvolle Panígyris zu feiern.

Wenn wir von Évdilos die Küstenstraße in westlicher Richtung nehmen, kommen wir zunächst nach **Ghialiskari;** in der *Panagía-Kirche* ist eine Grabinschrift aus dem 3. vorchristlichen Jahrhundert eingemauert, in der die Artemis Tauropolos

genannt wird. Dann geht es weiter nach **Armenistís,** einem kleinen freundlichen *Hafenort,* dessen Badebucht die von Urlaubern meistfrequentierte auf Ikaría ist. Eine nichtasphaltierte Straße führt von da in südlicher Richtung zum Dorf **Christos Rachon;** unterwegs, in der Nähe der *Ágios-Karalámbos-Kirche,* sind antike Mauerfundamente und im benachbarten Wald Reste eines Friedhofs aus dem 5. vorchristlichen Jahrhundert zu entdecken.
Nur wer unbedingt einmal lebendige, auf uralter Tradition basierende Volkskunst sehen will, der sollte sich auf den beschwerlichen Weg nach **Langáda** machen, das in den *Papas-Bergen* auf etwa halbem Weg zwischen Christos Rachon und dem Südwestzipfel von Ikaría, dem *Kap Papas,* liegt.
Liebhabern antiker Altertümer und Badefreunden empfehle ich, der nichtasphaltierten Straße von Armenistís in südwestlicher Richtung der Küste entlang zu folgen und die antike Kultstätte bei **Nas** sowie die benachbarte Bucht zu besuchen. Der Name des Fischerdorfs mit ein paar Betonhäuschen griechischer Sommerfrischler wird von Naos, «Tempel», abgeleitet, verschiedene Wissenschaftler meinen aber auch, er könne eine Abkürzung von Magna Mater sein und erinnere an die in dieser Gegend verehrte kleinasiatische Fruchtbarkeitsgöttin Kybele. Tatsache ist, daß auf einem Felsplateau über den südwestlichen Ufern des Chalaris-Flusses Reste vom **Heiligtum der Artemis Tauropolos** freigelegt wurden. Diese der «Stiergöttin» geweihte, älteste und bedeutendste Kultstätte auf Ikaría wurde vermutlich schon in vorgeschichtlicher Zeit von den Mykenern gegründet; sie verehrten dort die gleichnamige taurische Göttin, der ursprünglich Menschenopfer dargebracht wurden. Als Hüterin des wilden Stieres feierten auch die Griechen Artemis Tauropolia in einem nach ihr benannten Fest. Ursprünglich stand da ein Opferaltar, auf dem einem hölzer-

nen Fetisch gehuldigt wurde, von dem die Leute glaubten, die Götter hätten ihn geschaffen. Später wurde ihr ein Tempel errichtet, der aus Cella, Opisthodom und Adyton bestand. Davon sind noch Fundamentreste, Altarbasen, Statuenfragmente aus dem 5. vorchristlichen Jahrhundert sowie Vasenscherben aus der Epoche vom 7. Jahrhundert vor Christus bis in die Römerzeit erhalten. Der interessanteste Fund war für die Archäologen eine Tonscherbe aus dem 5. Jahrhundert vor Christus mit der Inschrift «Taurop...» (olo). Am Westhang sind außerdem Reste einer Ummauerung zu sehen, und an der Flußmündung lag in der Antike der kleine Hafen, wo die Pilger das Festland betraten, um die Göttin anzubeten. Von der einst so bedeutenden Kultstätte ist nicht mehr allzuviel zu sehen: im 19. Jahrhundert soll das noch ganz anders gewesen sein. Eine Brennerei bediente sich mit Architektur- und Statuenfragmenten aus Marmor, um Kalk für den Kirchenbau zu gewinnen.

Nach Ágios Kýrikos und in den Südosten

Die einzige asphaltierte Straße, die die Nord- und Südküste verbindet und auf der einmal täglich ein Omnibus verkehrt, führt von Évdilos nach Ágios Kýrikos. Sie zieht sich durch wildes Gebirgsland, umgeht tiefeingeschnittene Schluchten, passiert terrassenförmig an den Steilhang geklebte Dörfchen und Weiler und endlose wilde Kräutergärten. **Karavostamon, Paläókastro,** in dessen *Ágios-Geórgios-Kirche* antike Spolien vermauert sind, **Monokampi** heißen die Orte vor der Paßhöhe, wo sich die Straße mit einem Knick nach Süden wendet. Kurz vor diesem Knick zweigt ein nichtasphaltierter Fahrweg nach links ab zum Dörfchen Perdiki sowie zum Kap Drákanon, der Nordostspitze von Ikaría. Inmitten eines fruchtbaren Hochlandes versteckt sich an den Ausläufern der Athéras-Gebirgskette hinter Wein- und Obstgärten das frühere Piratenschutzdorf **Perdiki.** Seine charakteristischen Häuser entstanden im 16. Jahrhundert, das die Einheimischen als «Jahrhundert der Unsichtbarkeit» bezeichnen, weil sich ihre Vorfahren damals wegen der permanent drohenden Gefahr von Seeräuberüberfällen samt ihrer Behausung regelrecht in die Erde vergruben. Gruppen von Zypressen, Nuß- und Kastanienbäumen bilden eine natürliche äußere Sichtblende. Um die aus Bruchstein gemauerten Häuser, von denen sich meist nur ihr Schieferdach über das Geländeniveau erhebt, legt sich ein Schutzwall, der den Schimmer des Herdfeuers nachts verbarg. Letzte Zufluchtsstätte bei Piratenüberfällen war ein unter den Häusern versteckter Raum, der sonst als Lebesmittelkeller diente. Merkwürdig beklemmend wirkt die Stimmung in diesem Dorf, wenn man sich dessen ursprüngliche Bedeutung vergegenwärtigt.

Am **Kap Drákanon** lag die gleichnamige antike Stadt, von der nur wenige Spuren erhalten sind. Bemerkenswert ist der gut erhaltene hellenistische Wachtturm aus dem 3. vorchristlichen Jahrhundert, der einst zu einer Burg gehörte. Als Wachtturm wurde er auch in byzantinischer und genuesischer Zeit benutzt, denn von ihm hat man den idealen Ausblick auf das Ikarische Meer sowie auf das Ägäische Meer zwischen Chíos, Sámos und der kleinasiatischen Küste. Der aus kräftigen Bossenquadern errichtete, zwölf Meter hohe Bau, wurde einzig in den griechischen Befreiungskämpfen leicht beschädigt, als die Artillerie des Admirals Miaoulis darauf Schießübungen veranstaltete. In der Umgebung können wir von der Befestigungsmauer der *Akropolis* noch einige Reste entdecken, dar-

unter einen mächtigen Türsturz aus dem 5. Jahrhundert vor Christus. Sehenswert sind außerdem eine in genuesischer Zeit gebaute *Kapelle des heiligen Georg* sowie die kleine *Doppelbucht,* wo die Schiffe anlegen. Rauhe Winde blasen am Kap Drákanon, und trotz der herrlichen Aussicht auf Gewässer und Inseln ringum wird sich der Besucher nicht allzu lange dort aufhalten.
Zurückgekehrt zur Hauptstraße setzen wir unsere Fahrt nach Ágios Kýrikos fort. Schon nach ein paar Kilometern biegt eine nichtasphaltierte Straße wieder nach links ab zum Dorf **Katafýgio.** Vom Ort aus führt ein Weg zu den spärlichen Resten der Akropolis hinauf, der Rundblick von da oben ist atemberaubend. Am Weg liegen viele Gräber (6. Jh. v. Chr.). In diesem Areal wurde auch das **Grabrelief einer sitzenden Frau** gefunden, eine Schöpfung des Bildhauers *Palion aus Paros,* die als eines der schönsten klassischen Werke der kykladischen Kunst gilt. Bemerkenswert ist auch die *Ágios-Dimítrios-Kirche,* die mit einem Fluchtgang unter der Sakristei ausgestattet ist.

Wir haben jetzt die andere Seite der Insel erreicht, wo wir von hoch oben, vorbei an bizarren Felsformationen, auf den Hafenort und das Meer mit der Satelliteninsel Foúrni blicken. Weiter unten führt eine weitere Seitenstraße zum Kurort **Thérma,** der über die meisten Hotels und Restaurants der Insel verfügt. Seit dem Altertum bekannt sind die warmen heilkräftigen Schwefelquellen dort – an einem der ältesten Siedlungsplätze von Ikaría. Um 200 vor Christus hieß der Ort Asklepieis, war also dem Gott der Heilkunde geweiht. Die Spuren einer Thermenanlage aus hellenistisch-römischer Zeit am Dorfrand künden von uralter Badetradition. Auch heute noch hoffen Heilungsuchende, die an Rheumatismus und Arthritis,

Gicht und Wirbelentzündungen leiden, auf die Kraft des schwefel- und radiumhaltigen Wassers.

Nach kurzer Fahrt kommen wir nach **Ágios Kýrikos,** einem winzigen Fischerort mit ein paar touristischen Einrichtungen. Die kleine Inselhauptstadt schmiegt sich in eine Naturmulde und klettert einen Hang hoch, der in rauhes Felsengebirge übergeht. Der *Hafenplatz* mit einer Reihe alter Kaffeehäuser und einem winzigen Restaurant ist das Herz des Städtchens. Die dem Ortspatron geweihte Mitrópolis *Ágios Kýrikos* aus dem 18. Jahrhundert überragt mit obligater himmelblauer Kuppel und gewaltiger Zweiturmfassade den Ort. Eine zweite Kirche, dem heiligen Nikolaus gewidmet, stammt aus dem 17. Jahrhundert und ist kostbar ausgestattet. In den hinteren Gassen sehen wir noch ein paar teils verkommene Häuser im türkischen Stil oder Bauten aus Naturstein mit Schieferplattendächern. Der Hafen selbst bietet wieder die gemischte Atmosphäre aus Fischeridylle mit bunt bemalten Kähnen und einer modernen, mächtig in die See geklotzten Betonmole für die größeren Schiffe. Die Mole ist in der Mitte durchbrochen: Dort reckt sich das moderne *Ikarosdenkmal* in den Himmel, zwei durchlöcherte Metallstützen, die den abstürzenden Knaben tragen.
Ein besonderes Detail ist die meist wasserleere Bachmündung nahe dem Hafen: Oben ist sie ausgetrocknetes Bachbett, in der Mitte eine teils von Bürgersteigen überwölbte Asphaltstraße, unten Bestandteil des Hafens. Zwei Brücken überqueren den Bach, unter der oberen parken Autos, unter der unteren Schiffe. Ein schöner alter Plattenweg, der aber nur teilweise erhalten ist, führt in den oberen Teil der Stadt mit teils verfallenden Steinhäusern und Blick auf die brandgeschädigten Wälder. Eindrucksvoll ist ein Spaziergang von Ágios Kýrikos

entlang der Südostküste und unterhalb des steilen, felsigen Gebirgszuges. Wir kommen an den Thermen von *Levkáda* vorbei, wo Betonruinen von einer einstigen Badeanstalt zeugen und radioaktive Quellen am Strand sprudeln. Dann folgt das umwucherte *Kloster Evangelistrias* etwas oberhalb der unbefestigten Straße, das aus einem neueren Konventsbau und einem älteren byzantinischen Kirchlein besteht und von einer zischenden Gans bewacht wird. Dort fällt auch eine alte, aus Bruchsteinen gemauerte Wasserleitung mit Türmen, Bögen und bis zum Meer reichenden Rinnen auf. Dann erreichen wir das schmucke Dorf **Xylosirtis,** wo der Sage nach Ikaros abgestürzt sein soll. Die obligate Kuppelkirche überragt den Ort auf einem Hang über dem Meer; einige Häuser mit Steinplattendach und -einfriedung, verdienen Aufmerksamkeit, aber der Neubau- und Betonierkult greift um sich. Das größere Dorf **Chrysóstomos,** höher im Gebirge, ist wegen seiner Lage ebenfalls von besonderem Reiz.

Abstecher zum einsamen Foúrni

Während der Sommersaison fährt täglich ein Schiff von Ágios Kýrikos nach Foúrni (Backöfen), dessen Name an seinen vulkanischen Ursprung erinnert. Foúrni bezeichnet dreierlei: den gesamten Archipel, der aus mehr als 20 Inseln und Klippen besteht, die Hauptinsel sowie ihren Hafen- und Hauptort. Der zerklüftete, einsame und unwegsame Archipel ragt im Norden der 30 Quadratkilometer umfassenden Hauptinsel mit dem Kórakas-Berg 514 Meter aus dem Meer.
Nur die *drei Hauptinseln* sind bewohnt: Auf **Foúrni** leben etwas mehr als 1300 Menschen, auf **Thýmaina** 121 und auf

Ágios Minás nur zwei. Foúrni, auch *Kámpos* genannt, und *Chrysomilía* sind als einzige Dörfer auf der Hauptinsel durch Kaíki-Verkehr verbunden. Die Bewohner leben vom Oliven- und Gemüseanbau, den charakteristischen Gri-Gri-Ziegen sowie der Küstenfischerei. Eine Spezialität der Insel sind die köstlichen Meerestiere, Hummer, Langusten und Krabben, Barben und andere Fische. Traumhaft ist die grüne Hügellandschaft, die mit ihren zahllosen Buchten und Stränden sowie ihrem permanenten Wechsel von Wasser und Land früher ein hervorragendes Versteck für Seeräuber bot. Gefeiert wird am 23. April das Fest des heiligen Georg und am 6. Dezember das des Sankt Nikolaus. Mittelpunkt des Hafenstädtchens ist der *Hauptplatz* mit der *Nikolauskirche.* Nordöstlich auf einem Hügel lag die antike Inselhauptstadt *Korassiai.* Ein sehr beschwerlicher Maultierpfad über den Inselrücken verbindet die beiden Dörfer. An der **Kamaría-Bucht** steht die *Taxiarchis-Kirche,* umgeben von antiken Säulen einer Stadt, die im Altertum dort lag. Auf der Nachbarinsel sieht man die Kirche des *Ágios Minás,* und Archäologen vermuten, daß beide Kirchen an den Standorten zweier antiker, miteinander korrespondierender Tempel stehen.

Der zweite Ort auf Foúrni, Chrysomilía, liegt hoch über dem Meer am Südwesthang des *Kórakas-Berges* in einst gegen Piratenüberfälle gesicherter Position. Der Ort ist mit fünf Kirchen gesegnet, und unterhalb an der Küste machen sich einige Sommerhäuschen aus Beton breit. Über einem Steilabsturz steht auf dem Friedhof die von Kiefern überschattete Kirche *Agía Triáda* aus den dreißiger Jahren des 20. Jahrhunderts. Wie Marmorfragmente beweisen, wurde sie auf den Fundamenten einer frühchristlichen Basilika errichtet, die ihrerseits auf den Resten eines antiken Tempels stand.

Pátmos: Eine fromme Legende als Leitmotiv

Eine Seefahrt, die ist lustig...

Ein Ausflug von Sámos zum nahen Pátmos bietet während der Hauptreisezeit keine Probleme, außerhalb der Saison ist es manchmal gar nicht so einfach, von den ostägäischen Inseln zur Dodekanes zu kommen. Und es drängt sich dann der Gedanke auf, daß es leichter sei, zum über 160 Seemeilen entfernten Piräus zurückzukehren und von dort die schier unüberwindlichen Verwaltungsgrenzen zu überschreiten. Doch wer nicht gleich verzweifelt und jede der recht vielen Agenturen konsultiert, wird in den allermeisten Fällen doch noch eine Verbindung ausfindig machen. Hat man einmal den «großen Sprung» geschafft, darf man sich auf eine der reizvollsten ägäischen Inseln freuen.
Das winzige Schiff mit dem großen Namen «Kos-Express» stach pünktlich um 14 Uhr vom Hafen Pythagórions in See, hielt sich zunächst vorsichtig im Windschatten der samischen

Küste, um erst im letzten Augenblick in die offene See zu fahren. Obwohl sich das Wetter nach einem heftigen Sturm wieder aufgeheitert hatte, war das Meer nicht ruhig, und das Schiffchen begann jämmerlich zu schaukeln. Kapitän und Steuermann lösten einander mehrmals ab, denn die Fahrt war anstrengend und verlangte viel Konzentration. Die Wellen wurden abwechselnd mit Steuerbord und Backbord angeschnitten, dazwischen geriet unser Gefährt immer wieder ins Wellental und schaukelte dann, als ob es kippen wollte. Rechts sah ich die Inseln *Foúrni* und in der Dämmerung das schemenhafte *Ikaría,* links *Agathoníssion, Arkí, Maráthos* und später *Lipsí.* Nach ungefähr dreieinhalb Stunden Fahrt beruhigte sich die See, und wir fuhren im amphitheatralischen Naturhafen von Pátmos ein. Er gleicht einem riesigen Krater und ist es wohl auch, denn die Insel ist vulkanischen Ursprungs. Die Sonne ging eben hinter Pátmos unter und hüllte es in ein seltsam mystisches Licht – nur noch als Silhouetten waren das mächtige Johanneskloster, die Häuser und Kapellchen zu erkennen. Die Häuser – kubisch und weiß gestrichen – erinnern teils an die der Kykladen, teils an die der Nachbarinseln der östlichen Ägäis. Nachdem wir zwei Kreuzfahrtschiffe passiert hatten, von denen eines wie ein Rummelplatz beleuchtet war, legten wir im kleinen Hafen an.

Erste Skizze

Die nördlichste und mit 34 Quadratkilometern kleinste Insel der Dodekanes, in der Antike auch **strahlende Insel der Leto** genannt, hat fast die gleiche Fläche wie die ostfriesische Insel Borkum; sie präsentiert sich felsig und wasserarm mit stark

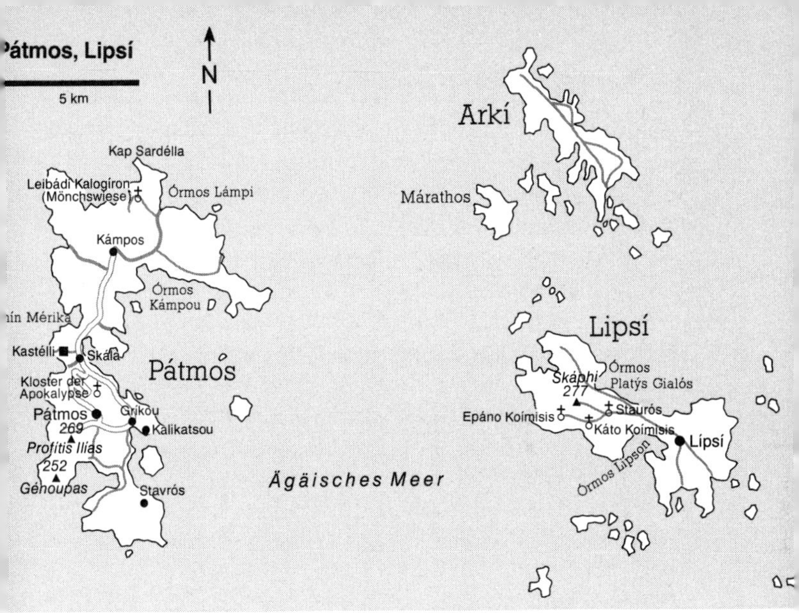

gegliederter Küste aus Riffen und einschneidenden Buchten. Im wesentlichen besteht sie aus zwei Landmassen, die durch einen schmalen Isthmus verbunden sind. An den längst erloschenen Vulkan erinnert neben der Geländeformation nur noch das Gestein – Bims, Liparite und Trachyte. Von vielen Inselchen wird Pátmos umgeben, darunter *Petrokárabon,* ein der Sage nach versteinertes Piratenschiff der Türken. Bescheidener Fruchtbarkeit begegnen wir nur im Nordteil von Pátmos, wo im Frühling Mandel-, Feigen- und Zitronenbäume blühen und die Bienen im niedrigen Thymian- und Salbeigestrüpp einen köstlichen Honig erzeugen. Den höchsten Punkt der Insel erreicht mit 269 Metern der **Profítis Ilías** im Süden. Die etwa 2500 Insulaner, die sich hauptsächlich vom Fischfang und vom Fremdenverkehr ernähren, leben im wesentlichen im **Hafenort Skála,** der unmittelbar am Isthmus ent-

stand und mit seiner *Meerwasserentsalzungsanlage* die Süßwasserversorgung der Insel sichert, sowie im **Hauptort Chóra,** der sich auf der Anhöhe um das Johanneskloster schart. Von Skála führt eine Straße herauf, ebenso zu den beiden anderen Siedlungen: **Kámpos** im Norden und **Gríkou** im Süden.
Der heilige Johannes, der auf Pátmos die Apokalypse geschrieben haben soll, wird am 21. Mai mit einem Feiertag geehrt, der Klostergründer Christódoulos am 16. März und am 21. Oktober gefeiert. Der bemerkenswerteste Festtag auf Pátmos ist die *traditionelle Fußwaschung am Gründonnerstag,* die in ähnlichen Spielen am byzantinischen Kaiserhaus wurzelt. In einer farbigen Prozession, die im Zwiegespräch zwischen Jesus und Petrus gipfelt, wird der Abt zum Stellvertreter Christi, während die Mönche die Rolle der zwölf Jünger übernehmen.
Etliche der traditionsreichen Bauten, vor allem das imposante Johanneskloster, aber auch die rund 350 über die Insel verstreuten Kapellchen wurden geich nach dem Zweiten Weltkrieg unter Denkmalschutz gestellt.

Exkurs in die Vergangenheit

Die der Sage nach mit Leto und deren Tochter Artemis verbundene Insel gab mykenische und geometrische Siedlungsspuren seit dem 16. und 11. vorchristlichen Jahrhundert frei; die vom Kastélli-Hügel in die Nähe des Hafens Skála führen. An dieser Stelle, zwischen drei Buchten, konnten Archäologen eine antike Stadt nachweisen, wo nicht nur die patmische Artemis, sondern auch der Apollon Karneios verehrt wurde. Das kleinasiatisch beeinflußte, zunächst dorisch, dann ionisch kolonisierte Pátmos scheint jedoch im Altertum nicht von großer Bedeutung gewesen zu sein. Die Römer verbannten unliebsame Mitmenschen auf die Insel: Einer von diesen Verbannten soll der Evangelist Johannes gewesen sein, der dort – der Legende nach – die Geheime Offenbarung (Apokalypse) schrieb. Während der Christenverfolgung unter Kaiser Domitian soll er um 95 nach Christus von Éphesos nach Pátmos gekommen und erst nach des Kaisers Tod wieder zurückgekehrt sein. Über seine Wunder wird berichtet, er habe in Milet den Apollo-Tempel zum Einsturz gebracht und auf Pátmos den Zauberer Kynops in Stein verwandelt. Die Identität dieses Johannes mit dem Autor der Offenbarung ist jedoch nicht mehr als eine fromme Legende, von der Pátmos seit Jahrhunderten lebt. Denn wissenschaftlich läßt sich diese These nicht beweisen, sie ist aus zeitlichen Gründen nicht einmal wahrscheinlich. Vielmehr *muß* es sich um einen anderen Johannes gehandelt haben, der daher den Beinamen «der Theologe» erhielt und vermutlich jener Presbyter war, für den Justinian bei Éphesos die prächtige Johannesbasilika bauen ließ. Quellen, die sich auf die Taten des Johannes und die Niederschrift seiner Geheimen Offenbarung beziehen, sind einige Jahrhunderte jünger und wurden von einem Johannes-Anhänger namens Prochoros aufgezeichnet. In nachantiker Zeit verödete Pátmos und war seit dem 7. Jahrhundert unbewohnt. Auf Pátmos kehrte erst wieder Leben ein, als der byzantinische Kaiser Alexios I. Komnenos 1088 dem Mönch Christódoulos die Insel übergab mit dem Auftrag, dort ein Kloster zu gründen. Das in der heutigen Klosterbibliothek aufbewahrte dreiteilige Übergabeprotokoll hält den Besitzerwechsel «in unwiderruflicher und ewiger Herrschaft» fest, spricht von der Stiftung eines Schiffes für das Kloster und davon, daß die Insel von allen Steuern befreit wird. Der aus Kleinasien stammende, weitgereiste Mönch, der sich auch als Gelehrter, Arzt und Soldat einen Namen machte, hatte bereits Klöster bei Halikarnass, auf Kos und Léros gegründet, als er sich auf das entvölkerte und unwirtliche Pátmos begab. Er baute das Kloster an der Stelle einer älteren Basilika und vielleicht auch – wie verbaute antike Architekturfragmente vermuten lassen – am Ort des alten Artemis-Tempels. Obwohl sich in den nächsten Jahrhunderten Hungersnöte und Piratenüberfälle abwechselten, behielt Pátmos seine Autonomie, und die Bürger, die sich seit dem 13. Jahrhundert um das Kloster ansiedelten, waren nur dem *Typikon* verpflichtet, dem ureigenen, vom Staat unabhängigen patmischen Recht. Die Mönchsrepublik – ursprünglich ein nur Männern vorbehaltener Ort der Kontemplation und Askese – wuchs auch machtpolitisch. Dies dokumentieren Klosterbesitzungen auf Kreta, Kos, Lémnos und in Kleinasien. Doch die Kämpfe zwischen den Türken und Venezianern um die Vorherrschaft in der Dodekanes treffen Pátmos, das dem Westen als Informant und Beobachter dient, hart. Als die Türken 1537 die Insel nominell übernahmen, konnte Pátmos – abgesehen von Tributzahlungen – seine Autonomie bewahren, und es ergibt sich eine neue Erwerbsquelle: der Seehandel. Während das Klosterleben niederging, erlebte die weltliche Gemeinde von Pátmos im 16. und in der ersten Hälfte des 17. Jahrhunderts einen wirtschaftlichen und politischen Aufstieg, was sich im Bau stattlicher Häuser, unzähliger Kapellen und sonstiger Äußerungen des gehobenen Lebensstandards dokumentiert. Patmische Handelsschiffe bringen Waren aus Kleinasien, vor allem Baumwolle, Felle,

---

Einer der schönsten Winkel von Chóra zu Füßen des Johannesklosters

Wachs und Getreide, nach Israel, Rußland, Deutschland und besonders nach Italien. Gleichzeitig wird durch die Anlage von Terrassenfeldern die Basis für eine bescheidene Landwirtschaft geschaffen. All dies wird mit einem Schlag zunichte gemacht: «Am 18. Juni 1659 kam die Flotte von Venedig und plünderte Pátmos an einem Samstag. Der Admiral der Flotte war Francesco Morosini... verflucht soll er sein!» (Kodex 107, Blatt 30 der Klosterbibliothek.) Und weiter heißt es, daß in der Zeit danach die christlichen Seeräuber auf Pátmos schlimmer hausten als die türkischen. Nach und nach gingen die Männer wieder auf Handelsfahrt, und die meiste Zeit des Jahres war Pátmos fast nur von Frauen bevölkert, die jedoch über Eigentum verfügten, denn gewohnheitsrechtlich wurden auf der Insel immer nur die Töchter beerbt. Ansonsten haben sie (angeblich) vor allem Stickereien hergestellt und Wollstrümpfe gestrickt, was bis ins 19. Jahrhundert hinein der große Exportschlager blieb.

Seit etwa 1720 hat sich Pátmos wohl langsam wieder erholt. Bereits 1713 hatte Makários Kalogherás eine theologische Schule gegründet, die im Offenbarungskloster residierte und deren Schüler der Insel als Patriarchen, Kirchengelehrte und Schulgründer bis nach Mitteleuropa, Ägypten und Rußland zu neuem Ruhm verhalfen. «Eine arme Insel», so schreibt der russische Student Barskij 1731, «doch reich an Ruhm und Ehre.» Und an anderer Stelle meint er: «Während früher die Insel Pátmos einsam und unbekannt war, ist sie jetzt überall berühmt, weil für die Griechen, die unter dem mohammedanischen Joch versklavt sind, diese Schule die Stelle eingenommen hat, die einst das antike Athen innehatte.» Im 19. Jahrhundert ist die Insel wieder verödet, und nach einer kurzen Freiheitsperiode von 1821 bis 1832 steht sie unter türkischer Verwaltung. 1912 kam Pátmos an Italien; dieser neue Besitzer betrieb einen derart rigorosen Kolonialismus, daß man heute noch viele Insulaner trifft, die zwar die italienische Schriftsprache beherrschen, nicht aber die griechische. Fast ein halbes Jahrhundert lang war die Muttersprache vom Lehrplan patmischer Schulen gestrichen, ein Mißstand, der erst 1948 mit der Rückgabe der Insel an Griechenland endete.

Wie eine Burg auf hohem Fels – das Johanneskloster

Wenigstens einen Hauch von Nostalgie vermittelte mir der etwas verloren zwischen zwei Mittelmeergiganten ankernde Viermaster, als ich das von einem Turm aus dem 16. Jahrhundert bewachte **Skála** betrat. Ansonsten hält auch dort die Neuzeit Einzug: Neben vielen mehr oder weniger gesichtslosen Neu- und Umbauten gibt es einen Hafenquai mit etwas neuvenezianischer Architektur, einigen Cafés und Restaurants im «Touristenstil», einem gotisierenden Hafenmeistergebäude, einem zurückgesetzten Platz mit Platane, byzantinisierender Kirche und Kafeníon, einem Denkmal für Protergatis Xanthos Emmanial, der 1821 im Aufstand gegen die Türken Verdienste erwarb... Das, was man für Zeugen des heiligen Johannes hält, läßt man sich am besten von Einheimischen zeigen: das Taufbecken am Meer und den zu einem Stein verzauberten Magier Kynops im Meer. Spärliche Reste einer Akropolis und einer Nekropole auf dem Kastélli-Hügel sind dürftige Spuren der etwa seit dem 6. vorchristlichen Jahrhundert existierenden antiken Stadt.
Bald wenden wir uns der Hauptattraktion der Insel zu, dem im 11. Jahrhundert gebauten Johanneskloster, das burgartig

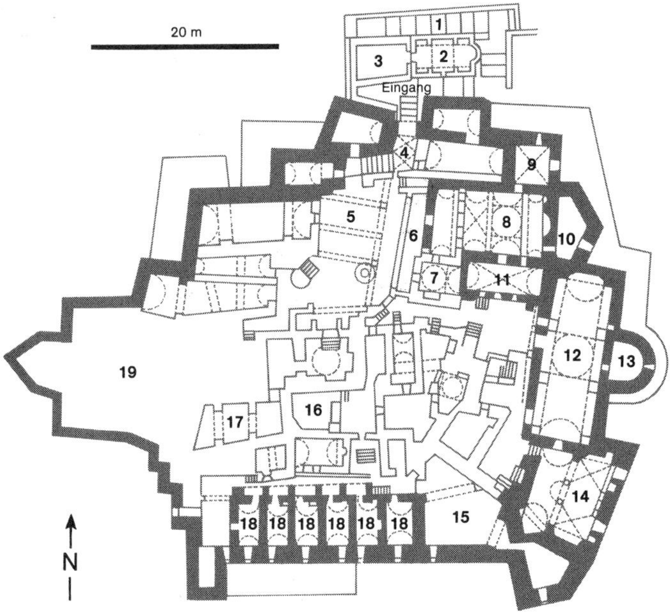

Johanneskloster

1 Aufgang
2 Kapelle der Heiligen Apostel
3 Schutzwehr
4 Diavatiko
5 Haupthof
6 Exonarthex der Hauptkirche
7 Christodouloskapelle
8 Hauptkirche
9 Äußere Schatzkammer
10 Alte Schatzkammer
11 Marienkapelle
12 Refektorium
13 Lebensmittelspeicher
14 Küche
15 Mahlkammer
16 Getreidespeicher
17 Ölspeicher (12. Jh.)
18 Zellen
19 Rekonstruierter Teil des Klosters

130 Meter hoch über dem Hafen thront. Ich rate, für den beschwerlicheren Hinweg ein Taxi zu nehmen und zurück den schön gepflasterten alten Maultierweg zu benützen, von dem sich ein herrliches Panorama auf die Insel bietet. Wenig unterhalb des Klosters ist die erste Station erreicht, die geheimnisumwobene **Grotte der Apokalypse,** die seit dem 17. Jahrhundert von einem Konglomerat aus Kapellen und Mönchszellen, Höfen und Terrassen umbaut ist. Hier soll der heilige Johannes die Vision des Weltendes gehabt haben, die als Apokalypse das letzte Buch des Neuen Testaments bildet. In der Grottenkapelle werden den Besuchern verschiedene Zeichen im Fels gezeigt. Eines (im Silberrahmen) soll das Kopfkissen des Heiligen gewesen sein, ein anderes das Felspult, wo er seinem Schüler Prochoros die Offenbarung diktierte, ein drittes sei bei der Ankunft des Menschensohnes entstanden und symbolisiere die Dreieinigkeit. Über der Grotte liegt das im 17. Jahrhundert gebaute Kloster der Offenbarung mit einer zweiten Kapelle, die zur Erinnerung an die Mutter des Klostergründers der heiligen Anna geweiht wurde. Ganz in der Nähe findet sich auch die bereits erwähnte **Patmias,** die 1713 von Makários Kalogherás gegründete Theologische Hochschule.

Von da aus sind es nur noch ein paar Schritte bis zur Glaubenszitadelle des Johannes. Heute ist Panígyris, der Gottesdienst soeben beendet. Ich beeile mich, um über Treppen und durch verwinkelte Gassen den **Klosterhof** zu erreichen, wo ich noch etwas Festtagsatmosphäre einfangen will. Mittlere, alte und uralte Popen bestimmen das lebendige Bild, überall werden Lorbeerzweige verstreut, und die Gläubigen erhalten ein Stückchen Brot. Die Kirche ist von Weihrauch erfüllt, die Popen wandeln würdevoll unter den Arkaden oder disputieren leutselig unter dem «Jüngsten Gericht» mit den jüngeren Ge-

meindemitgliedern. Bald hat sich die Menge verlaufen, und es ist Zeit und Ruhe zur Besichtigung.
Wenn Christódoulos, der Klostergründer, schreibt, «alle werden von den sarazenischen Seeräubern und den Türken und allen anderen gefangengenommen, und als die Mönche, die ich hatte, dies sahen, ließen sie mich einsam zurück», dann wird deutlich, wozu die mächtigen, turm- und zinnenbekrönten Festungsmauern der unregelmäßigen Klosterburg aus dunklem Vulkangestein nötig waren. Zum einen dienten sie als Schutz gegen die «Barbaren», zum anderen machten sie eine Flucht der Christenmönche unmöglich.
Auf einem Stufenweg umgehen wir die *Kapelle der heiligen Apostel,* die dem Haupteingang quer vorgelagert ist – beide wurden sie 1603 unter Abt Nikiforos dem Kreter gebaut. Der mächtige, turmbewehrte Zugang ist mit einer Pechnase ausgestattet, die Mönche konnten da Eindringlinge mit kochenden Flüssigkeiten wie Öl, Blei oder Pech unfreundlich empfangen.
Durch einen Gewölbegang erreichen wir den eindrucksvollen **Haupthof;** er ist das Zentrum der vielen Klostergebäude, die ohne Plan und Kontinuität an der Innenseite der Festungsmauer errichtet und durch Innenhöfe mit Licht und Luft versorgt wurden. Doppelgeschossige Rundbogenloggien umgeben den 1698 angelegten Klosterhof mit schöner Pflasterung und reichem Blumenschmuck. Eine große steinerne Umrandung umgab einst ein Weinfaß, das ein besonders abstinenter Mönch bewachen mußte. Im Osten des Hofes öffnet sich der *Exonarthex,* die äußere Vorhalle, deren Säulen von einem antiken Tempel stammen und die auch Architekturfragmente von einer frühchristlichen Basilika birgt. Von den Malereien sind vor allem jene am Deckengewölbe bemerkenswert, die aus dem 17. Jahrhundert stammen und Szenen von den Reisen und Wundern des Johannes Theologos zeigen: Man be-

Die Stätte der Offenbarung in natürlicher Gloriole

gegnet dem Heiligen ebenso wie Prochoros und dem Zauberer Kynops. Zwischen den Säulen ist ein Simandron angebracht, eine hölzerne Stundentrommel.

Im *Esonarthex,* der inneren Vorhalle, hängt das Schutzbild des Klosters, die Ikone des heiligen Johannes, ursprünglich aus dem 11. Jahrhundert, jedoch im 19. Jahrhundert übermalt. Eine Arbeit aus dem 13. Jahrhundert ist der vergoldete Rahmen, auf dem Christus, die Gottesmutter, Johannes der Täufer und die Apostel dargestellt sind. Die Freskenausstattung des Raumes reicht vom Kindermord in Bethlehem bis zur Parabel mit den törichten Jungfrauen.

Rechts kommt man zur *Kapelle des Ossios Christódoulos,* des Klostergründers. Eine russische Zarin stiftete 1796 den byzantinischen Marmorsarkophag und das versilberte Holzreliquiar mit dem einbalsamierten Leichnam des seligen Mönches. Ein Bild dieses frommen Mannes – begleitet von Christus und der Gottesmutter – sehen wir an der Ikonostase des 17. Jahrhunderts.

Das **Katholikón,** eine um 1090 vollendete Kreuzkuppelkirche, deren Dach von vier Säulen getragen wird, liegt unmittelbar hinter dem inneren Narthex. Erdrückend wirkt die mächtige Ikonostase in dem ohnehin engen und dunklen Raum. Das um 1820 entstandene ornamentale Werk trägt die Ikonen des heiligen Johannes, Christi, der Gottesmutter sowie des älteren Jakobus. Bemerkenswert ist der Abtstuhl von 1694 mit floraler Ornamentik in Elfenbeinintarsien. Antiken Ursprungs sind die Fußbodenfliesen, die seit der Gründungszeit nicht ausgewechselt wurden. Im Norden grenzt die *Äußere Schatzkammer* an, die einst die Bibliothek beherbergte, im Osten die *Alte Schatzkammer* und im Süden die im 12. Jahrhundert angebaute *Marienkapelle.* Dieses Kirchlein enthält neben einem frühchristlichen, mit Tauben geschmückten Kapitell und einer holzgeschnitzten kretischen Chorwand von 1607 wertvolle Wandmalereien, die gegen Ende des 12. Jahrhunderts geschaffen und 1958 wiederentdeckt wurden: An der Ostwand können wir die von Erzengeln und Engeln umgebene Gottesmutter auf dem Thron betrachten sowie Abraham, der drei Engel bewirtet; an der Westwand ist außer Johannes Chrysóstomos, dem großen Kirchenlehrer und Prediger, das Wunder der krummen Frau dargestellt, im Süden der Tempelgang Mariä und die Heilung des Gelähmten, im Norden Christus, welcher der Samariterin begegnet.

Durch einen Seitenhof gehen wir weiter zum *Refektorium* aus der Gründungszeit, in dem heute der **Kirchenschatz** ausgestellt ist. Der rechteckige Saal hatte ursprünglich ein Giebeldach aus Holz, das im 12. Jahrhundert durch Kuppel und Tonnengewölbe ersetzt wurde. Erhalten sind die marmornen

Tische mit Gedecknische und die Sitzbänke. Byzantinische Fresken aus drei Phasen des 13. Jahrhunderts zeigen Heilige, Tafelszenen, dogmatische Darstellungen und – für Historiker besonders interessant – Szenen aus der zweiten, vierten und sechsten Ökumenischen Synode. Der überkuppelte Apsidensaal im Osten diente vermutlich als Lebensmittelspeicher. Aus der Gründungszeit ist auch die Küche mit Backstube erhalten, die sich nach Süden anschließt und wie das Refektorium über Zisternen errichtet wurde. Aus der ersten Bauperiode stammen außerdem die Mahlkammer und sechs überwölbte Mönchszellen, die komfortabel mit Schranknische und Kamin ausgestattet waren.

Der Klosterschatz ist einer der bedeutendsten Griechenlands, rekrutiert sich aus Stiftungen von Kaisern, hochgestellten Klerikern und Aristokraten, aber auch von einfachen Gläubigen und Pilgern. Ihre Provenienz aus einem Umkreis zwi-

---

Kochen wie die Griechen:
Stifado

Zutaten (für 6 Personen): 1,5 kg Zwiebeln, 1,5 kg Kalb- oder Rindfleisch, Salz, Pfeffer, Muskat, 5 Lorbeerblätter, Zimt, 2 EL Essig, 5 EL Olivenöl, 1 dl Rotwein, 1 dl Wasser, 1 kleine Dose Tomaten.
Zubereitung: Ganze geschälte Zwiebeln und in große Stücke geschnittenes Fleisch in einen flachen Topf geben. Mit Salz, Pfeffer, Muskat, Lorbeerblättern und Zimt würzen, Essig und Öl, Rotwein und Wasser sowie die zerdrückten Tomaten mit der Flüssigkeit darübergeben. Mit Alufolie leicht bedecken, im vorgeheizten Backofen etwa 2½ Stunden bei 200 Grad schmoren lassen. Nach etwas mehr als der halben Garzeit Alufolie abnehmen und umrühren. Bei Bedarf noch einmal umrühren und eventuell mehr Wasser hinzugießen.

---

schen Rußland und Italien dokumentiert das weitreichende Ansehen des Klosters in byzantinischer und nachbyzantinischer Zeit. Unter den rund 200 Ikonen verdient die vortreffliche **Ikone des heiligen Nikolaus** aus dem 11. Jahrhundert besondere Aufmerksamkeit, sie steckt in einem etwas jüngeren Silberrahmen. Auf dem knapp 22 mal 19 Zentimeter messenden Bild ist der Heilige mit winzigen Mosaiksteinchen in dem Moment dargestellt, als er von der Verleihung der Bischofswürde durch Christus und die Gottesmutter träumt. Bemerkenswert sind auch die *Ikonen der heiligen Jacobus (13. Jh.) und Theodoros (12. Jh.)* sowie kretische Arbeiten des 16. und 17. Jahrhunderts. Ebenso faszinierend ist die Sammlung von mehr als 600 Meßgewändern, die meist aus dem 17. und 18. Jahrhundert stammen. Die älteren Stolen, Epitrachelien und Epigonatien sind kleine, aus Gold, Silber und farbiger Seide gewirkte Kunstwerke mit biblischen Darstellungen. Bei den Kopfbedeckungen wollen wir besonders die *Tiara des Kaisers Alexios I.* (11. Jh.) beachten und die *Krone des Patriarchen Grigorios.* Die Kollektion der Bischofsstäbe wird angeführt vom *Stab des Dionysios IV.* von 1677, der mit Diamanten und Goldrelief besetzt ist. Hinzu kommen mehr als 300 Exponate der Gold- und Silberschmiedekunst, kostbare Kirchenmöbel, Reliquien, und natürlich darf auch ein Holzsplitter vom heiligen Kreuz nicht fehlen.

Bedeutender noch als der Klosterschatz war die reiche **Bibliothek,** die Pátmos erst zum geistigen und geistlichen Mittelpunkt der östlichen Ägäis werden ließ, heute aber nur mit Sondergenehmigung zu besichtigen ist. Christódoulos brachte aus seinem Ursprungskloster bei Milet die ersten Schriftwerke mit, ließ seine Mönche alte Codices abschreiben und katalogisieren; er sorgte damit für den Grundstock einer blühenden Bücherei. Manuskriptjäger und unverantwortliche Ausleiher reduzierten den Bestand wieder, der heute aus etwa 900 Manuskripten des 6. bis 19. Jahrhunderts besteht, darunter nur drei Codices mit klassischen Texten (Diodor, Euripides, Sophokles), aus rund 2000 Büchern und ungefähr 13000 Dokumenten. Es nützte offenbar wenig, daß die Mönche den Buchdieben inschriftlich einen dreifachen Fluch androhten, denn in ihrem Heimatland wurden sie gefeiert, wie jener englische Mr. Clarke, der ein Manuskript Platonischer Philosophie aus dem 9. Jahrhundert entführte, das ihm zu Ehren dann «Codex Claricanus» genannt wurde. Die übriggebliebenen Prachtstücke der Klosterbibliothek können sich trotzdem sehen lassen. Der älteste Schatz ist der *Codex Porphyris* aus dem 6. Jahrhundert, dessen 33 Blätter einen Teil des Markusevangeliums wiedergeben. Die übrigen Teile des mit silbernen und goldenen Buchstaben auf purpurfarbenes Pergament geschriebenen Werkes befinden sich in Leningrad, Wien, Rom und Athen. Aus dem 8. Jahrhundert stammen die Miniaturen der 247 Blätter des *Buches Hiob.* Die orthodoxen Mönche Nikólaos und Daniel sorgten 941 in Reggio di Calabria für die *Abschrift der Predigten des Gregor von Nazianz.* Weiter gibt es Evangeliare und Handschriften des 10. bis 15. Jahrhunderts, meist mit hübschen Illuminationen und Miniaturen ausgestattet. Besondere Erwähnung verdient das **Klosterarchiv,** wo eine kontinuierliche Reihe von Urkunden seit der Gründungszeit bis in die Gegenwart die Geschichte des Klosters und seiner vielen ägäischen Außenbesitzungen dokumentiert. Ein einzigartiges Dokument ist die 7,5 Meter lange Stiftungsurkunde, die Kaiser Alexios I. Komnenos 1088 mit seinem Goldsiegel bekräftigte. – Die Dachterrassen des Klosters – deren grandiose Aussicht auch in neueren Reiseführern noch gerühmt wird – darf der Besucher leider bereits seit den siebziger Jahren nicht mehr betreten.

Zwischen Chóra und Mönchswiese

Chóra, auch Patmos genannt, entstand als Laiensiedlung, es liegt ungefähr 2,5 Kilometer vom lebhaften Hafen entfernt am Fuß der Klosterburg und wurde durch Flüchtlinge aus Konstantinopel (1453) und Iraklion (1669) erweitert. Vom Wohlstand, den die Handelsflotte im 16. und 17. Jahrhundert dem Ort brachte, zeugen noch die ansehnlichen Kapitänshäuser und rund 50 Votivkapellen, die sich über das gesamte Dorf verteilen. Treppengassen und schmale Sträßchen winden sich durch den Ort, werden von Bögen überspannt oder erweitern sich zu kleinen Plätzen – die *Platía Xanton* ist dem *Rathaus* vorbehalten. Die meisten Häuser sind geweißelt wie auf den Kykladen, andere im Stil türkisch beeinflußt, wieder andere tragen Naturstein zur Schau, viele sind mit Bauschmuck verziert – gefaßten und übergiebelten Portalen, italienischen Loggien, Fensterrahmungen, Konsolen, Friesen und mit manch anderem.

Vorwiegend Zugereiste haben die alten Herrenhäuser – eigentlich ein falscher Begriff, denn stets erbte die älteste Tochter das Elternhaus – gekauft und instand gesetzt. Drei erhaltene *Windmühlen* verleihen dem Ort ein zusätzliches stimmungsvolles Gepräge. Besuchenswerte Gotteshäuser sind die dreischiffige Kirche des 1279 gegründeten Frauenklosters Agía tou Agiou mit wertvollen russischen und volkstümlichen Ikonen im Innern sowie die beiden für Pátmos typischen *Doppelkirchen der Mariä Himmelfahrt* und *des heiligen Sampson* sowie des Täufers Johannes und des heiligen Sadok. Auf dem Weg zum höchsten Inselberg trifft man weitere Doppelkapellen, und auf dem Berg selbst thront die befestigte Kuppelkirche des Propheten Elias von 1764, die eine kostbare Schnitzikonostase bewahrt.

Wo einst der Schweiß des Bauern rann: Doppelkapelle auf verlassener Scholle

Der **Hauptbadestrand** liegt in *Gríkou,* südöstlich der Chóra. Im wenig entfernten Kalikatou stößt man am Meer auf antike Felstreppen und sieht dort einen alternativen Standort für den Artemistempel. Ebenfalls im Südteil liegt die Streusiedlung *Stavros* mit künstlichen Höhlen, wo die Mönche des 11. Jahrhunderts wohnten, darunter vermutlich auch Christódoulos. Mysteriös geht es dem Volksglauben nach am Südwestzipfel zu: Dort, wo die Höhle des Zauberers Kynops liegt, hausen auch heute nach fast zweitausendjähriger Christenherrschaft noch immer Geister und Dämonen.
Im fruchtbaren Nordteil sei **Kámpos** erwähnt, das einstige agrarische Zentrum des Klosterbesitzes. Antike Spuren mögen die Fantasie beflügeln, heilkräftige Wasser beim Gottes-

mutterkloster den Körper ertüchtigen, wichtigstes Ziel für den Fremden ist in dieser Gegend der *Badestrand*, dessen Tamarisken auch etwas Schatten bieten. Die *Einsiedelei Mönchswiese*, wo Landwirtschaft und Viehzucht betrieben wird, wurde 1700 von einem Athos-Mönch gegründet. Die dazugehörige *Kreuzkuppelkirche der Panagía* enthält eine Schnitzikonostase mit wertvollen Ikonen. In diesem «Garten Eden» von Pátmos wird am 23. August, neun Tage nach der Entschlafung der Gottesmutter, gefeiert. – *Órmos Lámpi*, die «leuchtende Bucht» ganz im Norden, bezaubert durch ihren farbigen Kieselstrand.

Stippvisite auf Lipsí

Ein Tagesausflug von Pátmos gilt Lipsí, dem einsamen **Eiland der Kalypso.** Hafen, Hauptstadt und einziges Dorf ist die knapp 600 Seelen zählende Siedlung Lipsí an der Südwestküste. Die Bewohner sind Fischer, Schafzüchter und Weinbauern – die Winzer erzeugen wohl das bemerkenswerteste Produkt der Insel. Gastfreundlichkeit und zwei angenehme *Badestrände* reichten bisher nicht aus, um den internationalen Tourismus für länger als einen Tag hierher zu locken. Dabei gäbe es bei mehr Zeit auf dem Zwerg der Dodekanes, der im Osten im 277 Meter hohen **Skáphi** gipfelt und in der Mitte eine gebirgige Landenge hat, manch idyllischen Flecken zu entdecken: *Votivkapellen* von Seefahrern und Landleuten, *verfallene Burgen*, ein *Kreuzeskirchlein* mit Viehtränke und zwei *Einsiedeleien* in tiefster, unwegsamster Wildnis, gegründet von weltflüchtigen Mönchen, denen Pátmos zu turbulent geworden war.

Léros: Fruchtbares Eiland der 100 Buchten

Atmosphärisches und Historisches

Mitternacht war längst überschritten, als das Fährschiff im Hafen von **Lakkí** anlegte. Empfangen wurde ich – in Ermangelung weiterer Touristen – als einziger vom Chef des «Léros Palace Hotel», der mich mit seinem VW-Bus zur Unterkunft chauffierte. Als ich am nächsten Morgen bei Preßlufthammergetöse viel zu früh erwachte, wurde mir nach und nach klar, daß das «Erste Haus am Platz», ein ziemlich vergammelter Laden, sehr typisch für Léros und besonders für Lakkí war: eine heruntergekommene Nobelherberge aus der italienischen Kolonialzeit.

Landschaftlich kann die Insel, mit knapp 55 Quadratkilometern etwas größer als Pátmos, durchaus mit überraschendem Abwechslungsreichtum bezaubern. Einsame Meeresbuchten werden von Felsen begrenzt, fruchtbare Landstriche von schroffen Gebirgszügen gegliedert. Insgesamt aber ist Léros eine sanfte Insel, deren höchster Gipfel, der **Klidí,** 327 Meter Höhe nicht überschreitet, die nicht unter Wasserarmut zu leiden hat, die in den fruchtbaren Ebenen um die vielen Buchten wenigstens Wein und Obst, Gemüse und Getreide gedeihen läßt, gerade genug für den Eigenbedarf der rund 6000 Insulaner. Vom großen Touristenstrom wurde Léros noch nicht erreicht, was gewiß auch damit zu tun hat, daß sie seit dem Ersten Weltkrieg Militärinsel ist, daß der unselige Geist der Papadopoulos-KZs unsichtbar nachwirkt, daß Nervenkranke dort in einer großen Heilanstalt isoliert werden. Vor nicht allzu langer Zeit waren die Volksbräuche noch lebendig, galt das Recht der weiblichen Erbfolge, was die Historiker auf den langanhaltenden Einfluß des Artemiskultes zurückführen. *Karneval* wird auf Léros am Kathera Deftera, dem «Reinen Montag», gefeiert; die Allheilige der Burg von Plátanos wird am 15. August geehrt, und den Touristen ist am 20. August in *Álinda* eine Tanzveranstaltung gewidmet.

Pelasger, Leleger und Karer waren die vorgeschichtlichen Bewohner, es folgten Dorer, Ionier (seit 900 v. Chr.) und Perser (seit 600 v. Chr.). Jagd und Hühnerzucht machten die zweite der kalydonischen Inseln Homers im Altertum bekannt. Sie wurde von Thukydides ebenso erwähnt wie von Herodot, ihre Siedlungsschwerpunkte lagen bei Plátanos und Agía Marína. Teilnahme am Trojanischen Krieg ist ebenso bezeugt wie die Unterstützung der Ionier im Aufstand gegen die Perser oder der Spartaner im Peloponnesischen Krieg. Römisch wurde die waldreiche Insel im 1. Jahrhundert nach Christus. In byzantinischer Zeit kam Léros zuerst an Sámos, dann durch eine Schenkung von 1087 zum Kloster Pátmos. Wie die Nachbarinseln wurde es wiederholt von Persern, Sarazenen und Kreuzrittern überfallen und geplündert. Der venezianisch-byzantinische Admiral und Inselkommandant verkaufte Lé-

Neugriechische Impression im Fischerdorf Pantéli auf Léros

ΛΕΡΟΣ ΑΡ459

ros 1316 an den Johanniterorden von Rhódos, wo es bis zur Eroberung durch die Türken 1522 blieb. Ihnen folgten im Ersten Weltkrieg die Engländer, die eine Flottenbasis einrichteten, dann die Italiener, welche die Insel ebenfalls als Kriegshafen nutzten, bis sie nach dem Zweiten Weltkrieg an Griechenland zurückgegeben werden mußte. Als Léros im Zweiten Weltkrieg bereits den Italienern entrissen worden war, wurde sie 1943 von deutschen Truppen erobert. Auch nach dem Krieg blieb die Insel nicht von Leiden verschont: Unrühmlicher Höhepunkt war die Einrichtung von *Konzentrationslagern* für die Gegner der Militärjunta des Georgios Papadopoulos.

Lakkí, der sichere Haupthafen, entstand an einer tiefeingeschnittenen, allseits geschützten Bucht, die beinahe wie ein See wirkt. Dort legte die italienische Besatzungsmacht für die Familien der Angestellten von Verwaltung und Marinebasis im Mussolinistil der zwanziger und dreißiger Jahre eine völlig neue Stadt mit breiten Straßen und Monumentalbauten, mit Betonhäusern und Gärten an. Um die bombastische Promenade, die sich um das Rund des Naturhafens zieht, reihen sich – meist heruntergekommene – Prachtbauten; ihre einstige Funktion haben sie längst verloren: Hotel, Kino, Gymnasium, Villen, Hafenmeistergebäude, Zollamt; an vergangene Heldentaten erinnert ein Marinedenkmal. Folgt man dem Nordufer der Bucht, so kommt man vorbei am *Koulouki-Strand* mit einigen Tavernen und schließlich zu einem im Wald versteckten Gelände mit einigen verfallenen Militärbauten und Bunkern aus der italienischen Zeit. – Etwas außerhalb von Lakkí steht auf den Fundamenten einer Vorgängerin aus dem 11. Jahrhundert die besuchenswerte *Kirche Ioánnes Theológos.*

Eine kleine Landpartie

Mit einem Motor-Bike machte ich mich wieder einmal auf den Weg, um die Insel zu erkunden. Ich verließ Lakkí auf einer stattlichen Allee im Schatten der Bäume, um nach kurzer Fahrt den traditionellen Hauptort **Plátanos** zu erreichen, der mit dem pittoresken Fischerdörfchen **Pantéli** und dem Badeort **Agía Marína** zusammengewachsen ist. Zentrum des urwüchsigen Dorfes am Fuß des mächtigen Kástro ist der *Hauptplatz;* ein kleines *Museum* wartet mit Grabreliefs und Inschriften auf. Die imposant auf einem Bergkegel thronende *Burg* können wir über einen Treppenweg erreichen oder an drei *Windmühlen* vorbei über eine lange Serpentinenstraße. Dieses byzantinische Kástro, im 11. Jahrhundert von Christódoulos auf antiken Grundmauern errichtet, wurde vom 14. bis zum 16. Jahrhundert von Johannitern und Venezianern ausgebaut, diente Italienern und Deutschen im Zweiten Weltkrieg als Beobachtungsposten und ist jetzt von griechischem Militär besetzt. Die äußeren Bereiche – die restaurierten Umfassungsmauern, ein Gedenkstein aus dem Zweiten Weltkrieg und die byzantinische *Kapelle Panagía tou Kastro* mit wundertätigem Bild der Allheiligen – sind trotzdem für Besucher zugänglich. Von da oben bietet sich ein herrlicher Blick auf die vier Buchten *Pantéli, Agía Marína, Goúrna* und *Lakkí.*

Agía Marína, der alte Hafen, liegt an der Stelle der antiken Stadt; zu sehen sind ein kleines römisches *Aquädukt* und stattliche *Herrenhäuser,* von wohlhabend zurückgekehrten Auswanderern um die letzte Jahrhundertwende gebaut. Gegenüber, am Strand von Álinda, sind bei einem Hotel Reste einer frühchristlichen Basilika übriggeblieben. An der Alinda-Bucht wurde ein britischer, an der Goúrna-Bucht ein deutscher Soldatenfriedhof angelegt.

Die Fahrt geht weiter in den Norden der Insel, nach **Parthéni,** einem Streudorf an einer reizvollen Bucht; zur Zeit der Militärdiktatur war dort ein berüchtigtes Verbannungslager untergebracht. Der Ortsname leitet sich von Parthenos (Jungfrau) ab und deutet auf die in dieser Gegend verehrte jungfräuliche Göttin Artemis. Südlich des Dorfes, in herrlicher Landschaft, die leider durch den kleinen Flugplatz beeinträchtigt wird, liegen auf einer kleinen Anhöhe die Trümmer ihres Heiligtums. Der Sage nach hatte Artemis die um ihren Bruder Meleager trauernden Schwestern in Perlhühner verwandelt und dorthin gebracht; darauf basiert die Bedeutung der Hühnerzucht auf Léros in der Antike. Später stand da ein

Die Hauptberge der ostägäischen Inseln

Kérkis	1433 m	Sámos
Pelinaíon	1297 m	Chíos
Kalí Límni	1215 m	Kárpathos
Attáviros	1215 m	Rhódos
Fanari	1042 m	Ikaría
Lepétymnos	968 m	Lésbos
Díkaios	846 m	Kos
Diabétes	698 m	Nísyros
Profítis Ilías	678 m	Kálymnos
Merovigli	650 m	Chálki
Bígla	616 m	Sými
Príonas	601 m	Kásos
Bárdia	482 m	Astypáläa
Skopiá	430 m	Lémnos
Katavati	360 m	Léros
Bígla	270 m	Kastellórizo
Profítis Ilías	269 m	Pátmos

byzantinisches Gotteshaus, von dem auch nur ein paar Steinquader erhalten blieben.
Ich kehre zurück nach Plátanos und **Pantéli,** einem Fischernest mit dem Rest einer mittelalterlichen Wasserleitung, dem *Brunnen des Genuesen,* um dort die Mittagszeit zu verbringen. In der winzigen, von einem originellen alten Ehepaar betriebenen Taverne halte ich Siesta bei kaum zu bewältigenden Mengen von Meeresfischchen und Dolmades. Gratis gibt es einen phantastischen Blick auf die sonnenüberflutete Bucht dazu, von dem man sich, gestärkt durch ein Fläschchen Retsina, nicht mehr trennen möchte.

Doch die Fahrt muß weitergehen: es lockt der Süden. Hinter Lakkí folgt **Lépida** mit der auf den Resten eines alten Leuchtturms errichteten *Kirche Móni Panagía* sowie einigen Herrenhäusern, aber der Ort liegt mitten im militärischen Sperrbezirk. Ganz im Süden erreichen wir **Xerókampos** an der gleichnamigen Bucht, eine Streusiedlung mit einigen Bauernhäusern. Zum Hügel über dem Ort kommen wir über einen Feldweg, der zum *Paläókastro* führt, dem Rest einer Festungsanlage aus dem 4. vorchristlichen Jahrhundert. In seiner Mitte steht eine *Kapelle* mit schlecht erhaltenem Mosaikboden.
Von dort schauen wir über die Meerenge von Léros auf das nächste Ziel unseres Inselspringens: Kálymnos. Léros, das viel Fremdherrschaft und Gewalt erlebte, macht mich mit seinen fremdartigen Spuren nachdenklich. Obwohl die Menschen offen und sehr herzlich sind, meine ich, dort am deutlichsten die Depression zu spüren, die geschichtsbedingt auf mancher ostägäischen Insel lastet. Dennoch bewahre ich ein überaus freundliches Bild in der Erinnerung: Lächelnd grüßt am Straßenrand ein Hirt, dessen Schafherde einen verlassenen Weinberg abweidet.

Kálymnos: Vom wilden Leben der Schwammtaucher

Honig, Höhlen, Heilquellen und die Nacht der Liebenden

Felsig-bizarre Gebirgskämme durchziehen das herb-schöne Kálymnos, das mit 111 Quadratkilometern doppelt so groß wie Léros ist. Zwischen den von Erosion zerfressenen Bergen bildeten sich traumhafte, fjordähnliche Buchten und außerordentlich fruchtbare Täler. Auch wenn die Wälder des Altertums, die Ovid mit «silvis umbrosa Calymne» umschreibt, verschwunden sind, hat Kálymnos eine Menge zu bieten: geheimnisvolle Tropfsteinhöhlen, seit der Antike besuchte Heilquellen, herrliche Sandstrände an der Westküste, einen exzellenten dunklen Honig und ein erstaunlich alpin wirkendes Gebirgspanorama, das im 678 Meter hohen **Profítis Ilías** gipfelt. Verwöhnt wurden die Bewohner der rauhen, wasserarmen Insel nie. Die Obstgärten und Fischgründe ernährten zwar in vergangenen Zeiten die Insulaner, doch wurde ein gewisser bescheidener Wohlstand erst durch die gefahrvolle und opferreiche Arbeit der Schwammtaucher erwirtschaftet. Die rund 14000 Kalymner sind stolz darauf, daß ihre Insel der **Mittelpunkt der griechischen Schwammfischerei** ist und die letzte, die zu diesem Zweck noch eine eigene Flotte unterhält. Die gefährliche Arbeit des Schwammtauchers bestand früher darin, daß er sich einen schweren Stein umhängte, der ihn in die Tiefe zog, dort die Schwämme suchte und mit einem Dreizack aufspießte, sie pflückte und in ein umgehängtes Netz tat, um sich schließlich wieder mit einem Seil an die Oberfläche ziehen zu lassen. In unseren Tagen benutzen die Taucher Preßluftgeräte und Beile. Dazwischen verwendeten sie lange die Taucherglocke. Die Schwammfischerei, die in größerem Maß seit der Mitte des 19. Jahrhunderts betrieben wird, führte dazu, daß die Pfründe bald abgeerntet waren und die Taucher für immer längere Zeit immer weiter weg von ihrer Insel arbeiten mußten. Zunächst fuhren sie zur nordafrikanischen Küste, dann wanderten viele nach Australien und Amerika aus, um dort ihrem Beruf nachzugehen. Früher waren die Schwammtaucher sieben, heute sind sie nur noch vier Monate mit ihren Schiffen unterwegs. Abschied und Wiederkehr haben sich zu einem erlebenswerten Zeremoniell entwickelt: Mit Tanz und Gaumenfreuden wird *Iprogros,* die letzte Woche vor der Abfahrt, kurz vor Ostern, gefeiert, dann folgt die **Nacht der Liebenden,** und am nächsten Morgen rufen die Kirchenglocken zu den Schiffen. Die Rückkunft im Spätsommer gestaltet sich ähnlich. Längst wurde der Naturschwamm als Massenprodukt von wesentlich billigeren künstlichen Erzeugnissen verdrängt. Doch wer die besondere Qualität liebt, wie sie nur die Natur bietet, der wird sich auch heute noch für den Naturschwamm entscheiden. Die Zahl der Schwammtaucher hat sich von früher mehreren tausend auf heute etwa 650 reduziert – sie verdienen ihren Lebensunterhalt mit diesem Naturprodukt, das zum Luxusartikel geworden ist, und setzen dabei ihr Leben aufs Spiel. Als Attraktion für den Fremdenverkehr erlebt die Schwammtaucherei sogar wieder einen gewissen Aufschwung: In erster Linie ist der Schwamm ein begehrtes Souvenir, zudem gibt es auf Kálymnos Schulen, in denen sich auch Touristen zum Schwammtaucher ausbilden lassen können.

Historische Skizzen

Wie Töpfereien und Werkzeuge, die in den Grotten von Vothíni gefunden wurden, zeigen, war Kálymnos schon in der Jungsteinzeit besiedelt. Karer sollen nach Diodor die Ureinwohner gewesen sein. Ihnen folgten Minoer und Mykener; die Mykener hinterließen besonders deutliche Spuren (Skomi-Schatz, Britisches Museum). Um 800 vor Christus wurde die Insel von dorischen Kolonisten erobert, die ihre Hauptstadt nach ihrem Herkunftsort Argos nannten. Zu Beginn des 5. vorchristlichen Jahrhunderts gerät Kálymnos, gemeinsam mit Kos und Nísyros, unter die Herrschaft der Königin Artemisia von Karien, einer Verbündeten der Perser. Nach der persischen Niederlage bei Salamis wurde Kálymnos wieder selbständig und trat (478 und 377 v.Chr.) den attischen Seebünden bei. Große Freiheit mit eigener Münzprägung erlebte sie seit 355 vor Christus, als sie die Oberhoheit von Páros anerkannte. Es folgten die Herrschaft der Ptolemäer, der Koer, der Römer und schließlich der Byzantiner.
Besonders einschneidend für die Geschichte war ein türkischer Überfall im 11. Jahrhundert, bei dem fast alle Einwoh-

ner umkamen. Die wenigen Überlebenden zogen sich in die Fluchtburgen Kastélli und Kástro zurück, und Kástro entwickelte sich zur Inselhauptstadt. Angelockt von den sich eröffnenden Möglichkeiten des Orienthandels, kamen jetzt die Italiener – erst die Venezianer, dann die genuesische Familie Vinioli –, schließlich die Johanniter von Rhódos. Als Rhódos den Osmanen in die Hände zu fallen drohte, mußten die Johanniter zugunsten von dessen Verstärkung Kálymnos opfern. Die Türken besetzten die Insel bis 1912; daran konnte auch der griechische Aufstand von 1821 nichts ändern. Es folgten die Italiener, und wieder revoltierten die Kalymner, als Mussolini 1935 die griechische Muttersprache von den Lehranstalten verdrängen und die Kirchenverwaltung abspalten wollte. Wie der gesamte Dodekanes wurde Kálymnos 1948 wieder griechisch.

Ein Betonkreuz leuchtet über der Hauptstadt

Póthia ist der antike, auch heute gebräuchliche Name des Haupt- und Hafenortes *Kálymnos;* er ist mit rund 10000 Einwohnern die zweitgrößte Stadt der Dodekanes und breitet sich in einer Talmündung an der Südostküste der Insel aus. Rechts und links ragen Felsenberge auf, der südliche wird von einem Betonkreuz gekrönt, das in der Nacht beleuchtet ist – Berge rahmen auch den Hafen ein. Die bereits in der Antike bewohnte Siedlung wurde im 10. Jahrhundert wegen eines blutigen Raubüberfalls der Türken verlassen und erst Mitte des 19. Jahrhunderts neu gegründet. Das Städtchen ist nicht besonders hübsch, nur den Hafenkai säumen einige stattliche Häuser aus italienischer und neuerer Zeit und einige Bronzeskulpturen eines «begnadeten» einheimischen Künstlers, sonst, wie in allen ägäischen Häfen, Tavernen, Läden, Touristen- und Fischerboote.

Sehr italienisch wirkt das repräsentative Zentrum – eine prächtige, mit Kieselsteinmustern belegte **Piazza,** an der die neubyzantinische *Ágios-Christos-Kirche* mit freistehendem Campanile, das *Rathaus* und das *Postamt* zu finden sind. Das von einer leuchtendblauen Kuppel überwölbte Gotteshaus birgt eine Chorwand mit zwei griechischen Kreuzen sowie eine Sammlung von Gemälden einheimischer Künstler. Am

anderen Ende des Hafens, bei der großen Mole, besuchte ich in der Odos 25 Martiou eine interessante *Schwammanufaktur.* In einem großen, dunklen Raum, wo zwei alte Männer mit Schafscheren die bizarren Schwammformen zurechtstutzten, lagerten in Regalen Schwämme verschiedener Größe und Farbe. Die von Natur aus dunklen und stinkenden Schwämme müssen nämlich mehrmals gewaschen und in Säure gebadet werden, bevor sie die gewünschte Farbe annehmen: Die helleren haben mehr, die dunkleren weniger Chemikalien über sich ergehen lassen müssen.
Links oberhalb der kleinen Fabrik thront auf einem Hügel die mächtige Kathedralkirche Ágios Nikólaos. – Etwa zwei Kilometer südlich des Hafens kommen wir zu den Thermen am

Von der Natur bizarr geformt, von Menschenhand zurechtgestutzt: Schwammanufaktur in Kálymnos-Stadt

Meer, deren *heiße Schwefelquellen* Rheuma, Arthritis und Nierenleiden heilen.
Zurückgekehrt zum Glockenturmplatz, folgen wir nach links der Hauptstraße, die durch die hintere Stadt zur betriebsamen *Platía Kyprou* mit Taxistand führt. Nach rechts geht es zum *Museum,* das im Patrizierhaus des Nikólaos Boubális eingerichtet ist. Es führt ein älterer Herr, der mit Stolz darauf hinweist, daß der einstige Hausbesitzer sich als Unternehmer um die Wende vom 19. zum 20. Jahrhundert nicht nur um die Förderung der Schwammindustrie verdient machte, sondern auch als Stifter von Schulen, Krankenhaus und Post. Bis zur Realisierung eines geplanten archäologischen Museums sind in der blütenumrankten Villa die auf Kálymnos gefundenen Altertümer untergebracht. Interessant sind aber auch die vornehmen Einrichtungsgegenstände, der hübsch möblierte Speisesalon sowie die vielen Erinnerungsstücke und Bilder, die der frühere Hausherr von seinen Reisen mitbrachte.

Am Fuß bizarrer Felswände in den Norden

Die Fahrt geht von Póthia durch eins der beiden fruchtbaren Täler in nordwestlicher Richtung. Die Ruinen einiger alter Windmühlen rücken ins Blickfeld, und schon ist **Chório** am Fuß des *Profítis Ilías* erreicht. Überragt wird das typisch ägäische Stadtdorf mit etwa 2300 Einwohnern von einem byzantinischen Kástro, das im 11. Jahrhundert als Fluchtburg angelegt wurde und in dem sich eine Rückzugssiedlung entwickelte, die bis ins 17. Jahrhundert Inselhauptstadt war. Als die Zeiten sicherer geworden waren, wagten sich die Bewohner aus ihrer Schutzburg heraus und bauten im Tal einzelne Häu-

ser, aus denen Chório entstand. Als Mitte des 19. Jahrhunderts die Schwammtaucherei aufkam, kehrte ein Teil der Nachkommen der einstigen Flüchtlinge ins Ursprungsdorf Póthia zurück.
Chórios dreischiffige *Mitrópolis* birgt eine besonders schöne Schnitzikonostase von 1802 sowie eine *Monolithsäule aus Knidos.* Die Siedlung bewahrt außerdem ein paar altkalymnische Häuser, weinlaubumrankt und mit Brunnen und Backofen ausgestattet, deren einziger Raum – über dem Vorratskeller – sich in Wohn- und Schlafteil gliedert. Über einen Ziegenpfad, den die Einheimischen bereitwillig zeigen, kommen wir hinauf zum *Kástro,* das wir im Südosten durch eine Öffnung in der fünf Meter hohen Mauer betreten. Wie Scherbenfunde vermuten lassen, gab es an der Stelle der byzantinischen Schutzburg schon eine mykenische Akrópolis, die in klassischer und hellenistischer Zeit noch bestand. Wie Wappen der Ordensgroßmeister bezeugen, wurde das Kástro im 14. Jahrhundert von den Johannitern ausgebaut und erweitert. Abgesehen von den Resten der mächtigen Umfassungsmauer, einiger Hauswände und den Ruinen verschiedener Kapellen, steht man vor einem mit allerlei Gestrüpp überwachsenen Trümmerfeld aus Bausteinen, Felsblöcken und Tonscherben. Bemerkenswert ist die *Kapelle der Panagía Chryssocheria* (Goldhand), die einst eine Ikone der Panagía mit vergoldeten Händen beherbergt haben soll.

Kurz hinter Chório zweigt eine Straße links nach **Árgos** ab, einem Weiler, der auf die Hauptstadt der dorischen Kolonisten zurückgeht und in der Antike Zentrum eines bedeutenden Asklepioskultes gewesen sein muß. Knapp 100 Meter vor dem Ort steht die dreischiffige, zum Teil aus antikem Material gebaute *Basilika der Evangelistria,* deren Fußboden aus

schönen Marmorplatten und Mosaiken besteht. Dort wurde 1968 der Torso einer Asklepiosstatue gefunden. Noch etwas weiter vom Dorf entfernt steht auf einem Hügel die *Kirche der zwölf Apostel,* die nach der Überlieferung im 11. Jahrhundert von Ossios Christódoulos gegründet wurde.
Westlich von Chório sehen wir die Reste der *Basilika Christós tis Jerusalém* (6. Jh.) mit Westwand der Apsis, Synthronon, Marmor- und Mosaikfußböden. Inschriften bekunden, daß das Gotteshaus an der Stelle errichtet wurde, wo sich seit dem 5. vorchristlichen Jahrhundert das Heiligtum des Delischen Apolls, also der Hauptkultort des antiken Kálymnos, befand. Die Spuren eines Theaters (3. Jh. v. Chr.) deuten darauf hin, daß da im Vierjahresrhythmus musische und sportliche Wettkämpfe abgehalten wurden.

Die Straße erreicht die Westküste, und wir schauen schon von oben auf die Badebucht von **Linária** und die **Insel Télendos.** Télendos kann man vom kleinen Ferienort *Myrtíes* (kleine frühchristliche Basilika Ágios Ioánnes) aus mit dem Boot erreichen. Von weitem lockt die im Volksmund *Marmorprinzessin* genannte Felsformation zur Überfahrt auf die 400 Meter aus dem Meer ragende Insel, die sich erst im 6. Jahrhundert durch ein Erdbeben von Kálymnos ablöste. Wem das Fischerdörfchen und zwei kleine Badestrände nicht genügen, der kann altgriechische oder römische Reste aufspüren oder sich eine frühchristliche (Ágios Basilios) und eine mittelalterliche Kirche (Ágios Konstantinos) ansehen.
Die Straße folgt der Westküste bis zu einem Kap, auf dem wir die verwaschenen Reste der mittelalterlichen Burg Kastéli aus dem 9. Jahrhundert erkennen. Dann führt sie entlang der tief eingeschnittenen **Bucht von Arginóntas,** macht beim gleichnamigen Weiler eine Spitzkehre und hält sich am Fuß imposan-

ter Felsstürze, unterhalb gigantischer und interessant gefärbter Gesteinsformationen mit zahlreichen Höhlungen in den Steilwänden. Es folgt **Skália,** dessen *Nikolauskirchlein* mit bemerkenswerten byzantinischen Wandmalereien überrascht, und schließlich **Emporió,** die nördlichste Siedlung der Insel. Es gibt dort zwar spärliche Reste eines mykenischen Kuppelgrabes und – etwas außerhalb – die Überbleibsel einer angeblich karischen Burg, weit faszinierender sind aber das alpine Panorama, das den einsamen Ort umgibt, der tamariskenbeschattete Badestrand mit seinen im Sand scharrenden Hühnern oder den aus Langeweile oktopusjagenden Taxifahrern, den wenigen Tavernen, wo der Gast noch König ist...

Von Stalaktiten, Zitrushainen und einer «versunkenen» Kirche

Unser zweiter Ausflug von Póthia aus gilt dem Ostteil der Insel mit dem Hauptort **Vathý** an der Mündung eines weiteren fruchtbaren Tals, das sich als fjordartige Bucht fortsetzt. Auch diese aus drei Teilen bestehende Gemeinde besitzt einige Relikte aus dem Altertum – einen Felsenthron und ein Stück einer Zyklopenmauer. Im Ortsteil *Rhína,* benannt nach der heiligen Irini, enthält die von Zypressen beschattete byzantinische *Kirche Panagía Chosti* Wandmalereien aus dem 12. und 13. Jahrhundert. Ihr Beiname bedeutet «die in der Erde Versunkene», denn der Legende nach versank das Gotteshaus mit der gesamten Kirchgemeinde während eines blutigen Sarazenenüberfalls und tauchte erst nach Jahrhunderten unversehrt wieder auf. Ansonsten sind im Tal von Vathý erholsame Spaziergänge durch die von weißen Mauern umgebe-

nen Zitronen- und Mandarinenhaine zu empfehlen, welche die wirtschaftliche Grundlage des Tals sind.
Etwas mehr Kraft kostet eine Wanderung zur *Höhlenkirche Kyrá Psilí* auf dem gleichnamigen, 650 Meter hohen Gipfel. Der Weg beginnt beim Dorf **Dássos,** dessen Kirche die wundertätige Ikone von Kyrá Psilí birgt, und führt vorbei an einer Kreuzeskapelle zur ziemlich versteckten Höhlenkirche. Sie wurde in die Reste einer mittelalterlichen Burg gebaut, und aus ihrer Felsendecke tropft heilsames Wasser aus der «Hand der Panagía». Am 15. und am 24. August wird die Marienikone in einer feierlichen Prozession vom Tal zu ihrem Ursprungsort getragen.
Nur mit dem Boot kann man von *Vathý* aus die *Grotte Daskalió* erreichen, zu der eine byzantinische Treppe vom Meer hinaufführt. Die zwölf Meter hohe, kuppelförmige Tropfsteinhöhle war, wie Funde bezeugen, von der Jungsteinzeit bis ins Mittelalter kontinuierlich von Menschen bewohnt. Und während der Fremdherrschaft der Türken hatte sich darin eine griechische Geheimschule niedergelassen. Mit einer schweren Eisenkette konnte man früher von da aus den Hafen gegen Piratenüberfälle absperren.
Einen Besuch wert ist auch die *Tropfsteinhöhle von Vothýni* im Süden der Insel, die man mit dem Boot von Vathý aus erreicht. Jenseits des Berges Vothýni liegt auf jungsteinzeitlichen Siedlungsresten das gleichnamige Dorf, in dessen Kloster die Ordensfrauen hübsche Teppiche und Handarbeiten herstellen. Von der Grotte, die im Altertum ein Zeusheiligtum enthalten haben soll, schaut man auf die kleine Insel *Nerá,* wo ebenfalls ein Kloster steht.

Lukullische Vorarbeiten: Oktopusse werden weich geklopft

Kos: Auf den Spuren von Asklepios und Hippokrates

Ferien und Kuren schon im Altertum

Flach im ostägäischen Meer hingestreckt liegt das in der Form einem Delphin ähnelnde Kos in den Zangen zweier kleinasiatischer Halbinseln: Auf der nur vier Kilometer entfernten nördlichen ist Bodrum, das antike *Halikarnass,* auf der etwas ferneren südlichen wurde das antike *Knidos* ausgegraben. Kos ist mit 290 Quadratkilometern die drittgrößte Dodekanesinsel und damit nur unwesentlich kleiner als Kárpathos. Touristisch und kulturgeschichtlich gebührt ihr eindeutig der zweite Rang hinter Rhódos. Die flache und fruchtbare Insel verfügt über zwei Gebirgsregionen – die eine zieht sich im Ostteil der Südküste entlang und gipfelt im 846 Meter hohen **Díkaios,** die andere befindet sich auf der südwestlichen Halbinsel. Sanftes Hügelland, von eindrucksvollen, canyonartigen Tälern durchzogen, liegt dazwischen. Grün und üppig bewachsen ist das Flachland an der Nordküste mit Weinbergen, Obstgärten und Gemüsefeldern. Die rund 18000 Inselbewohner sind griechisch-orthodoxer, islamischer und jüdischer Konfession und leben schon seit dem Altertum von Landwirtschaft und Handwerk, Handel und Fremdenverkehr, was ihnen eine friedfertige, bodenständige und selbstbewußte Lebensart verliehen hat. Zitrusfrüchte, Weintrauben, Nüsse, Tomaten, Melonen, Artischocken, Getreide, Honig, Oliven und Tabak – das ist nur eine kleine Auswahl der köstlichen Produkte aus dem Inselgarten. Spezialitäten sind die *Patsas-Suppe* aus Innereien, der *Retsina* und ein besonderes *Gebäck aus Honig.* Unter den Handwerken verdient die Weberei Erwähnung, die schon in der Antike «weltberühmt» war, als römische Hetären mit Vorliebe die delikaten durchsichtigen *Vestes Coae,* die koischen Gewänder, trugen. Vor allem aber als Ferieninsel und Heilstätte genoß Kos bereits im Altertum einen hervorragenden Ruf. Das milde Klima, die sanfte Landschaft und nicht zuletzt die schwefel- und eisenhaltigen Heilquellen waren ideale Voraussetzungen für das Aufblühen des Kultes des Gottes der Heilkunde, Asklepios, dem zu Ehren seit dem späten 4. vorchristlichen Jahrhundert das berühmte Terrassenheiligtum errichtet wurde. Schon ein Jahrhundert früher hatte Hippokrates durch die Gründung seiner aufsehenerregenden Ärzteschule eine Grundlage für die moderne Medizin geschaffen – allerdings konnten die Forscher seine einstige Wirkungsstätte bis jetzt nicht eindeutig lokalisieren. Kos ist auch heute wieder eine bevorzugte Urlaubsinsel – mit einem ebenso kulturträchtigen wie gastronomisch erschlossenen Hauptort, mit entlegenen Buchten und ausgedehnten Sandstränden, mit einem fahrradfreundlichen Straßennetz, aber auch mit einer alpinen Gebirgszone, die zu Wanderungen einlädt.

Seit der Jungsteinzeit bewohnt

Jungsteinzeitliche Bauern, Fischer und Jäger hinterließen auf Kos, in einer Grotte beim Dorf *Képhalos,* die ersten Spuren menschlicher Besiedlung. Es folgten etwa im 14. vorchristlichen Jahrhundert die aus Thessalien kommenden mykenischen Achäer und schließlich die dorischen Herakliden unter Führung des legendären Thessalos. Die Herakliden beteiligten sich am Trojanischen Krieg mit 30 Schiffen und siedelten ab etwa 1000 vor Christus auch auf Rhódos, in Halikarnass und in Knidos. Die eigentliche griechische Geschichte begann mit der Neubesiedlung durch dorische Thessalier um 800 vor Christus. Dank ihrer günstigen Handelslage blühte die Insel auf, und ihre Bewohner lebten während des gesamten Altertums im Wohlstand. Um 700 vor Christus beteiligte sich Kos mit den rhodischen Teilstaaten Líndos, Kámiros und Ialysós sowie den kleinasiatischen Städten eine *Hexapolis* (Sechsstädtebund), deren kultisches Zentrum der Apollon-Tempel in Knidos war. Bereits ein Jahrhundert später wurde der Bund zur Pentapolis, als ihn Halikarnass verließ. Das 6. vorchristliche Jahrhundert brachte Kos ein verheerendes Erdbeben und persische Tyrannen, von denen es erst 479 vor Christus befreit wurde. Gleichzeitig trat Kos dem Ersten Attischen Seebund bei, erhielt 448 vor Christus das attische Münzsystem und versuchte gegen Ende des Jahrhunderts, sich der Vorherrschaft der Athener wieder zu entledigen. In der Folgezeit war die wohlhabende, günstig gelegene Insel von den verschiedensten Mächten heftig umkämpft. Während der Mitgliedschaft im Zweiten Attischen Seebund wurde 366 vor Christus *die heutige Hauptstadt Kos* gegründet. Eine Generation später folgte die Herrschaft der Makedonier, und wieder eine Generation später übernahmen die ägyptischen Ptolemäer die Macht; die

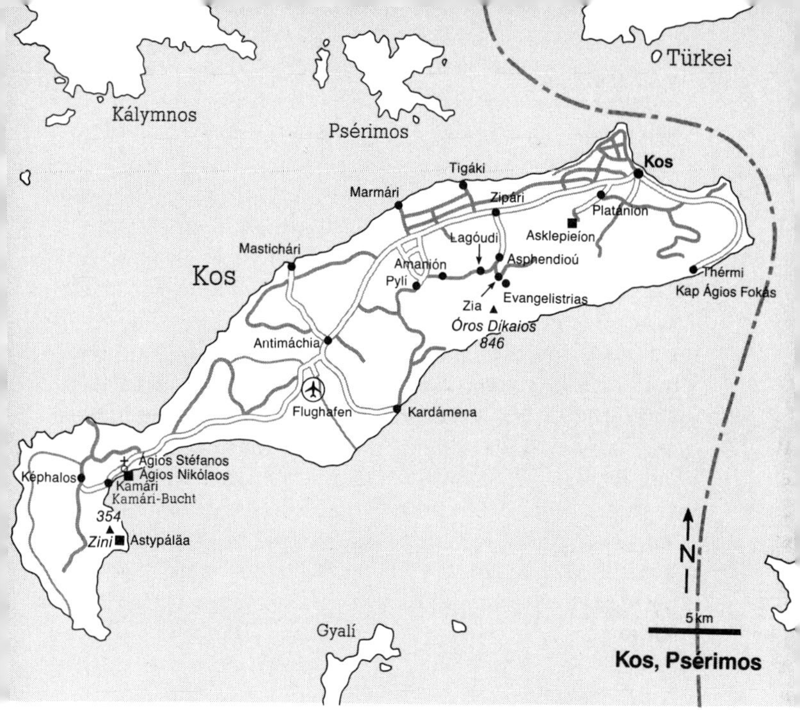

Ptolemäer nutzten Kos zugleich als Militärbasis gegen Rhódos und beliebte Ferieninsel, auf der auch Kleopatra III. weilte. *Apelles,* einer der berühmtesten Maler des Altertums, schuf in der zweiten Hälfte des 4. Jahrhunderts vor Christus für das Asklepieion die bedeutende Aphrodite Anadyomene – auf Kos soll der Künstler auch gestorben sein. Einer der wichtigsten Förderer der Baukunst in der Stadt Kos und im Asklepieion, Ptolemäus II. Philadelphos, wurde 308 vor Christus auf der Insel geboren. In seiner Regierungszeit erlangten der Asklepioskult und die Ärzteschule des Hippokrates Weltgeltung, durch die Seidenindustrie entstand ein wohlhabendes Bürgertum, die Dichtung war durch den jugendlichen Theokrit vertreten, einen bemerkenswerten Exponenten dieser Kunst. Die seit 190 vor Christus anwesende römische Schutzmacht förderte die Insel mit großzügigen Schenkungen, klingende Namen wie Sulla, Cäsar und Claudius werden als Wohltäter genannt, doch den kleineren Gemeinden schadete die Latifundienwirtschaft.

Wenig bekannt ist über *das frühmittelalterliche Kos:* Als Bischofssitz mit zahlreichen frühchristlichen Basiliken wird es 431 nach Christus erwähnt, und ein weiteres schreckliches Erdbeben ist für das 6. Jahrhundert überliefert. Der Johanniterorden von Rhódos nahm die Insel 1309 in Besitz, baute gegen 1400 an der Stelle der antiken Agorá eine Ritterstadt mit Befestigung und errichtete gegen die permanent drohende Türkengefahr seit 1457 das Kastell beim Hafen, das um 1500

Opferaltar für die Jenseitigen

verstärkt, modernisiert und für den Artilleriekrieg eingerichtet wurde. 1457, 1477 und 1480 belagerten die Osmanen die Stadt vergebens, doch als Rhódos gefallen war, kam 1523 auch Kos in türkischen Besitz. Kos blieb in den Händen der Türken, bis sie 1912 von den Italienern abgelöst wurden; die Italiener mußten die Insel 1948 an Griechenland zurückgeben. Nach dem Zweiten Weltkrieg versuchten die Griechen mit der Gründung des Internationalen Hippokratischen Instituts an die Traditionen des großen Arztes Hippokrates wieder anzuknüpfen.

Die Stadt Kos: Von der Hippokrates-Platane zum Archäologischen Museum ...

Der Inselhauptort an einer langgezogenen Bucht der Nordostküste ist eine freundliche und saubere Kleinstadt mit knapp 9000 Einwohnern. Der offizielle Einreisehafen strahlt ein angenehmes Flair aus, das ihn einmal als internationalen Fremdenverkehrsort und ein anderes Mal als provinziellen Fischereihafen erscheinen läßt. An der schattigen Hafenpromenade findet man empfehlenswerte Tavernen und Cafés (wer sich vom griechischen Kaffee erholen will, der erhält dort einen ausgezeichneten italienischen Espresso), stadteinwärts locken exklusive Restaurants und Nachtklubs, und die Strände an den Stadträndern bieten Bade- und Sonnenvergnügen. In erster Linie ist die Stadt Kos aber ein bemerkenswerter Zeuge der Kultur und Geschichte, und zum Baden würde ich die Strände von Képhalos, Kardámena oder Mastichári jederzeit denen der Inselhauptstadt vorziehen.
Als Ausgangspunkt für einen Stadtbummel empfehle ich die

Platía Platanou, die nicht nur an den größten Sohn der Stadt erinnert, sondern auch im *Schnittpunkt dreier Kulturen* liegt: im Süden *die heidnische Antike,* vertreten durch das Ausgrabungsgelände von Agorá und Hafenviertel, *das christliche Mittelalter* mit dem Johanniterkastell im Norden, schließlich die *islamische Neuzeit* mit der unmittelbar benachbarten Loggienmoschee. Im Mittelpunkt des Platzes steht die uralte, weitausladende und auf Pfeiler gestützte Platane des Hippokrates, unter der schon der berühmte Arzt gelehrt haben soll – das ist aber unmöglich: der Baum hat nach Meinung der Fachleute kaum mehr als 500 Jahresringe. In seinem Schatten sehen wir einen alten türkischen Brunnen, den *Reinigungsbrunnen* der benachbarten **Loggienmoschee.** Gazi Hassan Pascha hat das dreigeschossige Bauwerk mit eleganten Bogenfenstern, marmorner Außentreppe und schlankem Minarett in spätosmanischer Zeit errichtet. Von der Platía Platanou spazieren wir über eine Brücke zum **Johanniterkastell** auf einer Halbinsel, die dem kleinen Hafen quer vorgelagert ist. Meer, Hafen und Wassergraben umgaben schützend die in der zweiten Hälfte des 15. Jahrhunderts von Johanniterrittern aus Rhódos über den Fundamenten eines Teils der antiken Stadt und mit deren Material gebaute Burg. Den Grundstein legte 1450 ein Venezianer aus der Familie *Quirini,* als Vollender 1478 gilt der genuesische *Gouverneur de Carmadino.* Ein äußerer Mauerring wurde in Angriff genommen, nachdem die Türken 1480 die Stadt belagert hatten. Begonnen wurde er 1492 unter Großmeister *Pierre d'Aubusson,* der an der Westseite über einem antiken Marmorlöwen sein Wappen anbringen ließ, und fertig 1514 unter Großmeister Fabrizio del Caretto. So präsentiert sich das imposante Kastell heute als recht gut erhaltene Wehranlage, umgeben von zwei geböschten Mauern mit Bastionstürmen; sie ist geschmückt mit Wappen,

Reliefs und allerlei antiken Reminiszenzen. Gleich am Eingang fällt ein hellenistischer Fries mit den Masken von Tragödie und Komödie auf, begleitet von den Wappen des Großmeisters Pierre d'Aubusson sowie des Johanniterordens. Es lohnt sich, die Burg auch von innen anzuschauen, wo sich der historisch weniger interessierte Gast sicher nicht so sehr an der Menge wahllos aufgestellter antiker Fragmente – Torsi, Grabaltäre, Säulentrommeln, Kapitelle und Basen – erfreuen wird, als vielmehr an dem Blick von den zinnenbewehrten

Mauern auf die Gesamtanlage, das Meer und das kleinasiatische Ufer gegenüber.
Unser nächstes Ziel liegt südlich der Platía Platanou: Es ist das unübersichtliche Trümmerfeld der antiken **Agorá** und des **Hafenviertels.** Wo die Johanniter im 14. Jahrhundert ihre Ritterstadt gebaut hatten, gruben italienische Archäologen nach dem Erdbeben 1933 die Reste der für 100000 Einwohner geplanten antiken Stadt aus. Südöstlich des Hafens Mandráki fanden sie Spuren der hellenistischen Agorá aus dem 4. vorchristlichen Jahrhundert, einige Tempelreste, Teile der antiken Stadtmauer, Hausfundamente und Straßenpflasterung. Auf einer hellenistischen *Stoá* aus dem 4. und 3. Jahrhundert vor Christus, von der noch eine Säulenreihe stammt, wurde im 5. und 6. Jahrhundert die frühchristliche Johannes-Basilika gebaut, die als Ruine vor uns liegt. Das dazugehörende Baptisterium mit marmorverkleidetem Taufbecken ist mit der Basilika durch einen stattlichen Bogen verbunden. Im Bezirk der Stoá sehen wir Fundament- und Säulenreste eines Heraklestempels (3. Jh. v. Chr.), eines Aphroditetempels (2. Jh. v. Chr.) sowie eines römischen Tempels (2. Jh. n. Chr.). Zwei wiederaufgerichtete Säulen im westlichen Teil des Ausgrabungsgeländes gehörten zu einer Stoá aus dem 2. vorchristlichen Jahrhundert, die den Staatsmarkt umgab. Ein Mauerdurchbruch verband sie mit der Hafenagorá, in römischer Zeit wurde sie mit einem Prachttor und einer monumentalen Treppe zum Hafen ausgestattet. Quer über die Staatsagorá verläuft eine Mauer, sie umgab die wesentlich kleinere mittelalterliche Ritterstadt. In der Nähe steht die *Kirche Ágios Konstan-*

Wehrhaft und selbstbewußt – Zeugen der Ritterherrschaft:
Detail vom Johanniterkastell in Kos-Stadt

tinos (15. Jh.), die innen mit recht schönen Fresken bemalt ist.
Zentrum der heutigen Stadt Kos ist die westlich benachbarte *Platía Eleftherías* (Freiheitsplatz), zu der wir durch ein mit Bougainvillea bewachsenes Tor aus dem Mittelalter kommen. Den Platz säumen die *Defterdar-Moschee* (18. Jh.) und das **Archäologische Museum,** zudem wird dort der Markt abgehalten. Der interessante, zweigeschossige Museumsbau aus italienischer Zeit birgt jene Funde, die dem Abtransport nach Rhódos entgingen: Bildhauerarbeiten aus archaischer, hellenistischer und römischer Zeit, Mosaikfußböden, Architekturfragmente, Inschriften, Vasen und Kleinplastiken. Im Mittelpunkt des zentralen Lichthofs liegt ein im 2. oder 3. Jahrhundert nach Christus geschaffener, aus einem römischen Haus der Stadt Kos stammender Mosaikfußboden: Hippokrates begrüßt den auf der Insel ankommenden Asklepios. Umgeben wird das Mosaik von römischen Statuen aus dem Haus des Europa-Mosaiks: Artemis, Hygieia, Asklepios und Dionysos. An den Wänden des Lichthofs sind Skulpturenfragmente, Grabreliefs, ein hellenistisches Trophäum und ein bemerkenswertes, kleinteiliges Fischmosaik zu sehen. Dann betrachten wir zunächst den Raum links des Eingangs mit überlebensgroßen Statuen und Torsi aus hellenistischer Zeit. Unter den im Odeion gefundenen Skulpturen ist der Torso einer weiblichen Porträtstatue (Ende des 2. Jh. v. Chr.) zu erwähnen. Aus der Umgebung des Heraklestempels stammt der Kopf eines verwundeten Kriegers. In einer Rotunde am Ende des Saals steht das Paradestück des Museums, das ebenfalls ur-

Dionysische Gangart: Römische Skulptur aus dem «Haus der Europa» im Archäologischen Museum von Kos-Stadt

sprünglich ins Odeion gehörende **Porträt-Standbild** des sogenannten **Hippokrates,** ein hellenistisches Werk nach klassischem Vorbild. Unter den archaischen Grabreliefs, die den Protagonisten der modernen Heilkunst umgeben, sei das mit der Darstellung eines Gastmahls (6. Jh. v. Chr.) erwähnt, das in Seraghia gefunden wurde. Im Nordsaal gibt es klassische Kleinplastiken aus einem ländlichen Heiligtum beim Dorf *Pylí,* weitere unterlebensgroße Statuen und Torsi und eine Tyche-Statue (um 25. v. Chr.) aus der Casa Romana. Im letzten Raum des Erdgeschosses fällt die Statue des auf einem Felsen sitzenden, an Hut und Sandalen beflügelten Hermes auf, neben dem sich ein Lamm niedergelassen hat. Die römische Arbeit aus dem 2. Jahrhundert nach Christus stammt aus dem Haus des Europa-Mosaiks. Weitere bemerkenswerte Exponate sind der *römische Tafelaufsatz* mit dem hängenden Marsyas sowie die *römische Statue* ohne Kopf der Artemis von Éphesos, der vielbrüstigen kleinasiatischen Fruchtbarkeitsgöttin, die Paulus im Theater von Éphesos öffentlich verteufelte. Wir kehren zum Lichthof zurück, und wer noch nicht müde ist, kann noch die Sammlungen im oberen Stock bewundern.

… und vom Odeion zum Asklepieion

Wir folgen dann der Vass.-Paulou-Avenue in südlicher Richtung; dort, wo sie auf die Korai-Straße stößt, links unterhalb des Straßenniveaus, bemerken wir die Fundamente eines *hellenistischen Tempels* sowie eines *Diónysos-Altars.* Auf der gegenüberliegenden Seite der Korai-Straße erstreckt sich ein eingezäuntes Gelände, auf dem die *Casa Romana* und die *Ruinen römischer Thermen* stehen. Die Casa Romana ist die

höchst eigenwillige Rekonstruktion einer römischen Villa, die Mitte des 6. Jahrhunderts zerstört, 1933 ausgegraben und im kalten Mussolini-Stil wieder aufgebaut wurde. Schön sind die Mosaiken des 3. Jahrhunderts (Seebild mit Fischen) in den Sälen, die meisten kamen allerdings in römischer Zeit in den Großmeisterpalast von Rhódos. Bei den römischen Thermen verdient besonders der Erhaltungszustand der Hypokaustenanlage Aufmerksamkeit. Wir gehen auf der gleichen Straße nach Westen bis zur Zypressenallee, die nach links zum römischen **Odeion** führt. Sieben seiner aus Kos-Marmor zusammengefügten Sitzreihen stammen noch aus hellenistischer Zeit, die restlichen sieben sind eine neuere Zutat. Das Odeion ist der Fundort der berühmten Hippokrates-Statue; dort sind noch Reste des Bühnengebäudes zu sehen und hinter dem Theater Spuren einer antiken Wasserleitung.
Jenseits der Straße, zu Füßen der einstigen Akropolis, die heute von einem Minarett überragt wird, breitet sich **das westliche Grabungsgelände** der antiken Stadt Kos aus. Ein längerer Abschnitt einer gepflasterten Straße aus römischer Zeit verläuft von West nach Ost und wurde begleitet von Bürgersteigen und Säulenportiken. In den römischen Wohnhäusern und Villen (meist 3. Jh.) sehen wir schöne Mosaikfußböden und pompejanische Wandmalereien. Am bekanntesten ist das Mosaik **Europa und der Stier** aus dem *Haus der Europa,* aus dem wir im Museum schon andere Mosaiken und Skulpturen gesehen haben. Eine zweite gepflasterte Straße führt zu den *römischen Thermen,* in deren Ruinen eine frühchristliche Basilika mit Baptisterium hineingebaut wurde (5. Jh. n. Chr.). Unter den vielen Mosaikfragmenten verdient das «Urteil des Paris» Beachtung, ferner sehen wir den wiedererrichteten Marmorzugang, Latrinen und das Taufbecken. Weitere interessante Mosaiken bietet ein benachbartes römisches Haus.

Dann folgen im Nordteil des Ausgrabungsgeländes das hellenistische **Gymnasion** mit rekonstruierter *Kolonnade* und einem *Mosaik mit Gladiatorenkämpfen* sowie das antike *Stadion.* Wir folgen der Korai-Straße weiter nach Westen bis zu einer Straßengabelung kurz hinter dem Ortsausgang und halten uns dort links, um uns – zu Fuß oder mit einem fahrbaren Untersatz – dem Heiligtum des Asklepios zu nähern. Auf der linken Seite fällt ein verlassener türkischer Friedhof mit seinen schemenhaft zur Seite geneigten, mit Turban oder Fez gekrönten Grabstelen aller Größenordnungen auf. Dann folgt das Dorf **Platánion** mit Tavernen, Cafés und einer alten Platane, die zur Rast im Schatten einlädt. Schließlich erreichen wir kurz vor dem Asklepieion, links der von riesigen Agaven gesäumten Straße, die besuchenswerte Keramikfabrik «Clarisse» mit großer Verkaufsausstellung, wo wir unter unendlich viel (sehenswertem) Kitsch mit etwas Glück auch den einen oder anderen ästhetisch und handwerklich befriedigenden Gegenstand finden oder doch wenigstens eine Keramikmalerin bei der Arbeit beobachten können. Am Straßenrand liegt auch das Gelände des Internationalen Hippokratischen Instituts, das einen verlassenen und etwas heruntergekommenen Eindruck macht.
Und dann stehen wir vor dem Haupttheiligtum von Kos, dem weltberühmten Asklepieion.

Rundgang im Heiligtum der Heilkunst

Wir können das Asklepieion etwa vier Kilometer südwestlich von Kos-Stadt leicht zu Fuß oder mit dem Fahrrad erreichen. Das Heiligtum der Heilkunst, in drei Terrassen an einen Hügel gebaut, gilt als eine der bedeutendsten hellenistischen Gesamtanlagen des gesamten klassischen Altertums; überdies gibt es kaum ein zweites Heiligtum in einer so grandiosen Lage. Zwei Namen sind untrennbar mit der Kultstätte verbunden: der des Asklepios, des Gottes der Heilkunst, und jener des Hippokrates, des berühmten Arztes und Begründers der modernen Medizin.

Asklepios ist als thessalischer Heros seit dem zweiten vorchristlichen Jahrtausend überliefert. Der Sage nach soll Apollon ihn vom Scheiterhaufen gerettet, auf den Berg Pelion getragen und in die erzieherische Obhut des Kentauren Chiron gegeben haben. Dort lernte er die medizinischen Grundkenntnisse und war bald in der Lage, Tote ins Leben zurückzuholen. Hades fühlte sich in seiner Aufgabe als Gott der Unterwelt bedroht und beklagte sich bei Zeus, dem Göttervater, der Asklepios bestrafte, indem er ihn durch einen Blitz erschlug. Zu spät: Asklepios erfreute sich längst allgemeiner Anerkennung als Gott der Heilkunst mit dem Symbol der Schlange, als Sohn des über Licht und Feuer herrschenden Apollon und als Vater von Hygieia, der Göttin der Gesundheit. Seit dem späten 5. Jahrhundert vor Christus war der Asklepioskult allgemein verbreitet, und in seinem Zeichen gab es Kur- und Heilstätten nicht nur auf Kos, sondern auch in Epidauros, Knidos und Pergamon.

In dieser Zeit (ca. 460 v. Chr.) wurde **Hippokrates** als Sproß des alten Geschlechts der Asklepiaden auf Kos geboren. Seine Vaterstadt war vermutlich Astypáläa, die alte Hauptstadt von Kos, denn als er um 377 vor Christus in Larissa (Thessalien) starb, war dies etwa ein Jahrhundert vor Gründung der neuen Stadt Kos, und auch das Asklepios-Heiligtum gab es während seiner Lebenszeit noch nicht. Er erlernte die Medizin von dem Pythagoräer Akmäon, studierte auch Philosophie und Rhetorik und unternahm ausgedehnte Reisen. Hippokrates überwand mit seiner logisch-wissenschaftlichen Methode die Wundergläubigkeit im Heilwesen. Seine Prinzipien, wie die anderer Ärzte des Altertums im *Corpus Hippocraticum* enthalten, formulierte er in der konsequenten Folge von Anamnese, Diagnose und Therapie. Die ethische Verpflichtung des Arztes, den er als selbstlos tätigen Helfer der Menschheit sah, hielt er im hippokratischen Eid fest, der heute meist nicht mehr geleistet wird, weil er die Abtreibung in jeglicher Form ablehnt. Die Ursache der meisten Krankheiten sah er in der fehlerhaften Mischung der Körpersäfte, gegen die er spezielle Diäten einsetzte. Auf der anderen Seite gilt Hippokrates auch als der erste große Chirurg unseres Kulturkreises. Im Asklepieion allerdings wirkten erst die Schüler des großen Meisters,

---

Ο ΕΥ.
ΙΩΑΝΝΗΣ

ΠΑ.ΣΟ.Κ.

die seine Methoden und Erkenntnisse in einem für damalige Begriffe modernen Sanatorium anwandten und seine Erfolge in fingierten Dankgedichten in der Öffentlichkeit priesen.
Wie Apollon in seiner Funktion als Heilgott Asklepios vorausging, so gab es an der Stelle des heutigen Asklepieions zunächst auch ein Apollon-Heiligtum, das wohl seit dem 5. vorchristlichen Jahrhundert existierte. An seine Stelle trat seit dem 4. Jahrhundert vor Christus die Kultstätte des Asklepios, die später zu dem prächtigen Terrassenheiligtum ausgebaut wurde, das mit seinen Heilquellen immer mehr Wallfahrer anlockte und im 2. vorchristlichen Jahrhundert seine Blütezeit erlebte. Berühmt waren die heiligen Schlangen der Asklepiada-Priester, von denen es heißt, sie hätten dazu gedient, schädliche von heilenden Kräutern zu unterscheiden – sie erscheinen noch heute im Ärzte-Emblem des Äskulapstabs. Das Heiligtum war noch in römischer Zeit höchst beliebt und fiel 554 einem Erdbeben zum Opfer; im 14. und 15. Jahrhundert benützten es die Johanniter als Steinbruch. Der Lauf der Zeit hatte jegliche Spur des Heiligtums verwischt, als sich 1902 der junge Archäologe und Epigraphologe Rudolf Herzog, angeregt durch schriftliche Quellen, auf die Suche nach dem Asklepieion machte. Er hatte bereits die gesamte Insel durchkämmt, als er endlich dem Rat des koischen Altertumsfreundes Jakowos Zarraftis folgte und an einer ganz bestimmten Stelle grub: Es war der erste Spatenstich zum großen Erfolg des jungen Deutschen. Nach und nach legten die Italiener das Heiligtum systematisch frei und restaurierten es teilweise im Stil der hellenistisch-römischen Zeit. Das Terrassenheiligtum läßt heute vorzüglich die Entwicklung der hellenistischen Baukunst erkennen, die von der lockeren Komposition des 4. vorchristlichen Jahrhunderts (mittlere Terrasse), über zunehmende Achsenorientierung des 3. Jahrhunderts (Vorhof der

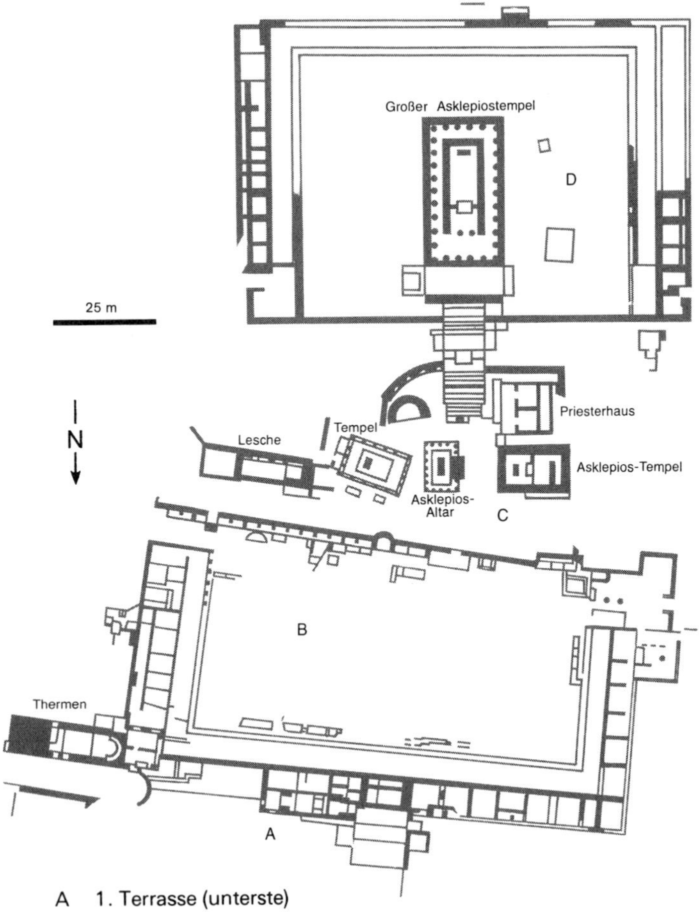

A 1. Terrasse (unterste)

B 2. Terrasse

C 3. Terrasse

D 4. Terrasse (oberste)

mittleren Terrasse) zu streng-axialer Monumentalität im 2. Jahrhundert (obere Terrasse) führt.
Eine Zypressenallee führt **zur untersten Terrasse**, die mit Heilbrunnen, Badebecken und einem Raum für Weihegeschenke der medizinisch-therapeutische Mittelpunkt des Komplexes war. Sie bildete einen dreiseitig von Säulenhallen umschlossenen Hof, der bergseitig, dort also, wo sich die oberen Terrassen anschließen, von einer Arkadenmauer gefaßt wurde. Auf der linken Seite sehen wir heute die Ruinen einer großen römischen Thermenanlage aus dem 1. Jahrhundert nach Christus mit gut erhaltener Fußbodenheizung. Die in der Mitte der Arkadenmauer ansetzende Treppe war einst mit einem Propylon (Eingangstor) ausgestattet, jetzt wird sie von einem Brunnenhaus auf der linken und einem Tempelchen auf der rechten Seite flankiert. Die bereits von Demokrit erwähnten Heilquellen werden von der dritten Arkade links der Treppe umrahmt, wo das Wasser aus einer römischen Panskulptur in ein Steinbassin fließt. Rechts der Treppe ist der Naískos ein Blickfang, ein tempelähnlicher Einbau, den der Koer Xenophon, Leibarzt des Kaisers Claudius, im 1. Jahrhundert nach Christus Nero weihte, der sich als neuen Asklepios feiern ließ.
Die mittlere Terrasse ist *das ursprüngliche Zentrum* der Kultstätte, der Bereich der Göttertempel und -altäre sowie der Priesterwohnungen. Nach Osten ausgerichtet war der Opferaltar des Asklepios in der Mitte, der im 4. vorchristlichen Jahrhundert als dem späteren Pergamonaltar verwandter Bautypus errichtet und 200 Jahre später erneuert wurde. Er war von Säulen gekrönt, dazwischen standen Skulpturen, darunter Asklepios in der Gestalt des Kaisers Nero und seine Tochter Hygieia, Arbeiten der Söhne des berühmten Praxiteles. Zwei wiedererrichtete Säulen rechts von dem Altar erin-

nern daran, daß dort früher der um 300 vor Christus gebaute Asklepiostempel stand, ein schlichter ionischer Antentempel von 9 mal 13 Metern Grundfläche und je zwei Säulen an den Frontseiten. Dieser älteste Kultbau des Heiligtums beherbergte auch den Tempelschatz, der in einer Vertiefung der südlichen Cellawand aufbewahrt wurde. Der Tempel barg außerdem Gemälde des berühmten Apelles, darunter die *Aphrodite Anadyomene* und der *Opferzug zum Heiligtum*, sowie weitere Bildhauerarbeiten der Söhne des Praxiteles. Hinter dem Tempel liegen die Ruinen eines Priesterhauses. Die Nischen der Exedra links neben der Treppe waren mit Standbildern geschmückt. Ebenfalls links stehen die sieben wieder aufgerichteten Marmorsäulen mit korinthischen Kapitellen eines im 2. Jahrhundert nach Christus gebauten Peripteraltempels, der vermutlich Apollon geweiht war. Kunstvoll gestaltete Gebälkstücke des römischen Kultbaus liegen am Boden. Weitere Fundamentreste stammen von einem ehemaligen Versammlungshaus sowie einem Haus für den Heilschlaf. Eine marmorne Monumentaltreppe führte in drei Abschnitten auf **die oberste Terrasse**, auf dem mittleren Treppenpodest stand ein Altar. Am Ende der Treppe zeigte sich die Front des gewaltigen *Asklepios-Tempels*, im 2. vorchristlichen Jahrhundert gebaut, um den älteren Tempel auf der mittleren Terrasse zu ersetzen, der dem Ansturm der Pilger nicht mehr gewachsen war. Die mächtigen Grundmauern verdeutlichen noch heute, wie sehr der Tempel das gesamte Heiligtum beherrschte. Der Peripteros, größer als der Asklepios-Tempel von Epidauros, aber daran orientiert, besaß einen Kranz von sechs mal elf weißen dorischen Marmorsäulen und zwei Säulen vor den Anten. Etwas später wurde der Tempel, in Korrespondenz zur unteren Terrasse, dreiseitig von Säulenhallen umgeben. Die schattigen Kolonnaden und der große, mit Zy-

pressen bestandene Hof diente den Kranken als Aufenthaltsort. Im Pinienwald hinter dem Tempel konnten die Genesenden spazierengehen. Verstreut liegen auf der obersten Terrasse die verschiedensten Architekturfragmente: Opferaltäre mit Widderköpfen, Löwenkopfwasserspeier, Säulentrommeln und Gesimsreste. Doch in der Mitte des Platzes hat man eine dorische Säulentrommel mit einem byzantinischen Kapitell gekrönt, um zu verdeutlichen, daß der antiken Kultstätte eine christliche Kirche folgte. Doch niemals mehr erfüllte den Platz der Dank der Genesenen, die zu Ehren des Asklepios alljährlich das Fest der Stabaufnahme mit Prozession und Hahnenopfer feierten.
Zu erwähnen bleibt die **Vourinna-Quelle** etwa drei Kilometer südlich des Asklepieions, deren Wasser noch heute in die Stadt Kos fließt. Sie wird gefaßt von einem acht Meter hohen, überkuppelten *Tholos,* in den ein 35 Meter langer Gewölbegang hineinführt. Der in der Tradition mykenischer Kuppelgräber errichtete Bau ist der älteste von Kos.

Auf dem Weg zur alten Hauptstadt Astypáläa

Sieht man einmal von dem Sträßchen ab, das von Kos-Stadt in südöstlicher Richtung das Kap Ágios Fokás und den kleinen Thermalbadeort Thérmi erschließt, hat Kos nur eine einzige große Landstraße; sie könnte das Rückgrat des imaginären Delphins sein und durchzieht die Insel von Ost nach West, die Zubringerstraßen zweigen wie Gräten zu den einzelnen Orten am Meer ab.
Von der Stadt Kos fuhr ich einmal mit dem Taxi über *Zipári,* wo die Straße nach links abzweigt, durch große Wälder hinauf

nach **Asphendioú,** das aus fünf verstreuten Weilern besteht. Das reizvolle Bergdorf, in dessen Umgebung eine verfallene Johanniterburg zu entdecken ist, liegt inmitten saftiger, von vielen Quellen genährter Weiden unterhalb der Felsstürze des Díkaios-Gebirges. Noch näher kam ich den Felswänden des höchsten Inselberges, wo im Altertum Marmor gebrochen wurde, als ich vom Ortsteil *Evangelístria* im Anblick der alpinen Kulisse durch hohe Nadelwälder zum Ortsteil *Ziá* hinaufstieg. Unterwegs bietet sich ein herrlicher Blick auf die Nordküste, das Meer, die Inseln *Psérimos* und *Kálymnos* sowie das *türkische Festland.* Der Ort selbst, dessen sommerliches Weinfest ungezählte Einheimische und Fremde anlockt, lag jetzt im Herbst verlassen da, und die einzigen Menschen, die ich zu Gesicht bekam, waren zwei schweigsame Frauen, die an einer dschungelartig umwachsenen Wasserstelle Wäsche wuschen. Ich kehrte nach Evangelístria zurück und setzte meine Wanderung über *Lagoúdi* und *Amanión* in Richtung *Pylí* durch eine hübsche Mattenlandschaft mit Eseln, Rindern und Schafen am Fuß imposanter Felsberge fort. Ich kam durch **Alt-Pylí,** eine verlassene mittelalterliche Streusiedlung, deren alte Dorfkirche Fresken aus dem 15. Jahrhundert enthält. Beherrscht wird die Geisterstadt, die nur noch einige Hirten als Unterschlupf benutzen, von einer byzantinisch-johannitischen *Burgruine,* die schemenhaft auf einem Vorgebirge thront. Der neue Ort *Pylí* ist unbedeutend, doch gibt es in seiner Umgebung Spuren eines antiken Demetertempels und eine unterirdische Grabkammer aus dem 4. vorchristlichen Jahrhundert: *das Heroon des Charmylion.* Dieses überwölbte Königsgrab an der Straße nach *Kardámena* wird durch einen Wegweiser angezeigt. In byzantinischer Zeit errichteten die Inselbewohner dort aus antikem Baumaterial eine Kirche, in der nach der Überlieferung die Gebeine der zwölf Apostel ru-

hen, angezeigt durch jeweils sechs in den Stein gehauene Särge auf jeder Seite. – An der Nordküste liegen die Strandbäder von *Tigáki* und *Marmári* sowie die Salinen von *Alyki.*
Wenn wir der Inselhauptstraße weiter nach Westen folgen, erreichen wir bald das 1500-Seelen-Dorf **Antimáchia,** das für seine Melonen ebenso bekannt ist wie für den nahen Flughafen. Die bedeutendste Sehenswürdigkeit des Ortes aber liegt außerhalb, wir kommen über eine holprige Schotterstraße hin, die etwa einen Kilometer von Antimáchia nach links abzweigt: Es handelt sich um die mittelalterliche Johanniterburg, die 1494 an der Stelle eines älteren byzantinischen Kastro gebaut und kurz nach 1520 wieder verlassen wurde. Der wuchtige Bau über Kardámena an der Südküste hatte doppel-

---

Kochen wie die Griechen:
Moussaka

Zutaten (für 4 Personen): 4 kleine Auberginen, 400 g Hackfleisch vom Rind oder Lamm, 1 große Büchse geschälte Tomaten, 4 Eier getrennt, 120 g Parmesan, 1 große gehackte Zwiebel, Olivenöl, 2 Tassen Bechamel-Soße, etwas Mehl, Salz, Pfeffer, Oregano, Zimt, Muskat, Knoblauch.
Zubereitung: Auberginen in Scheiben schneiden, in Mehl wälzen und in Öl anbraten. Fleisch separat mit den Zwiebeln in Öl anbraten, Tomaten und Gewürze beigeben, einkochen lassen. In eine Gratinform lagenweise Auberginen und Soße geben, unten und oben Auberginen. Bechamel-Soße mit Eigelb und Parmesan mischen, das zu Schnee geschlagene Eiweiß darunterheben, die Soße über die Gemüse-Fleisch-Mischung gießen und den Gratin 30 Minuten bei guter Hitze im Backofen garen. – Vielfach werden der Moussaka auch Lagen von angebratenen Kartoffelscheiben beigefügt; das ist ebenfalls «echt», macht aber das Gericht spürbar schwerer.

te Schutzfunktion – er kontrollierte sowohl die Küste als auch die Inlandswege. Die in Dreiecksform errichtete, mit mächtigen, zinnenbewehrten Mauern und Vorbastion – früher mit Zugbrücke – ausgestattete Wehranlage ist recht gut erhalten und etwa in dem Zustand, wie sie verlassen wurde. Ein zweites, mit dem Wappenschild des Erbauers, Großmeisters und Kardinals Pierre d'Aubusson geschmücktes Tor führt ins Innere der Zitadelle. Beeindruckend ist der Blick über das mit Architekturfragmenten übersäte Ruinenfeld und über das Meer bis hin zur *Vulkaninsel Nísyros,* die in Urzeiten mit Kos verbunden gewesen sein soll. In der Umgebung lassen sich Reste des mittelalterlichen Burgdorfes aufspüren.
Obschon wir unmittelbar über **Kardámena** sind, müssen wir doch erst nach Antimáchia zurück, um diesen reizvollen kleinen Bade- und Ferienort an der Südküste zu erreichen. In der Vergangenheit lebten seine rund 1200 Einwohner von Fischfang, Töpferei und Landwirtschaft; eine besondere Bedeutung hat bis heute der Anbau von Tomaten. Jetzt lebt das Dorf zunehmend vom Fremdenverkehr, dank ausgedehnter Sandstrände, empfehlenswerter Tavernen und Diskotheken sowie eines Kaíkihafens, der die Verbindung zur Nachbarinsel Nísyros herstellt. Im Mittelpunkt der kleinen, an den Hafen grenzenden *Platía* steht das blendendweiße Denkmal mit beflügeltem Freiheitsgenius. Es war besonders eindrucksvoll, dort einmal den Freiheitstag am 28. Oktober zu erleben, der sich von einem düster dräuenden Nibelungenkult, wie wir ihn aus Deutschlands Geschichte kennen, sympathisch unterscheidet. Schulklassen mit blau-weiß gekleideten Kindern zogen auf und trugen die griechische Fahne, der Lehrer hielt eine kurze Rede und bat die Männer und Frauen, ihre Kränze niederzulegen, der Pope erteilte den Segen, und die Mädchen führten Rundtänze vor. Alles war locker, improvisiert, unper-

fekt, nichts steif oder schwülstig, kein «Hab Acht»- und kein «Kasernenhofton». Westlich des heiteren Ortes liegen Reste eines Apollontempels und eines hellenistischen Theaters.

Das Pendant zu Kardámena an der Südküste ist im Norden **Mastichári.** Allerdings ist der kleine Fischereihafen mit Kaíkiverbindung zum benachbarten Kálymnos, trotz gutem Sandstrand und zwei Tavernen, touristisch noch nicht so weit erschlossen. Der Ort ist nicht besonders sehenswert, doch etwas außerhalb, südwestlich am Meer, können wir ein bemerkenswertes Baudenkmal entdecken: die Ruine der frühchristlichen Kirche *Ágios Ioánnis,* einer dreischiffigen Basilika (5. Jh.), von der ein fragmentarischer Mosaikboden und ein Baptisterium erhalten sind.
Weiter geht es auf der Hauptstraße zur halbinselförmigen Südwestspitze. Nach einer Fahrt durch eintöniges Flachland, das einzig von bizarren Canyons gegliedert wird, erreichen wir die hübsche Bucht von Kamári. Ja, man könnte sie als idyllisch bezeichnen, würde sie nicht gerade dort, wo sie am schönsten ist, von einem modernen Hotel und einem Privatklub verschandelt. An diesen Anlagen müssen wir vorbei, wenn wir die vielgepriesene *Kirche Ágios Stéfanos* anschauen wollen, die Ruine einer frühchristlichen Basilika, die allerdings auch nur aus wenigen Mauerresten und einigen, meist neueren Säulen besteht. Ihre Lage allerdings war früher sicher einmal atemberaubend – einsam am Meer, gegenüber die kleine Sankt-Nikolaus-Insel, die von einer weißen Kapelle gekrönt wird. Nicht weit entfernt wurden in der Höhle *Aspri Petri* neolithische Siedlungsspuren entdeckt. Über der Bucht liegt das Fischerdorf **Képhalos** mit den Resten eines *Johanniterkastells.*
Etwa zwei Kilometer südöstlich erreichen wir am Fuß des

Berges *Zini* die Ausgrabungsstätte der antiken Inselhauptstadt **Astypáläa,** das Ziel unserer Inseldurchquerung. Die Stadt, in der vermutlich auch Hippokrates geboren wurde, ging im Peloponnesischen Krieg bei einem Überfall der Spartaner unter, wurde von seinen Bewohnern verlassen und 366 vor Christus am anderen Inselende in Form der heutigen Stadt Kos neugegründet. Ruinen eines im 4. vorchristlichen Jahrhundert gebauten *Demeter-Tempels* sowie eines hellenistischen Kultbaus wurden freigelegt. Vom antiken Theater mit seinen gut erhaltenen Sitzreihen, das ebenfalls aus dem 4. Jahrhundert vor Christus stammt, genießen wir einen herrlichen Blick auf die *Kamári-Bucht.* Wer dem äußersten Inselende noch näher kommen möchte, dem rate ich, die Wanderung (hin und zurück ca. 4 Std.) durch herrliche Landschaft zum *Kloster Ágios Ioánnis* nicht zu scheuen.

Spärliche Reste der frühchristlichen Basilika Ágios Stéfanos an der Bucht von Kamári

Nísyros: Der Gigant grollt nicht mehr

Ein Trabant von Kos

Nísyros ist trotz seines höchst eindrucksvollen Vulkans und seiner bemerkenswerten antiken Reste ein Trabant von Kos: Zwar wird die Insel hin und wieder auch vom großen Fährschiff aus Piräus angelaufen, doch setzen die meisten Besucher mit dem Touristenboot aus Kos über. Wer – vor allem außerhalb der Hauptsaison – definitiv erfahren will, ob das Schiff von Kos-Stadt oder von Kardámena aus startet, braucht häufig viel Geduld, ein offenes Ohr für kursierende Gerüchte und Fingerspitzengefühl in ihrer Interpretation. Denn: Telefonverbindung zwischen den beiden Häfen gibt es nicht; die Überfahrten von Kardámena aus werden meist kurzfristig angesetzt, und die Funkverbindung des Taxifahrers, der damit bereitwillig seine Unentbehrlichkeit beweist, ist oft die einzige Informationsquelle.
Ich hatte nach größeren Bemühungen den Abfahrtshafen Kardámena ermittelt, und tatsächlich stand dort ein umgebautes Kaíki mit Touristensalon im Ikea-Stil und Außenbord-

antrieb bereit. Pünktlich um zehn ist Boarding über ein wakkeliges, nirgends befestigtes «Hühnerleiterchen» bei reichlich bewegter See. Dann wird der Diesel angeworfen und gleichzeitig auch das Stereogerät, das mit griechischer «Schrammelmusik» Hellas-Feeling unter blauem Himmel vermittelt. Los geht's, Wendemanöver, Tuten bei der Hafenausfahrt, Berg-und-Tal-Gehüpfe über Kräuselwellen, die ersten über die Reling Gebeugten, Blick auf die weiß aus all dem Blau erstrahlende Insel *Gyalí,* die unbewohnt ist, aber als Steinbruch ausgebeutet wird. Dann, nach anderthalb Stunden Geschaukel, Einfahrt in den Hafen. Der *Bus zum Vulcano* steht schon bereit.

Manche vergleichen das annähernd kreisrunde Eiland mit einem weiten, erloschenen Vulkankrater in der Mitte mit einem riesigen Eierbecher oder, prosaischer, mit einem stumpfen Kegel. Es entstand durch gewaltige Eruptionen, die Lava- und Tuffgestein hinterließen, die Grundlage für fruchtbares Baum- und Ackerland. Die etwa 1300 Einwohner versuchen, den kostbaren Boden durch helle Steinmauern vor dem Abrutschen zu bewahren. Sie züchten Wassermelonen, ziehen Weinstöcke und hegen ihre Feigen- und Zitronenbäume; besonders reizvoll ist die Insel während der Mandelblüte im Frühjahr. Als bestes Anbaugebiet gilt der flache, von einer mächtigen Caldera umgebene Explosionskessel selbst, der bei den Insulanern *Lakkí* heißt, eine Traumlandschaft, wie sie in der gesamten Ägäis ihresgleichen sucht. Benachbart ist der **Diabátis,** mit 698 Metern der höchste Berg der Insel, dessen Hänge abrupt ins Meer stürzen. Frische Winde sorgen für ein erträgliches Klima, und der Süßwassermangel wird seit alters durch den Bau von Zisternen ausgeglichen – und durch den Vulkanboden, der die Eigenschaft hat, Feuchtigkeit zu speichern. Ebenfalls vulkanischen Ursprungs sind die warmen

Schwefelquellen, die in bescheidenem Umfang als Heilbäder genutzt werden. Ansonsten bietet das ebenso einsame wie malerische Nísyros mit seinen vier kleinen, auf 41 Quadratkilometern Fläche verteilten Orten keinerlei touristische Infrastruktur, sieht man einmal von ein paar einfachen Privatquartieren und einer winzigen Taverne ab. Geologen haben auf Kos, Gyalí und Nísyros die gleiche Bodenbeschaffenheit festgestellt, womit die These von der ehemaligen Zusammengehörigkeit untermauert wird: Wie gesagt, die Vulkaninsel ist – auch erdgeschichtlich – ein Trabant vom größeren Kos geblieben.

Was Sagen sagen und Geschichtsschreiber schreiben

Auch die Sagen berichten vom einstigen Zusammenhang zwischen Nísyros und Kos. Wie wir von Strabo, dem bekannten Geografen des Altertums, wissen, soll die Insel während der Gigantenschlacht entstanden sein. Der Meeresgott Poseidon habe wütend mit seinem Dreizack einen riesigen Felsbrocken von Kos abgerissen und auf den Giganten Polybotes geworfen, der darunter begraben wurde. Der Felsen wurde Nísyros genannt, und jedesmal wenn der Vulkan ausbrach, wurde dies als Grollen des Polybotes gedeutet. Es ist nicht schwer zu erraten, daß es sich bei der Schilderung um die mythisch verklärte Darstellung einer historischen Vulkankatastrophe handelt, die wohl tatsächlich die Trennung der beiden Inseln bewirkte.

Die frühesten Siedler waren *Karer,* denen später *Argiver* folgten. Wirtschaftlich war Nísyros wegen seiner Muscheln

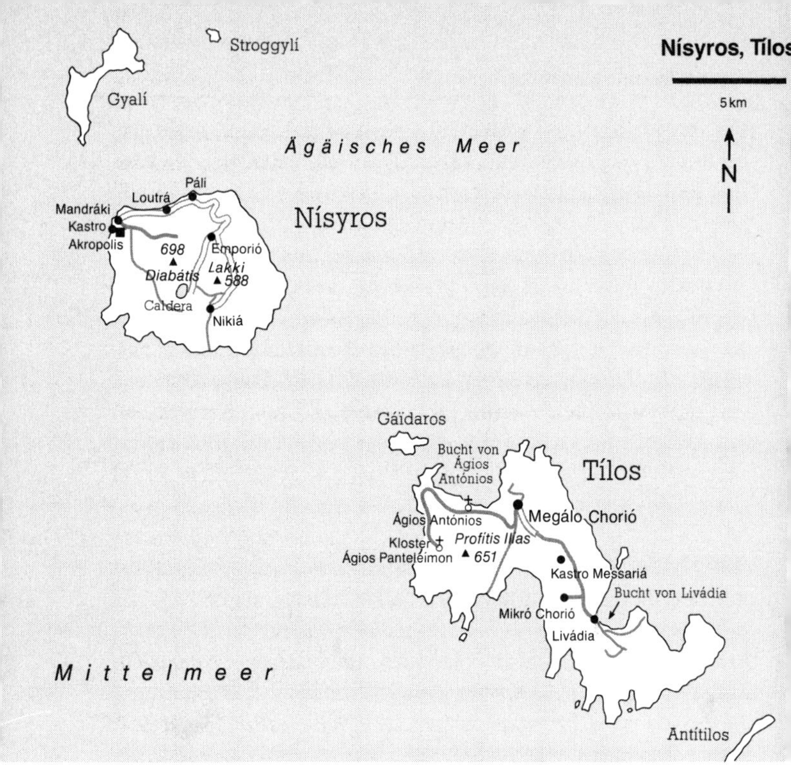

und seiner Steine bedeutend: Die einen lieferten den Phöniziern die begehrte Purpurfarbe, die anderen wurden zu Mühl- und Schleifsteinen verarbeitet. Dem Schiffskatalog von Homers Ilias läßt sich entnehmen, daß sich die Insulaner gemeinsam mit Kárpathos, Kásos und Kos am Trojanischen Krieg beteiligten. Seit etwa 800 vor Christus dorisch besiedelt, war Nísyros um 480 vor Christus im Besitz der Königin Artemisia I. von Halikarnass und mußte in der Seeschlacht von Salamis an deren Seite gegen die Griechen kämpfen. Anschließend war die Insel Mitglied im Attischen Seebund, wo sie als autonomer Stadtstaat große Freiheiten genoß und ihre Blütezeit erlebte. Bau der Akrópolis, eigene Münzprägung und in Inschriften beurkundete Rechte eines freien Staates kennzeichnen ihren Status in dieser Zeit. Abwärts ging es, als die Insel im 3. vorchristlichen Jahrhundert unter den Einfluß der *Ptolemäer* geriet und später als eigener Verwaltungsbezirk zu Rhódos gehörte. Dann folgte die Serie von Fremdherrschaften mit Römern (seit 70 n.Chr.), Byzantinern (seit 395 n.Chr.), Johannitern (seit 1312), Türken (seit 1533) und Italienern (seit 1912). Wie die übrige Dodekanes kam Nísyros 1948 zurück zum griechischen Staat.

In Mandráki: Vom antiken Hafen zur Gottesmutterhöhle

Der winzige Haupt- und Hafenort von Nísyros, **Mandráki,** wuchs auf uraltem, schon in der Bronzezeit besiedeltem Gebiet heran. Die weißgetünchten kubischen Häuser und ein paar wohlhabendere, aber verfallende Sandsteinbauten klettern einen Hang hinauf, der im Altertum von einer Akrópolis und im Mittelalter von einem Johanniterkastell gekrönt wurde. Das Ortszentrum mit der denkmalgeschmückten *Platía,* der Hauptstraße, den verwinkelten Gäßchen und Plätzchen liegt im ausgetrockneten *antiken Hafen,* der nach Norden von einer mächtigen Mole abgeschlossen wurde. *Die antike Stadt* Nísyros aber war auf besagtem Hügel angelegt, geschützt von den kräftigen Wehrmauern der *Akrópolis,* deren ohne Bindemittel aufeinandergeschichtete schwarze Lavablöcke bis zu 3,7 Meter dick sind.

Durch ein imposantes *Tor* an der Nordostecke der in der

zweiten Hälfte des 4. vorchristlichen Jahrhunderts errichteten Mauer betreten wir den antiken Bezirk. Eine in etwa zehn Zentimeter hohen Lettern in den Stein gehauene Inschrift verkündet die Bauordnung, nach der an der Außenseite des gemeindeeigenen Objekts für Häuser und Bäume mindestens anderthalb Meter Abstand zu wahren sind.

Innerhalb der Mauern sehen wir Reste der im 5. und 6. Jahrhundert gebauten frühchristlichen Basilika und die Ruine des im 14. Jahrhundert von Johannitern aus Rhódos errichteten *Kastells der Panagía Spilianí.* Das Kastell ist benannt nach dem *Heiligtum der Gottesmutter in der Höhle* unterhalb der Burg, einer in spätbyzantinischer Zeit angelegten Grottenkirche, die 1825 unter Verwendung alter Bauteile erneuert wurde. Die Kirche, die eine prächtige Ikonostase von 1725 birgt, wurde zum Mittelpunkt einer Klosteranlage. Seefahrer und Auswanderer sorgten mit Devotionalien und Spenden für den Wohlstand dieses Klosters, zu dem eine interessante Bibliothek und eine wichtige Sammlung von Gold- und Silbergerät gehören.

Die bedeutendsten Funde von Nísyros, das von Archäologen bisher noch nicht erforscht und wo bis jetzt kaum gegraben wurde, stammen vom antiken *Friedhof bei Ágios Ioánnis.* Sie landeten in verschiedenen archäologischen Museen: Ein ionisches Relief mit speerbewaffnetem Hoplit findet sich in Istanbul, ein kleines Kykladenidol in Berlin, bronzezeitliche Gefäße und flache rhodische Schalen des 7. und 6. Jahrhunderts vor Christus werden in Rhódos aufgehoben. Im Osten des Ortes, bei der *Dreifaltigkeitskirche,* vermuten die Fachleute einen Zeustempel.

Ein empfehlenswerter Sandstrand liegt einige Kilometer östlich, hinter **Loutrá,** das dank seiner radioaktiven, alkalischen Heilquellen seit 1872 eine Thermalbadeanlage betreibt. Der

Ort lebt aber hauptsächlich vom Bimsstein, der da abgebaut, verarbeitet und verschifft wird. Aus weißem Bimssand besteht auch der angenehme Badestrand, der vom Bergbaugebiet kaum beeinträchtigt wird.

In schwindelnder Fahrt zum Kraterloch

Der Tagestourist aus Kos steigt gleich am Hafen vom Schiff in den Bus, um der größten Sehenswürdigkeit der Insel, dem Vulkan, so nahe wie möglich zu kommen. Der Pope, der in Emporió aussteigen wird, um seine Verwandtschaft am Calderarand zu besuchen, nimmt selbstverständlich den besten Platz ein. Dann wird der monströse klapprige Oldtimer-Bus in Gang gesetzt, und die Fahrgäste merken bereits nach wenigen Metern, daß von Stoßdämpfern keine Rede sein kann. Unwillkürlich drängt sich der Gedanke an den Zustand der Bremsen auf, denn der gewissenhafte mitteleuropäische Tourist hat seinen Reiseführer genau gelesen und weiß, daß es auf schwindelerregenden Serpentinen über den Calderarand geht. Doch zunächst erreichen wir den Küstenort **Páli,** der erst 1933 gegründet wurde, als es den erdbebengeschädigten Bauern von Emporió auf der Kante des vulkanischen Ringwalls zu brenzlig geworden war. Das Dorf wartet mit heißen Schwefelquellen auf, einem tamariskenbeschatteten *Lavastrand* und einer byzantinischen *Gottesmutterkapelle,* die in die Ruinen römischer Thermen hineingebaut wurde.
Hinter dem Ort nimmt die Steigung merklich zu, und in vielen Kurven führt die brüchige Asphaltstraße himmelwärts: über uns die weißen Tupfen der wenigen an den Calderarand geklammerten Häuser, unter uns das tiefblaue Meer und das

Vulkaninselchen *Stroggylí,* das den Rand einer zweiten, im Meer versunkenen Caldera markiert. Der Busfahrer strahlt Zuversicht aus. Schließlich hat er schon Gruppen der bekanntesten europäischen Reiseunternehmen sicher über den Rand des Eierbechers chauffiert, was die Vielfalt der Buttons auf seinem Armaturenbrett beweisen möge. Ganz nebenbei nimmt er die engsten Kurven, während er eigentlich damit beschäftigt ist, seinem Enkel die an der Fahrertür lehnende, silberbeschlagene Flinte und den dazugehörenden Patronengurt zu erklären.

Emporió ist endlich erreicht – und damit die Kante der riesigen Caldera, die vier Kilometer Durchmesser hat und zwei Drittel der gesamten Insel bedeckt. Das verwinkelte Bergbauerndorf, das im Mittelalter als Fluchtsiedlung vor Seeräuberüberfällen gegründet wurde, zählt knapp 50 Einwohner. Einige Familien lebten bis 1933 im Johanniterkastell, doch als es durch ein Erdbeben verwüstet wurde, zogen sie zur Küste und

---

Wußten Sie, daß...

... ein Seefahrer aus Sámos als erster die Meerenge von Gibraltar (Säulen des Herakles) zwischen dem Mittelmeer und dem Atlantischen Ozean durchschiffte? (Kolaios, um 660 v. Chr.)

... ein Ingenieur auf Sámos einen 1047 Meter langen Tunnel durch den Berg graben ließ, was von einigen Zeitgenossen als Weltwunder gefeiert wurde? (Eupalinos, um 600 v. Chr.)

... ein Mathematiker aus Chíos die unmögliche Quadratur des Kreises versuchte und mit den «Möndchen des Hippokrates» in die Wissenschaftsgeschichte einging? (Hippokrates, um 440 v. Chr.)

... ein Arzt aus Kos als erster den Unterschied zwischen Venen und Arterien erkannte? (Praxagoras, um 340 v. Chr.)

---

gründeten dort Páli. Erhalten blieb die dreischiffige *Erzengelkirche* mit Freskenresten und der vergoldeten Ikone des Taxiárchis von 1787. Den Mittelpunkt von Emporió bilden die kleine Platía mit Kaffeehaus und die *Kirche Genésion tis Theotókou.* Außerhalb liegen das *Kloster Panagía Kyrá* sowie Reste pelasgischer Mauern.

Jetzt geht es auf Serpentinen steil hinab in den fruchtbaren **Vulkankessel Lakkí,** dessen üppige Baumgärten und Felder wie eine Oase in der Wüste wirken. Rechts haben Lavaauswürfe den *Diabátis* aufgetürmt, am Horizont blinken die weißen Häuser von Nikiá. Wir haben – etwa 110 Meter über dem Meeresspiegel – die Hochebene erreicht, die 1522 entstand, als der Berg explodierte und der Gipfel im Krater versank. Heute ist der Vulkan im Solfataren- und Fumarolen-Stadium, das heißt, er ist – abgesehen von rauchenden Schwefelhalden und blubbernden Gasblasen – erloschen. Innerhalb des großen Explosionskessels gibt es fünf kleinere Krater, von denen wiederum der *Stéfanos* mit rund 300 Metern Durchmesser der größte ist. Und es ist eine wahre Orgie an Farbe, Licht und Perspektive, blickt man über diesen weißen Schwefelkessel hinweg, vorbei an den gelben Auswurfhalden und dem grünbraunen Bewuchs bis hin zum überhöhten Horizont des Calderarandes, der durch die weißen Punkte einiger Häuser akzentuiert und vom ewigen Blau des griechischen Himmels überwölbt wird.

Im Dörfchen **Nikiá** am südlichen Calderarand lohnt es sich, die tief in die Erde versenkte *Kapelle der Dreifaltigkeit* (mit verblassenden Fresken) unterhalb des Friedhofs anzuschauen. Solche unterirdischen Kapellen gibt es auf Nísyros häufig: Sie entstanden während der Türkenherrschaft in Privatinitiative; sie boten nicht nur ein Versteck bei Piratenüberfällen, sondern wurden häufig auch als Geheimschulen genutzt.

Tílos – Felsen in zeitloser Einsamkeit

«Eine Aschenbrödelexistenz fristet das bergige Tílos – es hat nichts zu bieten außer seine nackte Schönheit, noch unangetastet in zeitloser Einsamkeit», schreibt Johannes Gaitanides, ein exzellenter Kenner seines Heimatlandes. Und tatsächlich gibt es kaum eine treffendere Charakterisierung für die bis zu 651 Meter aufsteigende Felseninsel, 35 Kilometer nordwestlich von Rhódos, mit einer unberührten, geheimnisvollen Landschaft, schönen Küstenregionen und einsamen Wanderwegen.

Tílos soll der Name eines Siedlers gewesen sein, der in grauer Vorzeit die Insel zu kultivieren begann. Und daß sich ihr Boden zumindest für allerlei Kräuter hervorragend eignete, beweist die Tatsache, daß die Insel in der Antike wegen der Güte ihrer Salben berühmt war. Um 1000 vor Christus wurde sie von Doriern besiedelt und blühte im 4. und 3. vorchristlichen Jahrhundert, was sich in beachtlichen Bauresten und archäologischen Funden wie auch in der eigenen Münzprägung dokumentiert. Aus der ansonsten namenlosen Geschichte tritt allein Erinna hervor, eine jugendliche Dichterin, die in Tílos' Blütejahren ihre eigene Kindheit in dorischem Dialekt und in Hexametern besang. Im Mittelalter erhielt die Insel den Namen *Piskopi,* was Ausschau oder Überblick bedeutet und auf ihre Funktion als Wächterin auf dem Seeweg in den Nahen Osten hinweist. Bevor die Insel am Ende des Zweiten Weltkrieges mit dem griechischen Mutterland vereinigt wurde, gehörte sie Johannitern, Türken und Italienern.

Tílos ist kaum vom Tourismus entdeckt, die knapp 800 Bewohner sind vorwiegend alte Seeleute und Bauern. Sie leben mit ihren überlieferten Bräuchen in fast ungebrochener Tradition: Die Frauen tragen noch häufig ihre alte Tracht, und manches Haus besitzt noch den charakteristischen Hof mit eigenem Backofen und Ölpresse. Wer also einen unverfälschten Eindruck vom Leben auf einer Dodekanesinsel mit allen seinen Licht- und Schattenseiten bekommen möchte, der reist am besten nach Tílos. Das Angebot, das die Insel dem Fremden zu machen hat, ist einfach, aber vielfältig: antike und mittelalterliche Ruinen, eine archäologische Sammlung im Gemeindehaus, **herrliche Sandstrände** in *Livádia, Ágios Antónios* und *Pláka,* Motorbootausflüge zu den Inseln **Cáïdaros** und **Antítilos,** eine Reihe von Mineralquellen, typisch insulare Unterkünfte meist in Privatquartieren und typisch insulare Transportmittel wie Maultier und Esel oder das dreirädrige motorisierte Gefährt, das *Triatodia* genannt wird.
Das Linienschiff, das ein- bis zweimal wöchentlich aus Piräus oder Rhódos kommt, ankert im Naturhafen von Livádia an der Nordostbucht. Der heutige Haupt- und Hafenort, das alte **Piskopí,** bietet Tavernen, Bade- und Unterkunftsmöglichkeiten. Im Norden des Dorfes liegen die Trümmer des mittelalterlichen *Kástro Mesariá;* in seiner Nähe stießen griechische Paläontologen in einer Höhle auf Knochen ausgestorbener ponygroßer *Zwergelefanten,* die vor Zehntausenden von Jahren dort lebten.
Nicht allzu weit von da klebt pittoresk am Abhang über der Westküste das verlassene mittelalterliche Dorf **Mikró Chorió,** der «kleine Ort». Er wurde überragt von einem Kreuzritterkastell, von dem nur noch wenige Spuren künden. Zwischen den heruntergekommenen Häusern und in den verwaisten Treppengassen breitet sich ein duftender Kräutergarten aus Majo-

ran, Thymian und Salbei aus. Zu Füßen des schroffen Burgberges steht das Kirchlein *Káto Panagía* aus der Mitte des 19. Jahrhunderts, das kostbare Ikonen, eine prächtig geschnitzte «Schöne Pforte» und einen bemalten Bischofsthron aus Holz birgt.

Weiter oberhalb, auf einem eindrucksvollen Felsen, setzt die wesentlich ältere *Epáno Panagía* einen Akzent. Der Symiote Neophyton schuf im 17. Jahrhundert die Wandmalereien, darunter einen merkwürdigen Christophorus mit Hundekopf. Der fromme und schöne Mann, so erzählt die Legende, konnte sich seiner vielen Verehrerinnen nur dadurch entziehen, daß er von Gott für sich das Aussehen eines Hundes erflehte – der Wunsch wurde ihm gewährt.

Megálo Chorió, der «große Ort», der heute nur noch rund 170 Einwohner zählt, liegt etwa zehn Kilometer von Livádia entfernt an der Stelle der um 1000 von den Doriern gegründeten antiken und mittelalterlichen Inselhauptstadt am Südostfuß des Akrópolisfelsens nahe der Nordbucht. Die mittelalterliche Stadt, *Epáno Chorió,* verkroch sich während der gefährlichen Piratenzeit innerhalb der noch erhaltenen antiken Stadtmauern, die in einem Rechteck Wohngebiete, Akrópolis und Friedhof umfaßten. Erst zu Beginn des 19. Jahrhunderts wagten sich die Bewohner aus ihrem Schutz heraus und gründeten weiter unterhalb das heutige Megálo Chorió. Am Ortsrand steht die *Taxiarchis-Kirche* von 1827, die neben der verehrten Erzengelikone mit Ikonostase, Kanzel, Bischofsstuhl und Ikonenständer prachtvolle Holzschnitzereien enthält. Auch die *Friedhofskapelle* beherbergt ein Meisterwerk der Holzschnitzkunst – das 1743 geschaffene, goldüberzogene Témplon.

Ein steiler Ziegenpfad führt zum Burgberg hinauf, wo an der Stelle eines antiken Tempels für die Stadtgottheiten Athena Polias und Zeus Polieus im Mittelalter von Venezianern, Genuesen und Johannitern die *Festung Ágios Stéfanos* mit Burgkirche errichtet wurde. Aus dem Altertum stammen noch ein eindrucksvolles Eingangstor, Marmortreppen und viele Baufragmente. Unterhalb des Kástro liegt *der antike Friedhof* mit Gräbern, Inschriften, Opferaltären und Steinplatten. Eine dort ausgegrabene Bronzehydria ziert das Britische Museum in London, weitere Fundstücke sind im Museum von Rhódos ausgestellt.

Von der Festung aus bietet sich als reizvolles Ausflugsziel das **Kloster Ágios Panteleímon** in der wilden und weltentrückten Einsamkeit der westlichen Inselhälfte an. An der Stelle einer kräftig sprudelnden Quelle wurde das Kloster von kretischen Mönchen im 14. Jahrhundert gegründet. Der heilige Panteleímon soll der Legende nach dem Gründermönch Ionas in dieser Schutzlage einer tiefen Schlucht den Bauplatz gezeigt haben. Im 16. Jahrhundert wurde die von Piraten bedrohte heilige Stätte mit Schutzmauer und 14 Meter hohem Wachtturm zur Klosterfestung ausgebaut. Die kleine byzantinische *Klosterkirche* mit Tambourkuppel stammt in ihrer heutigen Form von 1703 und wurde in der zweiten Hälfte des 18. Jahrhunderts von Gregorios aus Sými mit Fresken ausgemalt. Sehenswert sind im Inneren auch die schönen Holzschnitzereien und die silberüberzogene Marienikone.
Das einst wohlhabende Kloster lebte von Landwirtschaft, wurde aber 1930 vom letzten Geistlichen verlassen und schließlich an einen Bauern verpachtet. Heute ist der Komplex ganz vereinsamt, und nur am Jahrestag des Titelheiligen, dem 27. Juli, erfüllt sich die Anlage noch einmal mit Leben – dann nämlich, wenn in ihren Mauern *Panígyris* gefeiert wird.

Rhódos: Die Gabe des Göttervaters

Ein «Sonntagskind» wird vorgestellt

Ein ausgesprochenes «Sonntagskind» unter den ostägäischen Inseln ist das von Natur und Kultur gleichermaßen bevorzugte Rhódos, das man als **Königin der Dodekanes** bezeichnen könnte. Prachtvolle antike Stätten und wohlerhaltene mittelalterliche Kreuzritterbauten, Museen und Kunsthandwerkstätten gibt es ebenso in reicher Fülle wie lange Sandstrände, dunkle Wälder und üppige Gärten. Die sonnenüberflutete und dennoch blütenreiche Insel des Helios hat seit jeher Fremde angezogen, die als Eroberer oder Freibeuter, Siedler oder Touristen kamen, um die zahllosen Vorzüge zu genießen. Seit Jahrzehnten ist Rhódos das Eldorado des Fremdenverkehrs – auch mit seinen Schattenseiten: Die kulturgeschichtlich so bedeutsame *Stadt Rhódos* gleicht mindestens sechs Monate im Jahr einem *Rummelplatz* mit unzähligen Souvenirläden, Tavernen, Nachtklubs, Diskotheken und einer häßlichen Hotelstadt aus Betonhochhäusern, deren Silhouette an die Skyline von Manhattan erinnert. Wer sich aber die Mühe macht, zur gleichen Zeit das Innere *und* den Süden der Insel zu erkunden, der wird selbst in der Hauptsaison ein idyllisches Fleckchen Erde entdecken, wo er einen urigen Inselurlaub verleben kann.

Rhódos ist allein schon wegen seiner Lage und seiner Größe bemerkenswert. Vor der Südwestküste Kleinasiens im Kreuzungspunkt der traditionellen Schiffahrtslinien zwischen Europa, Asien und Afrika gelegen, ist Rhódos mit 1404 Quadratkilometern Fläche die viertgrößte Insel der Ägäis nach Kreta, Euböa und Lésbos, die zweitgrößte unseres Reisegebiets und die größte der Dodekanes, der Verwaltungseinheit der «Zwölf Inseln», die tatsächlich aus mindestens 14 mittleren und größeren sowie aus annähernd 200 kleineren und kleinsten besteht.

Zwei Drittel der gesamten Inselbevölkerung konzentrieren sich in der Haupt- und Hafenstadt Rhódos; sie ist zugleich Verwaltungszentrum der Dodekanes, die früher *südliche Sporaden* hießen: 41 000 Rhodier leben in der Stadt, 25 000 in den Dörfern. Die Hauptstadt der «Roseninsel» ist eine der wenigen ägäischen Siedlungen, deren Einwohnerzahl zunimmt.

Die bis zu 77 Kilometer lange und 36 Kilometer breite Insel ist geprägt von zwei verschiedenartigen Küstenlinien: die östliche sanft, windgeschützt und reich mit Sandstränden geseg-

net – die westliche rauh, stürmisch und von Felsenkaps begleitet. Drei größere Berge ragen im mittleren Westteil aus dem hügeligen Umland und den fruchtbaren Ebenen – der **Attáviros** (1215 m), der **Akramítis** (825 m) und der **Profítis Ilías** (900 m). Mehr als ein Drittel der Inselfläche ist bewaldet, so gibt es am Profítis Ilías reiche Bestände an Zypressen, Fichten, Eichen und Platanen. Ein dank der Kombination von hoher Sonneneinstrahlung und großer Luftfeuchtigkeit mildes Klima sowie relativer Wasserreichtum, den mindestens zehn zum Teil das ganze Jahr durch plätschernde Bäche garantieren, sichern eine üppige Vegetation, das heißt: hohe Erträge für die Bauern. Auf ergiebigen Feldern, in Gärten und Baumhainen gedeihen Tomaten und Sesam, Tabak, Südfrüchte, Trauben und anderes Obst. Weiden gibt es ebensoviel wie Wald, und die Viehzucht mit Ziegen, Schafen, Kühen und Geflügel spielt eine wichtige Rolle. Von besonders guter Qualität ist der Honig, der sein charakteristisches Aroma aus den verschiedensten Blumen, aus Thymian und Fichten bezieht. Das bemerkenswerteste wild lebende Tier ist das *Platoni,* eine Rehart, die in den Wäldern heimisch und zum Symbol der Insel geworden ist. Neben Fremdenverkehr und Landwirtschaft bringen die Keramikproduktion, der Handel mit Pelzen, Juwelen, Souvenirs und Spirituosen den Rhodiern Geld ein.
Unter den Weinen sind der Chevalier de Rhódos, der Líndos Blanc Sec und der Grand Maître zu empfehlen.

Am Anfang war Helios

Dem Mythos nach war der Sonnengott Helios der Herr und Urvater von Rhódos. Dabei hatte es zunächst so ausgesehen,

als wäre Helios bei der Verteilung der Welt wegen Abwesenheit von Zeus übergangen worden. Aber als er gerade im Begriff war, beim Göttervater sein Recht einzuklagen, geschah – deus ex machina – das Unfaßbare: Aus den Tiefen des brodelnden Meeres stieg die herrliche Insel auf. Helios brauchte nicht lange zu überlegen, er war entzückt von ihr, nahm sie als seinen Anteil und überflutete sie mit Sonne. Aus der Verbindung mit der Nymphe Rhódos (Rhode, Rhoda) gingen sieben Kinder hervor, die drei Enkel hinterließen: *Líndos, Kamíros* und *Ialysós.* Sie teilten die reiche Insel unter sich auf und gründeten drei Städte gleichen Namens.
Der Sonnengott ist Rhódos bis heute treu geblieben, und die drei von seinen Enkeln gegründeten Städte zählen noch immer zum Kostbarsten, was die Insel zu bieten hat. Tatsächlich ist Rhódos eine recht junge Insel, und Tausende von versteinerten Muscheln, die über Rhódos verteilt sind, bestätigen den von Pindar überlieferten Mythos auch geologisch. In den Bereich der Sage gehören auch die *Telchinen,* ein merkwürdiges und geheimnisvolles Volk von Bronzeschmieden, welche die Insel bereits im 3. Jahrtausend vor Christus besiedelten. Ihnen folgten um 1450 vor Christus beim Untergang der minoischen Kultur *kretische Auswanderer,* und ein Jahrhundert später *mykenische Achäer* vom griechischen Festland. Sie gründeten Líndos und *Achaia,* das spätere Ialysós, und um 1200 vor Christus unter Althaimenes, dem Enkel des kretischen Königs Minos, die Städte Kamíros und Kritinía. Die mykenische Epoche wird erstmals historisch faßbar in den vielen überlieferten Nekropolen und in Keramikfunden, die auf regen Handel im westlichen Mittelmeer schließen lassen. Um 1100 vor Christus wurde Rhódos von Doriern besetzt, deren Dialekt sich bis in die Römerzeit erhielt; einige Relikte davon sind bis heute nicht ganz verschwunden. Sie gründeten

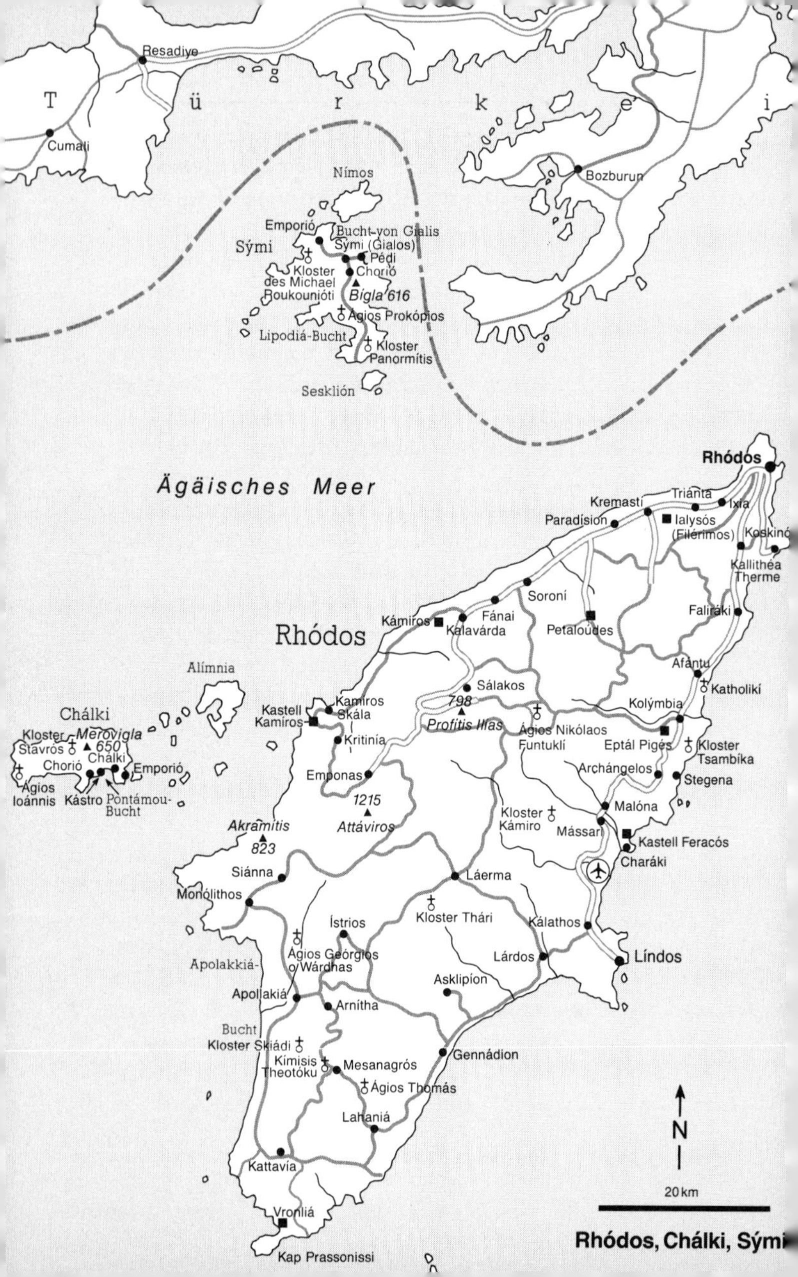

Rhódos, Chálki, Sými

die Stadtstaaten Líndos, Ialysós und Kamíros, und die Insel kam dank ihrer für den Seehandel günstigen Lage rasch zu wirtschaftlichem und kulturellem Reichtum. Enge Beziehungen unterhielt Rhódos zu Kleinasien, wo es mit der *Peraia* Grundbesitz hatte, zu Ägypten, aus dem es Kleinkunst ein- und in das es Söldner ausführte, zu Zypern und zu Griechenland. In der Blütezeit des 7. und 6. vorchristlichen Jahrhunderts gründete es *Kolonien in Kleinasien und Sizilien* (Gela, 689 v. Chr.), später auch in der *Cyrenaika,* in der *Provence* und in *Spanien.* Als Ausdruck des Machtzuwachses wurde um 700 vor Christus die dorische *Hexapolis* gegründet, ein Sechsstädtebund aus den rhodischen Städten Líndos, Ialysós und Kamíros sowie Kós, Knídos und Halikarnass. Künstlerisch spiegelt sich dieser Aufstieg von Rhódos bereits in den Grabbeigaben des 8. Jahrhunderts vor Christus wider. Die Fikellura-Vasen des 6. Jahrhunderts vor Christus künden von der Bedeutung der Insel als ostionisches Keramikzentrum. Stolz dokumentiert die Insel ihre Blüte auch in der etwa gleichzeitig einsetzenden *Prägung eigener Münzen,* die auf der Vorderseite die Rose und auf der Rückseite den Kopf des Helios zeigen.
Erster Tyrann von Rhódos wird um 550 vor Christus Kleobulos aus Líndos, einer der «Sieben Weisen» Griechenlands. Seit 529 vor Christus steht die Insel *unter persischem Einfluß* und kämpft auf seiten der Perser im Ionischen Aufstand. Nach der *Schlacht bei Salamis* tritt sie jedoch 497 vor Christus dem Attischen Seebund bei. Die Niederlage der Athener auf Sizilien 414/13 vor Christus ermunterte die Rhodier zum Zusammenschluß der drei rhodischen Stadtstaaten und zur Gründung einer gemeinsamen Inselhauptstadt in Konkurrenz zu Athen. Die Stadt Rhódos an der Nordspitze blühte schnell auf, während die drei historischen Städte an Bedeutung verloren. Schiffahrt, Freihafen und Seehandel verhalfen Rhódos

wieder zu Wohlstand und Macht. Bis in die Mitte des 4. vorchristlichen Jahrhunderts war Rhódos unabhängig, geriet dann aber unter den Einfluß der Perser, schließlich in den Machtbereich Alexanders des Großen und mußte bis zum Ende des Jahrhunderts ständig um seine Unabhängigkeit kämpfen. Obwohl es politisch kriselte, erlebte die Insel Höhepunkte auf dem Gebiet der Kunst: Rhódos begann, sich zu einem *Zentrum der Bronzebildhauerei* zu entwickeln, und brachte bedeutende Künstler hervor, wie den Maler und Bildhauer *Protogenes* und den Bildhauer und Lysipp-Schüler *Chares von Líndos.* Chares von Líndos war es, der in zwölfjähriger Arbeit das Sieges- und Triumphdenkmal des Sonnengottes Helios schuf; es wurde als **Koloß von Rhódos** berühmt und galt im Altertum als eines der Sieben Weltwunder. Die über 30 Meter hohe bronzene Monumentalstatue, die wahrscheinlich nicht, wie lange vermutet, über der Hafeneinfahrt stand, sondern im Mittelpunkt des Heliosheiligtums an der Stelle des heutigen Großmeisterpalastes, sollte die Nachwelt an eine große historische Tat erinnern. Der Diadochenkönig Demetrios Poliorketes hatte 305 vor Christus die Stadt belagert, weil Rhódos sich weigerte, an seiner Seite gegen Ägypten zu kämpfen. Doch die Insel verteidigte wieder einmal ihre Autonomie, und der kolossale Triumph brachte ihr das Ansehen einer Großmacht. Die aus den Geschützen des Gegners gegossene Monumentalstatue war um 280 vor Christus vollendet, fiel jedoch bereits 227 vor Christus einem Erdbeben zum Opfer und wurde, weil es ein Orakelspruch verbot, nicht wieder aufgerichtet. Der Trümmerhaufen blieb Jahrhunderte liegen, bis er von einem Metallhändler aus Palästina gekauft und das Material mit 900 Kamelen abtransportiert wurde.

Das erdbebenzerstörte Rhódos blühte mit seinen drei Häfen bald wieder auf, war im 3. vorchristlichen Jahrhundert aufs neue eine wichtige Handels- und Seemacht und behauptete sich als Freistaat mit eigenem Seerecht noch lange gegenüber Rom. Seit Beginn des 2. vorchristlichen Jahrhunderts sah Rhódos sich gegenüber Makedonien zu einem Bündnis mit Rom veranlaßt, doch als sich Rhódos später mit Makedonien gegen Rom verbündete, sah sich Rom zu Repressalien gezwungen. Rhódos verliert seine kleinasiatischen Besitzungen, und Rom erklärt Délos zum Freihafen. Der Insel sind unter einem weiteren, diesmal erzwungenen Bündnis mit Rom die wichtigsten wirtschaftlichen Grundlagen genommen, der Seehandel ging stark zurück. Als Rhódos während des römischen Bürgerkriegs die Partei des späteren Verlierers ergriff, wurde es 43 vor Christus vom siegreichen Cassius überfallen, geplündert, ihrer letzten Privilegien und Kolonien beraubt und schließlich der Provinzia Insularum angegliedert. Trotz des politischen Niedergangs erlebte Rhódos in den letzten beiden vorchristlichen Jahrhunderten eine erstaunliche kulturelle Blüte. Berühmt waren die *Redner- und Philosophenschulen,* die Rhódos zu einer Art *Modeuniversität der Antike* machten, an der so prominente Römer wie Cato, Cäsar, Cicero, Pompeius und Scipio studierten. Die Stadt wurde auch zum bedeutenden Mittelpunkt der Steinbildhauerei, nachdem seit etwa 190 vor Christus Marmor aus den Steinbrüchen von Kos zur Verfügung stand. *Apollonios* und *Tauriskos aus Tralles* schufen die Gruppe «Farnesischer Stier», *Hagésandros, Athanadoros und Polydoros* die Laokoon-Gruppe, ein Unbekannter die «Nike von Samothrake». Künstler aus der gesamten hellenistischen Welt brachten einen eigenständigen Stil hervor, Einflüsse sowohl von Pergamon als auch vom griechischen Festland sind unverkennbar. In den ersten Jahrhunderten nach Christi Geburt gleicht die Geschichte von Rhódos einer Kette von Überfällen und Plünderungen. Goten, Perser und Sarazenen hinterließen zerstörerische Spuren. Seit 395 ist Rhódos Teil des Byzantinischen Reiches, Kaiser Alexios Komnenos gibt die Insel 1082 den Venezianern zum Lehen, denen 1243 die Genuesen folgen. 1306 verkauft der genuesische Admiral Viniolo die Insel an den *Johanniterorden*, die Nachfahren jener Kreuzritter, deren Aufgabe es in Jerusalem gewesen war, in einem von amalfitanischen Kaufleuten gestifteten Spital Kranke zu pflegen und Pilger zu betreuen. Der Orden nahm Mitte des 12. Jahrhunderts zunehmend militärischen Charakter an, und nach der Vertreibung aus Jerusalem zog er sich mit mehreren Zwischenstationen über Zypern nach Rhódos zurück. Drei Jahre dauerte es, bis die Herrschaft der Ritter gegen die rebellierenden Inselbewohner durchgesetzt war. Unter der Devise «Fortitudo eius qui Rhodum tenet» bauten sie die Insel zum Bollwerk des Christentums gegen den Islam aus, errichteten mächtige Festungsanlagen und prachtvolle gotische Paläste. Der Ritterorden vereinte sieben nationalsprachliche Gruppierungen der europäischen Länder in seiner Organisation, die – nach *tongues* (Zungen) unterschieden – jeweils einen eigenen Palast, die *Herberge*, bewohnten: Provence, Auvergne, Frankreich, Italien, England, Deutschland, Spanien, das sich später in Aragonien und Kastilien aufteilte. Als obersten Führer wählten die Ordensmitglieder einen Großmeister auf Lebenszeit. Ihm stand ein gesetzgebender Rat bei, der sich aus den Führern der einzelnen «tongues» zusammensetzte. Tonangebend waren die Franzosen, die während der Johanniterherrschaft auf Rhódos 14 von insgesamt 19 Großmeistern stellten. Französisch war die Umgangssprache, Lateinisch Amtssprache. Jeder Großmeister hat sein eigenes, unverwechselbares Wappen, der Orden selbst ist zu erkennen an dem weißen Kreuz auf blauem Grund. Der Johanniterorden war eine Art *Drei-Stände-Gesell-*

Wappen des
Johanniter-Ordens

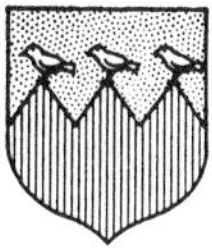

Foulques de Villaret
(Provence)
1310–1319

Hélion de Villeneuve
(Provence)
1319–1346

Dieudonné de Gozon
(Provence)
1346–1353

Pierre de Corneillan
(Provence)
1353–1355

Roger de Pins
(Provence)
1355–1365

Raymond Béranger
(Provence)
1365–1373

Robert de Juilly
(Frankreich)
1373–1377

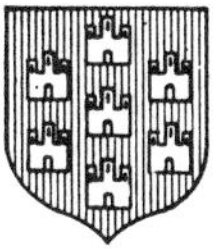

Ferdinand d'Hérédia
(Spanien)
1377–1396

Philibert de Naillac
(Frankreich)
1396–1421

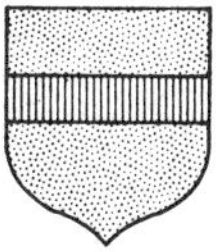

Antoine de Fluvian
(Spanien)
1421–1437

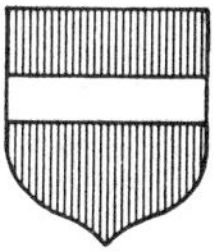

Jean Bonpart de Lastic
(Auvergne)
1437–1454

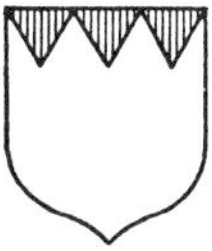

Jacques de Milly
(Auvergne)
1454–1461

Pierre Raymond Zacosta
(Spanien)
1461–1467

Giovanni Battista
degl'Orsini (Italien)
1467–1476

Pierre d'Aubusson
(Auvergne)
1476–1505

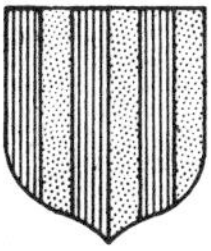

Emery d'Amboise
(Frankreich)
1505–1512

Guy de Blanchefort
(Provence)
1512–1513

Fabrizio del Carretto
(Italien)
1513–1521

Ph. Villiers de l'Isle-
Adam (Frankreich)
1521–1522

schaft: An der Spitze waren die adligen Ritter mit militärischen Aufgaben, es folgten die Kleriker mit geistlicher Mission und die einfachen Brüder, denen die Krankenpflege anvertraut war. Die Zeit der Johanniter brachte Rhódos eine neue Blüte auf wirtschaftlichem und kulturellem Gebiet. Die Türken sahen dies mit Argwohn und belagerten die Insel 1444 und 1480 mit großem Aufwand – doch stets vergebens. Als aber 1522 der osmanische Sultan *Süleyman der Prächtige* mit einer Riesenflotte anrückte, mußten die Johanniter ihre Chancenlosigkeit einsehen und die Insel kampflos übergeben. Sie erhielten freien Abzug und ließen sich – nach Zwischenstationen auf Kreta und Sizilien – auf Malta nieder, wo sie als Malteserorden ihre Ziele weiterverfolgten. Rhódos aber wurde für fast 400 Jahre eine geknechtete und vernachlässigte Provinz des Osmanenreiches. Die Griechen bekamen zwar das Privileg der freien Religionsausübung, doch war ihnen verboten, innerhalb der befestigten Stadt zu wohnen. Kirchengemeinde und Metropolit wurden zu den wichtigsten Säulen einer geheimen griechischen Nationalbewegung, die 1820 die *Phitiki Etairia* (Freundschaftliche Gesellschaft) gründete mit dem Ziel, die Türkenherrschaft zu beseitigen. Erst 1912 wurde Rhódos «befreit», doch gleichzeitig von den Italienern annektiert, um die Türkei vom Verbindungsweg nach Tripolis abzuschneiden. Die Dodekanes-Frage sorgte schon bald für Unruhe; seit 1924 verschlechterte sich die Lage der Griechen, als der Mussolini-Faschismus Rhódos radikal italienisierte und im letzten Stadium sogar den Gebrauch der griechischen Muttersprache verbot. Die Italiener legten aber auch ein Straßennetz an, modernisierten die Landwirtschaft und förderten den Fremdenverkehr; italienische Archäologen und Konservatoren sorgten für den Erhalt der antiken und mittelalterlichen Baudenkmäler und brachten die Kunstschätze in Museen unter. 1943 bis 1945 war die Insel von deutschen Truppen besetzt; etwa 2000 Juden aus Rhódos wurden in Konzentrationslagern Nazi-Deutschlands ermordet. Nach dem Zweiten Weltkrieg stand Rhódos kurz unter englischer Verwaltung, bis es 1948 gemeinsam mit den übrigen Inseln der Dodekanes offiziell Griechenland angeschlossen wurde.

Die Hauptstadt: Ritterromantik, Touristenrummel...

Die heutige Stadt Rhódos mit ihren ungefähr 41 000 Einwohnern nimmt nur etwa ein Drittel des antiken Stadtgebietes ein. Systematische Grabungen nach dem Zweiten Weltkrieg unter Leitung des griechischen Archäologen I. D. Kontis ergaben, daß die 408 vor Christus gegründete Inselhauptstadt nach dem *hippodamischen System* auf regelmäßigem Grundriß angelegt und für etwa 100 000 Einwohner vorgesehen war: Das heißt, die 5 bis 16 Meter breiten Straßen, zu denen parallel ein ausgeklügeltes Be- und Entwässerungssystem verlief, waren streng im Schachbrettmuster angeordnet, das läßt sich heute noch in der Altstadt erkennen.

Vier Bebauungszentren lassen sich unterscheiden, das der Akropolis nordwestlich auf dem Monte Smith, das der Agorá an der Stelle der heutigen Stadt, das der Schiffswerften und das der Wohnhäuser. Die *Nekropole* lag nordöstlich außerhalb der antiken Stadtmauer. Das Erdbeben 227 vor Christus, das auch den Koloß von Rhódos zerstörte, erforderte eine großangelegte Stadterneuerung.

Was wir von Rhódos sehen, ist vor allem der Bautätigkeit des

Johanniterordens zu verdanken. Heute noch bekommen wir eine ausgezeichnete Vorstellung von der **mittelalterlichen Stadt,** die von einer kräftigen *Wehrmauer* umgeben war. Der Ort wurde von einer weiteren Mauer zweigeteilt: Im nördlichen und kleineren Teil lag das **Ritterviertel** (Collachium) mit *Großmeisterpalast, Ordenshospital, Gotteshäusern* und *Herbergen der einzelnen tongues.* Im größeren Südteil lag das **Händlerviertel** (Burgus). Ein geschlossenes Bild im spätgotischen Stil des 14. und 15. Jahrhunderts bietet das Ritterviertel, dessen Bauwerke einerseits spanische, italienische und provenzalische, andererseits byzantinische Elemente aufweisen. Nach türkischer Belagerung 1480 und Erdbeben 1481 mußte die Stadt unter Großmeister *Pierre d'Aubusson* fast vollständig neu gebaut werden. Das Werk war noch nicht vollendet, da eroberten die Türken 1522 die Stadt; sie setzten nach und nach orientalische Akzente mit Moscheen, Medresen, Basaren und Badehäusern, die wir heute noch am besten in der Händlerstadt anschauen können. Die christlichen Griechen durften den Burgus in der Türkenzeit bei Dunkelheit nicht betreten und mußten außerhalb der Stadtmauern siedeln. In der 1912 anbrechenden Zeit der italienischen Herrschaft wurden die Ritterbauten restauriert und die türkischen Zutaten beseitigt; der Großmeisterpalast wurde zur *Residenz Mussolinis* ausgebaut und nördlich außerhalb der Stadtmauern eine **Neustadt** im historistischen Stil mit Neuer Agorá, Evangelismos-Kirche und Gouverneurspalast angelegt. Der Massentourismus der Zeit nach dem Zweiten Weltkrieg ließ das angrenzende moderne Hotelviertel entstehen. So bewegt sich der Besucher heute einmal in gehobener Großstadtatmosphäre zwischen Son-et-lumière und Nachtklubs, Golfplatz und Spielbank, ein anderes Mal zwischen Ritterromantik und 1001 Nacht.

Wir beginnen unsere Führung mit einem **Bummel durch die Ritterstadt.** Durch das *Freiheitstor* im Norden kommen wir zum *Sými-Platz,* wo die Fundamente und Baufragmente eines *Tempels* aus dem 3. vorchristlichen Jahrhundert zu sehen sind. Dort gefundene Weihegeschenke und Inschriften lassen den Schluß zu, daß der Tempel der Liebesgöttin Aphrodite geweiht war. An dieser Stelle stand auch die Herberge der Deutschen. Eine *Galerie einheimischer Maler* ist in der benachbarten Ionischen Bank untergebracht.
Es schließt sich der hübsche *Argyroukastro-Platz* an; seine Mitte ziert ein Brunnen, der in italienischer Zeit aus byzantinischen Fragmenten zusammengesetzt wurde. Die Westseite des Platzes begrenzt das von Roger de Pin Mitte des 14. Jahrhunderts errichtete Ordensritterhospital, das später zum Waffenarsenal umgebaut wurde. Jetzt haben das *Archäologische Institut* und das *Museum für Volkskunst der Dodekanes* dort ihr Domizil. Auf der östlichen Platzseite sehen wir die 1507 vollendete *Herberge der Auvergne* mit charakteristischer Außentreppe und schöner Loggia. Die byzantinische *Marienkirche* gegenüber dem Beginn der Ritterstraße entstand im 13. Jahrhundert, wurde später gotisiert und in türkischer Zeit in eine Moschee umgewandelt. Ganz rechts ist die *Herberge der Engländer* von 1483 zu sehen, die in der italienischen Periode nach einer alten Zeichnung völlig neu gebaut wurde.
Der stattliche, streng gegliederte Bau des **Ritterhospitals** gegenüber wurde 1440 unter Großmeister de Lastic begonnen und 1489 unter Pierre d'Aubusson vollendet. Der Maxime der Johanniter entsprechend, Kranke und Pilger zu pflegen, ist er der Hauptbau des Ritterordens. Das *Erdgeschoß* wird durch Rundbögen gegliedert, dahinter sind Vorratskammern. Nicht ganz in der Mitte liegt der spitzbogige, schöne profilierte Eingang, darüber die vorspringende, mit Lisenen und Fenstern

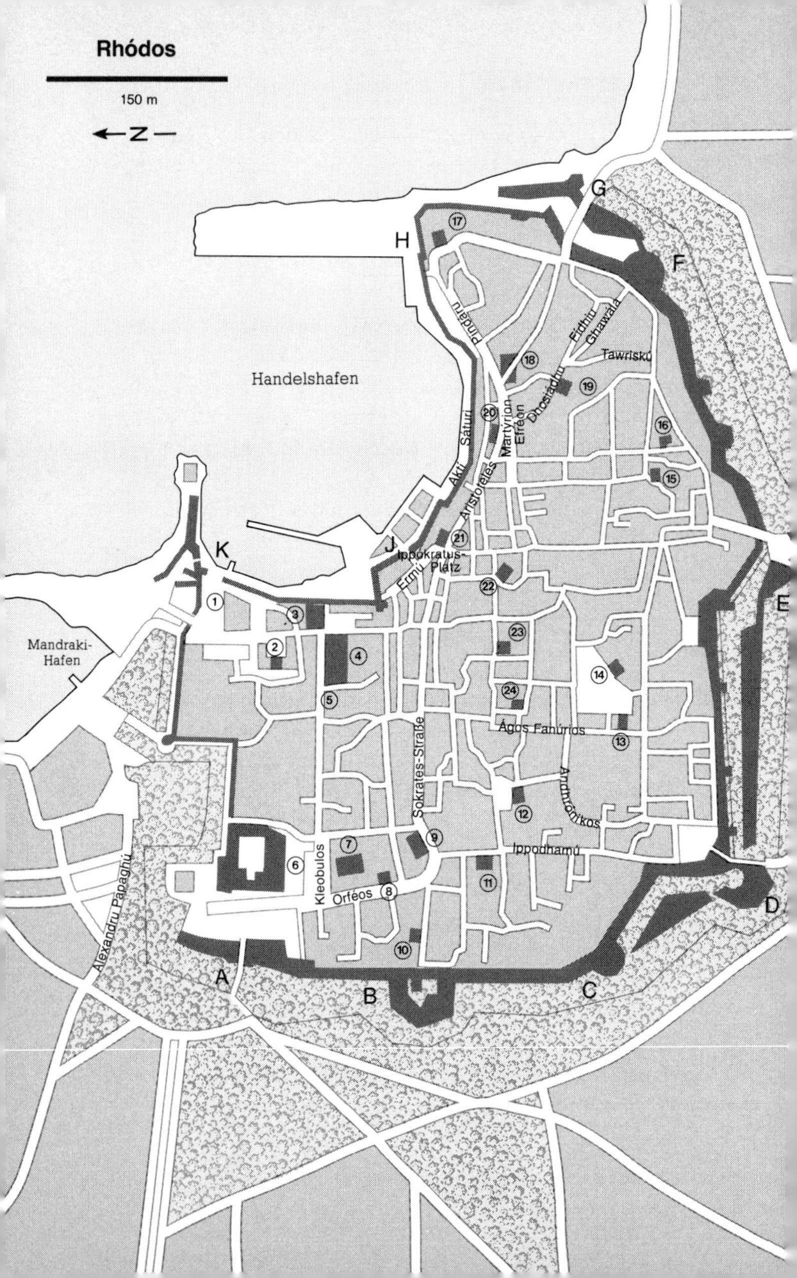
Rhódos
150 m
Z
Handelshafen
Mandraki-Hafen
Akti Sáturi
Pindaru
Fidhiu
Ghawala
Tawriskú
Dhosiádhu
Martyrion
Efréon
Aristoteles
Ippokratus-Platz
Ermú
Sokrates-Straße
Ágos Fanúrios
Andrónikos
Ippodhamú
Kleobulos
Orféos
Alexandru Papaghú
A
B
C
D
E
F
G
H
J
K
1
2
3
4
5
6
7
8
9
10
11
12
13
14
15
16
17
18
19
20
21
22
23
24

unterteilte dreiseitige Apsis der Hospitalkapelle. Engel, Ordenswappen und die Stifterinschrift schmücken den *Reliefstein* in der Mitte. Im Grundriß ist der Bau vom Typ des byzantinischen Fremdenheimes, der später in der türkischen Karawanserei fortgesetzt wird. Durch das Portal betreten wir einen großen Innenhof mit zweigeschossigen Loggien. Um ihn gruppieren sich viele kleine Räume; die Fläche über dem Torgang nimmt der 50 Meter lange, kreuzgewölbte, durch eine mittlere Spitzbogenreihe in zwei Hälften geteilte Kran-

---

Rhódos, Altstadt

1 Platía Sými
2 Argyroukástrou-Platz und Altes Ordenshospital (Volkskunst-Museum)
3 Marienkirche (Byzantinisches Museum)
4 Archäologisches Museum
5 Ritterstraße
6 Großmeisterpalast
7 Standort der Johanneskirche
8 Uhrturm
9 Süleyman-Moschee
10 Ágios-Geórgios-Kirche
11 Agía-Paraskeví-Kirche
12 Mustafa-Pascha-Bad und Sultan-Mustafa-Pascha-Moschee
13 Ágios-Fanoúrios-Kirche
14 Rejeb-Pascha-Moschee
15 Agía-Trías-Kirche (ehem. Dolapli-Moschee)
16 Agía-Ekateríni-Kirche (ehem. Ilk-Mihrab-Moschee)
17 Nordostecke der Ritterstadt
18 Panagía Kastrú
19 Synagoge
20 Admiralitätsgebäude
21 Kastellania-Palast
22 Ibrahim-Pascha-Moschee
23 Demirli-Moschee
24 Ágios-Spýridon-Kirche

Stadtmauer

A Emery-d'Amboise-Tor
B Ágios-Geórgios-Tor
C Turm der Spanier
D Ágios-Athanásios-Tor
E Koskinú-Tor
F Turm der Italiener
G Tor der Italiener
H Sankt-Katharinen-Tor
J Thalassiní- oder Hafeb-Tor
K Arsenal-Tor, Ágios-Páulos-Tor und -Turm

kensaal ein. Über eine breite Treppe links gehen wir ins *Obergeschoß,* in dem das **Archäologische Museum** eingerichtet ist. In den kleineren Räumen um den Innenhof sind mykenische Vasen aus der Nekropole von Ialysós, sowie minoische, attische und rhodische Keramik ausgestellt, darunter die charakteristischen, mit geometrischen Figuren und Tiermotiven bemalten *Fikellura-Vasen* und *Rhodischen Kannen* des 7. und 6. vorchristlichen Jahrhunderts. Im großen Krankensaal werden *Wappen* und andere *Relikte aus der Ritterzeit* präsentiert. Der Südtrakt ist der *Großplastik* vorbehalten: Kuroi aus Kamíros (6. Jh. v. Chr.), die vermutlich von Páros stammen; Grabstele der Kritó und der Timarísta (spätes 5. Jh. v. Chr.); Grabstele

Rhodische Kannen
im Archäologischen Museum

mit einer sitzenden Toten und einer stehenden Dienerin (frühes 4. Jh. v. Chr.); Frauenkopf einer Grabstatue (4. Jh. v. Chr.); Werke des hellenistischen Barock wie der Kopf des Helios oder die Statue des Dionysos (beide 2. Jh. v. Chr.); die römischen Statuetten des Heilgottes Asklepios und seiner Tochter Hygieia; zwei Statuenfragmente von Nymphen (1. Jh. v. Chr.); schließlich die *kauernde Aphrodite* (1. Jh. v. Chr.) – das berühmteste Stück des Museums.

Von der Antike ins spätgotische Mittelalter kommen wir, wenn wir in die **Ritterstraße** eintauchen, die an der Nordseite des Ordenshospitals ansetzt. Die 200 Meter lange und sechs Meter breite Hauptstraße der Ritterstadt ist mit großen Kieseln gepflastert und verläuft an der Stelle eines antiken Straßenzugs. Das im östlichen Mittelmeerraum einzigartige städtebauliche Ensemble wird gesäumt von den aus Werksteinen gebauten Herbergen der verschiedenen «tongues», die mit Innenhöfen und Fassadenschmuck – Großmeisterwappen, profilierte Fenster- und Türrahmen, Wasserspeier, Zinnen und Türmchen – ausgestattet sind. Rechts kommen wir zuerst zur *Herberge der Italiener,* die 1519 unter Großmeister del Caretto fertig wurde. Entsprechend ihrer Bedeutung im Ritterorden ist der aufwendigste Bau die *Herberge der Franzosen.* Er wurde 1492 bis 1503 von Großmeister d'Aubusson und Großprior d'Amboise errichtet und mit Zinnen, Wasserspeiern, Rundtürmchen und Wappen verziert. Angebaut sind die französische Kapelle mit einer ziemlich verwitterten Muttergottesstatue unter einem gotischen Baldachin sowie das einfache Haus des Küsters. Durch ein über die Straße gespanntes Gewölbe wird die *Herberge der Spanier* auf der linken Seite in zwei Hälften geteilt. Links sehen wir das Wappen des Großmeisters Fluvian, der den Bau 1437 vollendete, rechts den Eingang zum Innenhof. Ihm gegenüber steht die *Herberge der*

Provence, unter Großmeister del Caretto 1518 gebaut und durch die Pulverexplosion 1856 stark beschädigt. Zerstört wurde dabei die offizielle Ordenskirche und Grablege der Großmeister, die im frühen 14. Jahrhundert errichtete gotische Kirche St. Johann (die Italiener bauten nach diesem Gotteshaus in der Neustadt die Evangelismoskirche). Sie war verbunden mit der *Loge des heiligen Johannes,* einem Versammlungshaus, das die Ritterstraße monumental abschließt.
Ursache der großen Explosion, bei der 800 Menschen starben, war ein vergessenes Pulvermagazin in den Kellergewölben des benachbarten **Großmeisterpalastes.** Der Palast war an der Stelle des antiken Heliostempels im 14. Jahrhundert als befestigte Burg innerhalb der Ritterstadt gebaut worden. Schon während der Eroberung durch die Türken stark lädiert, verfiel er und wurde durch die Detonation ganz zerstört. Erst die Italiener machten sich um 1925 daran, den Palast nach alten Vorlagen zu rekonstruieren, wobei sie Baumaterial von anderen Burgen der Dodekanes verwendeten. Vom alten Bau stammen nur noch die unteren Bereiche der Außenwände, der mächtige, von zwei Rundtürmen flankierte Haupteingang sowie Teile der Großmeisterwohnung. Von der großen *Eingangshalle* gehen wir weiter in den mit Marmorplatten ausgelegten *Innenhof,* in dessen Nordostecke eine Außentreppe und eine doppelgeschossige Loggia mit spätantiken Statuen aus Kos im Erdgeschoß auffallen. Von der Eingangshalle führt links eine Monumentaltreppe zu den Sälen im *Obergeschoß,* deren Mittelpunkt der schöne dreischiffige Ballsaal ist. In diesen Räumen sind hellenistische, römische und frühchristliche Mosaiken hauptsächlich aus Kos zu sehen.

Französische Kapelle mit Statue der Gottesmutter in der Ritterstraße

... und der Atem des Orients

Für den **Rundgang in der Handelsstadt** nehmen wir den schlanken hohen *Uhrturm* zum Wegweiser. Wir folgen der *Orfeos-Straße* in südlicher Richtung und kommen mitten ins Zentrum des einst türkischen Händlerviertels. An einem kleinen, lebhaften Platz steht die **Süleyman-Moschee** mit Minarett, großer Kuppel und Reinigungsbrunnen; sie wurde gleich nach der türkischen Eroberung am Standort christlicher Vorgängerbauten errichtet und zu Beginn des 19. Jahrhunderts erneuert. Gegenüber liegt **die türkische Bibliothek,** 1794 von Achmet Hafiz gegründet. Sie beherbergt neben kostbaren persischen, türkischen und arabischen *Koranhandschriften* eine **Chronik der Belagerung von 1522.** Durch das nach Westen verlaufende Gäßchen erreichen wir bald die in einem kleinen Garten gelegene Ágios-Geórgios-Kirche (14./15. Jh.). Die Türken hatten die schöne Vierkonchenanlage mit hoher Tambourkuppel zur *Koranschule mit den Dattelbäumen* (Medrese Hurmale) umgebaut. Sie wurde mittlerweile restauriert und in ihren ursprünglichen Zustand zurückverwandelt. In entgegengesetzter Richtung kommen wir zur *Sokrates-Straße,* der früheren Basar-Straße. Sie war bereits in der Antike mit Agorá, Ausstellungsgebäude für Waren, Banken und Wechselstuben Zentrum des Handels und des öffentlichen Lebens. Heute schieben sich zahllose Touristen durch die Straße; sie wollen sehen und gesehen werden und in der fast unendlichen Kette von Souvenirläden verschiedenster Art einkaufen.

Am Ende der Sokrates-Straße betreten wir wieder den Bereich der spätmittelalterlichen Ritterzeit. Den brunnengeschmückten *Hippokrates-Platz* schließt die **Castellania** ab, ein zweigeschossiger Rechteckbau von 1503 mit ansehnlicher Außentreppe und Arkaden im Erdgeschoß. Der mit Wasserspeichern und Großmeisterwappen (d'Amboise, d'Aubusson) bestückte Bau diente in der Ritterzeit vermutlich als Handelsgericht, die Türken nutzten ihn oben als Moschee und unten als Fischmarkt. Heute enthält er die Städtische Bibliothek mit Insel-Archiv. Wir folgen von dem beliebten Treffpunkt aus der *Aristoteles-Straße,* die in den Platz der jüdischen Märtyrer mit dem *Seepferdchen-Brunnen* übergeht. Markantester Bau des Platzes ist der *Palast des orthodoxen Metropoliten* aus dem 15. Jahrhundert, der häufig als Palast der Admiralität bezeichnet wird. Ein paar Schritte weiter durchzieht eine nach rechts abzweigende Seitenstraße die Ruine der *Burgkirche Sankt Maria* (15. Jh.), einst die größte katholische Kirche auf Rhódos. Von dem dreischiffigen Gotteshaus im gotischen Stil sind die drei Ostapsiden und die mit floralen Motiven verzierten Pfeilerkapitelle gut erhalten. In der nächsten von der Pindar-Straße abbiegenden Seitenstraße dominiert das *Sankt-Katharinen-Hospital,* das der italienischen «tongue» nicht nur als Krankenhaus, sondern auch als Herberge für Reisende diente. Im späten 14. Jahrhundert gegründet, wurde es um 1516 von Admiral Constanzo Operti erneuert, der sich im Wappen neben der Titelheiligen und dem Großmeister del Caretto verewigen ließ. Zwischen dem Sankt-Katharinen-Tor und der äußersten Ostecke der Altstadt steht die byzantinische *Kirche Ágios Panteleímon,* und äußerst dürftige Spuren der Kirche Muttergottes des Sieges erinnern an ein Gelübde des Großmeisters d'Aubusson. Bei der Belagerung durch die Türken 1480 rief er an dieser besonders heftig umkämpften Stelle der Stadtmauer die Muttergottes zur Hilfe. Die Jungfrau erschien und brachte den Sieg.

Südlich der Linie Sokrates-, Aristoteles-, Pindarstraße liegen etwa zwei Drittel des Gebietes der Altstadt von Rhódos. Die-

ses Wohngebiet, das zwar zur Zeit der Johanniter entstand, von den Türken aber mit orientalischer Atmosphäre beseelt wurde, ist für mich die aufregendste und **abenteuerlichste Gegend der Stadt.** Es ist ein Vergnügen, ziellos durch die verwinkelten Gassen zu streifen, die aus Gründen der Erdbebensicherheit mit vielen malerischen Bögen überspannt wurden. Sie werden gesäumt von Häusern mit hölzernen Erkern am Obergeschoß; in den meist gewölbten Räumen des Erdgeschosses hat sich hier eine heimelige Taverne und dort eine kleine Werkstatt etabliert. Immer wieder gerät das Minarett einer Moschee ins Blickfeld, einer Moschee, die in der Regel auf ein christliches Gotteshaus zurückgeht, jahrzehntelang als Kultbau ohne Funktion dem Verfall preisgegeben war oder gerade erst das Interesse der Bauhistoriker geweckt hat.
Das Herz des türkischen Viertels ist die **Homer-Straße;** auf einem hübschen angrenzenden Platz steht die 1588 gebaute *Rejeb-Pascha-Moschee,* die, abgesehen von der oberen Spitze des Minaretts, samt Reinigungsbrunnen gut erhalten ist. Östlich benachbart, aber von der Ágios-Fanoúrios-Straße aus zu betreten, ist die schlichte *Kreuzkuppelkirche des heiligen Fanoúrios* von 1335, die unter den Türken *Pegial-ed-Din-Moschee* hieß. Ein weiteres Zentrum liegt jenseits der Straße, nördlich des Folklore-Theaters: die *Platía Arionos* mit dem Kuppelbau der *Mustafa-Pascha-Moschee* und dem gleichnamigen *Türkischen Bad.* Dort kann man wie kaum sonst irgendwo in der östlichen Ägäis das Zusammenleben von Türken und Griechen auch heute noch beobachten. Das Türkische Bad aus dem 18. Jahrhundert ist ein Treffpunkt, wo man einst wie jetzt unter einer türkisch dekorierten Kuppel ein Wannenbad nehmen, schwitzen und ruhen kann. Wenige Meter westlich dieses Platzes steht die *Moschee des Hutmachers* (Tekkedi Dschami), die aus der Agía-Paraskéwi-Kirche des

15. Jahrhunderts hervorging. In entgegengesetzter Richtung können wir die Demirli-Moschee besuchen, eine ehemalige byzantinische Kreuzkuppelkirche, und ein paar Schritte weiter die 1531 entstandene *Ibrahim-Pascha-Moschee,* das älteste islamische Gebetshaus der Stadt Rhódos. Zwei weitere Moscheen stehen im südöstlichen Teil der Stadt: die *Dolapli-Moschee,* die aus der Ágias-Trías-Kirche des 14. und 15. Jahrhunderts hervorging, und die *Ilk-Mihrab-Moschee,* Nachfolgerin der Agía-Ekateríni-Kirche, mit byzantinischen Fresken des 14. Jahrhunderts. Ilk Mihrab heißt «erste Gebetsnische», denn Sultan Süleyman der Prächtige soll kurz nach der Eroberung der Stadt an dieser Stelle sein erstes Gebet gesprochen haben.

Die mächtigen **Stadtmauern,** die im Mittelalter als uneinnehmbar galten, können montags und samstags zwischen Großmeisterpalast und Athanasios-Tor besichtigt werden. Die Baugeschichte der Befestigungsanlage läßt sich gut an den mehr als 150 Wappen der Großmeister verfolgen. Zunächst galt das Interesse der Sicherung und Instandhaltung der bereits vorhandenen byzantinischen Wehrmauer, dann setzte um 1400 eine rege Bautätigkeit ein, die nach der türkischen Belagerung von 1480 unter den Großmeistern d'Aubusson, d'Amboise und del Caretto stark gefördert wurde. Der letzte Zustand markiert den Zeitpunkt, da die Wehranlage zum Gebrauch von Feuerwaffen umgerüstet wurde. Die fast unbeschädigte, zwölf Meter breite und rund fünf Kilometer lange Wehrmauer ist ausgestattet mit sieben mächtigen Toren, etlichen Bastionen, Geschützstellungen, Vormauern und einem breiten Graben an der Landseite. Jede «tongue» war für einen eigenen Verteidigungsabschnitt verantwortlich – die deutsche zwischen Amboise-Tor und Georgs-Bastion.

Einstige Residenz der obersten Johanniter: Der Großmeisterpalast

Besonders eindrucksvoll sind die wuchtigen Tore und Türme: das von zwei Türmen flankierte Antonius-Tor beim Großmeisterpalast, das monumentale, mit Türmen und Zugbrücke bestückte Amboise-Tor (1512), der Sankt-Georgs-Turm (Baubeginn 1421, mehrmals umgebaut) mit mehreren Wappen und einem Relief des Drachenbezwingers, der Spanische Turm, wo die Türken 1522 erstmals in die Stadt eindrangen, der Sankt-Marien-Turm (1441), verziert mit einem Relief der Jungfrau mit dem Kind, das Athanasios-Tor, das der Eroberer Süleyman zumauern ließ, weil er an dieser Stelle die Stadt betreten hatte, die er nicht mehr hergeben wollte, das mit einem Johannes-Relief geschmückte Koskinou-Tor, der 50 Meter dicke Italienische Turm (1515–1517) und schließlich das Tor der Italiener. An der weniger stark befestigten Hafenseite finden sich vier Tore: *Sankt-Katharinen-Tor* im Osten, *Paulus-Tor* im Nordwesten und das von zwei kräftigen Rundtürmen eingerahmte *Marine-Tor.* Das Marine-Tor, 1478 unter Pierre d'Aubusson gebaut, ist geschmückt mit dem Relief «Muttergottes zwischen Petrus und Johannes dem Täufer» sowie den Wappen der Johanniter, Frankreichs und des Erbauers. Das *Freiheits-Tor* in der Nordwestecke der Altstadt wurde erst in der italienischen Kolonialzeit in die Mauer gebrochen.

Die **drei Häfen** der Stadt sind nicht weit voneinander entfernt: Der mittlere, von der Altstadt umfaßte *Emborió-Hafen* als Handelshafen; in der östlichen *Akándia-Bucht* ankern die Fähr- und Kreuzfahrtschiffe; der westliche *Mandráki-Hafen* ist den Jachten vorbehalten. Der Emborió-Hafen wird von zwei Molen geschützt; die von Nord nach Süd verlaufende trägt das Zollgebäude, und auf der von West nach Ost orientierten sind die Ruinen des Naillac-Turmes zu sehen, der 1400 gebaut und 1863 durch ein Erdbeben zerstört wurde. In der Akándia-Bucht blieben dürftige Spuren aus der Antike übrig, als malerisch zu bezeichnen ist einzig der Mandráki-Hafen. Der «Pferch» war im Altertum Kriegshafen und Platz der großen Werften – mit einer schweren Eisenkette konnte er verschlossen werden. Die Hafeneinfahrt wird heute von zwei Säulen flankiert, die die alten Wahrzeichen der Insel tragen: Hirsch und Hirschkuh. International bekanntes Ansichtskartenmotiv sind drei verfallende Windmühlen auf der großen Mole und an ihrem Ende das Hafenkastell Sankt Nikolaus, dessen Mittelpunkt ein dicker Rundturm von 1464 ist. Ihn schmücken ein Relief des Titelheiligen und zahlreiche Wappen, darunter das des Herzogs von Burgund, der 10000 Goldtaler für den Bau stiftete.

Am Westkai des Mandráki-Hafens verläuft die Odos Eleftherías (Freiheitsstraße) mit den Repräsentationsgebäuden aus der italienischen Kolonialzeit. Zentrum des städtischen Lebens ist die **Neue Agorá** mit einer *Arkadengalerie* zur Seeseite, in deren Schatten sich viele Cafés und Restaurants angesiedelt haben, und einem quicklebendigen *Innenhof,* wo auch sonntags turbulentes Leben herrscht: Fischverkauf, laut diskutierende Müßiggänger, röhrende Motorräder, lärmende Marktschreier, durchdringender Geruch von Fisch, Calamares und Oktopus. In einer Reihe folgen die Bank von Griechenland, der Gerichtshof, das Büro des Hafenmeisters, die Post, das Rathaus und das Nationaltheater. Der *italienische Gouverneurspalast* gegenüber im neugotischen Stil kann seine Verwandtschaft mit dem Dogenpalast in Venedig nicht ver-

Der Mastenwald des Jachthafens an der Mühlenmole

leugnen. Ihm benachbart ist die von einem Campanile begleitete *Evangelismos-Kirche,* die Bischofskirche von Rhódos, 1925 nach dem Vorbild der zerstörten Ritterkirche des heiligen Johannes nahe dem Großmeisterpalast gebaut. Am Nordende der Straße schauen aus einem kleinen, mit Scharen von Katzen aller Couleur bevölkerten Park Minarett und Kuppel der *Murad-Reis-Moschee* hervor. Sie wird umgeben von einem melancholisch wirkenden *Türkenfriedhof,* in dem neben vielen Gräbern und Mausoleen auch der Grabbau des Murad Reis zu sehen ist, eines einstigen Seeräubers, der 1522 bei der Belagerung von Rhódos die türkischen Truppen als Admiral anführte.

Als sehenswert bleibt das *Aquarium* an der äußersten Nordspitze der Insel zu erwähnen, ein Rundbau mit den verschiedensten Meerestieren und einem angegliederten *Meeresmuseum.*

Im Südosten der Stadt, auf dem Sankt-Stephanus-Berg, der heute nach einem englischen Admiral napoleonischer Zeit fast nur noch **Monte Smith** genannt wird, liegen die Überbleibsel der antiken Akropolis, die kein befestigter Burgberg, sondern eine Kultstätte war. Auf dem Nordgipfel haben italienische Archäologen Fundamente eines Tempels ausgegraben, der Zeus Polieus und Athena Polias geweiht war. Der Tempel der Stadtgötter barg in früherer Zeit das rhodische Staatsarchiv und unter den Römern eine Kolossalstatue der römischen Bürgerschaft. Südlich der *Odos Diagoridon* sehen wir die Reste des *Tempels des Apollon Pythios,* von dem eine Ecke mit drei Säulen wieder aufgerichtet wurde. Der dorische Peripteros aus Kalkstein wurde im 3. vorchristlichen Jahrhundert gebaut und bietet einen herrlichen Blick über die Stadt Rhódos. Ein Jahrhundert jünger ist das *Stadion* unterhalb in

einer Geländemulde, das allerdings bis auf wenige Stufen fast vollständig rekonstruiert wurde. Ebenfalls rekonstruiert wurde das Odeíon, ein theaterähnlicher Bau mit 20 Sitzstufen für 800 Zuschauer; die Archäologen halten es für ein Auditorium der Philosophenschule. Das eigentliche Theater und ein Gymnasion vermuten sie in der Nähe. Einen Komplex aus Höhlen und Schächten zwischen Odeíon und Akropolis betrachten sie als Nymphenheiligtümer des 2. und 1. vorchristlichen Jahrhunderts.
Die antike Nekropolis lag im Süden außerhalb der Stadt. Einen bedeutenden antiken *Friedhof* beim Vorort Rodini können wir mit dem Bus von der Neuen Agorá aus erreichen. Bekannt ist vor allem das *Ptolemäergrab,* ein hellenistisches Felskammergrab mit Säulenhalle und tonnengewölbten Grabnischen. In der Nähe des Ortes sind auch die Reste einer römischen Wasserleitung zu entdecken.

Der Filérimos-Hügel und das Tal der Schmetterlinge

Wir verlassen die Stadt Rhódos an der Westküste; erstes Etappenziel unserer Inselrundfahrt ist der Filérimos-Hügel. Eine lange Zeile älterer Fischerhäuser bereitet die moderne Touristenstadt **Ixia** vor, die viele Hotels, eine Bungalow-Siedlung, eine neue Moschee und einen herrlichen Sandstrand zu bieten hat. Die nächste Siedlung heißt **Triánta,** westlich außerhalb des Ortes verdient die *Ágios-Nikólaos-Kirche* mit Wandmalereien aus dem frühen 16. Jahrhundert Beachtung. Das Küstendorf ist zugleich Ausgangspunkt für einen Besuch des **Filérimos-Hügels.** Der Name bedeutet «Freund der Einsamkeit» und stammt aus dem Mittelalter, im Altertum war Achaia der Name des Berges. Noch früher hieß er **Ialysós,** was möglicherweise phönizischen Ursprungs ist. Waren die Phönizier die ersten Siedler, so folgten ihnen im 10. vorchristlichen Jahrhundert – wie die Legende berichtet durch einen Orakelspruch und eine List – die Dorer. Die Phönizier würden so lange das Land beherrschen, hieß es, bis die Raben weiß und die Weinfässer voll von Fischen wären. Der schlaue Iphiklos, der von dem Spruch erfahren hatte, strich die Raben mit Gips an und setzte die Fische in den Wein. Die Phönizier zogen augenblicklich ab. In dorischer Zeit war Ialysós für seine Athleten bekannt, vor allem für den berühmten Faustkämpfer Diagoras und seine Familie, von denen viele Olympiasieger waren. Als jedoch die Stadt Rhódos gegründet wurde, war der Untergang von Ialysós besiegelt. Der Hügel blieb hingegen für Jahrhunderte von großer strategischer Bedeutung: Dort kämpften die Byzantiner gegen die genuesischen Eroberer, von da aus nahmen die Johanniter die Insel ein, die Türken hatten bei der Belagerung von 1522 in diesem Gebiet ihr Hauptquartier, und auch im Zweiten Weltkrieg war der Berg befestigt. Italienische Archäologen gruben seit 1914 dort und stießen auf Reste aus hellenistischer Zeit.

Über eine Serpentinenstraße erreichen wir den bewaldeten Hügel. Am Parkplatz, außerhalb des eingezäunten Bezirks, sehen wir (ebenfalls hinter einem Zaun) die *Grundmauern einer byzantinischen Klosteranlage* des 10. Jahrhunderts, deren Kathólikon eine Kreuzkuppelkirche mit vier Säulen, drei Apsiden und einem Narthex war. In westlicher Richtung führt ein Kreuzweg aus italienischer Zeit zu einem *Rondell mit schönem Ausblick* auf die Westküste. Innerhalb des eingezäunten Bezirks können wir links die *Ágios-Geórgios-Chóstos-Kirche* anschauen, eine auf halber Höhe in den Hang gebaute Höhlen-

kapelle, deren Wandmalereien aus dem 15. Jahrhundert ziemlich ruiniert sind.

Rechts vom Eingang führt ein (unpassierbarer) Weg zu einem dorischen *Brunnenhaus* aus dem 4. vorchristlichen Jahrhundert mit einer Außenfront aus sechs Kalksteinsäulen und wasserspeienden Löwenköpfen im Innern.

Auf dem *Gipfel des Filérimos-Hügels* steigen wir über einen Treppenweg, der von einer Zypressenallee begleitet wird. Überragt wird er von dem charakteristischen gedrungenen Turm der *Johanniterkirche,* die, Ende des 15. Jahrhunderts gebaut, der Gottesmutter geweiht ist und einen merkwürdig verschachtelten Grundriß hat. Das Gotteshaus, der Kreuzgang und die Klostergebäude wurden in italienischer Zeit originalgetreu rekonstruiert. Ursprünglich sind hingegen die Fundamentreste eines ehemaligen dorischen Tempels vor der Kirche. An der Stelle eines 300 Jahre älteren Vorgängers wurde der Amphiprostylos mit je vier Säulen an den Fronten im 3. vorchristlichen Jahrhundert errichtet und den Stadtgöttern Zeus und Athene gewidmet. In frühchristlicher Zeit wurde der antike Tempel teilweise mit einer dreischiffigen *Basilika* überbaut, von der noch das in den Boden eingelassene, marmorverkleidete *Taufbecken* in Form eines lateinischen Kreuzes erhalten ist. Ein idyllischer Platz ist das *byzantinische Festungswerk* östlich des Klosters, das ebenfalls von den Italienern rekonstruiert wurde.

Sehr ergiebig waren für die Archäologen die Nekropolen von Ialysós zwischen dem Hügel und Triánta, die allerlei Schätze mykenischer und klassischer Zeit bargen.

Was Johanniter bauten, Türken zerstörten und Italiener rekonstruierten: Der Turm der Ritterkirche von Filérimos / Iálysos

Nach Triánta zurückgekehrt, folgen wir weiter der Küstenstraße in südwestlicher Richtung. Wir erreichen **Kremastí,** das wegen seiner schneeweißen Gemeindebibliothek im neoklassischen Stil und einiger ansehnlicher italienischer Villen auffällt. Zu Ehren einer heilungbringenden Gottesmutter-Ikone wird dort Mitte August mit traditionellen Trachten und alten Tänzen eine der größten Panigiera der Dodekanes gefeiert. Der nächste Ort heißt **Paradísion,** ist freilich gar nicht mehr so paradiesisch, da er vom internationalen und vom nationalen Flughafen der Insel in die Zange genommen wird und vom Strand abgeriegelt ist. Verschlossen sind meist die *drei Dorfkirchen* (Schlüssel beim Dorfpriester erhältlich) mit ihren sehenswerten *Fresken:* Die *Ipapandi-Kirche* und die *Ágios-Ioánnis-Theologos-Kirche,* beide in einem verfallenen Weiler links oberhalb der Ortseinfahrt und des Flughafens, sowie die *Ágios-Habakuk-Kirche,* hinter dem Dorf und am anderen Ende des Rollfeldes.

Ein besonderes Naturschauspiel wird dem Besucher geboten, der drei Kilometer hinter Paradísion nach links abzweigt und den Abstecher nach **Petaloúdes,** ins windgeschützte und fruchtbare **Tal der Schmetterlinge,** macht. Nur in den Monaten Juni bis September leben dort, in einer dichtbewaldeten, von Holzbrücken überspannten Schlucht am 520 Meter hohen Psínthos, Tausende von Nachtfaltern der Art Callimorpha quadripunctata (Gepunkteter Harlekin). Bündelweise hängen sie, von der Farbe ihrer Oberseite getarnt, in den Amberbäumen (Liquidambar orientalis), deren süßer – manche meinen: beißender – Harzduft sie magisch anzieht. Erst wenn sie aufgeschreckt werden, flattern sie in Massen auf, und man erkennt deutlich die je nach Lichteinfall rosa-, orange- oder feuerrote Unterseite ihrer Flügel.

Im antiken Kámiros

Wir sind wieder auf der Küstenstraße und passieren das Dörfchen Soroní, das am 29. und 30. Juli das Fest des heiligen Sula mit einem spektakulären Eselrennen feiert. Dann folgt **Fánai** und schließlich **Kalavárda,** das außer einer nur für Wissenschaftler interessanten Nekropole und einer großen Taverne mit qualmendem Holzkohlengrill am Dorfplatz nicht viel zu bieten hat. In erster Linie ist es Ausgangspunkt für einen Besuch des **antiken Kámiros** wenige Kilometer südwestlich.
Der Mythos bringt die *Gründung* von Kámiros mit den minoischen Kretern und dem Königssohn Althaimenes in Verbindung. Grabfunde beweisen allerdings nicht mehr, als daß frühe Handelsbeziehungen zu Kreta bestanden. Greifbar wird die Stadtgeschichte im 14. Jahrhundert, als sich dort Mykener ansiedelten, und unter den Dorern erlebte Kámiros eine neue Blütezeit. Ihr Umland, die Kamirís, war kleiner als das der beiden anderen rhodischen Staaten. Doch war es das fruchtbarste mit ergiebigem Ackerland und ausgedehnten Feigen- und Ölbaumplantagen, und so erscheint auch auf den seit dem 6. vorchristlichen Jahrhundert geprägten Münzen als wichtigstes Symbol das Feigenblatt. Nach der Gründung der Stadt Rhódos existierte Kámiros nicht nur weiter, sondern erlebte in hellenistischer Zeit noch einmal einen Aufschwung. Erst ein verheerendes Erdbeben 142 vor Christus versetzte der Stadt einen Schlag, von dem sie sich nicht mehr erholte. Der völlig verschwundene Ort wurde 1929 von italienischen Archäologen wiederentdeckt und vorwiegend in ihrem hellenistischen Zustand ausgegraben. Bemerkenswert war nicht nur die zutage tretende Stadtanlage, sondern auch die ergiebigen Funde aus den Nekropolen minoischer, mykenischer, phönizischer und dorischer Provenienz. Die *Nekropole von Fikellura*

Alt-Kamíros

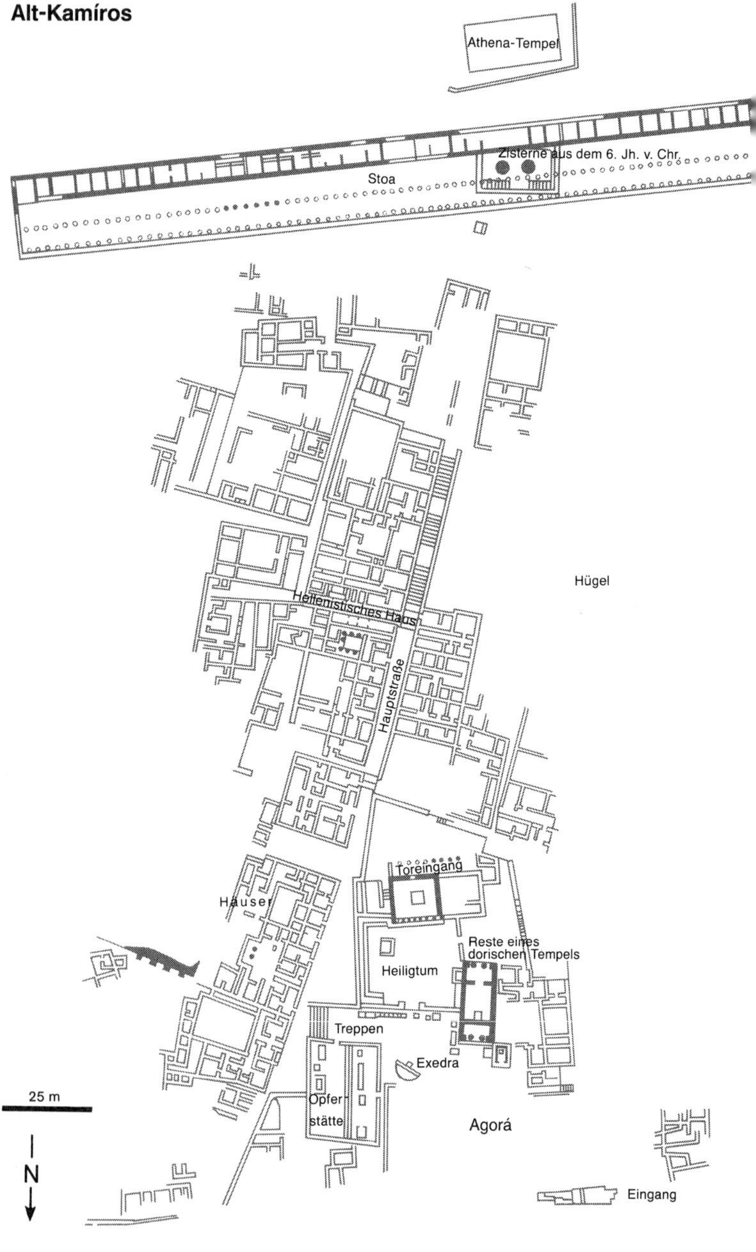

Athena-Tempel
Zisterne aus dem 6. Jh. v. Chr.
Stoa
Hügel
Hellenistisches Haus
Hauptstraße
Toreingang
Häuser
Reste eines dorischen Tempels
Heiligtum
Treppen
Exedra
Opfer-stätte
Agorá
25 m
N
Eingang

nordwestlich der antiken Stadt gab einer ganzen Vasengattung den Namen, und aus den anderen Friedhöfen stammen weltberühmte Einzelstücke wie die Grabstele der Kritó und Timarísta (Rhódos) oder der Euphorbos-Teller (London).
In einer nach Norden offenen Talmulde, dreiseitig geschützt von bewaldeten Hängen, zieht sich die Ruinenstadt vom Meer aus den Hügel hinauf. Eine nach dem hippodamischen System regelmäßig angelegte *Unterstadt* war mit beachtlichen *Hafenanlagen* ausgestattet.
Der Besucher betritt den archäologischen Bezirk bei der Agorá, dem antiken Markt, dem sich im Süden ein Tempelbezirk, im Osten eine Gruppe von Altären und dazwischen eine Monumentaltreppe anschließt, die zur Hauptstraße in die *Oberstadt* führt. Rechts, in dem etwas tiefer gelegenen Kultbezirk, sehen wir eine wiederaufgerichtete Säule und die *Fundamente eines dorischen Doppelantentempels* aus Kalkstein, der im 3. vorchristlichen Jahrhundert gebaut wurde und vermutlich dem pythischen Apollon geweiht war. In der Cella sind die Reste der Basis des Kultbildes sowie eine Grube für Votivgaben noch gut zu erkennen. Weihegeschenke fanden sich auch an der Ostseite des Tempels, darunter das *Standbild des Philosophen Panaitios* mit seiner Familie.
Östlich des Tempels folgt ein großer, annähernd quadratischer Platz, der auf zwei Seiten von Mauern begrenzt wurde und im Süden mit der Säulenfassade eines dorischen Brunnenhauses aus dem 4. vorchristlichen Jahrhundert abschloß.
Im Osten der Agorá liegt ein dem Heroenkult geweihter Opferbezirk, von dessen Altären der größte dem Helios gewidmet war. Ein nicht identifiziertes Weihegeschenk ist die vorgelagerte Exedra, die in ihrer auffallenden Schrägstellung zur Monumentaltreppe hinleitet.
Ihre zwölf Stufen führen zur Hauptstraße, die geradeaus in

Die Ruinenstadt Kámiros

südlicher Richtung den Hügel hinaufsteigt, von Querstraßen rechtwinklig gekreuzt und von den Wohnvierteln flankiert wird. Von den hellenistischen Peristylhäusern, die jenen von Delos und Priene ähneln, wurden teilweise die Säulen wieder aufgerichtet. Auf der Höhe des Hügels stoßen wir auf eine große Zisterne, die bereits im 5. Jahrhundert vor Christus in den Fels gehauen wurde. Mit einem Fassungsvermögen von etwa 600 Kubikmetern konnte sie in der trockenen Jahreszeit annähernd 400 Familien mit Wasser versorgen. Im 3. vorchristlichen Jahrhundert wurde das Wasserreservoir mit einer monumentalen Stoá im dorischen Stil überbaut, die mit einer Länge von 200 Metern das Stadtbild mächtig beherrscht haben muß. An ihrer Front stand eine doppelte Säulenreihe, viele rückwärtige Kammern dienten Kultzwecken und als Pilgerunterkünfte. Hinter der Stoá, auf dem 120 Meter hohen Gipfel des Akropolishügels, sehen wir die Fundamentreste eines dorischen Peripteros, der im 6. vorchristlichen Jahrhundert gebaut und in hellenistischer Zeit erweitert wurde. Er war der Athena Kámiras, der Schutzgöttin der Stadt, geweiht.

Zum Kloster Funtuklí und den Kastellen Kámiro und Monólithos

Der nächste Abschnitt unserer Inselrundfahrt gilt den Sehenswürdigkeiten in der **Umgebung der drei großen Berge** von Rhódos – des *Profítis Ilías,* des *Attáviros* und des *Akramítis.* Wir kehren zunächst nach Kalavárda zurück und nehmen von dort die Straße nach Süden in Richtung Sálakos. Hinter dem pittoresk in quellenreicher und üppiger Fruchtlandschaft am Fuß des Profítis Ilías gelegenen Dorf gabelt sich die Straße. Wir halten uns links und fahren zum Berggipfel hinauf bis zu den Hotels im alpenländischen Stil «Elafos» und «Elafina». Ihre Namen, «Hirsch» und «Hirschkuh», erinnern daran, daß diese Symboltiere der Insel in den dichten Wäldern der Umgebung einen idealen Lebensraum haben. In östlicher Richtung geht es auf der nicht asphaltierten Straße wieder hinunter bis zur Stelle **Funtuklí,** einem friedvollen, von Bäumen umgebenen Platz mit dem byzantinischen **Kreuzkuppelkirchlein Ágios Nikólaos.** Der kleine Zentralbau mit Tambourkuppel und vier Apsiden birgt schöne *Wandmalereien,* die um 1400 datiert werden: Deesis, Apostelkommunion und Liturgie der Kirchenväter in der Altarapsis, Leben Christi von der Geburt bis zum Kreuzestod in den übrigen Apsiden, an den Eingängen Heilige, Einsiedler und der heilige Georg als byzantinischer Reitersoldat, der ein Kind aus den Händen muslimischer Piraten befreit hat. Links der Tür im unteren Bereich der Westapsis die kostbar bekleideten Stifter: der Logothet Johannes, ein hoher byzantinischer Beamter, und seine Gattin, die das Kirchenmodell trägt. Sie werden von ihren früh gestorbenen Kindern begleitet, denen sie das Nikolauskirchlein geweiht hatten. In seiner Nähe sprudelt noch heute ein kräftiger Lebensquell.

Zurückgekehrt zur Weggabelung westlich des Profítis Ilías, fahren wir nun in südwestlicher Richtung zum Dorf **Émponas** am Fuß des Attáviros. Dieser höchste Inselberg ist von ganz anderem Charakter als sein nordöstlicher Nachbar: ein unwirtlicher, langgezogener grauer Felsklotz; seine Kahlheit ist eine Folge radikaler Rodung zur Türkenzeit; sie hebt sich unsanft vom Grün der Umgebung ab, durch das sich bizzare Schluchten ziehen. Das charakteristische Bergdorf Émponas, bekannt dank seinem Wein und seinen Trachten, ist Ausgangspunkt für die Besteigung des 1215 Meter hohen **Attáviros.** Der etwa zweistündige Aufstieg ist recht mühsam und wird durch nicht viel mehr belohnt als eine prächtige Aussicht. Wohl nur der Legende nach kann man vom Gipfel das mindestens 200 Kilometer entfernte Kreta sehen, denn dies soll der Grund dafür gewesen sein, daß Althaimenes, der Enkel des Königs Minos von Kreta und Sohn des Katreus, dort das erste Zeusheiligtum bauen ließ. Heute sind vom Tempel des Zeus Attáviros sowie eines antiken Theaters allerdings nur noch dürftige Spuren zu entdecken.

Von Émponas geht es weiter nach Südwesten, bis die unbefestigte Fahrbahn auf die Asphaltstraße stößt. Dort zweigen wir für einen Abstecher ins nördlich gelegene Kastell Kámiros nach rechts ab. Zunächst erreichen wir **Kritinía,** dessen Name nicht nur an eine ursprünglich kretische Besiedlung denken läßt, sondern auch wieder an den Königssohn Althaimenes. Er war nach Rhódos geflohen, weil ihm das Orakel Vatermord prophezeite, der dann in Unwissenheit bei Dunkelheit doch geschah, als Katreus seinen Sohn aufsuchen wollte. – Nach kurzer Fahrt zweigt ein Weg links ab zum **Kastell Kamíros,** das imposant über dem Meer thront und einen Taleingang bewacht. Die eindrucksvolle Ruine der um 1500 erneuerten Johanniterburg ist von relativ gut erhaltenen Mauern eingefaßt; im Burggelände steht die *Ágios-Geórgios-Kirche,* außerdem können wir Wappen der Großmeister d'Amboise und del Caretto betrachten. Von einer kleinen Bastion bietet sich eine herrliche Aussicht auf die Trabanteninsel **Alimniá** und andere Eilande. Im nahen **Kámiros Skála,** das als Hafen wahrscheinlich zum antiken Kamíros gehörte, fallen am Meer die Reste einer frühchristlichen Basilika auf.

Wir wenden uns jetzt wieder nach Süden und erreichen nach etwa 20 Kilometern, beim Dörfchen **Siánna,** das von großen Pinienwäldern umgeben wird und einen köstlichen Honig produziert, die Region des Berges Akramítis. An seinem Südwestfuß kommen wir nach **Monólithos** und über eine unbefestigte Zufahrtsstraße zum gleichnamigen *Kastell,* das die Johanniter im späten 15. Jahrhundert auf einer imposanten Felsklippe zur Überwachung der *Apolakriá-Bucht* bauten. Diese südlichste Johanniterburg ist nicht sonderlich gut erhalten – Reste der kräftigen Wehrmauern umgeben die Anlage; innerhalb der Mauer steht die Ágios-Panteleímon-Kapelle mit weitgehend zerstörten Fresken des 15. Jahrhunderts, ferner sind dort die Grundmauern eines weiteren Kirchleins zu sehen – doch die markante Landschaft und das prächtige Panorama machen den Ausflug dorthin lohnend. Und wer nicht davor zurückschreckt, sich an seine Schulkenntnisse zu

erinnern, dem sei gesagt, daß da die Legende lokalisiert wird, nach der Friedrich Schiller sein Gedicht vom «Kampf mit dem Drachen» ersann. Der Drachenbezwinger war ein junger, kühner Johanniter, der mit seiner Tat den Anweisungen des Großmeisters zuwiderhandelte und daher aus dem Orden ausgestoßen wurde. Weil er Reue und Demut erkennen ließ, wurde er bald wieder aufgenommen und 1345 sogar zum Großmeister gewählt: Es war Dieudonné de Gozon aus der Provence.
Zu erwähnen bleibt das *Kap Foúrni* unterhalb der Burg, in dessen Höhlen frühgeschichtliche Siedlungsspuren zum Vorschein kamen.

Vom Kloster Skiádi in den Süden

Zwölf Kilometer südlich von Monólithos folgt **Apolakkiá,** ein wenig anziehender Ort, den ich aber wegen der *Kirche Ágios Geórgios o Wárdhas* etwa 3,5 Kilometer weiter östlich erwähne. Die schlichte Einraumkapelle mit Tonnengewölbe wurde 1289/90 über den Resten eines frühchristlichen Vorgängerbaus errichtet. Die künstlerisch nicht allzu wertvollen Wandmalereien entstanden um 1300 und zeigen die Gottesmutter auf dem Thron sowie Szenen aus dem Leben Christi. Der südöstliche Nachbarort ist **Arnítha,** hübsch an einem Hügel gelegen, mit mehreren Kirchen und einer verfallenen Moschee. Beachtung verdient das Ruinenfeld der frühchristlichen *Bischofskirche Agía Iríni.* Es liegt in bezaubernder Landschaft etwa drei Kilometer nördlich des Ortes in Richtung Ístrios auf der linken Seite. Zu erkennen sind dort die Reste einer dreischiffigen Basilika mit Narthex und Synthronon sowie drei angebauten Seiten- und Taufkirchen. Spuren einer weiteren dreischiffigen Basilika wurden im Süden dieses Gotteshauses entdeckt. Hinter Arnítha überqueren wir den *Koukouliari-Berg* und erreichen **Mesanagrós,** das in frühchristlicher Zeit Mittelpunkt eines bedeutenden Bistums war. Beim Dorf steht die *Kímisis-Theotóku-Kirche,* eine Einraumkapelle, im 13. Jahrhundert über den Resten zweier frühchristlicher Basiliken errichtet. Viele Spolien der Vorgängerinnen wurden dabei verbaut oder wiederverwendet, so ein Säulenschaft als Architrav über dem Nordeingang oder ein Marmortaufbecken im Inneren. Etwa fünf Kilometer nördlich des Dorfes erstreckt sich auf einem Hügel im Tal das Ruinengelände der *Basilika Agía Warwára,* die im 5. Jahrhundert dreimal neu gebaut und immer wieder durch Erdbeben oder Piratenüberfälle zerstört wurde. Ein drittes Gotteshaus, die *Ágios-Thomás-Kirche,* liegt etwa 6,5 Kilometer südöstlich in Richtung *Lahaniá.* Diese Kirche aus einfachen Feldsteinen und mit Kreuztonnengewölbe enthält Wandmalereien des 14. und 15. Jahrhunderts sowie einen Altar aus antiken und frühchristlichen Spolien.

Westlich von Mesanagrós liegt in friedvoller Bergeinsamkeit das **Kloster Skiádi,** das wie so oft im byzantinischen Bereich auf den Fund einer wundertätigen Ikone zurückgeht, die auf mysteriöse Weise den Platz zur Klostergründung bestimmte. Ursprünglich wurde das Bild, das angeblich zu den vom Evangelisten Lukas gemalten gehört, in einer Höhle aufbewahrt. Dann erhielt es eine eigene Kirche: Von einem Bau des 12. Jahrhunderts stammt noch der Altarraum, doch der größte Teil des Gotteshauses wurde Mitte des 19. Jahrhunderts vom Mönch Ignatios erneuert. Auch die Wandmalereien im Innenraum wurden im 19. Jahrhundert vollständig übermalt. In der Apsis sehen wir die Gottesmutter mit Kind, in der Kuppel den Pantokrator. Das hochverehrte **Bild der Panagía Skiadeni,** silberverkleidet bis auf die Gesichter von Mutter und Kind, können wir in der Ikonostasis links der Mitteltür bewundern. Weitere Legenden ranken sich um diese «berühmteste Ikone» von Rhódos: Ein türkischer Distriktkommandant soll sie einmal mit erhobenem Säbel angegriffen haben. Da begann die Wunde der Panagía zu bluten, und der Arm des Türken wurde steif. Unterwürfig flehte er um Heilung, und nachdem sie ihm gewährt wurde, ließ er sich samt Familie und Gefolgschaft bekehren und machte dem Kloster große Schenkungen. Eine ausladende Platane beschattet den als Terrasse angelegten Klosterhof, um den sich Pilgerherberge, ein paar Zellen und Ställe gruppieren.

Von Mesanagrós aus erreichen wir den südlichsten Ort von Rhódos, die wenig malerische Streusiedlung **Kattavía,** die bekannt ist für ihre Webkünste, aber auch dafür, daß sie eine Tankstelle besitzt. Daß die kaum noch besiedelte, unfruchtbare und karge Gegend im Altertum, besonders vor Gründung der Stadt Rhódos, von Bedeutung war, beweisen viele in der Landschaft verstreute antike Fragmente. Auf den Grundmauern eines Appolontempels, dem später eine frühchristliche Basilika folgte, entstand wohl im 14. Jahrhundert die *Kímisis-Theotóku-Kirche* (der Dorfpriester öffnet die Tür). Auf dem Grundriß eines lateinischen Kreuzes steht die von einer oktogonalen Tambourkuppel gekrönte Kreuzkuppelkirche, der später Narthex und Beinhaus angefügt wurden. *Wandmalereien* aus dem 16. bis 19. Jahrhundert erzählen Geschichten aus dem Alten Testament, zeigen den Pantokrator, Leben und Tod Christi, die Schöpfungsgeschichte, das Jüngste Gericht und Paradiesszenen. An der äußersten Südspitze der Insel gruben dänische Archäologen bereits zu Beginn des 20. Jahrhunderts Überbleibsel der antiken Stadt *Vruliá* aus. Sie wurde vermutlich um 700 vor Christus gegründet; die Ruinen von Wehrmauern, Wohnbauten und der Agorá mit Heiligtum sind stark überwuchert und schwer zugänglich. Ein etwa einen Kilometer langer, schmaler Sandstreifen verbindet die Südspitze von Rhódos mit dem *Kap Prassoníssi,* das als Halbinsel noch weiter nach Süden vorstößt.

Gennádion, Asklipión und das Kloster Thári

Wir kehren zurück zu der von Kattavía kommenden Straße und setzen unsere Fahrt fort in Richtung der rhodischen Ostküste. Wichtigste Bauten im ersten Ort, **Gennádion,** sind eine Ziegelbrennerei sowie die *Friedhofskirche Agía Anastasía* (14. Jh.). Die Einraumkapelle steht an der Stelle einer dreischiffigen frühchristlichen Basilika aus dem 6. Jahrhundert. Daß dort bereits im Altertum Gebäude standen, beweisen verschiedene Architekturfragmente, zum Beispiel die antiken korinthischen Kapitelle am Narthex. So wie die Kapelle nicht der heiligen Anastasia der Ostkirche geweiht ist, sondern der gleichnamigen Heiligen aus Rom, so zeigen auch die Wandmalereien in Stil und Ikonographie westlichen Einfluß. Dargestellt sind Szenen aus dem Leben Christi und der Gottesmutter, das Paradies und das Jüngste Gericht, schließlich die verschiedenen Stationen des Martyriums der Titelheiligen.
Vier Kilometer nordöstlich von Gennádion zweigt eine Schotterstraße links nach **Asklipión** ab; nur noch der Name erinnert daran, daß an diesem Ort in der Antike der Heilgott Asklepios verehrt wurde. Die Ruine einer Johanniterburg thront auf einem schroffen Felsen über dem malerischen Dorf. Die

Dorfkirche Kímisis Theotóku (Mitte 11. Jh.) ist eine Kreuzkuppelkirche auf dem Grundriß eines lateinischen Kreuzes, der im 17. und 18. Jahrhundert Seitenschiffe angefügt wurden. Sehenswert ist sie wegen ihrer nachbyzantinischen *Wandmalereien* aus der Türkenzeit und der *kostbaren Ikonostase.*
Wir folgen der Schotterstraße weiter ins Inselinnere und stoßen nach etwa zwölf Kilometern auf das Dörfchen **Láerma.** Dort biegen wir links ab und nach einigen Kilometern noch einmal links, um das **Kloster Thári** – für meine Begriffe das schönste byzantinische Kloster auf Rhódos – inmitten einer Waldlichtung zu erreichen. Das Kloster wird durch einen Vorhof, der Pilgern dient, vorbereitet. Unterhalb einer Wiese mit uralten Olivenbäumen liegt ein neugefaßtes Quellheiligtum. Die Gründungslegende berichtet von einer unheilbar kranken Prinzessin aus dem byzantinischen Kaiserhaus, die nach Rhódos kam, um in den einsamen Wäldern in Ruhe zu sterben. Doch dank des gesunden Klimas und der heilkräftigen Quellen wurde sie wider Erwarten gesund; aus Dankbarkeit stiftete sie ein Kloster. Dort, wo ihr weggeworfener kostbarer Ring die Erde berührte, sah sie den Standort für die Kirche vor. Die den Erzengeln geweihte Klosterkirche steht auf dem Grundriß in der Form eines langgestreckten lateinischen Kreuzes mit kurzen Querarmen, überwölbt von einer mit Konchen fein gegliederten Tambourkuppel. Teile des ältesten, noch im 9. Jahrhundert errichteten Baus sind im Altarraum und in der Apsis enthalten; das im frühen 17. Jahrhundert angelegte Tonnengewölbe im Westteil ist das jüngste Bauglied. Die *Fresken* entstanden seit dem frühen 14. bis ins frühe 17. Jahrhundert, die Ikonostase stammt von 1759. Sehr interessant ist die seltene Darstellung der *Majestas Dominis,* sehr schön sind die Szenen aus dem Leben Christi sowie der Propheten und weitere recht gut erhaltene Fresken. Der Dorf-

priester der Panagía-Kirche im benachbarten Láerma glaubt fest daran, mit der «Wasilopula» (Königstochter) den größten Schatz des Klosters Thári zu hüten. Doch handelt es sich bei der kleinen Bronzeplastik nicht etwa um ein byzantinisches Werk, sondern, wie byzantinische Kunsthistoriker nachgewiesen haben, um eine indische Arbeit des 18. oder 19. Jahrhunderts. Wieder einmal läßt sich, wie so oft, die Legende nicht mit der Wissenschaft vereinbaren, dennoch dürfen wir Legenden nicht einfach als unwahr abtun.

Mutterhöhle und hellenistischer Tempel: Zauberhaftes Líndos

Wir kehren nun von Láerma über *Lárdos* zur Küstenstraße zurück und wenden uns Líndos zu – für mich ist es landschaftlich und atmosphärisch der schönste Ort auf Rhódos, vorausgesetzt, man besucht ihn zu einer Zeit ohne großen Touristenansturm.

Wie ein weißes Band legt sich das hübsche Städtchen zwischen zwei Buchten um den mächtigen befestigten Akrópolisfelsen. Dort oben liegt die grandiose **Kultstätte der Athena Lindía,** die über einer uralten Kulthöhle gebaut wurde und in ihrem heutigen Zustand mit dem Asklepieion von Kos und der Stadt Pergamon zu den drei bedeutenden hellenistischen Gesamtanlagen zählt. Ausgegraben wurde sie bereits vor dem Ersten Weltkrieg von dänischen Archäologen, später setzten die Italiener die Arbeit fort, ihre Rekonstruktionen sind in Fachkreisen umstritten.

Seit Beginn des 2. vorchristlichen Jahrtausends ist der hohe Burgberg unmittelbar über der rhodischen Ostküste besiedelt, und ebenso lange wird dort die Athena Lindía verehrt. Von den drei dorischen Städten auf Rhódos war Líndos in der Antike dank seinem Hafen und seiner stattlichen Handelsflotte die mächtigste und größte. Inschriftenfunde geben Auskunft über die Geschichte der Stadt, vor allem die **Lindische Tempelchronik** aus dem frühen 1. vorchristlichen Jahrhundert sowie das Verzeichnis der Eponymen-Priester der Athena Lindía. Die Johanniter befestigten den Tempelbezirk um 1500 mit einer Wehrmauer und verwendeten dabei antike Baufragmente. Auch in türkischer Zeit war dieser Burgberg eine der Hauptfestungen auf Rhódos. Im späten Mittelalter waren keramische Produkte aus Líndos berühmt, sie wurden nach ganz Europa exportiert.

Der Ort mit seinen verwinkelten Gassen und schönen Häusern mit intimen Innenhöfen ist bezaubernd. Er liegt über den Grundmauern der antiken Stadt, von der nur geringe Reste geblieben sind. Überragt wird er von dem hohen Turm der spätbyzantinischen Panagía-Kirche aus dem 15. Jahrhundert, die 1779 innen vollständig ausgemalt wurde und kostbare Ikonen beherbergt. Auf dem Marktplatz blieb ein antiker Brunnen erhalten, der dem benachbarten Berg den Namen *Krana* (Brunnen) gab. Besonders hübsch sind die lindischen Wohnhäuser, die häufig einfach als *Kapitänshäuser* bezeichnet werden, da die wohlhabenden Lindier meist diesem Berufsstand angehörten. Der *Pylionas* macht den Zusammenhang deutlich: Das turmartige Bauglied ist im Erdgeschoß als stattlicher Zugang gestaltet, im Obergeschoß aber als Zimmer des Kapitäns, von wo er, wie auf dem Schiff, allzeit den Über-

---

Wie ein Kommandostand: eines der schönen Kapitänshäuser aus dem 16./17. Jahrhundert

blick behält. Die alten Häuser, die vorwiegend aus dem 15. bis 17. Jahrhundert stammen, wurzeln einerseits im schlichten rhodischen Bauernhaus, andererseits beziehen sie aber auch unverkennbar Anregungen von den vielbewunderten Bauten der Johanniter in der Stadt Rhódos. Wie Filigranarbeiten wirken die mit geometrischen Ornamenten und Motiven aus Flora und Fauna gestalteten Reliefs der Fassade, heimelig die mit schönen Kieselsteinen gepflasterten Innenhöfe; wahre Kunstgewerbemuseen sind die Innenräume mit ihren kunstvoll geschnitzten Kassettendecken. Leider gehören alle diese Häuser Privatleuten: wer eins besichtigen will, muß erst die Bekanntschaft eines Hausbewohners machen und seine Sympathie erringen (was leichter in der Nebensaison gelingt).
Für die Mittagspause wählen wir eine der gemütlichen Tavernen direkt am Sandstrand, wo wir (nach entsprechender Verdauungszeit) auch gleich ein erfrischendes Bad nehmen können. Vor uns liegt die tiefblaue Hafenbucht – wer phantasievoll genug ist, kann sie im Geiste mit den 5000 Schiffen der lindischen Flotte bevölkern. Am Nordende der Bucht, über einen Saumpfad zu erreichen, steht das *Grab des Kleobulos,* ein sepulkraler Rundbau von neun Metern Durchmesser, der etwa zu Beginn des 1. vorchristlichen Jahrhunderts angelegt wurde. Über einen Schleichweg kommen wir zum *Felskammergrab des Archokratos* (um 200 v. Chr.) westlich oberhalb des Ortes, wo wir noch den teilweise eingestürzten Architrav und Säulen erkennen können, die in Form einer dorischen Fassade einer Höhle vorgeblendet wurden. Der ganze Bezirk ist eingezäunt und mit einigen Grabaltären geschmückt. Der Blick von da oben über die Stadt, auf die Akrópolis und die beiden Buchten ist herrlich. Am Westhang des Burgberges sehen wir die Ruine eines antiken Theaters mit Resten der Cavea und der Skene sowie die Fundamente eines vierseitig ge-

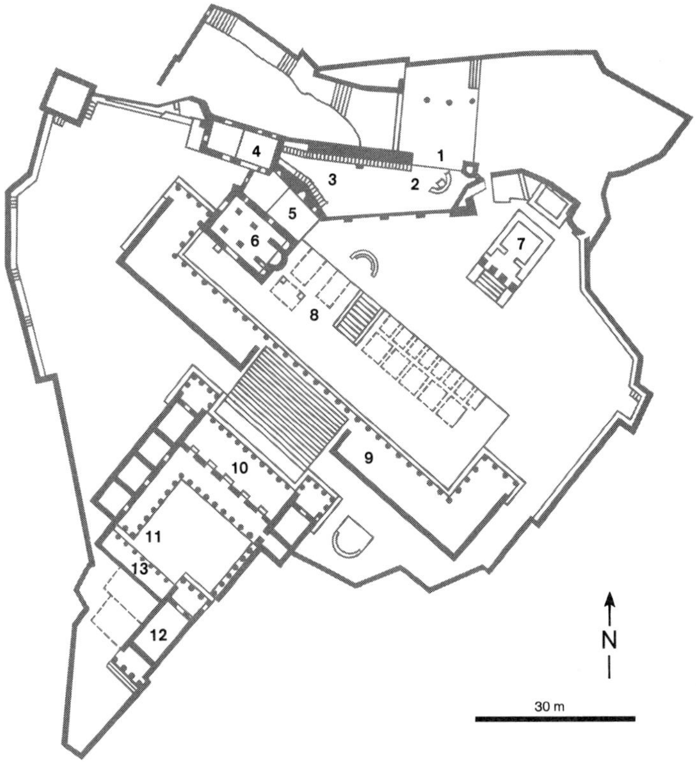

1 Exedra
2 Triere
3 Treppenaufgänge
4 Torbau der Johanniter-Festung
5 Rittergebäude
6 Johannes-Kirche
7 Spätantiker Tempel
8 Terrasse mit Zisternen
9 Dorische Stoá
10 Propyläen
11 Temenos der Athena Lindía
12 Tempel der Athena Lindía
13 Ionische Säulenhalle

schlossenen dorischen Säulenhofes in der Nachbarschaft. Im Südosten von Líndos liegt die Sankt-Pauls-Bucht; an der Stelle der heutigen Apostelkapelle soll der Apostel Paulus im Jahr 58 die Insel betreten haben.
Vom Ortskern führen enge, gewundene Gassen, die von Läden und Auslagen der Kunstgewerbler und Andenkenverkäufer gesäumt sind, zur Akrópolis hinauf; in eindrucksvoller Lage auf einem 166 Meter hohen Felsen, beherrscht sie das Meer. Wir besteigen den von den Johannitern unter Großmeister d'Aubusson befestigten Burgberg über eine lange, steile Treppe, die in einen gotischen Torbau mündet. Am Anfang der Treppe überrascht die **Triere von Líndos,** das in den Felsen gehauene Relief mit dem Heck eines Ruderbootes, verbunden mit einer Exedra. Das Ensemble wurde im 2. Jahrhundert vor Christus vom rhodischen Bildhauer *Pythókritos,* der auch als Meister der Nike von Samothrake gilt, zu Ehren des berühmten Admirals Hagésandros von Mikíon geschaffen, dessen Bronzeskulptur einst dort stand. Am Ende der großen Treppe passieren wir einen Trakt aus der Johanniterzeit: den spitzbogengewölbten Torbau, das Ritterhaus mit Wohnungen der Johanniter und die Burgkirche des heiligen Johannes aus dem 13. Jahrhundert, die nur noch im Ostteil aufrecht steht. Im untersten Bereich des antiken Tempelbezirks sehen wir eine Exedra (3. Jh. v. Chr.), die als Podest für das Standbild des Priesters Pamphilidas diente, sowie einen römischen Tempel (3. Jh. n. Chr.), der dem Kaiserkult gewidmet war. Eine mittlere Treppe führt zu einer großen *Terrasse,* die über Zisternen und Substruktionen angelegt und von einer 88 Meter langen dorischen Säulenhalle mit Seitenrisaliten (um 200 v. Chr.) dreiseitig umfaßt wurde. Von da aus gehen wir über eine 21 Meter breite Monumentaltreppe zu den dorischen Propyläen (um 300 v. Chr.), die gleichfalls mit Seitenrisaliten

ausgestattet sind. Ebenso wie die Gesamtanlage nicht ohne einen Blick auf die Akrópolis von Athen entstanden sein wird, so sind auch die Propyläen sicher am athenischen Torbau orientiert. Wir betreten den dreiseitig von Säulenhallen umgebenen Altarhof (um 200 v. Chr.). Hinter der westlichen Säulenhalle lagen Räume für kultische Zwecke, während die Südseite erst im 2. nachchristlichen Jahrhundert geschlossen wurde. In der Südostecke des Altarhofs, knapp am Rand der jäh ins Meer abstürzenden Felsklippen, steht der *Haupttempel* der Athena Lindía, ein tetrastyler Amphipróstylos aus dem späten 4. Jahrhundert vor Christus. Er ist der Nachfolger des sogenannten *Kleobulostempels* (6. Jh. v. Chr.), der um 340 vor Christus zerstört wurde. In ihm wurde das ursprünglich hölzerne, später elfenbeinerne Kultbild der Athena Lindía aufbewahrt. Unmittelbar unter der Tempelstätte ist der Felsen tief ausgehöhlt: Hier befand sich seit uralten Zeiten die Kultstätte für eine Göttin, die später zur Ortsgöttin von Líndos wurde. Grandios ist der Blick von der Tempelstätte auf das Meer und die Landschaft ringsum.

Endlose Strände, sieben Quellen und ein Thermalbad

Der letzte Abschnitt unserer Inselrundfahrt wird fast durchgehend begleitet von hervorragenden Sandstränden. Sie führt uns jetzt ins Ferienparadies jener Rhódosbesucher, die in erster Linie dem Wassersport und dem Sonnenbaden huldigen wollen. Schon nördlich von Líndos erstreckt sich ein *kilometerlanger Strand*, der bei *Charáki* am Fuß des Kastells *Feraclós* endet. Mit dem Auto nehmen wir die Küstenstraße über

Kólathos bis *Mássari* und biegen dort nach rechts zu dem Badeort ab, der nur in der Sommersaison besiedelt ist und mit guten Fischrestaurants aufwartet. Auch nördlich des Feraclós-Berges, über eine kurz vor Charáki abzweigende Schotterstraße zu erreichen, liegt eine attraktive Bucht mit Sandstrand – allerdings ohne touristische Einrichtungen. Der Berg dazwischen (512 m) trägt die Ruinen des Kastells Feraclós, das die Johanniter an der Stelle bauten, wo sie mit der Eroberung der Insel begonnen hatten. Dort kerkerten sie Kriegsgefangene ein und auch Ritter, die gegen die Ordensregeln verstoßen hatten; dort leisteten sie den türkischen Eroberern am längsten Widerstand. Westlich von Mássari liegt das verlassene *Kloster Kamiro,* das nur über eine schlechte Schotterstraße zu erreichen ist. Freskenfragmente verschiedener Zeiten, eine Inschrift im Altarraum mit der Jahreszahl 1503 und ein hübsch mit Kieseln gepflasterter Klosterhof zeichnen die Anlage aus. Bevölkert ist sie nur am 12. und 13. Juli, wenn das Fest des Erzengels Michael gefeiert wird.
Über **Malóna** oder die schnellere Küstenstraße erreichen wir **Archángelos,** dessen Kunstgewerbe- und Volkskunstartikel einen guten Namen haben. Dazu gehören keramische Erzeugnisse ebenso wie Textilarbeiten, Ziegenlederstiefel und Musikanten. Mitten im großen Dorf stehen die Reste eines Kastells mit bis zu fünf Meter hohen Mauern und vier Johanniterwappen, dazwischen die kleine *Kapelle des heiligen Georg.* Nicht weit entfernt ist die ebenfalls schlichte Kapelle des Ágios Ioánnis Prodómos mit spärlichen Fragmenten von Wandmalereien des 14. und 15. Jahrhunderts. Von sehr viel besserer Qualität sind die kostbaren und seltenen Fresken der *Agioi-Theodorioi-Kirche* knapp zwei Kilometer südlich des Ortes, von denen die frühesten – laut Stifterinschrift – von 1377, die spätesten mit Szenen aus dem Leben der Titelheili-

gen aus dem 17. Jahrhundert stammen. Eine kleine Badebucht liegt östlich beim Weiler **Stegená.**

Wenn wir der Küstenstraße in nordöstlicher Richtung weiter folgen, stoßen wir bald auf eine Abzweigung, die rechts zum *Kloster Tsambíka* und zur *Bucht von Archángelos* führt. Bald gabelt sich der Weg: geradeaus geht es zum schönen Sandstrand, wo man in kristallklarem Wasser baden kann, links zum verlassenen byzantinischen **Kloster Panagía tis Tsambíka** auf einem grünen Hügel. Die schlichte Gottesmutterkapelle und ein paar erhaltene Klosterzellen sind weniger sehenswert als die großartige Umgebung. Seit alters her suchen Frauen, die Schwierigkeiten mit dem Kinderkriegen haben, das Kloster auf. Gemeinsam bitten sie die Gottesmutter um Nachwuchs, wenn sich am 7. September eine Wallfahrt dorthin bewegt. In der Nähe wurde das moderne Kloster Tsambíka gebaut.

Vom nächsten Ort, Kolýmbia, machen wir einen Abstecher nach Westen zu einem Ort, der **Eptá Pigés** (Sieben Quellen) genannt wird. Zu allen Jahreszeiten plätschern die kleinen Bäche durch das grüne Tal, wo an einer Stelle, von hohen Bäumen beschattet und von vielen Pfauen bevölkert, eine Taverne lockt. Durch einen Tunnel kann man zu einem Stausee laufen, wo alle Bäche zusammenfließen, um anschließend die *Ebene von Kolýmbia* zu bewässern.

Der nächste Ort an der Küstenstraße heißt **Afántou,** er versteckt sich in den Hügeln zwischen Olivenhainen und Obstgärten. Empfehlenswert ist das große Dorf für einen geruhsamen Ferienaufenthalt wegen seiner guten Fischrestaurants und seiner Teppichknüpfereien, aber auch wegen seiner Tennisplätze, seines Golfplatzes und eines herrlichen langen Sandstrandes. Kunstliebhabern sei ein Besuch des Katholiki außerhalb in Küstennähe südlich vom Golfplatz ans Herz gelegt. Der Ursprungsbau des 5. und 6. Jahrhunderts, wahrscheinlich eine dreischiffige Kuppelbasilika, wurde aus unbekannten Gründen zerstört. Ruine und Spolien des frühchristlichen Gotteshauses nutzte man im 15. und 16. Jahrhundert für einen Neubau mit dem Grundriß einer in Griechenland seltenen Kreuztonnenkirche. Während die Fresken aus dem 16. und 18. Jahrhundert stammen, gehörten Teile des schönen Marmorfußbodens und die marmornen Konsolsteine, welche die steinerne Ikonostasis krönen, noch zum frühchristlichen Ursprungsbau. Ein Abstecher nach Westen führt in den Ort *Psinthos* im Inselinnern. Dort wurden 1912 die Türken von den Italienern in der entscheidenden Schlacht geschlagen. Zwei Kilometer außerhalb des Dorfes liegt die sehenswerte Kapelle Agía Trías. Ein stummes Mädchen hat die nahe Quelle entdeckt, das Wasser soll ihr die Sprache wiedergegeben haben. Das Wunder lockte viele Pilger an und verwandelte den Ort in eine Wallfahrtsstätte. Wandmalereien des frühen 15. Jahrhunderts schmücken die einschiffige, kuppellose Kapelle innen: Deesis, Darstellung im Tempel, Taufe Jesu, Auferweckung des Lazarus und andere.

Wir treten nun wieder in die Bannmeile der Stadt Rhódos ein. **Faliráki** ist ein turbulenter Ferienort mit großen Hotelanlagen, unzähligen Restaurants, Supermärkten, Bars und fünf Kilometer Sandstrand. **Kallithéa Therme,** dessen felsengefaßte Sandbucht hübsche Tavernen säumen, ist bekannt für seine Heilquellen. Doch ist der Bade- und Kurbetrieb, der 1935 von den Italienern eingerichtet wurde, seit Jahren eingestellt – nicht ohne Hoffnung auf baldige Wiedereröffnung, wie es heißt. Bleibt, bevor wir unsere Inselrundfahrt am Stadtrand von Rhódos beenden, das etwas inseleinwärts gelegene **Koskinoú** zu erwähnen, ein freundliches Dorf mit traditionsreichen Hausfassaden und blumengeschmückten Höfen.

Sými: Einstiger Glanz und verborgene Schönheit

Streiflichter und Einblicke

Es ist ein herrlicher Sonnentag im Herbst, obwohl die Griechen immer vom Winter reden; das Meer ist ruhig, das Schiff tuckert gelassen durch die Gewässer knapp am türkischen Festland vorbei. Dann erreichen wir das gebirgige Sými, und es geht entlang der Küste, vorbei an entlegenen Buchten, wilden Schluchten, Felsklüften, Höhlen und verfallenen Burgen hoch über dem Wasser, von denen nur noch die artifizielle Schichtung der Steine kündet. Schließlich sieht man am Ende einer Bucht das über den Hang lappende Inselhauptstädtchen zum erstenmal, und nach Umrundung einer großen Landzunge biegt das Schiff laut tutend in die Bucht von Sými ein, die amphitheatralisch bebaut ist und als einer der schönsten ägäischen Naturhäfen gilt. Zur Begrüßung der ankommenden Schiffe läuten die Kirchen – sie läuten nicht nur zur Begrüßung, sondern sie rufen auch die Bewohner. Sými ist nämlich touristisch weitgehend ein Ableger von Rhódos. Es lebt von den Tagesgästen, die mit Ausflugsschiffen kommen, das heißt, die Bewohner müssen in den wenigen Stunden der Anwesenheit der Fremden das Geschäft für den ganzen Tag machen. Ein Fotograf knipst in hektischer Eile Hunderte von Bildern der Ankommenden, die ihr an Wäscheleinen aufgehängtes Konterfei auf dem Rückweg erstehen können. Die Souvenirläden öffnen eilig ihre Buden und preisen ihre Ware an: Schwämme, Schmuck, Kitsch aller Art. Die Wirte rücken ein letztesmal die Tische zurecht und stellen ihre Speisen, meist köstliche Meerestiere, ans Tageslicht. Es geht los – und nach kurzer Zeit kehrt wieder Ruhe ein.

Das kahle, «blankgeriebene» Sými war einst wohlhabend durch ein ganz anderes blühendes Gewerbe: Von der Antike bis ins 19. Jahrhundert lebte die Insel vom Schiffsbau. Und der Mythologie nach soll sogar das Schiff Argo, das die Argonauten nach Kolchis trug, dort gebaut worden sein. Später nutzten die Johanniter und die Türken das handwerkliche Geschick der Symioten. Daneben waren die Schwammfischerei und die Handelsschiffahrt für viele Jahrhunderte wichtige Erwerbszweige. Bei dieser vom Kampf gegen die Gewalten des Meeres gekennzeichneten Tradition ist es kaum verwunderlich, daß die Insel eine der wichtigsten Wallfahrtsstätten griechischer Matrosen beherbergt.

Von seinem alten Glanz konnte Sými kaum etwas in die Gegenwart retten. Die Hoffnung der besonders sonnenreichen und windgeschützten Insel mit ihren ungezählten einsamen Buchten richtet sich heute allein auf den Fremdenverkehr. Noch besteht die Infrastruktur in erster Linie aus einer herbromantischen Landschaft und einer allgegenwärtigen Gastfreundschaft; ob sie je ausreichen wird, um sich von Rhódos abzunabeln und einen unabhängigen Fremdenverkehr aufzubauen, scheint fraglich.

Wie viele Inseln der Ägäis leidet auch Sými unter chronischem *Bevölkerungsschwund*, es gibt nur noch etwa 2300 bodenständige Symioten. Tausende sind ausgewandert, darunter viele der legendären Schwammtaucher, die einst den Ruf genossen, die besten der Ägäis zu sein. Sie üben ihren Beruf jetzt in Australien oder Amerika aus. Die Zurückgebliebenen müssen sich mühsam vom Fischfang ernähren oder von dem

Inseln und Hauptorte

Insel	Fläche in km^2	Hauptorte	Einwohnerzahl des Hauptortes
Lésbos	1630	Rhódos (Rhódos)	40700
Rhódos	1404	Mytilíni (Lésbos)	24100
Chíos	842	Chíos (Chíos)	24000
Sámos	476	Póthia (Kálymnos)	10100
Lémnos	476	Kos (Kos)	8900
Kárpathos	301	Sámos/Váthy (Sámos)	5600
Kos	290	Mýrina (Lémnos)	3500
Ikaría	255	Plátanos (Léros)	2700
Kálymnos	111	Sými (Sými)	2165
Astypáläa	97	Ágios Kyrikos (Ikaría)	1800
Kásos	66	Skála (Pátmos)	1350
Tílos	63	Pigádia (Kárpathos)	1250
Sými	58	Foúrni (Foúrni)	1000
Léros	53	Chóra (Astypáläa)	800
Nísyros	41	Mandráki (Nísyros)	650
Pátmos	34	Lipsí (Lipsí)	575
Foúrni	30	Emporío/Chálki (Chálki)	400
Chálki	29	Phrý (Kásos)	375
Lípsi	16	Megísti (Kastellórizo)	220
Kastellórizo	9	Megálo Chorió (Tílos)	180

bißchen Ackerbau auf kargem Boden, der dürftige Ernten an Getreide, Tabak, Wein, Oliven und Honig einbringt. Vor allem der Abbruch der traditionellen Handelsbeziehungen zum kleinasiatischen Festland ist dafür verantwortlich, daß die ehemals blühenden drei Wirtschaftszweige bedeutungslos geworden sind: der Schiffsbau, nachdem das Holzkaíki vom Dampfschiff verdrängt worden; der Seehandel, nachdem die türkische Kundschaft verlorengegegangen, und die Schwammtaucherei, nachdem der Kunstschwamm aufgekommen und überdies die gesamte Ägäis abgeerntet war.
Auch der Süßwassermangel bereitet der Insel Probleme, und es ist kein Zufall, daß Sými die älteste Meerwasser-Destillationsanlage der ägäischen Inseln besitzt. Was zugleich ein deutlicher Hinweis auf die natürliche Beschaffenheit der Insel ist, denn wie andere Schiffsbauerinseln der Vergangenheit ist auch Sými völlig entwaldet und kahl. Wo aber kein Wald ist, dort wird der fruchtbare Boden ins Meer gespült – zurück bleibt eine unfruchtbare Steinlandschaft. Der blanke Fels wiederum kann die wenigen Niederschläge nicht halten und läßt das Wasser unmittelbar ins Meer ablaufen, was zu größter Wasserarmut führt. Sehr aufwendig ist der Transport von Süßwasser mit Tankschiffen oder – wie auf Sými – die Umwandlung von Salzwasser in Trinkwasser. Dies ist das Schicksal einer mit dem **Berg Bígla** bis zu 616 Meter hohen, von Felsen und kleinen Eilanden umgebenen Gebirgsinsel zwischen dem Golf von Dorís und dem Golf von Sými. Mit 58 Quadratkilometern Fläche zählt die Insel zwischen Rhódos und der kleinasiatischen Küste zu den kleineren, aber sehenswertesten der Dodekanes.

Der spröde Charme der kahlen Insel

Von guten und von schlechten Tagen

Die Insel muß im Altertum so schön gewesen sein, daß die Sage den Geburtsort der drei Grazien dort ansiedelt. Ihr Name wird von der Prinzessin Simi hergeleitet, der Tochter des Königs Ialysos, die vom Meerdämon Glaukos verführt und dorthin verschleppt worden sein soll. Die ersten historisch nachweisbaren Siedler waren Karer aus dem nahen Kleinasien, die sicher über die beiden zangenartig die Insel umfassenden Landzungen kamen. Homer berichtet, daß Sými unter seinem schönen, aber untauglichen König Nireus am Trojanischen Krieg teilnahm. In dorischer Zeit schloß sich die Insel dem Sechsstädtebund an und geriet dadurch in jahrhundertelange Abhängigkeit von Rhódos. Im Peloponnesischen Krieg fand bei Sými eine wichtige Seeschlacht zwischen Athen und Sparta statt.

In der neueren Zeit teilte die Insel das Schicksal der übrigen Dodekanes mit Besetzungen durch Johanniter und Türken. Einer dauerhaften osmanischen Präsenz entging es jedoch durch Tributzahlungen in Form von Schwämmen, und die Türken kauften die beliebten Schiffe der Insel, die sie *simibekir* nannten. Sými war in dieser Periode als Freihafen wohlhabend, verfügte über eine volksnahe Selbstverwaltung mit kostenloser Erziehung und medizinischer Versorgung für alle. Im 17. Jahrhundert war Sými die drittwichtigste Dodekanes-Insel nach Rhódos und Kos. Im Freiheitskampf gegen die türkische Fremdherrschaft erhoben sich die Symioten schon früh, wenn auch vergebens. Aber erst als mit der italienischen Besatzung die traditionellen Handelsbeziehungen zur Türkei abgeschnitten wurden, setzte der materielle Niedergang ein. Auf Sými wurde am 8. Mai 1945 die Übergabe der Dodekanes an Griechenland vertraglich besiegelt.

Spaziergang durch die kleine Hauptstadt

Der Hauptort mit seinen rund 2200 Einwohnern wird meist einfach Sými genannt; er liegt an der Stelle der antiken Stadt Syme und gliedert sich in zwei Teile. Das jüngere **Gialós** (Ufer) klammert sich an die Hänge, die den Naturhafen wie die Cavea eines Theaters umgeben. Das ältere **Chorió** (Dorf) hingegen duckt sich – vor Piraten geschützt – oben auf dem Hügel. Eindrucksvoll ist die Hafeneinfahrt: rechts der *Glokkenturm von Ágios Ioánnis,* einer Kirche im typischen Stil der Dodekanes, davor die Skulptur eines fischenden Jungen, *Michalákis,* dahinter die Nebenbucht *Charáni* mit dem Evangelismos-Kloster. Links das malerische Hafenrund mit seinen bunten Fischerkähnen, überragt von den typischen Dodekaneshäusern des 19. Jahrhunderts, die sich eindrucksvoll übereinanderstaffeln. Viele verfallen oder wurden im Zweiten Weltkrieg zerstört, doch die meisten zeigen stattlichen Bauschmuck im neoklassizistischen Stil, verzierte Portale und Fenster, Pilaster und Kapitelle, Balkons und Dreiecksgiebel mit dem Sonnenzeichen. Am Hafen sieht man die in den Fels gehauene Nachbildung der Trireme von Líndos, die ebenso wie die Gedenktafel an einem Wohnhaus an die Unterzeichnung des Vertrags über die Rückgabe der Dodekanes erinnert. Vom kleinen Platz *Skála* führt eine Treppe mit etwa 400 Stufen zum Chorió hinauf, das von Treppengassen durchzogen und dicht mit alten, neoklassizistischen Herrenhäusern bebaut ist, von denen eines die Archäologische Sammlung der Insel birgt. Sehenswert ist die *Apotheke Spetsaria* ebenso wie die festungsartige italienische *Villa Chatziagapitós,* auch einfach *Sála* genannt, weil sie über den einzigen großen Saal der Insel verfügt. Sie enthält auch eine Krypta, in der bei Piratenüberfällen oder Türkengefahr die Inselarchive, der Schatz des

Klosters Panormítis, verfolgte Symioten oder von der Verschleppung bedrohte Mädchen versteckt wurden. Am 1. Mai pflegten die Leute im gepflasterten Hof der Villa den Brauch des *Koulouma,* bei dem die heranwachsenden Töchter Ausschau nach einem potentiellen Bräutigam hielten. Heiratsfähig war unter den Männern nur, wer seinen Mut als Schwammtaucher bereits bewiesen hatte.
Sehr viel älter war die mittelalterlich-byzantinische Burg, die auf den Grundmauern der antiken Akrópolis stand und von der nur noch Ruinen vorhanden sind. Ins Burggelände hinein wurde die Panagía-Kirche gebaut, die durch ihre schönen Fresken und Ikonen besticht. An den Abhängen der Umgebung kann man die *Reste einer Nekropole,* eine verfallene *Windmühle* sowie die *Türme von Sými* aufspüren, Monumente, die an Sýmis einstige Zugehörigkeit zur dorischen Hexapolis erinnern.

Kirchen, Klöster und Kapellen

Das kleine Seebad **Emporió** liegt zwei Kilometer westlich vom Städtchen Sými, an der Stelle, wo Forscher die antike Stadt Metapontis vermuten. Von hohem Niveau sind die Fußbodenmosaiken mit Tierdarstellungen im Hof einer verfallenen byzantinischen Basilika.
Ebenfalls von Sými aus, jetzt aber in entgegengesetzter Richtung, führt ein Spaziergang durch das fruchtbare *Baumtal des Kámpos* zum Badestrand von **Pédi** am Ende einer fast zwei Kilometer langen fjordähnlichen Bucht. Viele Kirchen, Kapellen und Klöster sind im Inselinneren zu entdecken, darunter die *Katharinenkirche,* die wertvolle Gemälde aus dem

gleichnamigen Kloster auf der Sinai-Halbinsel birgt, das *Kreuzeskirchlein* in 535 Metern Höhe, dessen Wehrmauern der Bevölkerung im Zweiten Weltkrieg Zuflucht boten, oder die *Prokópios-Kirche* mit kostbaren, aber beschädigten byzantinischen Fresken aus dem 11. und 12. Jahrhundert. Besonders eindrucksvoll ist die zweigeschossige *Doppelkirche des Michael Rukuniótis* auf einer Hochfläche im Westen der Insel, zu der man vom Chorió aus über eine unbefestigte Straße etwa eine Stunde wandert. Das festungsartige byzantinische Gotteshaus besteht aus einer Unterkirche, die zur Zeit der Kreuzritter über den Fundamenten eines antiken Tempels errichtet und im 16. Jahrhundert von kretischen Künstlern mit Fresken ausgemalt wurde, sowie einer Oberkirche aus dem 18. Jahrhundert. Die Wandmalereien, zum Beispiel die *Heilige Dreifaltigkeit* in der Kuppel, schuf der Maler-Mönch Gregorius aus Sými 1738. Die *Ikone des Erzengels Michael* prangt in Lebensgröße, überzogen mit vergoldetem Treibsilber und umgeben von allerlei Devotionalien, an der prächtig vergoldeten Schnitzikonostase. Weitere bemerkenswerte Arbeiten der Holzschnitzkunst sind die von einem Löwen getragene Kanzel, der Ikonenständer und die beiden Psaltiria. Eine große Panígyris wird dort am 8. November gefeiert.

Panormítis: Wallfahrt zum Erzengel Michael

Das beliebteste Ausflugsziel von Sými liegt im Süden der Insel – das **Kloster Archangelos Michael Panormítis.** Man kann es über die Schotterstraße erreichen, welche die Insel von Nord nach Süd durchquert; der übliche und eindrucksvollere Weg führt an der reizvollen Ostküste entlang. Das Seefahrerheiligtum liegt in einer kleinen, fast vollständig geschlossenen Bucht, die durch das Halbrund einer größeren Bucht vorbereitet wird. Dieser einzigartige Ort war seit urdenklichen Zeiten dazu prädestiniert, den seefahrenden Menschen höchsten Schutz vor Stürmen oder Seeräubern zu bieten und zu einer verehrten kultischen Stätte zu werden. An der Bucht gruppiert sich ein Weiler mit einigen Tavernen um die große Wallfahrtskirche; das Ensemble erstrahlt in blendendem Weiß und scheint von geradezu ungeheuerlicher Sauberkeit zu sein. Das Kloster ist im 5. oder 6. Jahrhundert an der Stelle eines antiken Poseidontempels gegründet worden. Nach mehrfachen Zerstörungen wurde die Kirche in der Johanniterzeit – dort, wo eine alte Frau unter einem Mastixstrauch eine Erz-

---

engelikone gefunden hatte – zum drittenmal neu gegründet und mit einer Wehrmauer eingefaßt. Aus dieser Zeit stammt noch ein geflügelter Marmorlöwe in der Wand des Haupteingangs. Die Kirche erhielt ihr heutiges Aussehen 1783. Den markanten Mittelpunkt der Klosteranlage bildet der farbige *Glockenturm der Michaelskirche,* dessen Erdgeschoß aus Bossenmauerwerk als Eingangsportal mit vorgelagerter Freitreppe ausgebildet ist. Über dem Rundbogeneingang sehen wir das Relief des Titelheiligen, darüber türmen sich drei durchbrochene Glockengeschosse mit manieristischem Zierat aus Muscheln, Köpfen, Vögeln und Medaillons, zuoberst die Turmstube mit Kuppeldach. Wir betreten den Klosterhof, der von zweigeschossigen Rundbogenarkaden umgeben und dessen Boden mit schönem Kieselmuster ausgelegt ist. Die freistehende Kirche ist mit roten Mönch-und-Nonne-Ziegeln gedeckt, das Innere der Basilika mit dodekanesischem Doppelkreuzgewölbe reich mit Ampeln und Möbeln ausgestattet. Im Halbdunkel erkennen wir schadhafte Fresken, 1783 von zwei Brüdern aus Sámos geschaffen, und eine üppig mit floralem Schmuck ausgestattete Schnitzikonostase. Rechts davon betrachten wir das Silberbild des heiligen Michael in Überlebensgröße, umgeben von Votivgaben, unter denen kleine, in Gold oder Silber getriebene Schiffchen vorherrschen. Sehenswert sind auch die vier Räume des *Museums,* in denen Meßgewänder und liturgisches Gerät, kostbare Reliquiare und Ikonen, Handschriften, Schmuck und Votivgaben ausgestellt sind. Besondere Erwähnung verdient ein Epitaph aus Rußland, auf dem in Goldfadenstickerei die Grablegung Christi dargestellt ist. – Die Kultstätte des Erzengels Michael erlebt zweimal im Jahr turbulente Zeiten, am orthodoxen Pfingstfest und am 8. November feiern Tausende von Pilgern die Jahresfeste ihres Schutzpatrons.

Kastellórizo – die rote Burg

Kastellórizo, das die Italiener *Castelrosso* und die Franzosen *Chastelroux* nennen, ist die kleinste Dodekanes-Insel. Ihrem heute noch gebräuchlichen antiken Namen nach ist sie jedoch die «Größte», denn so wird **Meghíste** gewöhnlich übersetzt. Nach einer anderen Version war es der sagenhafte König Meges von Echinada, der ihr den Namen gab. Jedenfalls ist sie die größte in einer Gruppe winziger Eilande, abseits im Osten, sieben Schiffsstunden von Rhódos entfernt und nur wenige Minuten vom türkischen Festland. Kastellórizo hat ganze neun Quadratkilometer Fläche und ist die östlichste Insel ganz Griechenlands. Der Name Kastellórizo bezieht sich auf die imposante Johanniterburg; auf einem Felsklotz, der vom Eisengehalt rötlich schimmert, wächst sie über die Insel.

Die **Geschichte** von Kastellórizo weist weit bis in die Jungsteinzeit zurück, die verschiedene Artefakte hinterlassen hat. Mykener bauten dort im 2. vorchristlichen Jahrtausend bereits eine Festung aus Zyklopenmauerwerk, und die Dorier, die ein Jahrtausend später kamen, den lykischen Apoll verehrten und dank einer großen Flotte mit Lykien Holzhandel betrieben, hinterließen die Trümmer des Palaiókastro. Persische und rhodische Herrschaft, dann kurze Selbständigkeit im letzten Drittel des 4. vorchristlichen Jahrhunderts, schließlich römische und byzantinische Besetzung sind weitere Stichworte zur Inselgeschichte.
Die Johanniter bauten im 14. Jahrhundert eine Burg als Au-

ßenposten. Nach deren Zerstörung und Vertreibung der Kreuzritter durch den Sultan von Ägypten 1446 erlebte die Insel aufs neue ein wechselvolles Schicksal. Sie gehörte dank einer päpstlichen Schenkung Neapel, dann der Türkei, später den Venezianern und nach der Eroberung durch Süleyman den Prächtigen seit 1522 wieder den Türken. Als sicherer Hafen auf dem Weg nach Beirut erfreute sich Kastellórizo größter Beliebtheit – auch bei Piraten. Während des griechischen Einigungskampfes wurde die Insel 1828 befreit, doch ging sie auf Beschluß der europäischen Großmächte bereits fünf Jahre danach wieder an die Türken. Im Ersten Weltkrieg war Kastellórizo zwischen Türken und Engländern heiß umkämpft, kam an Italien, mußte in den zwanziger Jahren ein verheerendes Erdbeben über sich ergehen lassen und im Zweiten Weltkrieg die totale Evakuierung. Als Kastellórizo 1948 mit dem übrigen Dodekanes Griechenland angegliedert wurde, fanden die einstigen Bewohner eine zerstörte und geplünderte Heimat vor – Tausende von Insulanern wanderten aus.

Aus dem sicheren Hafen von ehedem ist ein Unruheherd zwischen Griechenland und der Türkei geworden, dessen Feuer wahrscheinlich nur deswegen bloß schwelt und nicht lodert, weil die kleine unfruchtbare Insel keinerlei wirtschaftliche Anreize bietet. Im Gegenteil: Aus der einst blühenden Stadt mit 15000 Einwohnern ist durch Abwanderung ein weltentlegenes 220-Seelen-Nest geworden, das sich mühsam von Fischerei, Schwammfischerei und etwas Fremdenverkehr ernährt. Allein 20000 Abkömmlinge der Insel leben heute in Australien. Doch es wird alles getan, damit die Zahl der griechischen Einwohner nicht unter 200 absinkt. Dann nämlich müßte die Insel, einer nach dem Zweiten Weltkrieg abgeschlossenen Konvention zufolge, an die Türkei gegeben wer-

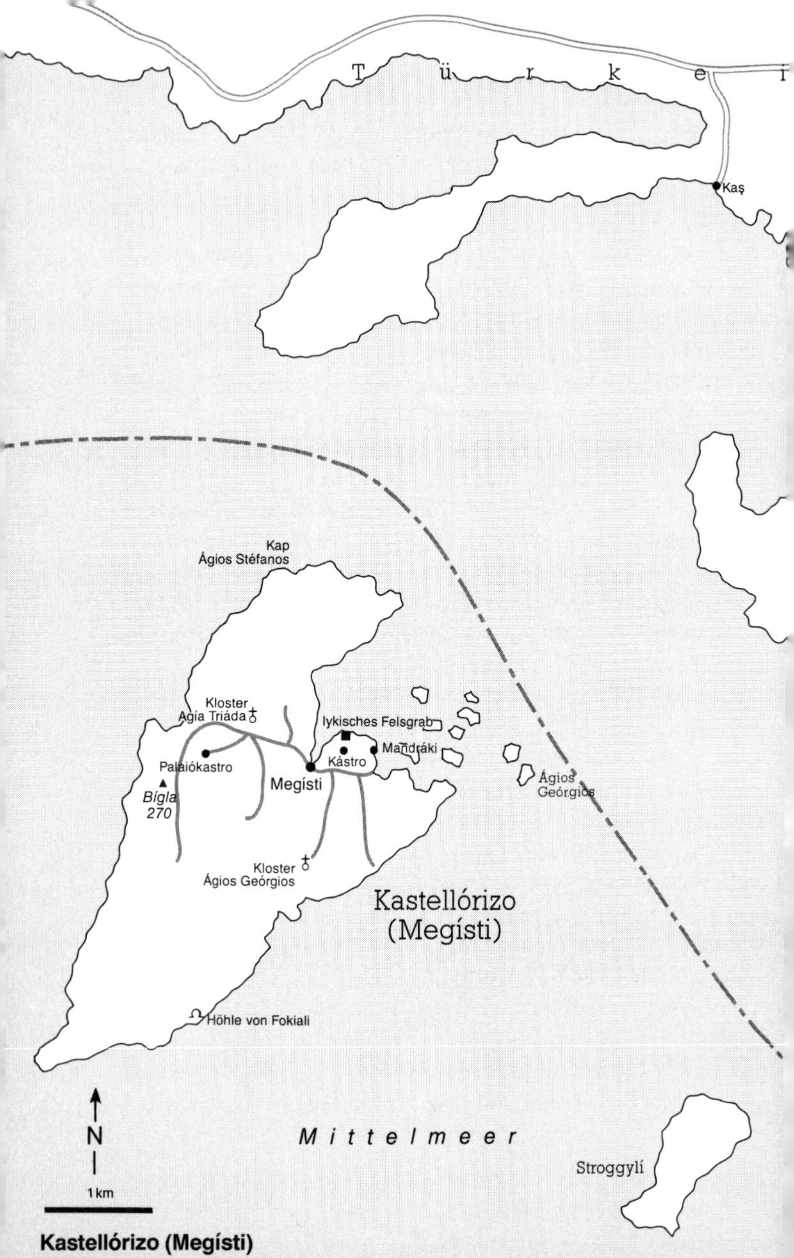

Kastellórizo (Megísti)

den. Und der griechische Staat läßt sich das winzige Kastellórizo einiges kosten: Das reicht von subventionierten Arbeitsplätzen über den Bau eines Gymnasiums, dem bis jetzt die Schüler fehlen, bis hin zum Luxus einer eigenen Radio- und Fernsehstation. Sogar der traditionelle Trinkwassermangel ist mittlerweile behoben: Seit dem Altertum bis in die Neuzeit behalfen sich die Bewohner mit Zisternen am 270 Meter hohen *Bígla-Berg,* danach schaffte man das Wasser jahrelang mit dem Tankschiff heran, heute besitzt und benützt Kastellórizo auch eine Meerwasserentsalzungsanlage.
Für den Fremdenverkehr wird ebenfalls viel getan: Ein kleiner Flughafen wurde angelegt, die Schiffsverbindung mit Rhódos ist von April bis Oktober kostenlos, die Altertümer werden mit Staatskrediten restauriert. Trotz größter Anstrengungen und der Einrichtung eines eigenen Reisebüros in Athen steigt die Zahl der Touristen nur langsam. Mit 180 Gästebetten und zehn Tavernen ist die gastronomische Kapazität der Insel noch sehr gering. Dabei hat Kastellórizo kaum weniger zu bieten als die meisten anderen Dodekanes-Inseln. Privatquartiere im persönlichen und lebensnahen Kreis einheimischer Familien, regelmäßige – wenn auch nicht allzu häufige – Schiffsverbindungen mit Rhódos und Piräus, Motorbootausflüge zur nahen türkischen Küste, einsame Felsstrände mit sauberem, klarem Wasser, Möglichkeiten zum Schwimmen, Tauchen, Fischen und Wandern, eine geheimnisumwobene Felsgrotte, einen pittoresken Hafen, nahezu unentdeckte Altertümer, Frauen in altgriechischer Tracht, eine märchenhafte Insellandschaft...
Wer in den Hafen von Kastellórizo, den die Bewohner *Mandráki* nennen, einfährt, dem bietet sich ein seltsam geordnetes, dabei ziemlich desolates Bild. Der sauber im Rechteck angelegte Kai ist kaum bevölkert – hier dümpelt ein einzelnes

Fischerboot oder eine vertäute Segeljacht, dort, vor dem Kafeníon, palavert eine Gruppe älterer Männer. Die meist zweigeschossigen Häuser stehen in der Regel mit ihrem Giebel zur Hafenseite und sind mit Holzbalkonen nach türkischer Art geschmückt. Die Fensterchen der Halbgeschosse und die schier endlose Reihe rundbogiger Fenstertüren deuten darauf hin, daß einmal viel Handel getrieben wurde. Heute sind Verfall und Verlassenheit allgegenwärtig.

Über der Stadt, auf dem Hügel *Ágios Nikólaos,* dominiert das *Johanniterkastell* aus der Zeit des Großmeisters Juan Hernando Heredia an der Stelle einer antiken Festung. Vom letzten Bau ist noch die Ruine mit einer Mauer und drei Türmen zu sehen, entstanden ist er in der Zeit der venezianischen Besetzung, die 1659 endete. Auf dem Burggelände entdeckten Ausgräber dorische Inschriften und eine goldene Krone als Grabbeigabe. Dort oben genießt man ein prächtiges Panorama mit dem Meer und dem türkischen Festland, wo das antike *Antiphelos* liegt, das heutige Dörfchen *Kas.* Zu Füßen des Burgberges finden sich ein neuerer Leuchtturm, die Ruinen der im 11. Jahrhundert gebauten Kirche Ágios Nikólaos und das *lykische Grabmal,* das im 4. vorchristlichen Jahrhundert nach kleinasiatischem Vorbild in den Fels gehauen und mit einer dorischen Architekturfassade ausgestattet wurde.

Das kleine Inselmuseum, das ursprünglich in der zur Moschee umgebauten *Kirche Agía Paraskeví* untergebracht war, ist 1984 in einen restaurierten Turm umgezogen. Ausgestellt sind antike Fundstücke, byzantinische und neuere Volkskunst, darunter Webarbeiten (auf der Insel gibt es eine Webereischule), Strickwaren, Gold- und Silberschmiedearbeiten. Hauptkirche ist die 1833 gebaute *Kathedrale Ágios Konstantínos und Agía Helena,* zwölf Monolithsäulen aus dem Apollon-Tempel vom lykischen Pátara gliedern den Innenraum.

Man denkt an die Hühner der Witwe Bolte, doch es sind Oktopusse an der Wäscheleine

Die schroffe Kalkwand im Rücken der Hafenstadt muß man auf verschiedenen Treppenwegen überwinden, will man die Sehenswürdigkeiten des Inselinneren erreichen. Zum **Palaiókastro,** der dorischen Akrópolis, kommt man über den westlichsten von vier Wegen.

Zuerst passieren wir das aufgegebene, jetzt von Militär besetzte *Kloster des Propheten Elias* mit einer Kirche von 1758. Dann erreichen wir das ebenfalls verlassene *Kloster Agía Triáda* mit kunstvollem Kieselmosaik im Hof und wertvollen Ikonen der Gottesmutter und der Dreifaltigkeit aus dem 19. Jahrhundert im Inneren. Dann sehen wir am Nordhang des Berges Bígla einen 100 Meter langen *kyklopischen Mauerzug,* Rest der mykenischen Burg aus dem 2. vorchristlichen Jahrtausend. Endstation unseres Spaziergangs ist das *Palaiókastro* auf einer 220 Meter hohen Bergkuppe, wo nicht nur die umwallte Burg der Dorier lag, sondern auch die Kultstätte des von ihnen verehrten lykischen Apollon. Neben Baufragmenten, unterirdischen Zisternen und Felsengräbern sind neuere Kapellen zu sehen. Vom Hafenort schlendern wir auf einem mittleren Weg zur *Klosterfestung Ágios Geórgios* von 1759. Das ebenfalls verlassene Kloster in einer felsigen Senke wird von Nutzgebäuden schützend umgeben. In der Mitte des Klosterhofs steht ein Katholikón von 1779, das einen schönen farbigen Mosaikfußboden mit floralen Motiven enthält. Die vergoldete Schnitzikonostase trägt Bilder der Gottesmutter und des Menschensohnes sowie die silberüberzogenen und mit Votivgaben behängte Ikone des Titelheiligen. Eine geheime Öffnung führt zur kleinen Krypta des heiligen Karálambos, die eine Quelle mit heilkräftigem Wasser birgt. In der Umgebung gibt es Reste aus der Antike, darunter Mauerfragmente, eine Bestattungsnische und eine Ölpresse. Und überhaupt wird man auf der ganzen Insel immer wieder auf Altertümer stoßen, die bisher noch nicht erforscht sind.

Lohnende **Ausflüge** führen zu den *Badeplätzen an der Ágios-Stéfanos-Spitze* oder auf die verträumte *Insel Ágios Geórgios,* zu der man mit dem Motorboot übersetzt. Ein wahrer Leckerbissen für Naturliebhaber ist ein Ausflug zur *Höhle von Fokiali,* dem «Schlupfwinkel der Robben», südöstlich vom Hafen. Sie wird auch *Grotte von Parasta* genannt; den Namen *Blaue Grotte* bekam sie außerdem, weil sie der Blauen Grotte von Capri weder an Größe noch an Farbenpracht nachsteht. Dies meinte selbst der italienische König Viktor Emanuel, und so wird es auch der Bootsführer erklären, der uns sicher durch den schmalen Zugang der Höhle balanciert. Herrliche Lichteffekte beleben die Tropfsteinhöhle, merkwürdig untermalt wird die Stimmung vom Gurren und Flattern der Wildtauben.

Chálki: Paradies für Einzelgänger und Träumer

Das einst blühende und in Liebesliedern gepriesene Chálki ist die Insel für Einzelgänger, die noch träumen können, für Leute, die eine unberührte Natur suchen und sich lieber bei einer griechischen Familie einquartieren als in einem internationalen Strandhotel. Wer zu Fuß oder auf dem Rücken eines Maultieres landschaftliche Schönheiten und spärliche Reste einer alten Kultur entdecken will, die kein Reiseführer verzeichnet, der sollte nach Chálki kommen.

Chálki bedeutet soviel wie Kupfer und erinnert an den Kupferabbau, der vor langer Zeit gut 8000 Insulaner wohlhabend leben ließ. Heute müssen die knapp 400 Bewohner froh sein, daß sie über eine Arztpraxis und eine Poststelle verfügen – ein Straßennetz oder gar Tankstellen gibt es nicht. Wir können die Insel vor der Westküste von Rhódos inmitten eines klippen- und eilandreichen Gewässers von Piräus aus oder in einstündiger Schiffsfahrt von *Kamíros Skála* auf Rhódos erreichen. Sie besteht aus einem markanten Kalkgebirge, dessen Kamm sich von Nordosten nach Südwesten erstreckt und zum Teil schroff aus dem Meer steigt. Ihr höchster Punkt ist der kahle Merovígli-Berg (650 m) im Südosten.

Der stark verkarstete Boden und der chronische Wassermangel lassen Landwirtschaft in nur sehr bescheidenem Maß zu. Angebaut werden etwas Weizen und Gerste, Feigen und Gemüse. Die einstigen Ölbaumkulturen sind wegen mangelnder Rentabilität verwildert, nur die Ruinen einiger Ölmühlen erinnern noch an diesen Wirtschaftszweig. Die Schwammfi-

scherei ist eingestellt, und da auch Fischfang und Schafzucht die Bevölkerung schon lange nicht mehr voll ernähren können, steht die Abwanderung der jungen Leute auf der Tagesordnung. Die meisten Lebensmittel beziehen die Bewohner aus dem benachbarten Rhódos, nur frischer Fisch ist auf Chálki überall zu haben. Denn die meisten Insulaner sind ihrem traditionellen Gewerbe, dem Fischfang, treu geblieben, und die Touristenmetropole Rhódos ist ein ergiebiger Absatzmarkt.
Der Ansturm des großen Tourismus auf der eigenen Insel wurde bislang trotz der Nähe zu Rhódos offensichtlich wegen des Mangels an Wasser, Hotels, öffentlichen Verkehrsmitteln und Drei-Sterne-Sehenswürdigkeiten abgehalten – obwohl Chálki eine herbe, aber reizvolle Landschaft und meist felsige, aber unberührte Badestrände zu bieten hat.
Ein- bis zweimal wöchentlich tritt die Insel, mit 29 Quadratkilometern Fläche eine der kleinsten der Dodekanes, mit der Außenwelt in Verbindung. Dann nämlich, wenn das Linienschiff von Rhódos die wenigen Gäste, die wichtigsten Nahrungsmittel und die Post bringt. Läßt es sein Signalhorn ertönen, dann füllt sich der verträumte Hafen schlagartig mit hektischem Leben.
Freudige Erregung herrscht auf der Insel um den 29. August, wenn an mehreren Tagen das *Jahresfest des Ágios Geno* mit Musik und Tanz gefeiert wird.

Im Südosten der Insel liegt der **Hauptort Chálki,** das ist die amtliche Bezeichnung, populärer ist der Name **Emporió,** mit dem neueren Ortsteil *Skála.* Mit grellen Farben bemalte Fischerboote schaukeln rings um den Hafenkai im Wasser. Zwei Denkmäler erinnern an den Widerstand der Leute von Chálki während der Besatzungszeit durch italienische und deutsche

Truppen, ein Anblick, der für die alten Männer in den paar Kaffeehäusern und der Taverne längst zum Alltag gehört. Das buntgewürfelte Häusermeer wird überragt vom imposanten *Uhrturm* aus Naturstein, den viele fälschlich für einen Kirchturm halten. Die Hauptkirche aus dem 18. Jahrhundert ist *Agios Nikólaos* geweiht. Der prachtvolle, restaurierte Innenraum birgt eine jahrhundertealte Ikone aus der Burgkapelle. Der Kirchplatz ist mit schönen, an einigen Stellen leider ziemlich schadhaften Steinmosaiken ausgelegt.
Die besten *Bademöglichkeiten* gibt es an der **Potámou-Bucht,** dem einzigen Sandstrand der Insel, den man zu Fuß in einer Stunde erreicht, wenn man der Straße ins Inselinnere folgt, oder an der Felsenküste südlich des Hafenortes, einem Paradies für Unterwassersportler mit kristallklarem Wasser und buntschillernden Fischschwärmen.
Westlich über der Bucht liegt *Chorío*, der ältere Ortsteil von Chálki und ehemalige Inselhauptstadt, der sich – vor Piraten

---

Wußten Sie, daß . . .

. . . Griechenland rund 132000 Quadratkilometer Fläche hat, von denen mehr als 25000 Quadratkilometer oder etwa 19 Prozent auf die Inseln entfallen?
. . . es nach amtlicher Zählung 1425 (nach anderen Quellen über 2000) griechische Inseln gibt, von denen aber weniger als 170 bewohnt sind?
. . . sich erst nach 1908 zwölf Inseln vor der kleinasiatischen Küste (zunächst ohne Rhódos und Kos) unter dem Namen Dodekanes zum Widerstand gegen die Türken zusammenschlossen?
. . . auf Rhódos zehn Prozent der Bewohner Italiener und ungefähr zwei Prozent Türken sind?

---

geschützt – hinter eine Bergkette duckt. Dort deuten besonders viele verlassene Häuser auf das Hauptproblem der Insel hin. Die Abwanderung ihrer Bewohner zeigt da bereits Züge der Tradition. Ein ganzes Ruinenviertel zieht sich den Berg hinauf und endet erst am Fuß eines Felsklotzes, auf dem die Trümmer einer trutzigen mittelalterlichen Festung übrigblieben. An den Wänden der Burgkapelle sieht der Besucher bemerkenswerte, aber ziemlich verblichene Wandmalereien mit menschlichen Gesichtern, die noch immer einen Hauch Leben ausstrahlen. Der Wanderer wird mit einer prächtigen Aussicht belohnt.

Noch weiter im Inselinnern liegt die Stelle der antiken Hauptstadt von Chálki, von deren einstiger Blüte reiche Münzfunde zeugen. Unweit von Chorío wird im hübschen *Kloster Stavros* am 14. September der Namenstag des Schutzheiligen mit einem volkstümlichen Fest gefeiert. Zu Fuß können wir in zwei bis drei Stunden das *Kloster Ioánnis* erreichen; es steht im Schatten einer gewaltigen Zypresse, nur noch ein Wächter wohnt dort. Auf Ziegenpfaden geht es ziellos weiter durch wilde Blumen- und Kräutergärten, bis wir jenes Fleckchen Erde gefunden haben, auf dem wir glauben, für immer verweilen zu können...

Wer mit dem herben Chálki und seinen gastlichen Bewohnern Freundschaft geschlossen hat, dem wird sich leicht die Gelegenheit bieten, einmal mit dem Kaíki zum Fischfang zu fahren. Vielleicht verschlägt es ihn vor die Westküste von Rhódos, auf die hufeisenförmige **Insel Alímnia** (7 km^2) mit ihrer Johanniterburg, vielleicht in die rauhe stürmische Ägäis oder aber an irgend eine Stelle zwischen Chálki und Kárpathos, wo er bei schönem Wetter und mit viel Glück den Tanz der letzten Delphine beobachten kann.

Kárpathos: Spuren lebendigen Volkstums

Zwei Minuten Geologie und Geografie

Wer den südägäischen Inselbogen, einen größtenteils unter dem Meeresspiegel verlaufenden Gebirgszug zwischen Kleinasien und Kreta, von Chálki aus weiter verfolgt, kommt als nächstes zur faszinierenden Insel Kárpathos. Die langgestreckte, durchschnittlich nur zirka fünf Kilometer breite, an den meisten Stellen steil aus dem Meer aufsteigende Insel mit ihren zwölf malerischen Dörfern, von denen viele wie Nester an den Abhängen kleben, wetteifert mit der Insel Kos um den Platz der zweitgrößten Insel der Dodekanes. Nach offiziellen Angaben ist Kárpathos mit 301 Quadratkilometern ganze elf Quadratkilometer größer als Kos.
Unbestritten ist sie die Hauptinsel zwischen Rhódos und Kreta – und zwar nicht nur wegen ihrer Größe. Vielmehr verdankt sie ihr großes Ansehen den **besonders vielfältigen landschaftlichen Reizen** und der Tatsache, daß sich dort, mehr als

Kárpathos, Kásos
5 km
N
Saría
Órmos Palátia
Limín Tristómo
Saria
Kap Vourgunda
Höhlenkirche
Agía Marina
Tristómo
Vrykous
Avlóna
Diafáni
Ólympos
Diafáni (Hafen)
Mittelmeer
Agía Marína
Kárpathos
Spóa
Mesochóri
Bucht von Ágios Nikólaos
Ápélla
Sókastro
1215
Kalí Límni
Kyrá Panagía
Katódio
Lefkós
Voláda
Stes
Apéri
Óthos
Pylés
Vróntis-Bucht
Agía Fotiní
Kárpathos (Pigádia)
Menetés
Finíki
Panagía
Arkésia
Arkása
Ammopí
Afiártis
Kap Kastéllo
Armáthia
601
Príonas
Emporió
Phrý
Agía Kyriakí
Agía Marína
Pólion
Kloster
Arvanitochóri
Ágios Mámas
Ágios Geórgios
Kásos

irgendwo anders in Griechenland, ursprüngliches *Volkstum* schillernd und vital erhalten hat.
Dabei ist Kárpathos kaum mehr von der Natur begünstigt als andere Inseln der Dodekanes. Der Bewuchs an der zerklüfteten Küste der nirgends mehr als zehn Kilometer breiten Insel wird durch den pausenlos blasenden Wind niedrig gehalten. Der Großteil der ohnehin dürftigen Regenfälle fließt ungenützt über die stark verkarsteten Böden direkt ins Meer ab. Die Insel von geradezu alpinem Charakter ist *Teil eines Kalkgebirges,* dessen Kamm nur zu etwa einem Drittel aus dem Meer ragt. Seine tiefsten Schlünde liegen südwestlich der Nordspitze von Kárpathos bis zu 2500 Meter unter dem Meeresspiegel, seine höchste Erhebung ist der reich bewaldete **Kalí-Límni-Berg** (1215 m). Allerdings wurden die seit der Antike berühmten Waldbestände bei dem katastrophalen Waldbrand im Sommer 1982 um Tausende von Aleppokiefern, Pinien, Oliven- und Obstbäume dezimiert. Der *Kalí-Límni-Berg* in der Inselmitte scheidet den kargen gebirgigen Norden von dem etwas fruchtbareren Süden mit der hochgelegenen *Lastros-Ebene* und dem anschießenden Hügelland. Seine grünen Täler werden von ein paar Quellen und Flüßchen bewässert. Da gibt es Orangen- und Olivenhaine, Weinberge und Obstgärten, aber schon die kargen Weiden lassen wiederum nicht mehr zu als das Halten von Ziegen und Schafen. Unter den wildwachsenden Pflanzen bestimmen nach wie vor die knorrigen Aleppokiefern und der robuste gelbe Ginster das Bild. Vielerorts verbreiten Gewürze wie Thymian, Rosmarin und Salbei ihre Düfte. Die Küsten sind von unterschiedlichem Charakter: die westliche gleicht einem einzigen Trümmerfeld aus rostfarbenem Gestein; an der östlichen, wo auch die wohlhabenderen Orte angesiedelt sind, wechseln Steilufer und Sandstrände ab. Manche der zahllosen Riffe vor den Kü-

sten bestehen aus Korallen. Dort draußen auf dem Meer haben sich noch vor wenigen Jahren Schwärme fliegender Fische, Schildkröten und Delphine getummelt, die jetzt immer seltener werden.

Titanenheimat, Seeräuberzentrum und Sklavenmarkt

Welche Bedeutung die von Homer und Strabo als wohlhabend und reich bevölkert geschilderte Insel in der Antike gehabt haben muß, zeigt der Mythos, nach dem dort die Titanen zur Welt kamen, jene sechs Söhne und sechs Töchter des Uranos und der Gäa, die einen verzweifelten Kampf gegen die olympischen Götter führten. Der Gott Proteus, Sohn des Poseidon, soll die Insel regiert haben, und Poseidon hieß auch die alte Inselhauptstadt. In der Bezeichnung *Possi* für den Hafen der heutigen Hauptstadt hat dieser alte Name überlebt. Historische Tatsache ist, daß Kárpathos seit der Mitte des 3. vorchristlichen Jahrtausends von Menschen der Jungsteinzeit bewohnt war, daß um 1600 minoische Kolonisten aus Kreta kamen und alles menschliche Leben um 1500 durch den riesigen Vulkanausbruch auf der Insel Thera vernichtet wurde. Erst ein halbes Jahrhundert später kamen wieder Minoer, die Kárpathos neu besiedelten, um 1350 folgten mykenische Kolonisten, die um 1000 vor Christus von den Dorern abgelöst wurden. Die dorischen Siedler gründeten die *Hauptstadt Poseidon* und prägten Münzen mit dem Bild zweier Delphine. Zwei weitere Städte waren *Vrykoú Nísyros* und *Arkesia.* Kárpathos war im Altertum bekannt für die Förderung von Eisen und Silber und die Herstellung eines roten Farbstoffs.

In byzantinischer Zeit war Kárpathos eines der berüchtigsten Seeräuberzentren der Ägäis mit einem bedeutenden Sklavenmarkt. Zunächst in Händen des genuesischen Hauses Moresco, kam es zu Beginn des 14. Jahrhunderts in den Besitz der venezianischen Patrizierfamilie Cornaro, die es – lediglich unterbrochen durch eine kurze Johanniterherrschaft (1313–1315) – bis 1537 halten konnte. Dann kam der rotbärtige Seeräuber Chaireddin Barbarossa, der «Schrecken der Ägäis», dessen Bruder Horuk zwei Jahrzehnte zuvor die Osmanenherrschaft in Nordafrika begründet hatte. Er überfiel und plünderte die Insel und vertrieb oder tötete alle Venezianer. Von nun an hieß die Insel *Kerpe* und blieb fast vier Jahrhunderte türkisch. Wenige Jahre nach dem Ersten Weltkrieg fiel der Besitz als *Scarpanto* in italienische Hände, war im Zweiten Weltkrieg zeitweilig von deutschen Truppen besetzt und kam nach anschließender britischer Verwaltung 1948 zum griechischen Mutterland.

Erste Wegleitung für reisende Fremde

Die heutigen Bewohner der Insel, etwa 4700 Griechen, werden – wie fast alle anderen der Dodekanes – von Nachwuchssorgen und Auswanderungsproblemen geplagt. Die auf der Heimatinsel gebliebenen Kárpather sind eine kleine Minderheit im Vergleich zu jenen Tausenden, die in über 30 Staaten der gesamten Welt leben. Um ihre Heimatverbundenheit zu erhalten und zu fördern haben sie eine Vereinigung gegründet, die «Federation of Karpathian Societies», deren Verwaltung im New Yorker Stadtteil Brooklyn die Zeitschrift «Kárpathos» herausgibt und jährlich einen Ball mit Wahl der

«Miss Kárpathos» veranstaltet. Während früher der Abbau von Gips, Silber und Eisen der Insel einen bescheidenen Wohlstand bescherte und die Kárpather als gefragte Handwerker in Kleinasien arbeiteten, müssen sie sich heute fast ausschließlich auf die wenig lukrativen Berufe des Bauern und Fischers beschränken. Doch die Böden sind karg, die Fischfänge gehen zurück, die Absatzmärkte fehlen. Das armselige *Finíki,* eines der typischsten Fischerdörfer, spricht mit seinem winzigen Kai und seinen zerfallenden oder verlassenen Häusern eine offene, eindeutige Sprache. Es mag zynisch klingen, aber es ist tatsächlich dieser Armut zu verdanken, daß sich auf Kárpathos – am stärksten im kargen Norden – das ursprüngliche Volkstum besonders gut erhalten hat: die traditionellen Sitten und Bräuche, das komplizierte kárpathische Erbrecht, die farbenfrohen Trachten, die charakteristische Bauweise und Innenausstattung und vor allem die malerischen Feste von der Taufe, über die Hochzeit bis zu den Namenstagen der Heiligen. Sie sind es, die Kárpathos für den Fremdenverkehr besonders anziehend machen. Umgekehrt ist der Fremdenverkehr für die Inselbewohner ein wohlstandverheißendes Zauberwort. Doch ist die Frage, wie man dem Tourismus jenes menschliche Gesicht verleihen kann, das eine Trivialisierung von Traditionswerten ins Folkloristische verhindert, ebenso ungelöst wie anderswo.

Die Einrichtungen des Fremdenverkehrs genügen besonders im Süden bereits mittleren Ansprüchen. Im Sommer wird die Insel täglich von Rhódos aus mit kleineren Flugzeugen angeflogen, die auf dem Rollfeld rund 17 Kilometer südlich von Kárpathos-Stadt landen. Das Linienschiff kommt ein- bis zweimal wöchentlich von Piräus oder Rhódos und legt im Naturhafen **Possi** des Hauptortes **Pigádia** (älterer Name für Kárpathos-Stadt) an. Da geht es im Sommer manchmal schon ganz schön kosmopolitisch zu, denn Segel- oder Motorjachten können sich in diesem Hafen versorgen lassen. Von dort aus kann man aber auch mit dem Motorboot, dem bequemsten Verkehrsmittel der Insel, den nördlichen Hafen **Diafáni** in zwei Stunden erreichen oder sich zu einem anderen Punkt der Insel tragen lassen. Der Inlandsverkehr ist aber weit abenteuerlicher, und vor nicht allzu langer Zeit konnte man den Weg vom Süden in den Norden der Insel nur auf dem Maultier zurücklegen. Heute stehen im Süden Omnibusse zur Verfügung, und den Norden kann man mit dem Taxi erreichen. Jedoch ist die ringförmige Straße im Süden nur auf der Osstseite asphaltiert, der Rest ist unbefestigte Piste. Als Piste führt sie auch nach Norden, beidseitig um den Kalí-Límni-Berg, den *Nabel der Insel,* bis in das volkskundlich hochinteressante Ólympos und hinab nach Diafáni. Ich habe diese Strecke einmal im Taxi zurückgelegt. Die Fahrt ging über die Schotterstraße hoch oben im Gebirge in abenteuerlichen Windungen über dem Meer. Faszinierende Perspektiven bieten die Schluchten und Täler, die sich gigantisch von ganz oben bis zur Küste ziehen. Überall sind die Schäden des riesigen Waldbrandes von 1982 zu sehen. An einigen Stellen wird auf neu angelegten Terrassen, mit denen die Erde festgehalten werden soll, nachgeforstet, doch das Gelände ist zu groß und zu unwegsam, die Mittel sind zu gering, als daß die Insulaner gezielt und wirksam arbeiten könnten. An einer Stelle mußten wir lange warten, weil eine Planierraupe hoch über uns das Gelände bearbeitete und die Steine auf die Straße herunterdonnerten – ein schieferartiges Gestein, das bei der leichtesten Erschütterung in tausend Teile zerspringt.

Die gängigste Unterkunft auf Kárpathos ist noch immer das Privatquartier, besonders, wenn man sich nicht in einem der beiden Hafenorte niederlassen will. Denn nur Pigádia und

Diafáni verfügen über Hotels der einfacheren Kategorien. Der reizvollste Urlaub auf Kárpathos wird sich jedoch Fußwanderern bieten, die sich frei bewegen können zwischen den malerischen Orten des hügeligen Südens oder des gebirgigen Nordens, zwischen den Stränden und Buchten der Ost- oder Westküste, wo man Baden und Unterwasserfischen kann, wie etwa an der Bucht von *Agía Marína* oder *Kira Panagía* mit dem gleichnamigen Kloster. Liebhabern eines schweren und süßen Tropfens empfehle ich den *Kárpathiko-Rotwein,* der auf der Insel gekeltert wird und Sherry-Charakter hat.

Von Poseidon und den Dörfern des Südens

Ring des Südens – so oder ähnlich könnte man die Straße bezeichnen, die die Orte im Süden verbindet. Der **Hauptort** Pigádia oder **Kárpathos-Stadt** mit dem **Hafen Possi** in einer der größten Buchten zeigt sich als bunt zusammengewürfeltes Konglomerat meist neuerer Häuser. Viele Betonbauten und einige schönere Häuser aus der italienischen Kolonialzeit zwischen den Weltkriegen prägen den Ort. Auch der von einem Burgberg überragte **Hafen** ist nicht sonderlich malerisch. Häßliche Wellenbrecher aus Beton versperren den Blick, das *Café «Edelweiß»* erinnert an die Allgegenwart deutscher Touristen und der Pelikan auf dem zusammengerollten Schiffstau an das berühmte Vorbild von Mýkonos. Pigádia (die Brunnen) liegt auf uraltem minoisch-mykenischem Siedlungsgebiet, das bis ins Mittelalter bewohnt war. Dann wurde die Hauptstadt zum Schutz vor Seeräubern ins Innere nach *Apéri* verlegt. Im 19. Jahrhundert standen in Pigádia nur ein paar Lagerhäuser und Fischerhütten, doch als die Seeräubergefahr

Auch im Hafen von Kárpathos-Stadt ist der Pelikan das Maskottchen

vorüber war, wurde 1894 die Inselverwaltung wieder an die Küste verlegt, und eine junge Stadt wuchs heran. So gibt es in Kárpathos-Stadt kaum nennenswerte Sehenswürdigkeiten – auf dem Stadthügel die Spuren einer mykenischen *Akrópolis* und etwas außerhalb im Südwesten spärliche Reste der antiken Stadt Poseidon. Vorbei am Gouverneurshaus im italienischen Kolonialstil bummeln wir zum schönen Sandstrand an der **Vróntis-Bucht** im Nordwesten. Dort wurde die Ruine der frühchristlichen *Basilika Agía Fotiní* aus dem 5. und 6. Jahrhundert ausgegraben und teilweise wieder aufgestellt. Von dem auf den Grundmauern eines antiken Kastor-und-Pollux-Tempels errichteten Gotteshaus blieben ein paar Marmorsäulen und Chorschranken mit lorbeerumrankten Christus-Monogramm übrig. Im Süden der Inselhauptstadt liegt der reizende Badeort **Ammopí** mit schönen Sandstränden und Kieselbuchten. Durch die steinige **Afiártis-Ebene** geht es in den Süden der Insel, wo auch der Flughafen liegt. Dort wurden minoische Häuser entdeckt, die mit einer dicken Lava- und Gesteinsschicht beim Vulkanausbruch auf Thera verschüttet waren, und Fachleute berechneten, daß Kárpathos damals mit einer 20 Meter hohen Lava-Asche-Schicht zugedeckt wurde. Die äußerste Südspitze von Kárpathos ist das **Kap Kastéllo,** dort stand vermutlich einst eine Burg.

Wir kehren zur Ringstraße zurück und erreichen als nächstes **Menetés.** Hoch über dem Dorf thront die Pfarrkirche *Kímissis tis Theotóku,* die eine herrliche Schnitzikonostase und Marmorsäulen enthält; diese Säulen stammen aus der Ruine der frühchristlichen Basilika aus Arkása. In der Kapelle *Evangelistria* unterhalb der Pfarrkirche wurde ein kleines Heimatmuseum eingerichtet. Bekannt ist der Ort auch für seine altkarpathischen Häuser; eins davon (Privatbesitz) steht beim Aufgang zur Pfarrkirche.

Das traditionelle Wohnhaus von Kárpathos hat in der Regel einen L-förmigen Grundriß und einen gepflasterten Innenhof. Das *megálo spíti* (großes Haus) ist der Hauptraum, dem sich rechtwinklig das *mikró spíti* (kleines Haus) als Nebenraum anschließt. Hinzu kommt das *kelláki,* ein Stall für Geflügel und andere Kleintiere. Der Hauptraum ist ebenfalls gegliedert: Das *souphá,* ein etwa ein Meter hohes Podium an der hinteren Längswand, dient als Schlafstatt der Familie. Ein Drittel davon ist wiederum erhöht, heißt *panosoúphi* und ist den Eltern vorbehalten. Vorderseite, Balustraden, Durchgangsbögen und Stufen der Schlafstatt sind kunstvoll geschnitzt und dienen als Ausstellungsort für die verschiedenen Handarbeiten der Hausfrau. Die Räume unter dem souphá werden als Lager für die mit Olivenöl und Wein gefüllten Amphoren genutzt. Zur Einrichtung des Hauptraumes, der manchmal mit schönem Kieselmosaik ausgelegt ist, gehören neben einem langen Tisch mit hochlehnigen Stühlen geschnitzte Truhen und Bänke. Ringsum an den Wänden des Raumes festgemacht sind Borde, auf denen bunte Teller und Krüge aus Keramik, geschliffene Flaschen und Gläser, Hausikonen und Familienfotos aufgestellt werden.

Auf dem Weg nach **Arkása** kommen wir an dem interessanten Kirchlein vorbei, das Mammas, dem Heiligen der Hirten, geweiht ist. Wohl im 9. Jahrhundert von Seeräubern aus Syrien gebaut, erinnert es mit seinem Bienenkorbdach stark an apulische Trulli. Mit Arkása, das auf das antike *Arkeseia* zurückgeht, ist die karpathische Westküste erreicht. Im typischen Fischerdorf wurde ein kleines Museum mit antiken und byzantinischen Ausstellungsstücken gegründet; die *Pfarrkirche Ipapanti* mit stattlichem Campanile und wertvollen Holzschnitzereien im Inneren ist das Wahrzeichen des Örtchens. Auf der Landzunge im Südwesten liegt auf einem Fels das *Palaiókastro,* der Rest einer wohl im 12. vorchristlichen Jahrhundert gebauten mykenischen Burg. Am Fuß des Palaiókastro steht die *Kapelle Agía Sofia,* in deren Nähe Reste der frühchristlichen Basilika Agía Anastasia zu sehen sind, die gegen Ende des 5. Jahrhunderts entstand. In den Höhlen der Umgebung hausten schon jungsteinzeitliche Menschen, später wurden sie von Hirten als Unterschlupf genutzt. Das winzige **Finíki** war der Hafenort Arkásas und bis zum Beginn des 20. Jahrhunderts ein lebhafter Stapelplatz. Mittlerweile ist er versandet, und die Marktbuden sind vereinsamt. Einige Kilometer nördlich folgt das kleine **Pylés,** gesegnet mit Quellwasser und üppigen Agrumenhainen, gut 300 Meter über dem kretischen Meer. Das Außendorf *Stes,* ein Weiler, der nur in der Erntezeit bewohnt ist, liegt im Zentrum des ergiebigsten Agrarlandes der Insel. Ein großes Volksfest wird vom 26. bis 28. Juli zu Ehren des heiligen Panteleímon bei der gleichnamigen Kapelle gefeiert.

Das höchste Dorf unserer Rundfahrt haben wir in **Óthos** erreicht, das malerisch gut 500 Meter hoch inmitten strotzender Fruchtlandschaft über dem Meer liegt. Zitronen, Feigen und Mandeln gedeihen in dieser Gegend, aber auch Maulbeerbäume, die an die von den Venezianern eingeführte Seidenraupenzucht erinnern. An der Stelle einer heilkräftigen Quelle wurde 1759 die Hauptkirche des seit dem frühen Mittelalter besiedelten Dorfes gebaut. Die überkuppelte Marienkirche ist der Entschlafung der Gottesmutter geweiht, ihr Gemeinderaum ist mit einem schönen Kieselfußboden und einer Marienikone aus dem späten 19. Jahrhundert geschmückt. Im *Stavrakis-Haus,* einem typisch karpathischen Archontikon von 1825, wurde ein *volkskundliches Museum* mit Stickereien, Musikinstrumenten, Trachten und Küchengerät eingerichtet. Dort läßt sich vorzüglich die Raumfolge von *megálo* und *mikró spíti* sowie die Raumgliederung mit *souphá* und *panosoúphi* nachvollziehen. Der nächste Ort, **Voláda,** liegt am südlichen Fuß des *Lástos-Gebirges* und am Ausgang eines fruchtprangenden Baumtales, das von einem Felshaupt überragt wird. Auf dem Felsen stehen Reste des Schlosses der venezianischen Feudalfamilie Cornaro; das Kreuzeskirchlein innerhalb der Ruinen wurde 1970 mit Spenden von US-Karpathern errichtet.

Hinter Voláda fällt die Straße steil ab ins schattige und wasserreiche Tal von **Apéri,** das seit über dreieinhalb Jahrtausenden besiedelt ist. Der Ort mit seinen in Stufen angelegten Gassen siedelte sich an einem Flußlauf an und wird wegen seiner extremen landschaftlichen Verhältnisse oft mit einem

Alpendorf verglichen. Viele Auslandsgriechen haben dort ihr Sommerhaus oder ihren Alterssitz, und der Ort besitzt das einzige Gymnasium der Insel. Seit dem Mittelalter bis 1894 war er der Hauptort von Kárpathos, und bis heute residiert dort der Metropolit von Kárpathos und Kásos. Die etwas bombastische *Kathedrale* aus dem 19. Jahrhundert ist der Entschlafung der Gottesmutter geweiht und enthält eine alte Ikone der Panagía. Sehenswerter finde ich das alte *Georgskirchlein,* unter dem – wie der Volksmund berichtet – ein arabischer Seeräuber die ewige Ruhe fand. Im tonnengewölbten Innenraum des Bruchsteinbaus stützt eine mit frühchristlichen Insignien dekorierte Marmorsäule zwei Arkaden.
Die Straße erreicht hinter Apéri die Ostküste und führt zurück nach Kárpathos-Stadt.

Auf der Schotterstraße in den Norden

Die Straße in den Norden verläuft beidseitig des **Kalí-Límni-Berges,** im Westen zweigt sie in *Pylés,* im Osten kurz vor *Apéri* von der Ringstraße ab, im Norden kurz vor *Spóa* treffen sich beide Teile wieder. Im Westen kommt der Reisende oberhalb von **Lefkós** vorbei, einem Ort mit drei Badebuchten, dem das Inselchen **Sókastro** vorgelagert ist. Er ist seit prähistorischer Zeit besiedelt; mykenische Felsengräber, eine unterirdische Kammer und eine tiefe Höhle locken historisch Interessierte an. Am Strand liegen die Reste einer frühchristlichen Basilika, die wohl schon im 7. Jahrhundert von Arabern vernichtet wurde. Weiter nordöstlich liegt, vor Piraten geschützt, das verwinkelte **Mesochóri** mit einer stattlichen Pfarrkirche am Ortsrand und der etwas außerhalb gelegenen byzantinischen

Kapelle des heiligen Georg am Berg, die Wandmalereien aus spätbyzantinischer Zeit bewahrt. An der Straße über der Ostküste erreichen wir **Katódio** mit dem Kirchlein des heiligen Panteleímon. Unten am Meer leuchtet die purpurrote Kuppel der *Kirche der Kyra Panagía,* die einen herrlichen klippenbegrenzten Sandstrand bewacht. Der nächste Ort heißt **Ápella** und liegt zwischen wilden Felsen und einem weißen Sandstrand; sein Wahrzeichen ist eine dem *Osios Lukas* geweihte Höhlenkirche aus byzantinischer Zeit. Dann ist das traditionsbewußte **Spóa** erreicht, das von einer Terrassenlandschaft umgeben und von einer Reihe alter Getreidemühlen begleitet wird. Unterhalb des Dörfchens liegt die schöne *Ágios-Nikólaos-Bucht* mit dem gleichnamigen Kirchlein. Sonderbar ist das *Grabmal mit drei Kreuzen,* das sich ein gewisser Géorgios Stambulis selbst setzte. Er kam aus Kastellórizo, so sagt man, war Mönch und zugleich rudernder Briefträger und soll dabei mehr als drei Frauen den Kopf verdreht haben.

Hinter Spóa zieht sich die Straße über 20 Kilometer durch einsamste Bergwildnis bis Ólympos (S. 364). Die Erdstraße setzt sich nach Norden bis *Avlóna* fort, einer Streusiedlung, die nur während der Erntezeit bewohnt ist, inmitten einer überaus fruchtbaren Ebene, der Korn- und Obstkammer von Ólympos. Hinter Avlóna gabelt sich der Maultierpfad, führt links durch öde Kalksteinlandschaft nach Vourgúnda hinunter und zum antiken Vrykoús, geradeaus zum Naturhafen *Tristómo.* Auf dem **Kap Vourgúnda** lag in der Antike die um 1000 vor Christus gegründete dorische Stadt **Vrykoús,** von der einige Felsengräber, Mauerreste und Baufragmente übrigblieben. Eine dort gefundene Marmorstele aus dem 3. vorchristlichen Jahrhundert ist heute im Britischen Museum von London zu bewundern, *das Dorische Dekret.* Die meisten Relikte, die an dieser Stelle zu sehen sind, stammen allerdings aus byzantinischer Zeit. In einem antiken *Nymphenheiligtum* an der Nordwestseite des schroffwandigen Kaps wurde in byzantinischer Zeit eine Höhlenkirche gebaut, die dem heiligen Johannes dem Vorläufer geweiht wurde. Wie so oft zeigte eine wundertätige Ikone den Weg zum Kultort. Über Stufen klettern wir in den dunklen Höhlenraum hinab, der kreuzförmige Marmortaufbecken aus frühchristlicher Zeit birgt. Vom 27. bis zum 29. August ist das Kirchlein Mittelpunkt der größten Wallfahrt der Insel (S. 366). **Tristómo** ganz im Norden war in der Antike der Hafen von Vrykoús. Sein Name (Dreimund) erinnert daran, daß man den sichersten Naturhafen der Insel zwischen zwei Felsen auf drei Fahrrinnen erreicht. Die Funde aus der dorischen Siedlung wurden bereits im 19. Jahrhundert in verschiedene Museen gebracht. Von den Häusern sind nicht einmal mehr Spuren zu sehen. Dort, wo im Altertum ein Poseidontempel (Poseidon Porthmios) stand, setzt heute das *Kirchlein Agía Ekaterini* einen Akzent, während das kleine Dorf verfallen ist.

Der Hafen ist Ausgangspunkt für eine Fahrt über die nur 30 Meter breite Meerenge nach **Saría** – allerdings muß man ein Schiff dafür selbst organisieren. Die kleine Insel mit dem *Hauptort Saría oder Palátia* – heute eine unbewohnte Geisterstadt mit Häusern syrischer Seeräuber, deren Bauweise an die apulischen Trulli erinnert – im nördlichen Teil der Ostküste ist immerhin auch bis 565 Meter hoch, hat aber nur 16 Quadratkilometer Fläche. Sie war schon in der Antike besiedelt, wie die Reste der Stadt *Nísyros* beweisen; von der großen christlichen Bischofskirche sind die Apsis und der Bischofsthron mit den halbkreisförmigen Sitzreihen der Kleriker erhalten. Heute ist die verlassene Felseninsel nur noch im Sommer von ein paar Hirten besiedelt, die mit ihrer gesamten Schafherde übersetzen und ihre Tiere auf Saría weiden lassen.

Ólympos und sein großes Fest

Höhepunkt einer Reise nach Kárpathos ist der Besuch des Bergdorfes **Ólympos**, wo sich alte Sitten und Bräuche am längsten erhalten haben, wo aber auch – vor allem seit es eine Erdstraße in den Süden der Insel und zum nahen Hafenort Diafáni gibt – mittlerweile der Fortschritt eingezogen ist. Etwa im 8. Jahrhundert entstanden, diente Ólympos den Bewohnern Vourgúndas und Tristómos als Piratenschutzsiedlung. Überaus pittoresk klammert es sich mit seinen kubischen Häusern, kleinen Kirchen und den vielen Ruinen von Windmühlen an die Steilhänge und Felsgrate, vor ihm tiefeingeschnittene, in Terrassen angelegte Täler, hinter ihm, mehrere hundert Meter in die Tiefe stürzend, das Meer. Bei meinem Besuch schien der Ort ausgestorben zu sein – nur da und dort hörte oder sah ich eine Karpatherin in der Ferne oder in der schützenden Tiefe ihrer «Wohnhöhle». Von Männern ist ohnehin keine Spur zu sehen. Plötzlich tauchte ein uraltes Weiblein auf, sprach mich an und verkaufte mir bunte Wollbänder. Zum Dank ließ sie sich – nicht ohne Scheu – fotografieren. Die Olympier sind großgewachsene, aufrechte Menschen mit scharf geschnittenen Gesichtszügen, die stark an die der Kreter erinnern. Mit den Kretern sind sie jedenfalls näher verwandt als mit den Bewohnern des südlichen Inselteils. Die berühmten Häuser von Ólympos, die einst geometrisch verzierte Holzbalkons, vasenförmige Schornsteintöpfe und hölzerne Schlösser besaßen, werden nach und nach durch Betonbauten ersetzt. Dabei wird zwar die generelle Struktur des Dorfes bewahrt, nicht aber die Details. Die traditionellen Muster und Motive werden frei umgewandelt und grob in Beton gegossen. Dabei ergeben sich an den Balkonbalustraden groteske Bilder: Meerjungfrauen, mythologische Darstellungen, Badeszenen – alles in grellen Farben. Schön sind der kleine Dorfplatz an der Stelle des alten *Kastro,* wo sich die Bürger früher zweimal jährlich versammelten, und die Pfarrkirche *Kimissis tis Theotóku,* die ganz ausgemalt ist und eine goldträchtige Marienikone bewahrt. Dort stößt man auf die Frage des karpathischen Erbrechts, das recht kompliziert ist, letztlich aber die weibliche Linie begünstigt und somit als matriarchalisches Relikt angesehen werden kann. Die älteste Tochter, die *kanakara,* erbt das Eigentum der Mutter, der älteste Sohn, der *kanakaris,* das Hab und Gut des Vaters. Da der Vater aber sein Leben lang damit beschäftigt ist, für seine Töchter die

Stolz und verschlossen: Alte Karpatherin

Pflichtaussteuer eines Wohnhauses zu schaffen, bleibt der Besitz am Ende doch in weiblicher Hand. Zur Aussteuer einer Kanakara gehörte auch ein Stein in der Pfarrkirche, ein reservierter Platz, um an der Messe teilzunehmen. In der Sprache der Olympier entdeckten Experten dorische Überbleibsel, und auch bestimmte Verhaltensweisen, die wir als Aberglauben bezeichnen würden, weisen in vorchristliche Zeit zurück: die Tätowierung am linken Unterarm älterer Frauen, das Milch-Amulett stillender Mütter oder das Glasauge, das die Leute Kleinkindern gegen den bösen Blick anheften. Eindrucksvoll sind die traditionellen Trachten, die in Ólympos vor allem noch die Frauen tragen, sei es das farbenprächtige Festtagsgewand des unverheirateten Mädchens oder die schlichte zweckmäßige Arbeitstracht der verheirateten Frau. Und äußerst merkwürdig mutet es an, wenn sich an Festtagen die mit ungeheuer viel Gold behängten Erbtöchter zur Brautschau aufstellen und den möglichen Bräutigam nicht nur durch Schönheit, sondern auch durch materielle Güter beeindrucken wollen. Wird dann die Hochzeit gefeiert, so dauert sie drei Tage, meist sind mehr als 500 Gäste zu bewirten. Und es werden die uralten Feste gefeiert, als ob sie zum erstenmal stattfänden. Dorfpoeten tragen Stegreifgedichte vor, drei Musiker spielen zum Tanz auf, von denen einer auf der *lira* fiedelt, ein anderer die *lauto* zupft, der dritte die dudelsackähnliche, aus einem Ziegenfellbalg hergestellte *tsambuna* bläst. Der größte Feiertag in Ólympos ist der 29. August, das Fest des heiligen Johannes von Vourgúnda. Tagelang dauern die Vorbereitungen zu dem Fest, das die Bewohner des Nordens in eine Art Rausch versetzt. Aus allen Teilen der Insel kom-

Unterwegs in die Neuzeit: Junge Karpatherin in alter Tracht

pollo

men die Pilger, bepackt mit Festgaben, die sie, in Tücher gewickelt, auf dem Kopf tragen oder ihrem Maultier aufgeladen haben. Ihr Ziel ist der Mittelpunkt des Volksfestes, die bereits erwähnte Kirche des heiligen Johannes von Vourgúnda, deren Weihe gefeiert wird. Sie liegt etwas versteckt in einer Höhle auf einem Felsvorsprung über dem Meer und hat eine Tradition, die in vorchristliche Zeiten zurückreicht. Unvorstellbar ist die Farbenpracht der Trachten der jungen hübschen Mädchen mit ihren Schürzen, Kopftüchern und dem Schmuck aus goldenen Plättchen – sogar der Pope hat ein buntes Gewand angelegt. Unbeschreiblich ist die berauschende Wirkung der Musik, der uralten Gesänge und Tänze. Die Stimmung hält die ganze Nacht über an, bis der Pope im Morgengrauen die Glocke zum Gottesdienst läutet. Anschließend treffen sich alle zum großen gemeinsamen Festessen, das zuvor in großen Kesseln zubereitet wurde. Dazu gibt es frisch im steinernen Holzofen gebackenes Fladenbrot und allerlei köstliches Gebäck, schließlich den beschwingenden Wein. Er treibt die Pilger aufs neue zum Tanz an. Dann begeben sie sich am Nachmittag in den Nachbarort, wo weiter gefeiert wird und das Fest endet. Kaum irgendwo in der Dodekanes wird der Fremde, der an einem solchen Fest teilnehmen konnte, einen tieferen Eindruck von dem erhalten, was den Reiz des Lebens auf einer griechischen Insel einmal ausmachte.

Über eine Schotterstraße fahren wir mühelos von Ólympos aus hinunter zum Hafenort **Diafáni,** der einen schönen Strand zu bieten hat und für seine Fischspezialitäten bekannt ist. Die «Pension München» kündet auch hier von der zeitweiligen Präsenz des alpenländischen Tourismus. Wer will, kann von Diafáni aus mit dem Motorboot die Inselhauptstadt erreichen, oder mit dem Fährschiff – das allerdings, weil die Bucht zu seicht ist, draußen ankern muß – Rhódos oder Piräus.

Kásos: Wichtigstes Verkehrsmittel sind die Füße

Wenn wir zur Nachbarinsel Kásos, dem *Schaummädchen,* wie die ersten phönizischen Siedler sie wegen ihrer gischtenden Brandung nannten, weiterfahren, werden wir den zauberhaften Bannkreis von Kárpathos noch nicht verlassen. Die Insel der stolzen Schiffsbauer ist ziemlich verarmt. Doch als Herkunftsland wohlhabender Reeder und berühmter Kapitäne wurde ihr Name in alle Welt getragen. Dem Gast bietet sich zwischen verträumten Orten und einer teils lieblichen, teils wild-gebirgigen Landschaft die Gelegenheit zum geruhsamen Urlaub auf einer typischen Dodekanes-Insel. Wer das Linienschiff von Rhódos oder Piräus nicht abwarten will, der kann von Kárpathos aus auch mit einem kleineren Motorboot einer der lokalen Schiffslinien hinkommen. Einfache Hotels und Privatquartiere stehen als Unterkünfte bereit. Wichtigstes Verkehrsmittel sind die eigenen Füße, dann das Maultier, schließlich Taxis und Motorboote. Die ungewöhnlichen landschaftlichen Reize von Kásos sollte man erwandern: die geheimnisvollen Stalaktitengrotten, die stillen Badestrände, die einsamen Bergdörfer, das unentdeckte Gebirgsland.

Kásos, nur sechs Kilometer südwestlich von Kárpathos, ist die südlichste Dodekanes-Insel und der letzte Brückenkopf vor der großen Überfahrt nach Kreta. Kásos besteht aus mesozoischen Kalken, die mit der südlichen Gebirgskette bis zu 600 Metern aufsteigen. Es ist arm an Wasser und lukrativer Arbeit und mit 66 Quadratkilometern Fläche vielleicht die kleinste unter den mittelgroßen Inseln der Dodekanes. Das

Landschaftsbild im Norden und Süden unterscheidet sich wesentlich. Die Nordküste prägt welliges Flachland, das den etwas fruchtbareren Boden für die Besiedlung und die Kultivierung abgab. Etwa in der Mitte, dort, wo sich um die Haupt- und Hafenstadt **Phrý** alle Orte zusammendrängen, dehnt sich das fruchtbare Land als Ebene ins Inselinnere aus. Gleich dahinter baut sich die unwirtliche, unbewaldete Gebirgskette der Südküste auf, die auf dem Berg *Príonas* ihren höchsten Punkt erreicht (601 m).

Die **Geschichte** von Kásos verlief parallel zu der von Kárpathos. Dorier gründeten um 1000 vor Christus eine Stadt, die Forscher in *Pólion* zu erkennen glauben. In neuerer Zeit herrschten Byzantiner, Genuesen unter Andrea Moresco, Johanniter, Venezianer unter Andrea Cornaro und Türken über die Insel. In der türkischen Ära war sie verarmt, verlassen und fast vergessen. Erst im 18. Jahrhundert kam sie dank albanischen Einwanderern, die Schiffsbau und Schiffahrt betrieben, zu einem gewissen Wohlstand. Das schwärzeste Jahr der Insel war 1824 während des griechischen Freiheitskampfes gegen die Türken: In einer von Ibrahim Pascha im Auftrag des Sultans durchgeführten Strafexpedition wurden 2500 auf Kásos versammelte Kreter niedergemetzelt, Frauen und Kinder als Sklaven verschleppt, und die Insel wurde vollständig geplündert. Heute noch gedenken die Insulaner alljährlich am 7. Juli in Phrý der Opfer dieses Blutbades.
Später machten sich Männer aus Kásos als Bauarbeiter und Lotsen am Suez- und Panama-Kanal einen Namen. Die fleißigen Kasioten kamen fern ihrer armen Heimatinsel zu Wohlstand als Kapitäne und Reeder. Vielen ihrer Familienmitglieder verschafften sie Arbeit, doch der dafür geforderte Tribut hieß wie überall Abwanderung. Von den heute knapp 1200

Einwohnern ernähren sich die meisten mühselig von Fischfang und Landwirtschaft. Denn auch das einst blühende Handwerk des Schiffsbaus ging unter, als die traditionsreichen Kaíkis durch moderne Motorboote ersetzt wurden. Der Fremdenverkehr ist noch schwach entwickelt, Gäste finden zwei C-Klasse-Hotels vor und den schönen *Sandstrand von Ammona* nordwestlich der Hauptstadt. Das alte Volkstum von Kásos blüht einmal im Jahr in seiner alten Pracht wieder auf, wenn am 17. Juli die Einwohner ihre Trachten anziehen, um den Namenstag der heiligen Marina zu feiern.

Die wichtigsten Orte liegen an der lieblichen Bucht von **Phrý.** Der gleichnamige kleine Hauptort wurde erst Mitte des 19. Jahrhunderts an der Stelle der antiken Stadt *Ophyris* von Veteranen des griechischen Freiheitskrieges gegründet.
Emporió, der Hafenort gegenüber, strahlt mit seinen vielen verlassenen Häusern melancholische Stimmung aus. Zwischen beiden Orten war früher die Kaíki-Werft, die der Insel einen bescheidenen Wohlstand bescherte.
Hoch über dem Meer liegt das winzige Klosterdorf *Panagía* und noch weiter im Inselinnern **Pólion,** die «Stadt» mit gerade noch 70 Einwohnern, an deren Ortsausgang der Glockenturm der byzantinischen Dreifaltigkeitskirche bemerkenswert ist. Der Bergkegel oberhalb Pólions, der einen Fernsehmast trägt, heißt *Kástro* und war sicher der Standort der antiken Akrópolis, die später mit einer venezianischen Burg überbaut wurde. Die zwei Kirchen oberhalb von Pólion erreicht man nur mühevoll über steile Saum- und Ziegenpfade. Die eine wurde von einem in London lebenden Reeder gestiftet und dem heiligen Kyriakí geweiht. Markant auf einem Kalkgipfel thronend dient sie den Seefahrern als Landmarke und der Insel als Wahrzeichen. Die andere ist das *Katholikón* des ehemaligen

Nonnenklosters des Ágios Mámas, eine Kreuzkuppelkirche mit schönem Kieselfußboden, auf dem der doppelköpfige Adler von Byzanz und zwei Löwen erscheinen. Die einst von einem Türkenüberfall bedrohten Nonnen, so erzählt die Legende, sandten ein Stoßgebet zum Himmel, daraufhin wurden die drei Seeräuberschiffe sofort in Stein verwandelt. Wir sehen die drei Steine im Meer unter uns.

Das größte Dorf ist **Agía Marína** auf den Hügeln südwestlich von Phrý. In seiner Nähe gibt es sehenswerte *Tropfsteinhöhlen* und *pelasgische Mauerreste.* Das benachbarte **Arvanitochóri** wurde im 18. Jahrhundert von Albanern gegründet. Zwischen beiden Dörfern steht am Fuß des *Profítis Ilías* die Kreuzwegkapelle des heiligen Georg.

Im äußersten Südwesten liegt im Schutz einer Bergkuppe über der Küste das *Kloster Ágios Geórgios.* Der Fußweg dorthin führt durch das Fruchtland der Argos-Senke. Der Legende nach wurde das Kloster an dem Platz gebaut, wo der Esel eines Fischers anhielt, der mit der 1690 gefundenen Ikone des heiligen Georg beladen war. Heute ist das wundertätige Bildnis – versilbert, blumengeschmückt und gardinenverhängt – die Attraktion der Kreuzkuppelkirche. Das nur noch von einer Bauernfamilie bewirtschaftete Kloster ist einmal im Jahr Wallfahrtsziel. Am 23. April, dem Namenstag des Volksheiligen, wird eine *große Panígyris* gefeiert. Und nicht wenige Kasioten wie auch Bewohner anderer Inseln lassen bei dieser Gelegenheit ihren Sohn auf den Namen Georg taufen.

Bleibt zu erwähnen, daß man mit dem Kaíki die kleine entvölkerte **Gipsinsel Armáthia** vor der Nordwestküste von Kásos besuchen kann. Sie ist Teil eines Archipels, den Strabo als Casii erwähnt. Ihre Gipsbrüche wurden früher von kasiotischen Arbeitern ausgebeutet.

Astypáläa hieß einst «Tisch der Götter»

Notizen von heute und gestern

Die letzte Etappe meiner jeweils spontan vor Ort organisierten «Kreuzfahrt» zu den 18 mittleren und größeren Inseln der östlichen Ägäis bewältigte ich mit einem älteren Linienschiff, dessen Farbe kaum noch die Spuren des nagenden Zahns der Zeit übertünchen konnte. Sein klangvoller Name «Mioulis» eröffnete mir wieder einmal ein Kapitel neuerer griechischer Vaterlandsgeschichte: *Andreas Vokos Mioulis* – so erfuhr ich vom Kapitän – war ein durch Getreidehandel reich gewordener Matrose aus Euböa, der im Befreiungskampf von 1822 bis 1826 die griechische Flotte zu einigen Siegen über die Türken führte und 1835 als Vizeadmiral in Athen starb. Neben dieser Information erhielt ich ein Abendessen in der reizvoll-nostalgischen «Offiziersmesse» und ein weniger komfortables Nachtlager auf Kunststoffpolstern. Stolz sein Signalhorn betätigend, fuhr der Schiffsveteran am frühen Morgen im Hafen von **Astypáläa** ein.
Die Insel am äußersten Westrand der Dodekanes ist das Sprungbrett zu den Kykladen und hat mit ihnen – zum Beispiel in der Architektur – einiges gemeinsam. Größenmäßig

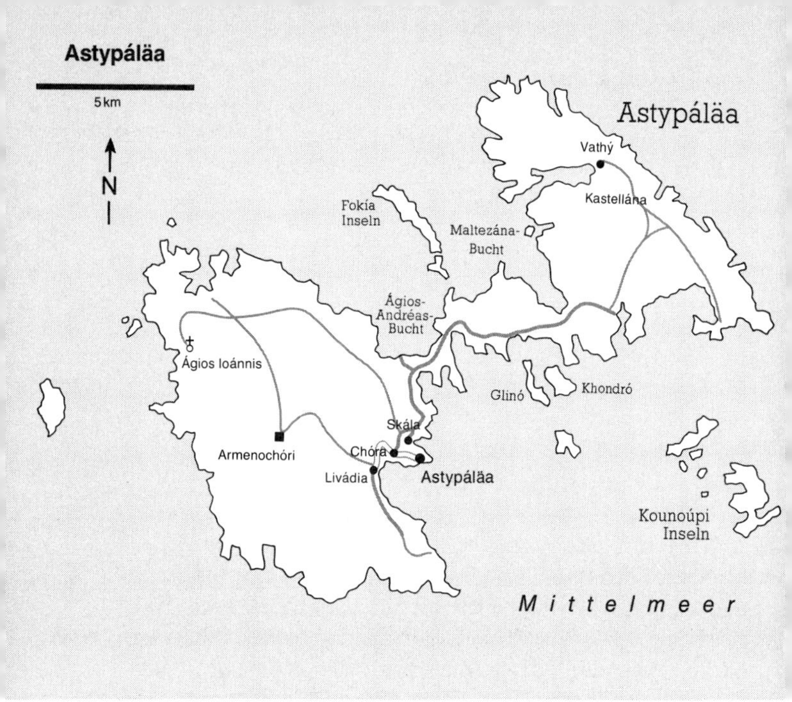

ist sie mit 97 Quadratkilometern Fläche am ehesten mit Kalýmnos zu vergleichen, landschaftlich hat sie ihren ganz unverwechselbaren eigenen Reiz. Das weltentlegene, windumbrauste Eiland ist hügelig, kahl und zerklüftet und besteht aus zwei Landmassen, die nur durch den sieben Kilometer langen, sich bis auf 100 Meter verengenden *Isthmus von Ágios Andréas* zusammengehalten werden. Die Schwerpunkte liegen im kaum größeren Westteil: der Hafen, die Hauptstadt, der beste Badestrand, das fruchtbarste Tal und der mit 482 Metern höchste Inselberg. Im Altertum muß die Insel sehr fruchtbar gewesen sein, denn sie schmückte sich mit dem Beinamen «Tisch der Götter». Heute tragen etwa 20000 Ziegen und Schafe dazu bei, daß der wenig fruchtbare Boden noch dürftiger wird. Doch die Produktion von Schafs- und Ziegenkäse ist ein Haupterwerbszweig der etwa 1000 Insulaner und nicht wegzudenken. Der einzige wirklich ertragreiche Flecken ist das oasenähnliche, kilometerlange *Tal von Livádia* südlich der Inselhauptstadt. Auf kostbarer Schwemmerde liegt ein üppiger Paradiesgarten, dessen ungezählte Bäume den einstigen Reichtum offenbaren: Mandarinen, Zitronen und Apfelsinen, Weintrauben und Oliven, Feigen und Granatäpfel wachsen in einem solchen Überfluß, daß ein Teil davon exportiert werden kann. Und am Ende des Tals haben sich am tamariskenbeschatteten Hauptstrand ein paar Tavernen etabliert, die dem bislang kleinsten Wirtschaftsfaktor der Insel, dem Fremdenverkehr, dienen. Als besonders fischreich gelten die *Bucht von Livádia* und die beiden Hauptbuchten – die *Maltezána-Bucht* im Süden und die *Ágios-Andréas-Bucht* im Norden. Das Bild der wildzerklüfteten Landschaft wird durch die von der Hauptinsel abgerissenen Eilande – *Glinó, Khondró, Kounoúpi, Fokia* und ein Dutzend weiterer – bizarr vervollständigt.

Beim entlegenen Dorf **Armenochóri** wurden zwei Kuppelgräber mit reichen Beigaben an Vasen und Kleinkunst entdeckt. Diese frühesten Dokumente der Besiedlung der Insel stammen aus mykenischer Zeit. Den mykenischen Siedlern folgten um 800 vor Christus dorische Kolonisten aus Mégara. In römischer Zeit war Astypáläa autonom, doch die Römer benutzten ihre Buchten bevorzugt zum Verstecken ihrer Schiffe. Auch haben sie die Insel wohl als Sommerfrische geschätzt, wie man aus vereinzelten Funden von Mosaikfußböden aus römischen Villen schließen darf. Schon im frühen Mittelalter gab es auf Astypáläa christliche Gotteshäuser. Später war sie unter venezianisch-naxischer Herrschaft, während die Johanniter nie Anspruch auf sie erhoben. Sie wurde vom berüchtigten Seeräuber Barbarossa überfallen und geplündert und im 16. Jahrhundert von den Türken erobert. Abgesehen von einer siebenjährigen Freiheitsphase während des griechischen Befreiungskampfes blieb sie türkisch, bis sie 1912 unter italienische Verwaltung kam. Die Italiener gaben Astypáläa zusammen mit den übrigen Dodekanes-Inseln 1948 an Griechenland zurück.

Vom Hafen Skála zur Burgstadt Chóra

Das Schiff ankert an der mächtig in die See geklotzten Betonmole, dann geht es in ein paar Minuten zu Fuß über ein wirtschaftlich genutztes Gelände, das wohl kaum jemand als malerisch beschreiben wird. Mittelpunkt des winzigen Hafenorts **Skála** sind ein kleiner Kiesstrand mit Fischerbooten, ein paar urige Tavernen, ein Touristenbürochen, immerhin vier Hotels, ein improvisiertes Kino, und einige häßliche Betonneubauten verschandeln die Umgebung. Blick und Wunsch werden schnell hinauf zur *venezianischen Festung* gelenkt, die gemeinsam mit der alten Siedlung eine hohe Landzunge krönt und den Hafen imposant überragt. *Ein alter Treppenweg* führt in einer Viertelstunde hinauf zur **Chóra**, der weit eindrucksvolleren Oberstadt.

Dort oben, auf der Naturfestung eines Felsenkaps, gab es schon im Altertum eine Stadt mit Agorá, verschiedenen Tempeln und einer befestigten Akrópolis. Heute wird das Kástro aus dem 13. Jahrhundert von einigen Kapellen und vielen Wohnhäusern umgeben, für die die in geometrischen Mustern gezimmerten Holzgeländer charakteristisch sind. Am Burgtor entdecken wir das Wappen der venezianischen Familie Guerini, die als Herrscher über die Insel um 1230 den Wehrbau errichteten. Oberhalb des Tors steht die *Kirche Unserer Lieben Frau von der Burg* und innerhalb der Festungsmauer die *Kirche Ágios Geórgios.* Sie wurde unter Verwendung von Architekturfragmenten der Akrópolis auf den Fundamenten eines antiken Tempels errichtet. Eine künstlerisch interessante Schnitzikonostase ziert den Innenraum dieser ältesten byzantinischen Inselkirche. Außerdem fallen die Ruinen der einstigen Wohnhäuser auf, deren Rückwände die Wehrmauer bildeten. Anders als bei vergleichbaren ägäischen Burgsiedlungen waren aber die Außenwände mit Fenstern und Balkonen ausgestattet. Permanent drohende Seeräuberüberfälle

Kapellen stehen häufig in der Nähe von Quellen, deshalb sind dort oft Ziegen zu sehen

zwangen einst die gesamte Bevölkerung von Astypáläa in die Mauern der schützenden Burg, die bis zum Zweiten Weltkrieg bewohnt war. Mutige Bürger bauten gegen 1800 die ersten Wohnhäuser außerhalb der Wehrmauern, und ein Jahrhundert später war es kein Problem mehr, die heutige Hafensiedlung anzulegen.

Zu den schönsten Gotteshäusern der Dodekanes zählt die 1764 vom Mönch Anthimos gebaute **Kirche der Panagía Portaítissa** außerhalb der Burgmauern. Das Gnadenbild der «Pforten-Allheiligen» ziert die holzgeschnitzte Bilderwand im Innenraum. Die pittoreske Burgsiedlung zeigt sich von ihrer besten Seite dem, der vom benachbarten Strand von Livádia kommt, oder dem, der von etwas oberhalb über den Bergsattel mit der hübschen Reihe langsam verfallender *Windmühlen* schaut.

Die einzige Straße von Astypáläa führt in den noch einsameren Ostteil der Insel. Beim Weiler **Maltezána** erinnern die Mosaiken einer Thermenanlage an die einstige römische Präsenz. **Ágios Ioánnis** heißt ein prächtig gelegenes *Kloster* mit herrlichem Meeresblick und Resten einer venezianischen Burg aus dem 13. Jahrhundert. Und am äußersten Ende der Insel, beim Fischerdorf **Vathý**, gibt es ein *Kloster der Allheiligen,* die italienische Festung *Kastellána* und eine geheimnisvolle *Drachenhöhle.* Überall auf der Insel stößt man auf schlichte Votivkapellen, gebaut nach frühchristlich-byzantinischer Tradition von dankbaren Seeleuten, die einen bedrohlichen Sturm lebend überstanden.

Es ist Mitte November, und ich sitze in der engen, gemütlichen Taverne auf der linken Seite des kleinen Kieselstrandes von Skála bei Bauernsalat und Retsína. Am Nachmittag hatten die jungen Kätzchen noch in der wärmenden Sonne mit den Fischernetzen gespielt und sich im Baum und unter den bunten Booten versteckt. Jetzt, am Abend, ist es kühl geworden, und der Regen hat eingesetzt. Die Astypáläer sind zusammengerückt, um sich auf den kühlen, aber touristenfreien Winter einzustellen – das letzte Refugium für ihr ureigenes griechisches Leben, frei von Streß und Hektik. Mit uralten, sehnsüchtigen Liedern zu den Klängen der Buzúki verabschieden sie sich vom letzten Fremden. Es ist Zeit für den Gast, an die Rückkehr zu denken. Und ich schreibe in kapitalen griechischen Lettern auf die Papiertischdecke des Gasthauses:

«ΕΥΧΑΡΙΣΤΟ, ΕΛΛΑΣ!»

Anhang

Zeittafel

vor Christus

5.–3. Jtd.	Erste jungsteinzeitliche Siedlungsspuren auf Lémnos, Lésbos, Chíos und Sámos
ca. 4000	Pelasger besiedeln Rhódos
ca. 3000–2600	Karer und Leleger leiten zur Bronzezeit über
ca. 1900	Die indogermanischen Stämme der Achäer, Äolier und Ionier wandern ein
ca. 1200	Der sagenhafte Althaimenes, Enkel des kretischen Königs Minos und Sohn des Krateus, gründet auf Rhódos die Stadt Kritinía
ca. 1100–900	Äolier lassen sich in Chíos und Lésbos nieder, Ionier in Sámos und Chíos, Achäer, die sich mit Doriern vermischen, auf Rhódos und Kos
ca. 1100	Die von der Peloponnes eingewanderten Dorier/Achäer gründen auf Rhódos die selbständigen Stadtstaaten Líndos, Kámiros und Ialysós
ca. 800	Homer lebt und lehrt angeblich auf Chíos (Schule des Homer)
ca. 750–550	Ostägäische Ionier kolonisieren fast den gesamten Mittelmeerraum sowie die Randzonen des Schwarzen Meeres. Lésbos erwirbt Gebiete an der kleinasiatischen Küste. Sámos gründet mit Ägina in Ägypten die Handelsniederlassung Naukratis und in Libyen Thera Kyrene
ca. 700	Die drei rhodischen Städte (Líndos, Kámiros, Ialysós) entwickeln sich zur starken See- und Handels-

	macht und gründen mit Kos, Knídos und Halikarnass den dorischen Sechsstädtebund (Hexapolis)
ca. 600	Rhódos ist eine der bedeutendsten Kolonialmächte mit Besitzungen in Sizilien, Unteritalien, Frankreich, Spanien und Nordafrika. Die ostägäischen Griechen, vor allem auf Sámos und Lésbos, werden auf kulturellem Gebiet führend. Sámos: Dichter Anakreon, Archilos, Ibykos und Semonides. Ingenieur Eupalinos legt einen mehr als einen Kilometer langen Wasserleitungstunnel an. Seefahrer Kolaios durchsegelt die «Säulen des Herakles» und kommt bis Tartessos in Westspanien. Erstmals wird die Ionische Säule angewendet. Lésbos: Alkaios und Sappho, Begründer der lyrischen Dichtung
ca. 560	Bau des Heraion auf Sámos
ca. 550	Kleobulos, einer der Sieben Weisen, regiert in Líndos. Polykrates, Tyrann von Sámos, nutzt Reichtum für Monumentalbauten, Kunst und Wissenschaft. Pythagoras, Mathematiker und Philosoph, wird als Anhänger der Aristokratie von der Insel verbannt
547	Perser erobern die ostägäischen Inseln
499	Der Ionieraufstand, an dem sich auch Äolier beteiligen, wird von Persern niedergeschlagen
480	Lésbos, Chíos und Sámos werden gezwungen, an der Seite der Perser gegen Griechenland zu ziehen
490–478	Griechenland besiegt die Perser, unter anderem am Mykale-Gebirge vor Sámos
477	Rhódos, Lésbos, Chíos und Sámos treten dem 1. Attischen Seebund bei
464	Pindar dichtet die 7. olympische Hymne für den Olympiasieger Diagoras aus Kámiros (Rhódos)
460	Hippokrates, der Begründer der modernen Heilkunst, wird auf Kos geboren
440	Sámos erhebt sich gegen Athen, das gemeinsam mit Lésbos und Chíos den Aufstand niederschlägt

428	Auch Lésbos lehnt sich gegen die Führungsmacht des Attischen Seebundes auf
431–404	Sparta besiegt Athen im Peloponnesischen Krieg. Die Perser profitieren von diesem Kampf
408	Die neu gegründete Stadt Rhódos wird gemeinsame Hauptstadt der gesamten Insel. Rhódos gründet einen Inselstaat mit Sýme, Télos, Nísyros, Chálke und Kárpathos
399–394	Sparta als Schutzmacht der ostägäischen Inseln gegen die wiedererstarkenden Perser
377	Der 2. Attische Seebund wird gegründet, Rhódos, Kos und Chíos verlassen ihn 13 Jahre später wieder
372–287	Theophrastos von Lésbos, Naturphilosoph und Nachfolger des Aristoteles
357	Rhódos, Kos und Chíos werden wie das übrige Griechenland unter Philipp II. makedonisch
334	Alexander der Große besetzt Rhódos
323–281	Durch die Diadochenkämpfe kommt es zur Aufteilung der ostägäischen Inseln zwischen den Makedoniern und den Ptolemäern. Chíos, Sámos und Lésbos erleben in hellenistischer Zeit eine Blüte
305–304	Vergebliche Belagerung von Rhodos durch den Diadochenkönig Demetrios Poliorketes. Zur Erinnerung an die Abwendung dieser Gefahr schafft Chares aus Líndos den Koloß von Rhódos
ca. 270	Aristarchos von Sámos verbreitet die Lehre vom heliozentrischen Weltbild
227	Rhódos wird durch Erdbeben zerstört
ab 146	Allmähliche Eingliederung der ostägäischen Inseln in die römische Provinz Asia
135–51	Der Philosoph Poseidonios aus Sými gründet die Universität Rhódos. Bedeutende stoische Philosophenschule unter Aischines
31	Sukzessive Autonomieerklärungen für die ostägäischen Inseln durch verschiedene römische Kaiser

nach Christus

44	Rhódos wird römische Provinz
250	Martyrium des heiligen Isidoros auf Chíos
297	Rhódos kommt unter Diokletian zur provincia insularum
395	Nach der Teilung des Römischen Reiches kommen die ostägäischen Inseln wie ganz Griechenland zu Ostrom mit der Hauptstadt Konstantinopel
5. Jh.	Erste christliche Gemeinden auf den Inseln
6.–9. Jh.	Fremde Volksstämme und Seeräuber terrorisieren die Inseln
10.–12. Jh.	Kreuzritter, Venezianer und Genuesen bedrohen die Inseln
1082–1097	Venezianer und Genuesen kämpfen um Rhódos
1124	Venezianer erobern Chíos und Sámos, später auch andere Inseln, schließlich werden Lésbos und Chíos von den Genuesen eingenommen
1309	Mit der Übergabe von Rhódos ist die gesamte Dodekanes in den Händen der Johanniter
1346	Chíos kommt in den Besitz der genuesischen Handelsgesellschaft der Giustiniani, seit dem 15. Jahrhundert auch Sámos
1355	Lésbos kommt an Francesco Gatelusi aufgrund seiner Heirat mit Maria, der Schwester des Kaisers Johannes Paläologos
1453	Die Türken unter Mohammed I. erobern Konstantinopel. Noch im selben Jahr fällt Sámos an das Osmanische Reich
1462	Die Türken belagern, erobern und plündern Lésbos. Ein Teil der Bevölkerung wird deportiert, ein anderer unter starke Repressalien gestellt. Eine leichte Besserung tritt erst mit dem Türkei-Rußland-Abkommen 1770 ein
1475	Übergabe von Sámos an die Türken. Die Bevölke-

	rung verläßt die Insel, die erst 100 Jahre später wiederbesiedelt wird
1480	Die Flotte Sultan Mehmeds II. belagert Rhódos 90 Tage lang vergebens
1523	Sultan Süleyman der Prächtige erobert Rhódos, das bis 1912 von der Türkei besetzt ist
1566	Chíos kommt ohne Blutvergießen zum Osmanischen Reich und verfügt bis 1822 über Teilautonomie. Chíos erblüht zur reichsten Stadt der Levante
1821	Im griechischen Freiheitskampf können die meisten Inseln die türkische Fremdherrschaft vorübergehend abschütteln
1822	Im Massaker von Chíos metzeln die Türken 40000 Griechen nieder
1830	Im Londoner Protokoll entscheiden die europäischen Großmächte über das Schicksal Griechenlands. Während das Festland (außer Nordgriechenland) souveränes Königreich wird, werden die Inseln der östlichen Ägäis an die Türkei zurückgegeben
1834	Sámos wird autonomes Fürstentum unter türkischer Oberhoheit
1912	Lémnos, Lésbos, Chíos und Sámos werden mit Griechenland vereint. Italien besetzt die bis dahin vom Osmanischen Reich verwaltete Dodekanes, die sie 1947 wieder abtreten muß
1922	Ein gegen die Türkei verlorener Krieg zwingt 1,6 Millionen Griechen, Kleinasien zu verlassen. Auf Lésbos, Chíos und Sámos lassen sich Tausende Flüchtlinge nieder
1941–1945	Besetzung der Inseln im Zweiten Weltkrieg durch Italiener und Deutsche
1945–1949	Bürgerkrieg zwischen moskauorientierten Gruppen und der westlich-royalistischen Regierung, der mit Hilfe der USA für die Royalisten entschieden wird. Viele Kommunisten lassen sich auf Ikaría nieder

1946	Georg II. wird griechischer König, nach seinem Tod 1947 folgt sein Bruder Paul I. auf dem Thron (bis 1964)
1947–1948	Die Briten geben Rhódos und die Dodekanes – einem auf Sỳmi unterzeichneten Vertrag gemäß – an das griechische Mutterland zurück
1952	Griechenland tritt in die Nato ein, die sie im militärischen Bereich (nicht aber im politischen) 1974 wieder verläßt
1964	Konstantin II. wird König von Griechenland
1967	Die konstitutionelle Monarchie wird durch einen Militärputsch beseitigt, der König geht ins Exil, bleibt jedoch formal Staatsoberhaupt
1973	Durch eine neue Verfassung wird Griechenland Präsidialrepublik
1974	Der Zypernkonflikt bringt die Militärjunta zum Sturz. Nach einem Plebiszit wird Griechenland parlamentarische Republik mit neuer Verfassung (1975). Konstantin Karamanlis, der aus dem Exil zurückkehrt, wird Premierminister (1980–1985 Staatspräsident)
1981	Griechenland tritt in die EG ein (seit 1961 assoziiertes Mitglied). In Parlamentswahlen wird die bislang regierende «Neue Demokratie» (ND) von der «Panhellenischen Sozialistischen Bewegung» (Pasok) abgelöst und Andrea Papandreou zum Ministerpräsidenten gewählt
1985	In den Parlamentswahlen wird die Pasok mit absoluter Mehrheit bestätigt. Papandreou bleibt Ministerpräsident

Glossar

Abakus	rechteckige Deckplatte eines dorischen, ionischen oder korinthischen Kapitells
Abaton	Liegehalle
Adorant	Anbetender; Gestalt, die mit erhobenen Händen Gott verehrt
Adyton	Allerheiligstes
Ägis	Panzer oder Schild mit Gorgonenhaupt und einem Ring von Schlangen
Äskulapstab	Symbol der Ärzte in Form eines Stabes, der von einer Schlange umwunden wird, benannt nach Asklepios, dem Gott der Heilkunde (Heiligtümer u. a. in Kos, Epidauros)
Agorá	Marktplatz
Akanthus	Blattmotiv vor allem an korinthischen Kapitellen
Akropolis	hochgelegener Zufluchtspunkt antiker Städte; Burgberg
Akroter	Bekrönung auf Dachecken und Firstspitzen
Altane (Söller)	unterbaute offene Plattform
Ambo	Kanzel oder Podium für Evangeliums- oder Epistellesungen
Amphiprostylos	Tempel mit vorderer und hinterer Säulenhalle
Amphitheater	ellipsenförmiger, rundum geschlossener Theaterbau
Amphore	antikes Vorratsgefäß mit schmalem Hals und zwei Henkeln
Ante	vorspringendes Mauerstück; ein Antentempel hat als Vorhalle zwei Anten mit zwei Säulen dazwischen
Apotropaion	Schutzsymbol, um Übel abzuwenden
Apsis	halbrunde Altarnische in der Außenwand eines Chors
Aquädukt	Wasserleitung(sbrücke)

Architrav	Balken, meist aus Stein (auch Holz oder Ziegeln), als unterstes Glied des Epistyls auf dem Säulenkapitell
Archivolte	Bogeneinfassung
Archontika	Herrenhäuser
Arkade	Bogenreihe auf Pfeilern oder Säulen
Arkatur	mehrere aufeinanderfolgende Arkaden
Artefakt	von Menschen bearbeitetes Produkt der Vorzeit
Atrium	Zentralhof eines römischen Hauses; Vorhof einer christlichen Basilika
Auditorium	akademische Lehrstätte, Hörsaal
Baldachin	Prunkhimmel auf Säulen oder Stangen über Altar, Thron usw.
Balustrade	Geländer auf kurzen Stützgliedern
Baptisterium	Taufkirche oder -kapelle
Basilika	langgestreckter Bau mit drei oder fünf Schiffen und höherem, durch eigene Fenster belichtetem Mittelschiff
Basis (Sockel)	ausladender Fuß einer Säule oder eines Pfeilers
Bazar	orientalischer Markt
Bema	Altar, Altarraum, Chorschranke, auch Kanzel
Bossen	die absichtlich und/oder grob bearbeitete Sichtseite von Natursteinen
Bothros	heilige Opfergrube
Bouleuterion	griechisches Rathaus
Bucchero	ostionische und etruskische Vasengattung des 8. bis 6. Jh. v. Chr.
Bukranion	Relieffries mit Stierköpfen und Girlanden
Caldarium	Heißwasserraum im römischen Bad
Caldera	vulkanischer Ringkrater
Campanile	freistehender italienischer Glockenturm
Cavea	Zuschauerraum eines Theaters
Cella	Hauptraum im Tempel, meist mit Kultbild
Chalkothek	Magazin für Bronzen
Chiton	Tunika

Chlamys	leichter Mantel, von Epheben getragen
Chor	Raum zwischen Apsis und Quer- oder Langhaus
Chorege	Chorleiter im Theater
chthonisch	unter der Erde wohnend
Ciborium	pavillonartiger Altarüberbau, meist mit Säulen
Codex	handschriftliches Buch, auch Gesetzbuch
Cuneus	von Treppen eingegrenzte Sitzreihe eines Theaters
Deesis	Darstellung Christi auf dem Thron, zur Linken die Gottesmutter, zur Rechten Johannes der Täufer
Demos	Dorfgemeinde
Devotionalien	fromme Gegenstände der persönlichen Andacht
Diadochen	um den Vorrang streitende Nachfolger einer bedeutenden Persönlichkeit
Diakonikon	Nebenraum am Ende des Seitenschiffes der frühchristlichen Basilika
Diazoma	konzentrischer Gang im Theaterrund
Dionysien	Fest zu Ehren des Wein- und Fruchtbarkeitsgottes Dionysos
Dipylon	Doppeltor
Dipteros	Tempel mit doppeltem Säulenring
Dormitorium	Schlafraum eines Klosters
Dreikonchenbau	Bau mit kreuzförmigem Grundriß, dessen drei Arme in Apsiden enden
Dromos	Korridor oder Gang (z. B. zu Gräbern)
Echinus	wulstiges Glied des ionischen und dorischen Kapitells
Eierstab	wellenförmiges Profil mit Ornament von eierförmigen Blättern (s. a. Kymation)
Empore	Galerie im Obergeschoß mehrschiffiger Kirchen
Entasis	Schwellung (bei Säulen)
Epigonation	Teil des orthodoxen Bischofsgewandes, ein herabfallendes Tuch als Sinnbild des geistlichen Schwerts

Epistyl	Gebälk
Epitaphios	zeremonielles Bahrtuch
Epitrachelion	der Stola verwandte Halsbinde des orthodoxen Priestergewandes
Eponymen	Priester, nach denen das Jahr benannt wurde
Erotes	Figuren von Eros, dem Gott der Liebe
Eso-/Exonarthex	Innen-/Außen-Narthex (Vorhalle einer Kirche)
Evangeliar	mittelalterliche, häufig mit Kleinmalereien versehene liturgische Handschrift, welche die vier Evangelien enthält
Exedra	halbrunde Nische ohne Dach
Exonarthex	äußere Vorhalle einer Kirche (s. a. Narthex)
Fikellura-Vasen	ostionische Vasengattung des 6. Jh., benannt nach dem Fundort auf Rhódos
Figurine	kleine figürliche Skulptur
Flechtband	Ornament aus zwei verflochtenen Bändern
Fries	Gesimsstreifen, Verzierung
Fridigidarium	Kaltwasserraum im römischen Bad
Geison	Kranzgesims
griechisches Kreuz	Kreuz mit vier gleich langen Armen
Gurtbogen	Verstärkungsbogen bei Tonnengewölben
Gymnasium	antike Ausbildungsstätte für männliche Körperertüchtigung
Hekatombe	einem Unheil zum Opfer gefallene Menschenmenge, ursprünglich Opferung von hundert und mehr Tieren
Hekatompedos	griechischer Tempel mit einer Länge von 100 Fuß
Herme	rechteckiger Pfeiler, gewöhnlich mit einem Phallus, von einer Büste gekrönt
Heroon	Platz oder Bau für die göttliche Verehrung eines Sterblichen
Hestia	Küche des Klosters
Hetäre	Geliebte bedeutender Männer, Prostituierte
Hieron	Altarraum

Himation	länglicher Mantel, über die linke Schulter gezogen und über oder unter dem rechten Arm festgehalten
Hippodamisches System	Bezeichnung für die mit Rastergitter angelegten Planstädte des Altertums, benannt nach Hippodamos von Milet (5. Jh. v. Chr.)
Hoplit	schwerbewaffneter Fußsoldat
Hydria	Wasserkrug der griechischen Antike
Hypokausten	Warmluftheizung unter dem Fußboden in römischen Häusern und Bädern
Hypostyl	Säulenhalle
Ikonoklasmus	Bildersturm, Vernichtung von Heiligenbildern durch die byzantinische Kirche
Ikonostase	Bilderwand zwischen Gemeinderaum und Allerheiligstem der griechisch-orthodoxen Kirche
Illumination	mittelalterliche Buchmalerei
Inkrustation	dekorative Steineinlagen
Kannelüren	Rillen an Säulenschäften und Pilastern
Kapitell	oberer Säulen- oder Pfeilerabschluß
Karawanserei	Herberge und Versorgungsstätte für Karawanen, orientalischer Bautypus
Kartause	Einzelzelle eines Mönchs, Einsiedelei
Karyatide	Mädchenstatue, die anstelle von Säulen das Gebälk eines Bauwerks trägt
Kasematte	Gang und Kammer für Verteidigungszwecke in Befestigungsmauern
Kassetten	rechteckige oder runde, meist vertiefte Decken- oder Gewölbefelder
Katakombe	unterirdische Grabanlage
Kathedra	Bischofsthron
Katholikon	Hauptkirche eines Klosters
Kenotaph	Scheingrab
Kentauren	Fabelwesen mit menschlichem Oberkörper und Pferdeleib
Kleruch	Staatskolonist des griechischen Altertums

Kolonnade	Säulengang mit geradem Gebälk
Konche	Nische, Apsis
Konsole	aus der Mauer hervortretender Tragstein als Stütze eines Gebälks oder Gewölbes
Kore	Mädchen
Kouros	Knabe, archaische männliche Figur
Kranzgesims	oberster waagerechter hervorgspringender Abschluß eines Baus
Krater	Mischkrug des griechischen Altertums
Kreuzgang	Umgang um den Klosterhof
Kreuzgewölbe	aus zwei sich kreuzenden Tonnen gebildetes Gewölbe
Kreuzkuppelkirche	Kirche mit Grundriß in Form eines griechischen Kreuzes
Krypta	Raum unter dem Kirchenchor für Reliquien oder als Grab
Kufische Schrift	arabische Monumentalschrift, benannt nach der Stadt Kufa
Kuppel	halbrunde Gewölbe über kreisrundem Grundriß
Kurvatur	horizontale Krümmung in Stylobat und Gebälk
Kyma(tion)	wellenförmiges Profil, mit verschiedenen Ornamenten verziert
Laconicum	Schwitzbad in römischen Bädern
Langhaus	Teil einer Kirche vor dem Querhaus oder Chor
Laterne	Aufbau mit Lichtzufuhr, meist über der Scheitelöffnung einer Kuppel
Leibung	innere Mauerfläche einer Wandöffnung
Lekythos	Henkelkrug
Lisene	leicht vorspringendes, vertikales Mauerband
Mäander	Zierband mit rechtwinkligen oder spiralförmig geschwungenen Ornamenten
Mänade	sich wild gebärdende Frau
Majestas Domini	der auf dem Thron dargestellte Christus
Martyrion	Märtyrergrab

Mausoleum	monumentales Grabmal
Medrese (Medresse)	die einer Moschee angeschlossene Koranschule
Megaron	rechteckiger Bau mit Giebeldach und offener Vorhalle
Metope	abgeteiltes rechteckiges Relief im Gebälk dorischer Tempel
Metroplit	orthodoxer Bischof, der einer Kirchenprovinz vorsteht
Mitropolis	Kirche eines Metropoliten, Kathedrale
Moni	Kloster
Monolith	Bauteil aus einem einzigen Steinblock
Monopteros	Säulentempel ohne Cella
Naiskos	kleiner, säulenloser Tempel
Naos	Innenraum, Cella
Narthex	Vorhalle der christlichen Basilika
Naumachia	Gladiatorenkampf in Form einer Seeschlacht, vorgeführt in der überfluteten Arena eines Amphitheaters oder in eigens dafür angelegten Bekken
Nekropole	antike Totenstadt
Netzgewölbe	netzartig angeordnete Gewölberippen
Nymphaion	Brunnenanlage
Odeion (auch: Odeon, Odeum)	dem antiken Theater ähnliches Gebäude, vorwiegend für musikalische Darbietungen
Oikos	Haus
Oktogon	Achteck
Opisthodomos	rückwärts an die Cella anschließende Halle
Orchestra	Tanzplatz für den Chor im Zentrum eines Theaters
Orthostat	hochkant stehender Quader, meist unterste Schicht von Hauswänden oder anderen Mauern
Paläontologie	Wissenschaft der vorgeschichtlichen Tierwelt
Palästra	Trainingsstätte für Athleten
palladianesk	dem klassizistischen Architekturstil Palladios verwandt

Palladion	altertümliches Kultbild der Pallas Athene
Panagía	Gottesmutter
Panígyris	Kirchenfest
Pantokrator	Christus als Weltenherrscher
Paraskenion	Seitenflügel des Bühnengebäudes
Parekklesia	Kapelle als Nebengebäude einer byzantinischen Kirche
Pendentif	sphärisches Dreieck, das vom Quadrat oder Rechteck des Grundrisses zum Kuppelkreis überleitet
Peplos	Mantel aus einem Stück, drapiert von Frauen getragen
Peribolos	Umfassungsmauer eines Heiligtums
Peripteraltempel, Peripteros	Tempel, auf vier Seiten von Säulenhallen eingefaßt
Peristasis	Säulenkranz eines Peripteraltempels
Peristyl	von Säulen umgebener Hof
Pfeiler	Stützglied mit quadratischem oder rechteckigem Grundriß (s. a. Säule)
Pilaster	Wandpfeiler mit Kapitell und Basis
Pinakothek	antike Gemäldesammlung
Platía	Platz
Plinthe	Platte, Sockel, Säulenbasis
Podium	niedrige, fortlaufende Mauer, die die Säulenhalle eines Gebäudes umgibt
Polygon	Vieleck
Poros	weicher, roher, muschelhaltiger Kalkstein (Tuff)
Portikus	Vorhalle mit Säulen oder Pfeilern
Presbyter	Kirchenältester, Priester
Presbyterium	Raum vor der Apsis, Altarraum
Prónaos	der Cella vorgelagerte Vorhalle eines Tempels
Propylon, Propyläen	Eingangstor zu einem Temenos, einem heiligen Bezirk
Proskenion	Vorderbühne
Prostylos	Tempel mit Säulenvorhalle

Prytaneion	Gemeindehaus, Heimstätte des staatlichen Herdfeuers
Psaltírion	Pult für Psalmbücher
Pteron	Raum zwischen Vorhalle und Säulenkranz
Pýrgos	Turm
Quadriga	vierspänniger Wagen
Querhaus	Raumteil einer Kirche quer zur Hauptachse zwischen Langhaus und Chor
Refektorium	Speisesaal eines Klosters
Reliquiar	artifiziell gestaltetes Behältnis zur Aufbewahrung von Reliquien
Rhyton	Trinkgefäß
Risalit	vortretender Architekturkörper in der Mitte oder an der Seite eines Gebäudes
rustiziert (von: Rustika)	siehe Bossen
Rotunde	Rundbau
Säule	Stützglied mit rundem Grundriß (s. a. Pfeiler)
Sanktuarium	Heiligtum, Altarraum einer katholischen oder orthodoxen Kirche
Satrap	Statthalter im alten Persien
Sgraffito	Kratzputz, Wandmalereien am Außenbau
Sima	Dachrand zum Auffangen des Wassers, das über Wasserspeier abgeleitet wird
Simandron	hölzerne Stundentrommel der griechischen Klöster, mit denen die Gebetsstunden angekündet wurden
Skene	Bühne eines Theaters
Skevophylakion	Schatzkammer eines Klosters
Spolie	wiederverwendeter Bauteil aus alten Bauten
Stele	vertikal aufgestellte Platte mit Relief oder Inschriften (meist auf Gräbern)
Stereobat	Unterbau eines Tempels
Stoá	Säulenhalle ohne Verbindung zu einem Gebäude

Stola	über die Schultern eines Priesters gelegtes liturgisches Band
Stratege	griechischer Heerführer
Strebepfeiler	Mauerzunge, senkrecht zur Außenmauer, die zur Verstrebung der Wand dient
Sturz	waagerechter oberer Abschluß einer Tür oder eines Fensters
Stylobat	oberste Stufe des Tempelunterbaus
Substruktion	Unterbau
Synoikismos	Vereinigung verschiedener Gemeinden zu einer neuen Stadt
Synthronon	Klerusbank
Tambour	Unterbau einer Kuppel
Taxiarchen	Erzengel
Telesterion	Mysterienspiel der griechischen Antike
Temenos	heiliger Bezirk
Témplon	Chorwand (s. a. Ikonostase)
Tepidarium	Raum mit lauwarmem Wasser in römischen Bädern
Terrakotten	kleine Figur oder Vase aus gebrannter Tonerde
Thema	byzantinische Provinz
Thermen	beheizbare Badeanlagen
Thesauros	Schatzhaus
Thiasos	Festschwarm des Dionysos (Mänaden, Satyrn, Silene); allgemein Versammlung zu Ehren eines Gottes
Tholos	Rundbau
Tiára	Papstkrone, Spitzhut der alten Perser
Tonnengewölbe	Gewölbe mit halbkreisförmigem Querschnitt
Torso	Bruchteil einer Statue, meist der Rumpf
Transept	Querschiff
Trapeza	Speisehaus (s. a. Refektorium), Tisch, Altar
Triere	s. Trireme
Tripode	Dreifuß
Trireme	griechische Galeere mit drei Reihen Ruderern

Trommel	Teil einer Säule
Trompe	viertelkugelförmiges Gewölbe zwischen quadratischem Raum und Kuppelkreis
Tropaion	Siegesmal
Trullo	apulisches Wohnhaus auf rundem Grundriß und mit sich verjüngendem Dach
Tumulus	kegelförmiger Grabhügel
Tympanon	dreieckiges oder bogenförmiges Giebelfeld
Verkröpfung	Gebälkvorsprung, meist von Säulen oder Pilastern
Vierkonchenanlage	an vier Seiten eines Zentralbaus angefügte halbrunde Nischen
Vierung	Raum im Schnittpunkt von Langhaus und Querschiff
Volute	schneckenförmig eingerolltes Ende eines Stengels (Ornament am ionischen Kapitell)
Zentralbau	Baukörper mit gleich langen Hauptachsen
Zisterne	Auffangbecken für Regenwasser, das als Trinkwasser genutzt werden soll
Zwickel	Gewölbeteil in Form eines sphärischen Dreiecks, durch das der Übergang vom rechten Winkel zum Kreis geschaffen wird
Zyklopenmauer	aus sehr großen Bruchsteinen errichtete Mauer der Frühgeschichte, benannt nach den Kyklopen, einem sagenhaften Volk von Riesen

Mini-Sprachführer Neugriechisch: die wichtigsten Wörter und Wendungen

Das griechische Alphabet

Transliteration, neugriechische Aussprache

α	=	a	
β	=	v	w
γ	=	g	g vor a, o, u, j vor e, i
δ	=	d	stimmhaftes engl. th
ε	=	e	
ζ	=	z	stimmhaftes s
η	=	i	
θ	=	th	stimmloses engl. th
ι	=	i	
κ	=	k	
λ	=	l	
μ	=	m	
ν	=	n	
ξ	=	x	
ο	=	o	
π	=	p	
ρ	=	r	
σ, ς	=	s	stimmloses s, außer vor v, g, m, n
τ	=	t	
υ	=	y	i
φ	=	ph	f
χ	=	ch	
ψ	=	ps	
ω	=	o	
αυ, ευ	=	av, ev	aw, ew (af, ef)
ου	=	ou	u
αι	=	ai	ä

ει	= ei	i
οι	= oi	i
μπ	= b,	im Inlaut mb
ντ	= d,	im Inlaut nd
γγ	= gg	ng

(Die Akzente geben die Betonung an)

guten Tag	kaliméra	καλημέρα
guten Abend	kalispéra	καλησπέρα
gute Nacht	kaliníchta	καληνύχτα
Leb wohl! Leben Sie wohl!	jiá su, jiá sas	γειά σου, γειά σας
auf Wiedersehen	chérete, adío	χαίρετε, αντίο
ja	né, málista	ναι, μάλιστα
nein	óchi	όχι
danke	efcharistó	ευχαριστώ
bitte	parakaló	παρακαλώ
Entschuldigung	signómi	συγνώμη
in Ordnung	endáxi	εν τάξει
Es ist nicht in Ordnung	den íne endáxi	δεν είναι εν τάξει
Es ist...	íne...	είναι...
hier – dort	edó – ekí	εδώ – εκεί
unten – oben	káto – páno	κάτω – πάνω
wenig – viel	lígo – polí	λίγο – πολύ
gut – schlecht	kaló – kakó	καλό – κακό
groß – klein	megálo – mikró	μεγάλο – μικρό
kalt – warm	krío – sestó	κρύο – ζεστό
Wo ist...	pu íne...	που είναι...
der Bahnhof – der Zug	o stathmós – to tréno	ο σταθμός – το τραίνο
der Flughafen – das Flugzeug	to aerodrómio – to aeropláno	το αεροδρόμιο – το αεροπλάνο
der Hafen – das Schiff	to limáni – to plío (to karávi)	το λιμάνι – το πλοίο το καράβι

der Autobus	to leoforío	το λεωφορείο
das Auto – das Taxi	to aftokínito – to taxí	το αυτοκίνητο – το ταξί
die Fahrkarte (die Eintrittskarte)	to isitírio	το εισιτήριο
links – rechts	aristerá – dexiá	αριστερά – δεξιά
die Straße	i odós (in der Stadt), o drómos (auf dem Land)	η οδός – ο δρόμος
Norden	vóras	βορρᾶς
Süden	nótos	νότος
Westen	dísis	δύσις
Osten	anatóli	ἀνατολή
Welches ist der Weg nach...	piós íne o drómos j iá...	ποιός είναι ο δρόμος γιά...
die Bank	i trápeza	η τράπεζα
das Geld	ta leftá	τα λεφτά
Können Sie mir Geld umtauschen?	boríte na mu alláxete leftá	μπορείτε να μου αλλάξετε λεφτά;
die Toilette	i tualétta	η τουαλέτα
für Frauen	jinäkón	γυναικών
für Männer	andrón	ανδρών
die Post	to tachidromío	το ταχυδρομείο
die Briefmarke	to grammatósimo	το γραμματόσημο
das Hotel	to xenodochío	το ξενοδοχείο
das Restaurant	to estiatório (i tavérna)	το εστιατόριο (η ταβέρνα)
das Spital	to nosokomío	το νοσοκομείο
die Apotheke	to farmakío	το φαρμακείο
das Telefon	to tiléfono	το τηλέφωνο
die Kirche	i eklisía	η εκκλησία
das Museum	to musío	το μουσείο
Griechenland	i Ellás, i Elláda	η Ελλάς, η Ελλάδα
der Grieche – die Griechin	o Éllinas – i Ellinída	ο Έλληνας – η Ελληνίδα

Deutschland	i Jermanía	η Γερμανία
der Deutsche – die Deutsche	o Jermanós – i Jermanída	ο Γερμανός – η Γερμανίδα
Österreich	i Afstría	η Αυστρία
der Österreicher – die Österreicherin	o Afstriakós – i Afstriakída	ο Αυστριακός – η Αυστριακίδα
die Schweiz	i Elwetía	η Ελβετία
der Schweizer – die Schweizerin	o Elwetós – i Elwetída	ο Ελβετός – η Ελβετίδα
Ich bin… – Bist du…?	íme… – íse…?	είμαι… – είσαι…;
Wie geht es?	ti kánete?	τι κάνετε;
Es geht mir ausgezeichnet	íme miá chará	είμαι μιά χαρά
Es gefällt mir hier gut	mu aréssi polí edó	μου αρέσει πολύ εδώ
Wie heißen Sie?	pos léjeste?	πως λέγεστε;
Schöner Tag heute	oréa méra símera	ωραία μέρα σήμερα
Sprechen Sie Englisch?	miláte anglikà?	μιλάτε αγγλικά;
Ich verstehe nicht	den katalawéno	δεν καταλαβαίνω
Wieviel Uhr ist es?	ti óra íne?	τι ώρα είναι;
Ich spreche nicht Griechisch	den miláo elliniká	δεν μιλάω ελληνικά
Geben Sie mir bitte…	dóste mu parakaló…	δώστε μου παρακαλώ…
Bringen Sie mir bitte…	férte mu parakaló…	φέρτε μου παρακαλώ…
Wieviel kostet es?	póso káni? (póso kostizi?)	πόσο κάνει; (πόσο κοστίζει;)
Kellner, bitte zahlen	garsóni, to logariasmó, parakaló	γκαρσόνι, το λογαριασμό, παρακαλώ
Das Essen ist ganz kalt	to faí íne telíos krío	το φαί είναι τελείως κρύο
der Wein	to krasí	το κρασί
das Wasser	to neró	το νερό

das Mineralwasser	to neró metallikó	το νερό μεταλλικό
das Bier	i bíra	η μπίρα
der Tee	to tsái	το τσάϊ
Nescafé mit Milch	neskafé me gála	νεσκαφέ με γάλα
griechischer Kaffee	ellinikós kafés	ελληνικός καφές
ohne Zucker	skétos	σκέτος
mit wenig Zucker	métrios	μέτριος
mit viel Zucker	glikós	γλυκός
Zitrone – Limonade	lemóni – lemonáda	το λεμόνι – η λεμονάδα
Orange – Orangeade	portokáli – portokaláda	το πορτοκάλι – η πορτοκαλάδα
die Früchte	ta frúta	τα φρούτα
das Brot	to psomí	το ψωμί
der Bauernsalat	i choriátiki saláta	η χωριάτικη σαλάτα
der Zucker	i sáchari	η ζάχαρη
Öl – Essig	ládi – xídi	το λάδι – το ξύδι
Salz und Pfeffer	aláti ke pipéri	αλάτι και πιπέρι

1	éna	ένα
2	dío	δύο
3	tría	τρία
4	téssera	τέσσερα
5	pénte	πέντε
6	éxi	έξι
7	eptá	επτά
8	ochtó	οχτώ
9	enéa	εννέα
10	déka	δέκα
11	éndeka	ένδεκα
12	dódeka	δώδεκα
13	dekatría	δεκατρία
14	dekatéssera	δεκατέσσερα
15	dekapénte	δεκαπέντε

16	dekaéxi	δεκαέξι
17	dekaeptá	δεκαεπτά
18	dekaochtó	δεκαοχτώ
19	dekaenéa	δεκαεννέα
20	íkosi	είκοσι
30	triánda	τριάντα
40	saránda	σαράντα
50	peninda	πενήντα
60	exínda	εξήντα
70	ewdomínda	εβδομήντα
80	ochdónda	ογδόντα
90	enenínda	ενενήντα
100	ekató	εκατό
200	diakósia	διακόσια
300	triakósia	τριακόσια
400	tetrakósia	τετρακόσια
500	pentakósia	πεντακόσια
600	exakósia	εξακόσια
700	eptakósia	επτακόσια
800	ochtakósia	οχτακόσια
900	eniakósia	εννιακόσια
1000	chília	χίλια
2000	dío chiliádes	δύο χιλιάδες
3000	trís chiliádes	τρεις χιλιάδες
4000	tésseris chiliádes	τέσσερεις χιλιάδες
5000	pénte chiliádes	πέντε χιλιάδες

Literaturhinweise

Diese Bücherliste kann nicht mehr sein als eine Auswahl aus der Fülle der Werke, die über Griechenland im allgemeinen und die ostägäischen Inseln im besonderen erschienen sind. Sie beschränkt sich auf Titel, die zur Zeit des Erscheinens dieses Reiseführers greifbar waren. Darüber hinaus führt jede Buchhandlung und jede Bibliothek neuere und ältere Publikationen über alle Themen im Zusammenhang mit den ostägäischen Inseln.

Adelphus, Johannes: Ausgewählte Schriften. Bd. 2. Historia von Rhodis. Die Türckisch Chronica (de Gruyter, Berlin)

Alkaios: Lieder. Griechisch-deutsch (Artemis, Zürich und München)

Bamm, Peter: An den Küsten des Lichts (Droemer Knaur, München)

Baumann, Hellmut: Die griechische Pflanzenwelt. In Mythos, Kunst und Literatur (Hirmer, München)

von Bolzano, Klaus/von Bolzano, Yvonne: Das andere Rhodos (Otto Müller, Salzburg)

Bradford, Ernle: Die Griechischen Inseln (Prestel, München)

Buchholz, Hans G./Althaus, Egon: Nisyros – Giali – Kos. Ein Vorbericht über archäologisch-mineralogische Forschungen auf griechischen Inseln (Zabern, Mainz)

Carlsen, Anne (Hrsg.): Griechische Märchen (Dausien, Hanau)

Chandler, Richard: Reisen in Kleinasien. Nachdruck der Ausgabe Leipzig 1776 (Olms, Hildesheim)

David, Thomas/Worm, Susanna: Die griechischen Inseln. Der mythische Archipel (Reich, Luzern)

Deichgräber, Karl: Die Epidemien und das Corpus Hippocraticum. Voruntersuchungen zu einer Geschichte der koischen Ärzteschule (de Gruyter, Berlin)

Denham, Henry M.: Die Ägäis – Küsten, Häfen, Inseln. Ein Führer für Sportschiffer (Delius Klasing, Bielefeld)

Der Johanniter-/Der Malteserorden (Wienand, Köln)

Diakidis-Mark, Theonie: Griechische Inselküche (Prestel, München)

Fink, Humbert: Am Anfang war die Ägäis (Goldmann, München)

Freyer-Schauenburg, Brigitte: Bildwerke der archaischen Zeit und des Strengen Stils (Habelt, Bonn)
Freyer-Schauenburg, Brigitte: Elfenbeine aus dem samischen Heraion (de Gruyter, Berlin)
Gagelmann, Hartmut: Eine Insel wird zum Stern. Selbstfindung auf Rhodos (Walter, Olten und Freiburg)
Gaitanides, Johannes: Das Inselmeer der Griechen (Goldmann, München)
Gaitanides, Johannes/Worm, Susanne I.: Kreta – Rhodos – Zypern. Ägäisches Trio (Fischer TB 30620)
Gallas, Klaus: Rhodos. Kunstreiseführer (DuMont, Köln)
van Gelder, Hendrik: Geschichte der Alten Rhodier (Scientia, Aalen)
Hänssler, Erich: Griechenlands wenig bekannte Inseln. Bd. 1: Karpathos – Anafi – Chalki. Bd. 2.: Chios – Psara (Hänssler, Neuhausen b. Stuttgart)
Hausmann, Helga/Hausmann, Ulrich: Griechische Blumen. Natur, Brauchtum, Dichtung (Wasmuth, Tübingen)
Helck, Wolfgang: Die Beziehung Ägyptens und Vorderasiens zur Ägäis bis ins 7. Jahrhundert vor Christus (Harrassowitz, Wiesbaden)
Herodot: Historien. Griechisch-Deutsch. 2 Bde. (Artemis, Zürich und München)
Höhler, Gerd: Begegnung mit Griechenland. Kultur – Geschichte – Politik (rororo 7841)
Höllhuber, Dietrich/Tietze, Ulrike: Die Insel Karpathos. Wanderungen in der Ägäis zwischen Tradition und Tourismus (Ikarus, Fulda)
Homer: Ilias (Artemis, Zürich und München)
Horn, Andrea/Hoop, Wyn: Kreuzen zwischen türkischer Küste und ostgriechischen Inseln (Edition Maritim, Hamburg)
Horn, Rudolf: Hellenistische Bildwerke auf Samos (Habelt, Bonn)
Isler, Hans P.: Das archaische Nordtor und seine Umgebung im Heraion von Samos (Habelt, Bonn)
Jappe, Hajo: Griechische Inselwelt: Tagebücher (Bouvier, Bonn)
Kalpaka, Annita/Dudek, Brigitte: Griechenland. Ein politisches Reisebuch (VSA, Hamburg)

Kästner, Erhart: Griechische Inseln (Insel-Tb. 118)
Kienast, Hermann J.: Die Stadtmauer von Samos (Habelt, Bonn)
Kramer, Axel: Ägäis Ost (Goldmann, München)
Krause-Zimmer, Hella: Alles durchweben die Götter. Reisen durch die Kultwelt der Ägäis (KNV, Dossenheim und Heidelberg)
Kronabetter, Brigitte: Chios – Lesbos – Samos. Reise- und Wanderführer (Otto Müller, Salzburg)
Lehmann, Ingeborg: Ägäische Wanderungen. Kirchen – Klöster – Kastra (Otto Müller, Salzburg)
Lehmann, Ingeborg: Dodekanes. Schroeder-Reiseführer Griechische Inseln 3 (Schroeder, Bonn)
Longos: Daphnis und Chloe (Artemis, Zürich und München)
Lüdecke, Barbara: Griechische Küche (Heyne-Tb. 4119 [07])
Mehling, Franz N. (Hrsg.): Griechenland. Knaurs Kulturführer in Farbe (Knaur, München)
Melas, Evi (Hrsg.): Die griechischen Inseln. Kunstführer (DuMont, Köln)
Merian: Lesbos, Chios, Samos (Hoffmann & Campe, Hamburg)
Neugriechisch (Polyglott-Sprachführer 108)
Nick, Dagmar: Götterinseln der Ägäis (Langen Müller, München)
Pesopoulos, Lily: Griechische Märchen (Seyfried, Wiesbaden)
Peterich, Eckart/Grimal, Pierre: Götter und Helden. Die klassischen Mythen und Sagen der Griechen, Römer und Germanen (dtv 1359)
Polyglott-Reiseführer 838: Ägäische Inseln (Polyglott, München)
Polyglott-Reiseführer 806: Rhodos (Polyglott, München)
von Ranke-Graves, Robert: Griechische Mythologie (rororo Enzyklopädie 404)
Reuther, Oscar: Der Heratempel von Samos (Mann, Berlin)
Sappho: Strophen und Verse (Insel-Tb. 309)
Sauerwein, Friedrich: Spannungsfeld Ägäis (Sauerländer, Frankfurt am Main und Aarau)
Schönfelder, Ingrid/Schönfelder, Peter: Die Kosmos-Mittelmeerflora. Kosmos-Naturführer (Franckh, Stuttgart)
Sherwin-White, Susan M.: Ancient Cos. (Vandenhoeck & Ruprecht, Göttingen)

Speich, Richard: Rhodos. Mit Chalki, Simi, Kastellorizo (Kohlhammer, Stuttgart)

Stolz, Benedikt/Weiss, Franz: Johannes auf Patmos. Die heilige Insel der Christenheit (Christiana, Stein am Rhein)

Tölle, Renate: Führer durch die antike Stadt Samos (Zabern, Mainz)

Tölle-Kastenbein, Renate: Das Kastro Tigani (Habelt, Bonn)

Walter, Hans: Frühe samische Gefäße (Habelt, Bonn)

Walter-Karydi, Elena: Samische Gefäße des 6. Jahrhunderts vor Christus (Habelt, Bonn)

Weimert, Franck: Rhodos kennen und lieben. LN-Touristikführer (LN-Verlag, Lübeck)

Informationen und praktische Hinweise von A bis Z

i

Ärztliche Hilfe

(s. a. Apotheken)

Die häufigsten Reisekrankheiten sind Sonnenbrand, See- und Flugkrankheit, Magen- und Darmverstimmungen sowie Insektenstiche. Durch vernünftiges Verhalten kann man diesen Unpäßlichkeiten in der Regel vorbeugen. Für den Fall, daß es Sie trotzdem erwischt, sollten Sie ein paar Medikamente im Gepäck haben.

Ansonsten besteht zwischen der BRD (auch Österreich) und Griechenland ein Sozialversicherungsabkommen. Fordern Sie daher vor der Abreise von Ihrer Krankenkasse die Anspruchsbescheinigung E111D, das Merkblatt GR93T sowie weiteres Informationsmaterial an. Auszug aus dem Griechenland-Merkblatt: «Der Versicherte muß sich im Krankheitsfalle unter Vorlage des Vordruckes E111 an die griechische Krankenkasse wenden, die ihm einen zugelassenen Arzt zuweist. Die ärztliche Behandlung erfolgt kostenlos, während bei Medikamenten ein bestimmter Prozentsatz als Kostenbeteiligung selbst zu tragen ist. Ist es dem Patienten in dringenden Fällen nicht möglich, sich vor der Behandlung an die griechische Krankenkasse zu wenden, so muß die Rechnung des Arztes zunächst bezahlt werden und binnen 3 Tagen bei der griechischen Krankenkasse mit Formular E111 zur Erstattung eingereicht werden.» Die zuständige Krankenkasse ist die Idryma Koinonikon Afaliseon (I. K. A.).

Das größte Krankenhaus ist das Staatliche Krankenhaus in Rhódos, Ódos Erithron Stavrou, mit 24stündigem Notdienst. Weitere Krankenhäuser gibt es auf Kálymnos, Kos, Pátmos, Lémnos und Sámos. Ärzte gibt es außer auf Rhódos auch auf Astypáläa, Kálymnos, Kastellórizo, Kos, Pátmos, Tílos, Chíos, Lémnos, Psará und Sámos.

Einige Inseln verfügen über Heilquellen (Ikaría, Kos, Lésbos, Rhódos), die jedoch meist nicht in kurfähigem Zustand sind. Empfehlenswert ist Therma auf Ikaría, wo mit radioaktiven Quellen Arthritis, Frauenleiden und Rheuma behandelt werden.

Anreise

Eine Reise zu den Inseln der Ostägäis kann man mit dem bequemeren und schnelleren Flugzeug unternehmen oder mit den beschwerlicheren und langsameren Verkehrsmitteln Bahn oder Bus. Eine Fahrt mit dem Auto ist äußerst anstrengend, und ein eigenes Fahrzeug mitzunehmen ist bestenfalls für Rhódos und Lésbos sinnvoll. Alle anderen Inseln sind zu klein und/oder ihre Straßen zu schlecht, als daß sich der aufwendige Fährbetrieb lohnen würde. Wer mehrere Inseln besuchen will, ist mit dem Auto ohnehin viel zu unflexibel, muß stets das große Fährschiff abwarten und kann einige Inseln wegen der Beschaffenheit ihrer Häfen gar nicht besuchen. Andererseits kann, wer nicht ans Auto gebunden ist, die vielen kleinen Schiffe der Privatagenturen benutzen oder die kleinen Flugzeuge, die in kürzester Zeit von Insel zu Insel hüpfen. Diese Flugzeuge werden staatlich subventioniert, und der Kauf eines Flugtickets belastet auch den schmaleren Geldbeutel nicht sehr.

Umsteigestationen für die Anreisenden sind die internationalen Flughäfen und die Bahnhöfe von Athen oder Thessaloníki. Dort beginnt das «Inselspringen» per Schiff oder Kleinflugzeug. Die beiden großen Linien für Festlandreisende (Auto, Bahn, Bus) verlaufen über Jugoslawien (Landesinnere oder Küste) oder Italien (nur Auto). Der Landweg von Frankfurt am Main nach Thessaloníki mißt rund 2080 Kilometer, nach Athen zirka 2559 Kilometer. Grenzstationen (rund um die Uhr geöffnet) für Autos von Jugoslawien sind Evzoni und Niki. Möglich ist auch ein Grenzübertritt von Bulgarien (Promahonas) oder der Türkei (Kipi, Kastania).

Mit dem Flugzeug: Direkte Linienflüge nach Athen gibt es von Frankfurt am Main, München, Genf, Zürich und Wien, nach Thessaloníki von Düsseldorf, Frankfurt am Main, München, Wien und Zürich. Direkte Charterflüge vom Ausland führen auf die Inseln Lémnos, Lésbos, Sámos, Kos und Rhódos.

Mit der Bahn: Jeweils in München starten die beiden platzkartenpflichtigen Züge täglich zu ihrer 39-Stunden-Fahrt nach Athen, morgens der «Akropolis-Express», abends der «Hellas-Express». Einmal täglich haben Österreich (Wien, Salzburg) und die Schweiz (Lausanne) direkte Zugverbindung nach Athen.

Mit dem Schiff: Autofähren, die auch Reisenden ohne Wagen offenstehen, fahren von Bari (19 Std.), Brindisi und Ancona (34 Std.) nach Patras oder von Ancona (67 Std.) und Venedig nach Piräus. Auskünfte erteilt die MTA-Mittelmeer-Touristik, Eisenmannstraße 4, 8000 München 2, Tel. (089) 264051.

Mit dem Bus: Touringbusse fahren von Köln (donnerstags, samstags) oder Dortmund/Düsseldorf (samstags, dienstags) über Frankfurt am Main, München, Thessaloníki nach Athen. Die Fahrt dauert 46 Stunden bzw. drei Tage. Auskünfte: Deutsche Touring-Gesellschaft mbH, Am Römerhof 17, 6000 Frankfurt am Main 90, Tel. (069) 7903241.

Mit Privatflugzeug oder Privatjacht: Mit dem Privatflugzeug muß die erste Landung und der letzte Start von den internationalen Fughäfen Athen, Thessaloníki oder Rhódos erfolgen. Auskunft: Amt für Zivilflugverkehr (Y. P. Y.), Postfach, Postamt Flughafen Athen. – Einreisehäfen für Privatjachten sind Patras, Zea (Piräus), Thessaloniki, Kavala, Alexandropoulis, Myrína (Lémnos), Mytilíni (Lésbos), Chíos, Pythagórion (Sámos), Kos und Rhódos. Zu den Inseln mit Schiff oder Flugzeug: Alle Inseln unseres Reisegebietes kann man mit dem Schiff erreichen, viele allerdings nur an bestimmten Wochentagen. Ihr Reisebüro erteilt Auskunft über Abfahrtszeit und Fahrtdauer. Will man mehrere Inseln besuchen, so empfiehlt es sich, die Verbindung zwischen Festland (Athen/Thessaloníki) und zumindest der ersten und der letzten Insel mit dem Flugzeug zu überbrücken. Von Thessaloníki gibt es täglich eine Verbindung in den Morgenstunden nach Lémnos (Flugdauer: ca. 70 Minuten). Von Athen aus erreicht man meist mehrmals täglich in 40 bis 65 Minuten Flugzeit die Inselflughäfen von Chíos (Verbindung nach Lésbos und Sámos), von Kárpathos (Kásos), von Kos (Rhódos, Léros), von Léros (Kos), von Lémnos (Lésbos, Thessaloníki), von Lésbos (Chíos, Lémnos, Rhódos, Sámos, Thessaloníki), von Rhódos (Kárpathos, Kásos, Kastellórizo, Kos, Lésbos, Thessaloníki) und von Sámos (Chíos, Lésbos). Wichtig zu wissen: Athen hat zwei Flughäfen: Der westliche dient ausschließlich den In- und Auslandsflügen der griechischen Fluggesellschaft Olympic Airways, der östliche den ausländischen Fluglinien. Wer zum Beispiel mit der deutschen Lufthansa anreist, muß mit Taxi oder Bus zum anderen Flughafen fahren, von wo er zu den Inseln weiterfliegen kann. Rhódos hat einen nationalen (Olympic Airways) und einen internationalen Flughafen (Charterflüge), beide bei Paradíssi (Bustransfer nach Rhódos-Stadt). Büros von Olympic Airways in Athen (Ódos Othonos, Tel. 9292444), Rhódos (Ódos Ierou Lochos 9, Tel. 24571), auf den Inseln mit Flughäfen sowie in einigen Großstädten der BRD, Österreichs und der Schweiz.

Apotheken

Apotheke heißt «Farmakíon»; sie ist mit dem grünen Kreuz auf weißem Grund gekennzeichnet, gut bestückt und meist in den Inselhauptstädten zu finden. Informationen dazu bekommen Sie vom Hotelportier oder von der Touristenpolizei.

Ausflüge zum türkischen Festland

Schiffsausflüge von den ostägäischen Inseln zum türkischen Festland sind heute wieder an der Tagesordnung, nachdem das Reisen nach der Zypernkrise 1974 gar nicht oder nur unter erschwerten Bedingungen möglich war. Verbindungen bestehen zwischen Mytilíni (Lésbos) und Ayvalik bzw. Dikili (Besuch von Bergama/Pergamon), zwischen Chíos und Çeşme (Ferien- und Thermalbad, in der Nähe das antike Erythrai), zwischen Sámos und Kuşadasi (Besuch von Selçuk/Ephesos oder Milet; mit Taxibussen), zwischen Kos und Bodrum (Halikarnassos) sowie zwischen Rhódos und Marmaris. Über Preise, Abfahrtszeiten, Fahrtdauer etc. geben die veranstaltenden Agenturen auf den griechischen Inseln Auskunft (häufig kommen mehrere in Frage). Nach der Ankunft an der türkischen Küste muß man eine – meist willkürlich hoch erscheinende – Visumsgebühr entrichten und bekommt dafür einen eindrucksvollen Stempel in den Reisepaß. In der Regel sind diese Fahrten in die Türkei betont kommerziell ausgerichtet, und der Besuch von Teppichwebereien und Onyxmanufakturen (die nur selten Erzeugnisse von guter Qualität zu bieten haben) nehmen mehr Zeit in Anspruch, als für den Besuch der weltberühmten antiken Stätten zur Verfügung steht.

Ausgrabungsstätten

Siehe Museen

Auskünfte

Auskünfte erteilt im Heimatland wie in Griechenland die Griechische Zentrale für Fremdenverkehr und ihre Büros (EOT):

In der Bundesrepublik Deutschland
D-6000 Frankfurt/Main 1, Neue Mainzer Straße 22
Tel. 069-236562/3
D-8000 München 2, Pacellistraße 2
Tel. 089-222035/6
D-2000 Hamburg 36, Neuer Wall 35
Tel. 040-366910, 366973

In Österreich
A-1015 Wien, Kärntner Ring 5
Tel. 02222-525317/8

In der Schweiz
CH-8001 Zürich, Gottfried-Keller-Straße 7
Tel. 2518487/8/9

In Griechenland
Athen (am Syntagmaplatz)
Auskunftsbüro des EOT, Karageorgis Servias 2
Tel. 01-3222545
Flughafen Elliniko, Ost-Terminal
Tel. 01-9799500
Thessaloníki, Mitropoleos-Str. 34, Tel. 031-271888, 222935
Rhódos, Archiepiskopou-Makariou-Str. 5, Tel. 0241-23655, 23255
Kos, Informationsbüro, Akti Koundourioti, Tel. 0242-28724

Für Informationen ist außerdem die Touristenpolizei zuständig:
Athen, Leoforos-Singrou-Str. 7, Tel. 01-9214392

Thessaloníki, Egnatia-Str. 10, Tel. 031-522587
Rhódos, Papagos-Str. 31, Tel. 0241-23329
Kos, Akti Koundourioti, Tel. 0242-28227
Mytiléni (Lésbos), Telonion-Platz, Tel. 0251-22776
Chíos, Neorion 35, Tel. 0271-26666
Auskünfte über Abfahrt und Ankunft von Schiffen geben der Hafenmeister (Linienschiffe) sowie die örtlichen Agenturen (Privatunternehmen).

Ausrüstung

(s. a. Kleidung)
Dem «Inselspringer» empfehle ich, mit Rucksack (oder Seesack) zu reisen, obwohl Rucksackreisenden nach den Auswüchsen der siebziger Jahre nicht überall Sympathie entgegengebracht wird – aber man ist mit dem Rucksack erheblich beweglicher als mit dem Koffer. Neben Kleidung, Fotoapparat und Medikamenten sollten im Gepäck gute Landkarten nicht fehlen; auch Sonnenschutz, Feldflasche und Traubenzucker, Fernglas, Taschenlampe und ein Mehrzweck-Taschenmesser sind unterwegs nützlich.

Autofahren

(s. a. Anreise, Autovermietung, Benzin)
Wer mit dem privaten Auto oder Motorrad nach Griechenland einfährt, erhält eine Fahrerlaubnis für vier Monate in den Paß gestempelt (die mit der Bürgschaft einer dritten Person auf 12 Monate verlängert werden kann). Für mehr als vier Monate Aufenthalt ist in der Regel ein Triptik oder Carnet de Passage erforderlich. Obligatorisch sind für die BRD, Österreich und die Schweiz die Nationalitätskennzeichen (D, A, CH), nationale Zulassung, Nationaler (für Schweizer Internationaler) Führerschein sowie die gültige, für Griechenland ausgestellte Grüne Versicherungskarte.
Die Verkehrsvorschriften entsprechen weitgehend denen von Mitteleuropa (Rechtsverkehr, Gurtpflicht). In den Städten herrscht Hupverbot, zur obligatorischen Ausstattung gehören neben Verbandskasten und rotem Warndreieck auch Feuerlöscher. Höchstgeschwindigkeit

in geschlossenen Ortschaften 50 km/h, auf Landstraßen 80 km/h, auf Autobahnen 100 km/h.
Auskünfte: Automobil- und Touring-Klub von Griechenland, E.L.P.A., Athen, Messoghion-Str. 2, Tel. 01-7791615-20. Zweigbüros in Thessaloníki, Patras, Kavala und anderen Städten. Hilfe bei Unfall: Motor Insurers Bureau, Athen, Xenofontos-Str. 10, Tel. 3236-733.

Autovermietung

(s. a. Autofahren, Benzin)
Auf den größeren und gebirgigen Inseln ist das Mieten eines Autos ausgesprochen empfehlenswert, auf den kleineren und flacheren reicht es, Motorroller oder Fahrräder zu mieten. In jedem Fall ist das gemietete Verkehrsmittel (neben dem Taxi) der einzige Garant für ein schnelles Vorankommen und das sichere Erreichen abseits gelegener Plätze (Ausgrabungsstätten, alte Dörfer, Burgen, Strände, Buchten). Zu unterscheiden sind internationale Vermieter (Avis, Budget, Hertz, Interrent u. a.) sowie private Vermieter, bei denen die Preise vorher ausgehandelt werden sollten. Wer sich Ärger ersparen will, der verwendet den Internationalen Führerschein und schließt eine Haftpflicht- und Vollkasko-Versicherung ab. Autovermieter gibt es auf Lémnos, Lésbos, Chíos, Sámos, Pátmos, Kos und Rhódos, Motorroller und Fahrräder werden auch auf Léros und Kálymnos vermietet. Das traditionsreichste Verkehrsmittel der Inseln, den Esel, kann man nur noch selten mieten (Sámos, Psára, Pátmos, Rhódos, Kastellórizo).

Baden

Die meisten Inseln der Ostägäis (außer Sámos, Kos und Rhódos) sind keine ausgesprochenen Badeinseln. Doch besitzen fast alle neben dem (häufig nicht so schönen und sauberen) Hauptstrand, der meist in der Nähe der Inselhauptstadt liegt, angenehme und einsame Badeplätze und Buchten. Zu beachten ist, daß einige Strände, wegen ihrer Grenzlage zur Türkei, militärisches Sperrgebiet sind. Die Badesaison beginnt Ende April und endet Ende Oktober, auf Rhódos – wegen des Nord-Süd-Unterschiedes im Klima – erst Mitte November.

Gegen den Widerstand der griechisch-orthodoxen Kirche wurde 1984 durchgesetzt, daß Nacktbaden, wenigstens im Bereich geschlossener FKK-Bezirke, erlaubt ist. Einen solchen textilfreien Bereich gibt es allerdings auf den Inseln der Ostägäis bis jetzt noch nicht. In den größeren Touristenzentren baden viele Frauen «oben ohne». Auch an einsamen Buchten wird man/frau dem strengen Auge des Gesetzes entrinnen.
Die alte Tradition eines türkischen Badehauses kann der Reisende in Rhódos kennenlernen. Das Mustafa-Pascha-Bad, Platía Arionos, wurde nach dem Krieg im alten Stil mit dem zentralen Kuppelraum für Männer und den Seitengängen für Frauen wieder aufgebaut.

Banken
(s. a. Geld)
Öffnungszeiten der Banken für Geldwechsel: Montag bis Freitag von 8.30 bis 13.00 Uhr. In größeren Touristenzentren gelegentlich auch nachmittags, samstags, sonntags sowie an Feiertagen. Alle Banken akzeptieren unter Vorlage des Passes Reiseschecks und Euroschecks. Möglichkeiten zum Geldwechsel gibt es auch in größeren Hotels und Flughäfen sowie in vielen Postämtern.

Benzin
Die Benzinpreise lassen sich mit den mitteleuropäischen vergleichen, sie ändern sich auch ebenso oft. Tankstellen gibt es auf allen Inseln mit ausgebautem Straßennetz. Sie sind täglich geöffnet von 7.00 bis 19.00 Uhr. Die Vermieter von Autos und Motorrollern informieren über Tankmöglichkeiten. Es gibt Super- und Normalbenzin sowie Diesel; wegen der geringeren Oktanzahl ist nur Super zu empfehlen.

Boote
Segelboote kann man auf Rhódos, Psará, Kastellórizo und Sými mieten, Motorboote auf Rhódos, Lémnos und Kastellórizo.

Busse
Siehe öffentliche Verkehrsmittel

i

Camping

Auf den Inseln der Ostägäis gibt es nur drei Campingplätze:
Kos – Kos Camping. D. Gregoriades. Psalidi (2,5 km außerhalb der Stadt Kos). Tel. 0242-23275. Athen Tel. 5810066. P.O.B.: 48. Geöffnet vom 15. Mai bis 15. Oktober.
Léros – Léros Camping. Xirocambos. Tel. 0247-23372, 23367. Geöffnet vom 15. Juni bis 30. September.
Rhódos – Rhódos Camping. Ágios Geórgios (2,5 km außerhalb von Líndos). Ladros. Tel. 0244-44203, 44249. Geöffnet vom 1. April bis 30. November.
Freies Zelten ist verboten, es sei denn, Sie haben vorher die Genehmigung der örtlichen Behörden erhalten.

Diebstahl

Die Einheimischen haben zu Recht den Ruf, ehrliche Leute zu sein. Trotzdem rate ich, die «normalen» Vorsichtsmaßregeln zu beachten: kein Bargeld im Zimmer oder unbeaufsichtigt in der Hose am Strand liegenlassen, Autos nicht unverschlossen und mit offen sichtbaren Wertsachen abstellen.

Diplomatische Vertretungen

Deutsche Botschaft und Konsulate:
Athen: Deutsche Botschaft und Konsulat
Karaoli-und-Dimitrio-Str. Tel. 01-36941
Thessaloníki: Generalkonsulat
Karolou-Diehl-Str. 4a. Tel. 031-236315, 236349
Rhódos: Konsulat
Kennedystr. 43. Tel. 0241-29730
Sámos: Konsulat
Themistokli-Sophouli-Str. 36. Tel. 0273-27257, 27382
Österreichische Botschaft und Konsulate:
Athen: Österreichische Botschaft und Konsulat
Alexandras-Str. 26. Tel. 01-8211036. Konsulat Tel. 01-8216800
Rhódos: Konsulat
25. Martiou-Str. 17. Tel. 0241-20831

Schweizerische Botschaft und Konsulat:
Athen: Schweizerische Botschaft und Konsulat
Iassiou-Str. 2. Tel. 01-7230364/6

Einkaufen

(s. a. Banken)
Einzelhandelsgeschäfte sind im allgemeinen von Mitte Mai bis Mitte Oktober montags, mittwochs und samstags von 8.30 bis 14.30 Uhr, dienstags, donnerstags und freitags von 8.30 bis 13.30 Uhr und nachmittags von 17 bis 20 Uhr geöffnet. Souvenir- und Volkskunstläden sind montags bis samstags von 8 bis 21 Uhr, sonn- und feiertags von 9 bis 15 Uhr offen. Typisch für Griechenland sind die Kioske, auch Mini-Kaufhaus genannt, wo man Zigaretten und Postkarten, Zeitungen und Taschentücher sowie Sanitärartikel erhält. Außerdem kann man von ihnen aus telefonieren. Für den Einkauf von Reiseandenken kann ich nur allgemeine Hinweise geben: Silberschmuck und Keramik aus Rhódos, Stoffe aus Kos, Silberschmuck aus Kárpathos, handgewebte Teppiche und Strickwaren aus Léros. Antiquitäten und Kunstwerke dürfen aus Griechenland nicht ausgeführt werden. Nur in Ausnahmefällen (bei minderer Qualität) erteilt das griechische Kultusministerium eine schriftliche Genehmigung. Beratend wirkt auch der Archäologische Dienst (Rhódos, Platía Argirokástrou, Tel. 827674). Wer bei der nicht genehmigten Ausfuhr von Antiquitäten und Kunstwerken ertappt wird, muß mit Beschlagnahme und strengen Strafen rechnen.

Ein- und Ausreiseformalitäten

Staatsbürger der Bundesrepublik Deutschland, West-Berlins, Österreichs und der Schweiz benötigen bei einem Aufenthalt bis zu drei Monaten einen gültigen Reisepaß oder Personalausweis (Identitätskarte), jedoch kein Visum. Eine Verlängerung beantragt man bei der Polizei mindestens 20 Tage vor Ablauf der Drei-Monats-Frist. Ein gültiger Reisepaß ist erforderlich, wenn man über Jugoslawien einreist.
Impfungen sind – solange im Herkunftsland keine Epidemien vorkommen – nicht erforderlich.

Bei der Einfuhr von Hunden und Katzen wird ein amtstierärztliches Gesundheitsattest in englischer Sprache benötigt, bei Hunden der Nachweis einer Tollwutimpfung, die nicht länger als ein Jahr zurückliegen darf.

Elektrizität

Im allgemeinen, wie bei uns, 220 Volt Wechselstrom, auf einigen Inseln und Schiffen noch 110 Volt Gleichspannung.

Essen und Trinken

Die griechische Küche ist – besonders auf den Inseln der östlichen Ägäis – einfach und derb-bäuerlich. Man kann sie weder mit der italienischen noch mit der französischen oder der in Deutschland servierten griechischen Küche vergleichen. Restaurants mit «feiner» Tischkultur sind unbekannt; in den vielen Kafenía, Tavernen und Bars geht es lebhaft und unkompliziert zu.

Speisekarten gibt es nicht immer, und was draufsteht, ist oft nicht zu haben; es ist aber gang und gäbe, in die Küche zu gehen und angesichts der vollen oder halbvollen Kochtöpfe zu entscheiden, was man essen möchte. Was gleichzeitig bestellt wird, kommt normalerweise auch gleichzeitig auf den Tisch, ob Vorspeise oder Hauptgericht. In der Regel wird das Essen schon früh gekocht und lauwarm serviert – so seltsam uns das vorkommt, so ungewöhnlich finden die Griechen unsere Vorliebe für heiße Mahlzeiten. Vielfach schwimmen die Gerichte in Olivenöl; wer nicht daran gewöhnt ist, wird ein paar Tage brauchen, um sich mit dem Aroma zu befreunden und seine Verdauungsorgane umzustellen. Die Griechen kochen nicht scharf, würzen aber zuweilen für uns fremdartig: zum Beispiel Gemüse- oder Fleischgerichte mit Zimt oder frischer Minze; auch Kapern, Knoblauch und Zitrone werden viel verwendet. In Rom wie ein Römer zu leben hat einmal ein kluger Mensch seinen reisenden Zeitgenossen empfohlen. Ich schlage vor, diesen guten Rat zu beherzigen und in Griechenland zu essen wie die Griechen; die gutgemeinten Versuche, dem Fremden eine «internationale Kost» vorzusetzen – was immer das heißen mag –, gehen meist schief und vermitteln einen falschen Eindruck.

Das Frühstück ist in Griechenland – wie in allen Mittelmeerländern – überaus bescheiden. Die Einheimischen essen morgens manchmal gar nichts oder begnügen sich mit «Bútiroméli» – Butter, Honig und frischem Weißbrot. Dazu trinken sie starken Kaffee aus winzigen Täßchen – der mehlfeine Satz bleibt drin –, «glikós» (sehr süß), «métrios» (nicht sehr süß) oder «skétos» (ungesüßt), und ein Glas Wasser. Filterkaffee, wie ihn die Deutschen lieben, gibt es kaum, es sei denn in ausgesprochenen Touristenrestaurants. Viele mitteleuropäische Gäste haben ihre liebe Not mit dem «Greek coffee», aber wer sich damit einmal angefreundet hat, wird ihn nicht mehr missen wollen – zu jeder Tages- und Nachtzeit kann man ihn trinken, er ist aromatisch und anregend, macht aber nicht nervös. Wer ihn nicht mag, muß auf Nescafé ausweichen, der heiß oder kalt (Frappé) aufgetischt wird. In Touristenorten ist mittlerweile auch ein kräftiges Frühstück zu haben.

Mittags und abends wird in der Regel warm gegessen und etwas später als in Mitteleuropa: mittags zwischen 13 und 15, abends zwischen 20 und 23 Uhr.

Es gibt etliche schmackhafte Vorspeisen; Suppen als Vorgericht werden relativ selten aufgetischt. Fisch und Schalentiere sind oft erstaunlich teuer, denn die Gewässer rings um die Inseln sind überfischt und die Meerestiere nicht selten importiert. Der «Feta», ein für die griechische Küche unentbehrlicher, bröckelnder Schafskäse, kommt mittlerweile oft aus Dänemark, Lammfleisch wird aus Neuseeland eingeführt. Häufiger als früher werden Schweinefleisch, Rind und Geflügel gegrillt (oft zäh) oder geschmort (meist in Tomatensoße) angeboten. Als Beilage zum Hauptgang sind Pommes frites sehr üblich, manchmal werden sie sogar zusammen mit Reis oder Spaghetti aufgetragen. Zu jedem Essen wird überdies Brot auf den Tisch gestellt.

Joghurt, fast immer von guter Qualität, aromatischer und dicker als in Mitteleuropa, wird gern mit Honig gegessen. Die Süßspeisen sind für unseren Geschmack meist sehr süß und längst nicht überall im Angebot; Obst als Dessert ist aber praktisch in jeder Taverne zu haben.

Hier eine Auswahl der gebräuchlichsten Gerichte:

Vorspeisen

Choriátiki Saláta	Bauernsalat
Dolmadákia	mit Reis und Hackfleisch gefüllte Weinblätter
Eliés	Oliven
Fasolada	Bohnensuppe
Keftédes	Hackfleischklößchen
Melitzánosaláta	Auberginenpüree
Pátsa	Kuttelsuppe
Sardélles	Sardinen
Skordália	Brot- oder Kartoffelpüree mit viel Knoblauch
Spanakópitta	Spinatpastete
Táramosaláta	Fischrogenbrei
Tirópitta	Käsepastete
Tzatzíki	Joghurt mit Knoblauch, Dill, Gurke, Olivenöl

Hauptgerichte

Barboúnia	Meerbarbe
Domátes jemistés	Gefüllte Tomaten
Jouvétsi	Gegrilltes Rinds- oder Lammragout im Tontopf mit Tomaten und reisförmigen Teigwaren geschmort
Kalamarákia	Tintenfische
Melitzánes	Gebackene Auberginen mit Öl und Zitrone
Moussáka	Auflauf aus Auberginen, Zucchini oder Kartoffeln mit Hackfleisch und Béchamelsoße
Pastítsio	Makkaroni-Auflauf mit Hackfleisch
Soudzoudákia	Hackfleischwürstchen mit Tomaten- und Rotweinsoße
Souvlákia	Gegrillte Fleischstückchen am Spieß
Stifádho	Rinds- oder Kaninchenragout mit Tomaten und vielen Zwiebeln

Nachspeisen

Bakláva	Blätterteig mit Nüssen und Zuckersirup
Bougátsa	Blätterteig mit Cremefüllung
Galaktoboúreko	Strudelgebäck mit Cremefüllung und Sirup
Kataífi	dünne Teigfäden mit Nüssen und Zuckersirup
Krem-karamelé	Karamelpudding
Loukoumádhes	im Öl schwimmend gebackene Hefekringel mit Sesam und Honig
Pagotó	Eiscreme
Risógalo	Milchreis

Frisches Wasser sollte traditionsgemäß zu jedem Essen unaufgefordert auf den Tisch kommen. Diese gute Sitte droht im Zeitalter des Massentourismus auszusterben, oft müssen zumindest Ausländer eigens darum bitten. Bier bietet jede Taverne an, bei den Einheimischen wird es immer beliebter. Retsina heißt der Weißwein, der mit dem Harz der Aleppokiefer gewürzt und haltbar gemacht wird. Er schmeckt mehr oder weniger stark harzig-erdig, manche sagen wie Terpentin, und ist recht bekömmlich. Daneben kann man ungeharzte Weine bestellen, auf den meisten Inseln der östlichen Ägäis wachsen gute, ehrliche Weine, ab und zu findet man noch Tavernen, in denen sie in großen Fässern lagern.
Ouzo heißt ein klarer Tresterschnaps, der mit Anis aromatisiert ist und im Geschmack dem französischen Pastis oder Pernod ähnelt; getrunken wird er meist mit Wasser, dann sieht er milchig aus. Ouzo trinkt man hauptsächlich als Aperitif, früher gab es automatisch ein paar Oliven, einen Bissen Käse, ein Stückchen Oktopus oder ein Scheibchen Salami dazu (Mezéde), auch dieser Brauch wird immer weniger gepflegt. Cognac-Freunde sollten den griechischen Weinbrand probieren, der unter dem Namen Metáxa in verschiedenen Qualitäten angeboten wird. Wer sich auf Chíos aufhält, sollte auch den Mastix-Likör versuchen.
Natürlich kann man auch alle international bekannten Limonaden bekommen, wer Mineralwasser haben will, bestellt «Soda».

Fakten und Zahlen

Die Republik Griechenland hat knapp 132000 Quadratkilometer Fläche, etwa ein Fünftel davon entfällt auf die rund 1200 Inseln. Knapp 170 der Inseln sind bewohnt, nämlich von ungefähr 1,5 Millionen Menschen.

Von den nicht ganz 10 Millionen Einwohnern lebt etwa jeder dritte in der Hauptstadt Athen und etwa jeder achte auf den Inseln. Die (statistische) Bevölkerungsdichte beträgt 74 Einwohner pro Quadratkilometer. Nachdem zwischen 1922 und 1924 ein Bevölkerungsaustausch mit der Türkei stattfand, gibt es in Griechenland kaum mehr ethnische Minderheiten; nur im Norden leben noch ein paar Albaner, Aromunen, Bulgaren, Mazedonier und Türken. 96 Prozent der Griechen gehören der griechisch-orthodoxen Kirche an. Deren Oberhaupt ist der Erzbischof von Athen, der gemeinsam mit zwölf Metropoliten die «Heilige Synode» bildet. Kreta besitzt auf dem Gebiet der Kirchenverwaltung Teilautonomie, einige der ostägäischen Inseln sind dem Metropoliten von Konstantinopel unterstellt.

Griechisch ist Staatssprache. Es hat sich aus dem Griechisch des Altertums entwickelt und blieb in der Katharévusa, der Amts- und Schriftsprache, am besten erhalten, nur die Aussprache hat sich völlig geändert. Im Gegensatz dazu ist die Dimotikí, die Umgangssprache, nicht nur beim Volk, sondern auch in der Literatur auf dem Vormarsch.

Griechenland ist in neun Regionen (Diamerísmata) eingeteilt: Zentralgriechenland, Peloponnes, Epirus, Thessalien, Makedonien, Thrakien, Ionische Inseln, Ägäische Inseln und Kreta. Einen Sonderstatus besitzt neben Groß-Athen die Mönchsrepublik Athos, der einzige europäische Klosterstaat. Die Regionen gliedern sich in Bezirke (Nomoi), insgesamt 53, in der östlichen Ägäis Lésbos, Chíos, Sámos und Dodekanes – jeder Nomos besteht aus mehreren Eparchien (Eparchía).

Griechenland war offiziell Monarchie bis zum Plebiszit vom 8. Dezember 1974, als sich fast 70 Prozent der Bevölkerung für die Republik aussprachen. Die neue Verfassung einer parlamentarischen, stark präsidial orientierten Republik trat nach Annahme durch das Parlament am 11. Juni 1975 in Kraft. Danach werden alle vier Jahre die Mitglieder des Parlaments gewählt, die wiederum für fünf Jahre den Präsidenten der Republik wählen. Er ernennt und entläßt den Ministerpräsidenten, und auch sonst ist seine Position im Staat mächtig (Parlamentsauflösung, Volksabstimmung, Neuwahlen, Belagerungszustand). Drei starke Parteien buhlen um die Gunst der Wähler: die Panhellenische Sozialistische Bewegung (PASOK), die konservative Neue Demokratie (ND) und die Kommunistische Partei (KKE). Schwach und zersplittert ist die Gewerkschaftsbewegung. Ebenfalls dem Präsidenten obliegt der Oberbefehl des Heeres, das sich aus knapp 200000 Mann rekrutiert. Es herrscht allgemeine Wehrpflicht für eine aktive Dienstzeit von zwei Jahren für jeden Mann zwischen dem 21. und dem 50. Lebensjahr. Die Spitze des Bildungswesens nehmen sechs Universitäten ein: Athen (1837), Ioannina (1904), Thessaloníki (1925), Pátras (1966), Komotini (1973) und Réthymnon/Heraklion (1977). Wichtigster Wirtschaftszweig ist die Landwirtschaft, in der 37 Prozent der arbeitenden Bevölkerung beschäftigt sind (nach anderen Quellen 25 Prozent). Nur knapp ein Drittel des Staatsterritoriums kann landwirtschaftlich genutzt werden, und dieser Boden ist – nach modernen agrarindustriellen Gesichtspunkten – in recht unproduktive, im Durchschnitt 4,5 Hektar umfassende Kleinbetriebe aufgestückelt. Dementsprechend werden nur 15 Prozent des Bruttosozialproduktes im Agrarbereich erwirtschaftet. Hauptprodukte sind Oliven (ca. 70 Mio. Ölbäume), Zitrus- und andere Baumfrüchte, Gemüse und Getreide, Baumwolle, Wein und Tabak. Die Viehzucht betrifft vorwiegend Kleintiere wie Ziegen und Schafe. Stark an Bedeutung verloren hat der Fischfang, weil die Gewässer weitgehend leer gefischt wurden (teils mit Dynamit). Ebenfalls kaum noch erwähnenswert ist die Schwammtaucherei (S. 204).

In der Industrie, die ebenfalls vorwiegend aus Kleinbetrieben besteht und hauptsächlich in der Umgebung von Athen oder Thessaloníki angesiedelt ist, arbeiten rund 25 Prozent der Werktätigen. Sie steckt noch in den Kinderschuhen und produziert oder verarbeitet Nahrungsmittel, Textilien, Metalle und chemische Erzeugnisse. Verschiedene Bodenschätze stehen zur Verfügung, darunter verschiedene

Erze, Bauxit, Magnesit und Braunkohle. Während Marmor bereits im Altertum abgebaut wurde, streiten sich die Griechen heute mit der Türkei um die Schürfrechte für Erdöl im ostägäischen Meer. Bedeutend ist die Küsten- wie die Seeschiffahrt, und der Fremdenverkehr erlebt seit Jahren einen bislang ungebremsten Boom. Die Hoffnungen, die 1981 mit der Aufnahme in die Europäische Gemeinschaft verknüpft wurden, haben sich nicht überall erfüllt. So gingen viele landwirtschaftliche und handwerkliche Kleinbetriebe auf den ostägäischen Inseln wegen mangelnder Rentabilität ein.

Feiertage

Offizielle Feiertage sind Neujahr (1. Januar), Dreikönig (6. Januar), Rosenmontag (bewegliches Fest), Vereinigung der Dodekanes mit Griechenland (7. März), Tag der Befreiung von den Türken (auf Rhódos am 25. März, sonst von Insel zu Insel verschieden), Karfreitag (bewegliches Fest), Ostersonntag und -montag (bewegliche Feste), Tag der Arbeit (1. Mai), Pfingstsonntag und -montag (bewegliche Feste), Mariä Himmelfahrt (15. August), Tag des Widerstandes gegen das faschistische Italien (28. Oktober), 1. und 2. Weihnachtsfeiertag (25. und 26. Dezember). Die beweglichen Feste fallen nicht auf die analogen unsrigen, da in der griechisch-orthodoxen Kirche der Julianische (statt des Gregorianischen) Kalender gilt. Die erlebenswerten lokalen Feste habe ich im Haupttext zu den einzelnen Inseln genannt.

Flugverkehr

Siehe Anreise

Flora und Fauna

Die Vegetation auf den ostägäischen Inseln, die einst alle bewaldet waren, ist heute sehr unterschiedlich: Während Lémnos, Lésbos, Chíos und Sámos zu den fruchtbarsten der ägäischen Inseln zählen und auch Kos und Rhódos sich einer üppigen Vegetation erfreuen, sind die meisten Inseln der Dodekanes weder mit Wasserreichtum noch mit ergiebigen Böden gesegnet. Ausgedehnte Waldbrände haben in jüngerer Zeit die Baumbestände auf Chíos, Sámos, Ikaría,

Rhódos und Kárpathos beträchtlich dezimiert. Weite Kiefernwälder gibt es dennoch auf den Inseln der Nordostägäis sowie auf Rhódos. Für seine großen Olivenplantagen ist Lésbos bekannt, der Mastixstrauch gedeiht vorzüglich auf Chíos; Wein und Tabak werden auf Sámos angebaut. Kos ist seit der Antike als blühender Gemüsegarten berühmt, charakteristisch sind heute außerdem die markanten, bis zu zehn Meter hohen Agaven. Auch die Böden des wasserreichen Rhódos bringen gute Feldfrüchte hervor, daneben immergrüne Sträucher wie Myrten und Pistazien oder Kräuter wie Thymian und Lavendel. Zu den vorherrschenden Laub- und Nadelbäumen gehören immergrüne Eichen, Platanen, Kiefern, Pinien und Zypressen. Die Früchte typischer Kulturbäume sind Oliven, Feigen, Kastanien, Mandeln und Granatäpfel. Auf den meisten Inseln wird Wein angebaut, und auf vielen gedeihen köstliche Früchte (Zitronen, Mandarinen, Aprikosen, Birnen, Pfirsiche u.a.). Im Frühjahr blühen unzählige Blumen und Sträucher, darunter Glyzinien und Oleander, Asphodelen und Hibiskus, Magnolien und Geißblatt, Zistrosen und Jasmin. Auch auf der kahlsten Dodekanesinsel finden wir knorrige Ölbäume, unverwüstlichen Ginster, duftende Kräuter und die allgegenwärtige immergrüne Macchia.

Sehr reduziert ist die Fauna, sowohl zu Lande als auch im Wasser. Neben den charakteristischen Haustieren wie Maultier und Esel, Ziege und Schaf gibt es nur wenige freilebende Tiere. Die größte Gattung ist eine Hirschart, die auf Rhódos lebt und zum Symboltier der Insel wurde. Hirsch und Hirschkuh wurden bereits im Altertum vom kleinasiatischen Festland geholt und in den rhodischen Wäldern angesiedelt, um die damalige Schlangenplage zu bekämpfen. Ebenfalls auf Rhódos lebt eine Schmetterlingsart, die ein entlegenes Tal weltbekannt machte: Callimorphia quadripunctata in Petaloúdes. Mehr noch als die Schlange ist wohl die Biene das charakteristische Tier, das fast auf allen Inseln vorkommt. Sie sorgt dafür, daß der bereits im Altertum von Strabo gepriesene Honig (Kálymnos) heute eines der Haupterzeugnisse Griechenlands auf dem Lebensmittelsektor ist, der in die gesamte EG exportiert wird. Wenig spektakulär ist der Bestand der übrigen Tierwelt – ein paar Stand- und Zugvögel, Hasen und Kaninchen. Auffallender sind da schon die unzähligen verwilderten und halbverwilderten Hunde und Katzen, räudig, verfloht, doch gutmütig und allzeit bereit, dem Fremden für einen kleinen Leckerbissen meilenweit zu folgen. Rar geworden sind Wiesel, Dachs und Marder ebenso wie die Meerestiere. Meeresschildkröten und Delphine sind in den ostägäischen Gewässern so gut wie ausgestorben, Schwämme können in lohnendem Umfang nicht mehr geerntet werden, und auch die Fangergebnisse der Fischer werden immer dürftiger. Hier und da gibt es noch Tintenfisch und Oktopus, Krebs und Hummer – doch bei weitem nicht genug, um den Appetit der alljährlich anbrandenden Touristenflut zu stillen.

Fotografieren

Das Fotografieren ohne Stativ und Blitzlicht in Museen und archäologischen Stätten ist erlaubt. In Museen muß man zu diesem Zweck aber in der Regel eine zweite Eintrittskarte lösen. Für das Fotografieren mit Stativ und Blitzlicht ist eine besondere Genehmigung einzuholen. Es gibt eine Gebührenordnung für Profis und Amateure. Auskunft: Generaldirektion für Altertümer und Restauration, Abt. Museen, Athen, Aristidou-Str. 14, Tel. 3243015. Militärische Anlagen dürfen nicht fotografiert werden. Dieselben Bestimmungen gelten auch für das Filmen. Ausreichend Filmmaterial sollten Sie im Heimatland kaufen, da es in Griechenland wesentlch teurer, zuweilen überlagert und auf einigen Inseln überhaupt nicht zu erhalten ist.

Geld

(s. a. Banken)

Die griechische Währungseinheit ist die Drachme (Dr.), unterteilt in 100 Lepta (die Lepta ist aber praktisch nicht mehr in Gebrauch). Es gibt Banknoten zu 5000, 1000, 500, 100 und 50 Drachmen, Münzen zu 50, 20, 10, 5, 2 und 1 Drachmen.

Die Deviseneinfuhr in bar oder in Form von Reiseschecks ist unbeschränkt. Beträge von umgerechnet 500 US-Dollar und darüber müssen auf einem Formblatt deklariert werden. In griechischer Währung dürfen pro Person bis zu 1500 Drachmen ein- und ausgeführt werden. Wechselstuben gibt es außer in den Banken auch an den Grenzübergangsstellen, in vielen Geschäftsstellen der Fernmeldeorganisation (OTE) und der griechischen Post (ELTA) sowie in vielen Hotels und Volkskunstgeschäften. Der Umtausch ausländischer Währung an griechischen Banken ist im allgemeinen günstiger als im Heimatland.

Geschäftszeiten
Siehe Banken, Einkaufen

Hotels
Siehe Unterkunft

Impfungen
Siehe Ein- und Ausreiseformalitäten

Informationen
Siehe Auskünfte

Kirchen und Klöster
Für den Besuch von Kirchen und Klöstern wird immer noch konventionelle Kleidung erwartet. Damen sollten nicht ohne Kopftuch und mit Rock erscheinen; lange Hosen (und erst recht Shorts) sind vielfach unerwünscht, zuweilen werden sogar lange Ärmel verlangt. Herren werden meist nur in langer Hose und im Hemd mit langen Ärmeln eingelassen. Sie müssen damit rechnen, daß sie in Shorts und T-Shirts abgewiesen werden.

Kleidung
(s. a. Kirchen und Klöster)
Sonneneinstrahlung und intensives Licht auf den Inseln der östlichen Ägäis erfordern einen breitkrempigen Sonnenhut und eine gute Sonnenbrille. Häufig wird das Klima von Nord- und Mitteleuropäern überschätzt. Die Sommerabende sind oft kühl, und man ist froh, wenn man einen Wollpullover im Gepäck hat. Dies trifft natürlich erst

recht zu, wenn man außerhalb der Sommersaison reist: dann braucht man nicht nur etwas Warmes, sondern auch einen Regenschutz. Zum Wandern empfehlen sich feste Schuhe gegen Geröll, Stachelgewächse und Schlangen, zum Schwimmen an felsiger Küste Badesandalen. Leichte, feste Schuhe mit Profilsohle sind beim Herumklettern in Ausgrabungsstätten besser als Sandalen.

Klima

Günstigste Reisezeit sind die Monate April und Mai sowie September und Oktober. Die Hauptreisezeit beginnt schon im März und endet im November. Die Badesaison dauert von Mai (durchschnittliche Wassertemperatur 18 Grad Celsius) bis November (19 Grad). Am schönsten ist die Zeit der Blüte in den Monaten März bis Mai, dann kann es aber manchmal noch recht kühl sein. Sehr heiß ist es zwischen Juni und September, und man ist dann dankbar für die Meeresbrise, die meist weht. Oktober und November haben ein sicheres mildes Klima, nur etwa alle vier Jahre gibt es bereits im November Regen und Sturm. Der Klimaunterschied zwischen Norden und Süden ist recht deutlich zu spüren. Rhódos ist mit 259 Sonnentagen und über 3000 Sonnenstunden im Jahr eine der sonnenreichsten Inseln des Mittelmeeres.

Die Werte der folgenden Tabelle bezeichnen nacheinander die mittlere tägliche Höchsttemperatur in Grad Celsius, die mittlere Sonnenscheindauer in Stunden pro Tag sowie die mittlere Wassertemperatur in Grad Celsius:

	Mai	Juli	September
Lémnos	22,5/10/17	29,5/12/23	25,5/9/21
Sámos	23,3/10/18	29,2/12/22	26,3/10/22
Rhódos	25/10/19	31,9/13/23	29,4/11/24

Maße und Gewichte

In Griechenland wurde 1958 das metrische Maß- und Gewichtssystem eingeführt: Meter für Höhen und Entfernungen, Kilo für Gewichte und Flüssigkeiten (nicht Liter!), Stremma als Flächenmaß (1 Stremma = 0,1 ha).

Museen und Ausgrabungsstätten

Dienstags, manchmal auch montags sind die meisten Museen und einige Ausgrabungsstätten geschlossen. Die Öffnungszeiten ändern sich häufig. Aktuelle Angaben bekommen Sie in den touristischen Informationsbüros.

Nachtleben und Veranstaltungen

Im Stadtzentrum von Rhódos (Grand Hotel) gibt es ein Spielkasino mit Nachtlokal, das von 21 bis 2 Uhr geöffnet ist. Man spielt Chemin de fer, Roulette, Black Jack und Slot Machines, außerdem gibt es Automaten. – Ebenfalls in Rhódos finden von Anfang April bis Ende Oktober Ton-und-Licht-Vorstellungen in verschiedenen Sprachen (im Garten des Großmeisterpalastes) statt. – Im Theater der Altstadt von Rhódos werden von Juni bis Oktober griechische Volkstänze aufgeführt. – Außerdem locken auf Rhódos einige Diskotheken und Lokale mit Folkloremusik. – Auch auf einigen anderen Inseln (Kos, Sámos) haben sich Diskotheken und Nachtlokale etabliert.

Öffentliche Verkehrsmittel

(s. a. Anreise, Taxi)

Für den öffentlichen Verkehr zwischen den Inseln sind Flugzeug und Schiff von Bedeutung. Beim Schiffsverkehr ist zwischen den großen Linienschiffen (meist mit Autotransport) und den kleineren Schiffen der lokalen Agenturen zu unterscheiden. Die großen Linienschiffe verkehren nur an bestimmten Wochentagen, haben häufig mehrere Stunden Verspätung und fahren manchmal mitten in der Nacht ab. Für den, der ohne Auto unterwegs ist und von Insel zu Insel hüpfen will, empfehle ich die Schiffsverbindungen, die von verschiedenen lokalen Agenturen betrieben werden. Lokale Agenturen organisieren auch Fahrten zwischen verschiedenen Orten einer Insel (Rhódos, Sými, Kárpathos), Tagesausflüge zur türkischen Küste (Lésbos–Ayvalik, Chíos–Cesme, Sámos–Kuşadasi, Kos–Bodrum, Rhódos–Marmaris) oder zu Nachbarinseln (Kos–Kálymnos, –Pátmos, –Nísyros, –Psérimos, –Rhódos, Pátmos–Lípsi, Rhódos–Sými, Kárpathos–Kásos).

Das wichtigste öffentliche Verkehrsmittel auf den Inseln ist neben dem Taxi der Bus. Er lohnt sich nur für Reisende, die über viel Zeit verfügen und von ihrer Unterkunft her mobil sind. Denn häufig gibt es keine Möglichkeit, mit dem Bus am gleichen Tag zu einem etwas entfernteren Ort und zurück zu kommen. Busnetze gibt es auf Rhódos und Lésbos, Buslinien bestehen außerdem auf Lémnos, Chíos, Sámos, Pátmos, Léros, Kálymnos, Kos, Kárpathos und Astypáläa.
Am flexibelsten ist man mit dem gemieteten Motorroller oder Auto.

Öffnungszeiten

Siehe Banken, Einkaufen

Paß- und Visavorschriften

Siehe Ein- und Ausreiseformalitäten

Post

Postamt heißt Tachydromíon, die Briefkästen sind gelb. Da sich die Portosätze oft ändern, ist es wichtig, sich zu versichern, ob die gewohnten Gebühren noch aktuell sind. Telegramme werden beim Telegrafenamt OTE aufgegeben. Postämter haben verschiedene Öffnungszeiten, manchmal ab 7.30 Uhr bis 20 Uhr; sie sind meist auch sonntags geöffnet.

Preise

Die Preise sind gewöhnlich im Bereich des Fremdenverkehrs niedriger als bei uns (Verkehr, Essen und Trinken, Übernachtung). Nur in der Stadt Rhódos, in der Stadt Kos und in Pythagórion auf Sámos ist ein deutlich höheres Preisniveau zu registrieren. Luxusartikel, technische Produkte und Fotomaterial sind teurer als in den mitteleuropäischen Ländern.

Rundfunk und Fernsehen

Nachrichten und Wetterbericht in englischer oder deutscher Sprache sendet der griechische Rundfunk zu folgenden Zeiten:
täglich um 6.35 Uhr Wetterbericht (englisch)

täglich zwischen 7.30 und 7.55 Uhr Nachrichten (englisch, deutsch).
Das griechische Fernsehen strahlt täglich um 18.15 Uhr im 2. Programm Nachrichten in englischer Sprache aus.

Reisezeit
Siehe Klima

Souvenirs
Siehe Einkaufen

Sport
(s. a. Baden, Boote, Wandern)
Unterwasserfischen und Tauchen: Das Unterwasserfischen mit Atmungsgeräten sowie das Harpunieren ist verboten. Tauchschulen bestehen in Rhódos und Kálymnos.
Tennis: Tennisklubs in Kos, Lémnos, Rhódos, Nichtmitglieder willkommen; außerdem gibt es Tennisplätze bei einigen Hotels.
Golf: Rhódos: In Afántu, 23 km außerhalb der Stadt Rhódos, existiert ein Golfplatz mit 18 Loch, Umkleideräumen, Restaurant, Bar usw. Tel. 0241-51255/6.

Sprache
(s. a. Mini-Sprachführer S. 397)
In Griechenland wird Neugriechisch in der Ausformung der Volkssprache (Dimótiki) gesprochen und geschrieben. Die Generation, die vor dem Zweiten Weltkrieg auf der Dodekanes zur Schule ging, spricht und schreibt Italienisch, kann aber bisweilen nicht Griechisch schreiben. Die Generation, die nach 1945 zur Schule ging, spricht in der Regel vorzüglich Englisch. In den größeren Touristenzentren wird außerdem manchmal Deutsch oder Französisch gesprochen. Es gibt also sicher für jeden eine Möglichkeit, sich zu verständigen. Für den Touristen ist es hilfreich, sich vor einer Griechenlandreise das griechische Alphabet einzuprägen, und Einheimische freuen sich, wenn Sie ein paar griechische Brocken beherrschen.

Taxi

Taxifahren ist in Griechenland kein Privileg der Reichen, und wenn sich vier Fahrgäste ein Taxi teilen, ist es nicht teurer als der Autobus. Aufschläge gibt es für Fahrten vom Hafen, Flughafen und Bahnhof sowie für Nachtfahrten und Koffertransport. Vor allem vor längeren Fahrten sollten Sie die Höhe des Fahrpreises aushandeln.

Telefonieren

Apparate für Ferngespräche stehen beim griechischen Telegrafenamt OTE zur Verfügung, außerdem können die orangenfarbigen Telefonhäuschen (5, 10, 20 Dr.) benutzt werden. Im Selbstwähldienst lauten die Vorwahlnummern für die BRD 0049, für Österreich 0043 und für die Schweiz 0041. Ferngespräche sind zwischen 20 und 7 Uhr 30 Prozent billiger als in der übrigen Zeit. Für Ortsgespräche dienen die blauen Telefonhäuschen und die roten Telefone (5 Dr.).

Toiletten

Öffentliche Toiletten sind selten und entsprechen meist nicht mitteleuropäischen Hygienevorstellungen. Toilettenpapier sollte man stets bei sich haben. Damentoiletten sind mit «ΓΥΝΑΙΚΩΝ» beschriftet, an Herrentoiletten heißt es «ΑΝΔΡΩΝ».

Trinkgelder

In Restaurants, Tavernen, Bars sind 10 bis 15 Prozent Trinkgeld inbegriffen. Es ist üblich, zusätzlich etwa 5 Prozent zu geben und auch einen kleinen Obolus an den jugendlichen Helfer des Obers. Auch Gepäckträger, Hotelpersonal und Friseure erwarten ein Trinkgeld.

Trinkwasser

Auf den Inseln mit Quellwasser empfehlenswert.

Umweltschutz

In diesem Buch ist vorwiegend von der «Schokoladenseite» der ostägäischen Inseln die Rede. In einem Reiseführer soll das auch so sein. Der gestreßte Zeitgenosse möchte sich auf Reisen erholen, will seinen Alltag eine Weile vergessen und Schönes erleben. Das ist legitim; trotzdem wird der wache Reisende die Augen vor den negativen Dingen im Gastland nicht immer verschließen können. Auch Griechenland ist keine «heile Welt», auch die Griechen haben Umweltprobleme. Hektische und unüberlegte Bautätigkeit hat so manches Ortsbild beeinträchtigt oder gar zerstört. Die Gewässer sind überfischt, teils schmutzig, die Wälder krank oder längst vernichtet. Natürlich kann der einzelne Tourist kaum etwas tun, um dem entgegenzuwirken. Doch sollte er sich der Misere bewußt sein und als Gast ganz besonders darauf achten, daß er keine Schäden anrichtet. Lassen Sie bitte nirgendwo in der Natur Abfälle liegen, zerstören Sie keine Vogelnester, reißen sie keine Pflanzen aus, gehen Sie nicht verschwenderisch mit Wasser um, zünden Sie im Wald kein Feuer an und werfen Sie keine brennenden Zigaretten weg.

Unterkunft

(s. a. Camping)

L (Luxus), A, B, C, D und E lauten die offiziellen Kategorien der griechischen Hotels, die Preise müssen im Zimmer ausgehängt sein und von der Touristenpolizei überwacht werden. Eigenes Bad oder Dusche haben nur die Kategorien L bis C. Auskünfte und Zimmernachweise vor Ort erhält man von der Touristenpolizei. Es ist ratsam, Zimmer für die Osterzeit und die Sommermonate vorzubestellen. Zentrale Zimmervermittlung: Zentralbüro der Hotelkammer, Aristidou-Str. 6, Athen, Tel. 3233501. Weitere Unterkunftsmöglichkeiten gibt es in Ferienwohnungen und -bungalows, in Privathäusern, auf Campingplätzen, in Jugendherbergen, Berghütten und Klöstern. Die Fremdenverkehrsbüros halten jährlich aktualisierte Faltblätter bereit, in denen Hotels mit Adresse, Telefonnummern und Preiskategorien aufgelistet sind.

Wandern

Praktisch alle in diesem Buch vorgestellten Inseln eignen sich gut zum Wandern. Die beste Jahreszeit ist der Frühling; wer Wandern und Baden verbinden will, wird vielleicht den Herbst vorziehen, dann

ist das Wasser wärmer. Die Einheimischen wandern kaum. Markierte Wanderwege wie im Schwarzwald oder in der Schweiz gibt es nicht. Trotzdem sind Wanderungen auf den Ziegen- und Maultierpfaden der Inseln in Einsamkeit und Stille erholsame Erlebnisse für den gestreßten Mitteleuropäer, vorausgesetzt, man beherzigt ein paar einfache Regeln: Tragen Sie feste, bequeme Schuhe, nehmen Sie sich – vor allem am Anfang – nicht zuviel vor, gehen Sie langsam, aber stetig, schützen Sie sich mit Hut, Sonnencreme und -brille vor der Sonne, packen Sie eine Feldflasche mit Wasser oder Tee in den Rucksack oder in die Umhängetasche.
Einige Reisebüros im deutschsprachigen Raum haben sich auf Wanderferien spezialisiert und bieten interessante Programme, die Besichtigungen kultureller Sehenswürdigkeiten, Landschaftserlebnisse, Sport, Erholung und Geselligkeit verbinden. Es gibt auch Unternehmen, die Reisen mit kleinen Schiffen organisieren; sie bieten in der Regel nicht nur «Inselhüpfen per Schiff», sondern legen zum Beispiel an der Ostküste einer Insel an, die Passagiere wandern quer über die Insel und werden an der Westküste wieder von ihrem fahrbaren Kleinhotel aufgenommen.

Zeit

In Griechenland gilt die Osteuropäische Uhrzeit (OEZ), das bedeutet im Sommer wie im Winter Mitteleuropäische Zeit (MEZ) +1 Stunde.

Zoll

(s. a. Ein- und Ausreiseformalitäten, Geld)
Zollfrei eingeführt werden dürfen Gegenstände des persönlichen Bedarfs, Tabakwaren (300 Zigaretten oder 150 Zigarillos), alkoholische Getränke (4 Liter unter 22% Alkoholgehalt, 1½ Liter über 22%). Zollfrei ausgeführt werden dürfen Reiseproviant und Reiseandenken bis zu einem festgelegten Höchstwert. Für Einwohner von Nicht-EG-Ländern, wie Österreich und die Schweiz, gilt ein entsprechend engerer Spielraum. Da sich die Vorschriften ändern können, holen Sie am besten vor jeder Reise Auskünfte ein (Automobilklubs, Zollämter, Büros der griechischen Fremdenverkehrszentrale).

Register

Halbfett gesetzte Ziffern verweisen auf ausführliche Beschreibungen, kursiv gesetzte auf Abbildungen, der Buchstabe K verweist auf Karten oder Pläne. Die einzelnen Inseln wurden wie folgt abgekürzt:

Ast: Astypáläa
Cha: Chálki
Chi: Chíos
Efs: Ágios Efstrátios
Fou: Foúrni
Ika: Ikaria
Kal: Kalýmnos
Kar: Kárpathos
Kaso: Kasos
Kast: Kastellórizo
Kos: Kos
Lem: Lemnos
Ler: Leros
Les: Lesbos
Lip: Lipsi
Nis: Nísyros
Pat: Pátmos
Psa: Psara
Rho: Rhódos
Sam: Sámos
Sar: Saria
Sym: Sými
Til: Tílos

r

r

r

r

r

r

r

r

Ikaría
Évdilos
Ágios
Kýrikos
Foúrni
Sámos
Pátmos
Lipsí
Léros
Télendos
Kálymnos
Kálymnos
Psérimos
Bodrum
Kós
Kós
Amorgós
Ägäisches Meer
Nísyros
Tílos
Astypáläa
Anáfi
Kárpath
Kárpath
Phrý
Kásos
Griechen-
Türkei
Athen
land
Mittelmeer